交通科技丛书
JTKJCS

中国智能交通系统发展战略

王笑京　沈鸿飞　马　林　贾利民　杨　琪　编著

Development Strategy for China Intelligent Transport Systems

人民交通出版社
China Communications Press

内 容 提 要

本书是根据“十五”国家科技攻关计划课题“智能交通系统发展战略和标准规范研究”的主要研究成果整理而成。书中讨论了我国经济发展对交通运输以及智能交通提出的要求，对国内外智能交通发展的现状和趋势进行了分析，在此基础上提出了未来10～15年中国智能交通系统的发展战略，并对未来5年内的重点工作、配套措施以及制度建设提出了建议。

本书作为我国智能交通系统全局性的研究成果，在我国及各省市的ITS研究、开发和工程建设方面有重要的指导作用，可供交通运输、智能交通相关部门、管理人员和技术人员学习参考。

图书在版编目（CIP）数据

中国智能交通系统发展战略 / 王笑京等编著. —北京：人民交通出版社，2006.12
ISBN 978-7-114-06269-8

Ⅰ.中… Ⅱ.王… Ⅲ.交通运输业-交通运输管理自动化系统-发展战略-研究-中国 Ⅳ.F512.3

中国版本图书馆CIP数据核字（2006）第138373号

书　　名：中国智能交通系统发展战略
著 作 者：王笑京　沈鸿飞　马　林　贾利民　杨　琪
责任编辑：刘永芬
文字编辑：李世华
出版发行：人民交通出版社
地　　址：（100011）北京市朝阳区安定门外外馆斜街3号
网　　址：http://www.ccpress.com.cn
销售电话：（010）85285838，85285995
总 经 销：北京中交盛世书刊有限公司
经　　销：各地新华书店
印　　刷：北京宝莲鸿图科技有限公司
开　　本：787×980　1/16
印　　张：23.25
字　　数：421千
版　　次：2006年12月　第1版
印　　次：2006年12月　第1次印刷
书　　号：ISBN 978-7-114-06269-8
印　　数：0001-2000册
定　　价：80.00元

中国智能交通系统发展战略
课题承担单位及主要研究人员

课题承担单位：交通部公路科学研究院
（国家智能交通系统工程技术研究中心）

参 加 单 位：中国城市规划设计研究院
公安部交通管理科学研究所
铁道科学研究院电子计算技术研究所
交通部水运科学研究院
大连海事大学
中国民用航空总局航空安全技术中心
交通部科学研究院
北京交通大学
清华大学
中国企业评价协会

课 题 负 责 人：王笑京

主要研究人员：陈家昌　蔡文沁　马　林　贾利民
齐彤岩　王长君　费维军　陶亦渊
沈鸿飞　汪　林　邵春福　史其信
杨　琪　李春韦　段里仁　张纪升
李　杨　梅新明　董雷宏　李宏海
张阿玲

前言
QIANYAN

本世纪前20年是我国经济社会发展的重大战略机遇期，是我国实现小康并走向全面发展的关键阶段，但是我国的经济和社会发展受到资源、技术和人口的种种制约，既要面对世界新技术和全球化的挑战，又要面对工业化和城镇化的压力，特别是我国人口众多，因此，我们所遇到的问题就远比发达国家复杂得多。

在加强交通基础设施建设的同时，我国政府提出了实现新型工业化的战略，将积极应用通信、信息和材料新技术，改善中国交通运输系统的管理和运行效率，积极探索应用新技术改变交通运输的方式。智能交通系统（ITS）就是其中之一，它将使交通为民众提供更好的服务，促进交通运输的安全、环保和高效率，为交通运输管理提供更有效的手段。同时，智能交通系统不仅仅要解决交通问题，随着智能交通系统的开发、建设和应用，它将为我们提供更加便捷的信息交流手段，创造出一个巨大的高新技术产业和市场。

智能交通是一项巨大的系统工程，它不仅与交通系统自身的发展有关，而且与社会、经济以及人民生活的各个部分密切相关。因此，我们要对社会需求水平与经济发展趋势，甚至文化背景、地理环境特点、人口分布情况等因素进行充分的分析，在此基础上制定符合中国实际的、与国家发展战略相衔接的、充分体现世界交通运输科技发展方向的智能交通发展战略，这是中国智能交通系统健康发展的基本保证。

2002年9月国家启动了智能交通系统发展战略的研究工作。在科技部、交通部、公安部、建设部、铁道部、民航总局等相关部委的指导下，课题组动员和组织了我国各方面的专家、学者参加了研究工作，从社会经济、交通运输、产业发展、国际动态、标准需求等方面开展了多学科的研究；提出了城市交通、公路交通、铁路运输、水路运输、民用航空等5个方面智能交通的发展战略，提出了标准制定、社会环境建设的要求。在此基础上，结合国家宏观经济政策的变化，提出了在建设综合交通系统背景下的国家智能交通系统发展战略。

本课题的研究站在全局的高度，围绕国家综合交通的发展目标，深入分析交通运输的需求和必须解决的重大问题，客观评价国际和国内智能交通发展水平以及我国的差距，提出未来10～15年智能交通发展的指导方针、战略目标、战略重点和保障措施。本发展战略研究将为编制智能交通的发展规划提供科学依据。

智能交通系统是世界交通运输领域发展的重要方向，可以预计在不远的将来，它将为中国老百姓的出行提供更好的服务，为提高交通运输系统的运行效率和安全性提供有力的支撑，将成为中国高新技术产业的重要组成部分。

《中国智能交通系统发展战略》由交通部公路科学研究院（原交通部公路科学研究所）王笑京、国家智能交通系统工程技术研究中心沈鸿飞、中国城市规划设计研究院马林、北京交通大学贾利民、交通部公路科学研究院杨琪等编写；《城市智能交通系统发展战略研究》由中国城市规划设计院马林、张国华、公安部交通管理科学研究所王长君、袁建华等编写；《公路智能交通系统发展战略研究》由交通部公路科学研究院齐彤岩、汪林等编写；《铁路智能运输系统发展战略研究》由北京交通大学贾利民、铁道科学研究院电子计算技术研究所李平、张莉艳等编写；《水路智能交通系统发展战略研究》由交通部水运科学研究院（原交通部水运科学研究所）费维军、曹文胜、彭传圣、陈彤等编写；《民航智能交通系统发展战略研究》由中国民用航空总局航空安全技术中心陶亦渊、高正连、胡君等编写；《智能交通系统标准化发展战略研究》由交通部公路科学研究院杨琪、齐彤岩、柏青等编写；《中国交通运输系统的发展对智能交通系统的需求分析》由清华大学史其信、吴世江、吕剑等编写。

编者

2006年12月

目录

MULU

第1章 我国交通运输业现状及存在问题分析

1.1 我国交通运输业现状

交通是人类社会最基本的生产和生活方式之一，是社会生产、流通、分配、消费各环节正常运转和协调发展的先决条件，对保障国民经济持续、健康、快速发展，人民生活水平改善和促进国防现代化建设，具有十分重要的意义。

改革开放20多年来，我国的国民经济产生了质的飞跃，国内生产总值(GDP)由1980年的4517.8亿元上升到2004年的136875.9亿元，如此之高的GDP发展速度以及我国仍然处于工业化过程中，资源和物质的消耗极大，这就必然对交通运输提出巨大需求。我国在20世纪80年代到90年代中期的运输全面紧张就是矛盾的集中表现，另外，随着人们工作地域的扩大，商业和旅游出行的增加以及生活改善带来的娱乐活动，都使得城市交通和城间交通的需求快速增长。为适应国民经济与社会发展的需要，消除交通运输对国民经济发展的"瓶颈"制约，国家把加快交通运输发展作为一项重大的战略任务予以实施，从资金投入、技术和装备水平的提高等方面采取了一系列重大举措，以改善我国交通运输的基础条件，提高交通运输的能力和效率。经过多年建设和发展，我国已基本建成了由各种运输方式组成的、能够覆盖全国的基本运输网络，形成了以干线铁路、高速公路、深水航道、长输管道、枢纽机场、枢纽港为重点的交通基础设施，各种运输方式的主通道构架基本形成，交通运输设施条件得到了改善，综合运输能力和效率得到了大幅度提高，交通运输全面紧张状况和对国民经济的“瓶颈”制约得到了初步缓解。

1.1.1 基础设施现状

(1) 铁路

截至2004年底，全国铁路营业里程达7.44万公里。其中，复线里程为23841公里，电气化线路里程为18562公里。基本建成以22条主要干线为框架的线路网，形成了以京哈、京沪、京九、京广、兰昆、京兰、沪昆等“八纵八横”的铁路干线网；以18个铁路局、48个大型编组站构成的运营体系，铁路网已覆盖我国大陆各省区，铁路运能紧张状况有所缓解。

2004年交通运输业拥有铁路机车17022台，其中电力机车4887台。经过1997年至2004年5次大规模列车提速和运行线路的调整，目前我国京哈、京广、京沪等主要提速干线和城际线路旅客列车最高时速可达140～160km/h，全国旅客列车平均技术速度已达73.7km/h。

2004年底，我国铁路完成旅客发送量111764万人，旅客周转量5712.2亿人公里，分别占全社会旅客运输的6.32%和35.02%；完成货物发送量249017万吨，货物周转量19288.8亿吨公里，分别占全社会货物运输的14.59%和27.78%。2004年与1985年相比，铁路客运周转量和货物发送量分别增长了136.42%和137.38%，客货运输总密度居世界前列。

(2) 公路

经过20多年的建设，我国公路基本实现了跨越式发展，截至2004年底，以70条国道为主干线，省道及县乡道路为支线的公路运输网络框架基本形成，“五纵七横”国道主干线建成一半以上，同江至三亚、北京至珠海、连云港至霍尔果斯、上海至成都4条公路国道主干线基本贯通，即“两纵两横3个重要路段”已全部贯通。2004年，全国公路总里程达187.07万公里，其中高速公路里程达3.43万公里，二级及二级以上高等级公路里程达29.95万公里，等级公路里程达1515826公里，公路通乡、通村率分别达到99.58%、92.9%。高速公路网总里程列世界第2位。

全国公路客运量、客运周转量、货运量、货运周转量分别达到162.45亿人次、8748.4亿人公里、124.5亿吨、7840.9亿吨公里，分别占全国运输总量的91.9%、53.64%、72.96%、11.29%，公路运输形势全面好转，公路运输紧张局面得到了基本缓解，公路运输在综合运输体系中的地位和作用显著增强。

(3) 水运

经过“八五”、“九五”的努力建设，我国水运状况有了较大的改善，基本扭转了港口长期与国民经济发展不相适应的被动局面。沿海形成了环渤海湾地区、长江三角洲地区、珠江三角洲地区三大港口群体和陆岛间运输网络；海运形成了通达170多个国家和地区、1200多个港口的以大宗散货、集装箱为代表的专业化运输系统，内河形成了以长江、珠江、淮河和京杭大运河、黑龙江和松花江四大水系为骨架的"两横一纵两网"内河航运网络体系。2004年底我国内河通航里程达12.33万公里，其中等级航道里程为60842公里，沿海和内河港口生产性泊位35108个，其中万吨级及以上泊位944个。

2004年底，我国运输船舶已达21.1万艘，其中机动船166854艘，驳船43846艘。

2004年全国港口集装箱吞吐量6160万标箱，跃居世界首位。全国港口货物吞吐量完成41.72亿吨，其中外贸货物吞吐量完成11.55亿吨，比上年分别增长26.6%和18.9%。其中上海港货物吞吐量突破3亿吨，达3.79亿吨，位居世界第二大港，从而使我国超过亿吨大港增至8个。

(4) 民航

航空运输业是我国改革开放以来成长最快的产业之一，2004年底，我国民航机场已达133个，定期航班航线1279条，航线里程204.94万公里，初步形成了以北京、上海、广州为枢纽机场，连接各省、直辖市、自治区和主要城市的国内航线网，以及通达世界主要国家的国际航线网。

2004年民航全行业拥有运输飞机达754架，其中大中型飞机675架，基本上为欧美生产的先进飞机，飞机在技术性能、安全性、舒适性等方面均有显著提高。

2004年底民航旅客周转量1782亿人公里，货物周转量71.8亿吨公里。

(5) 城市交通

随着国民经济的快速增长和我国城市化水平的不断提高，城市交通需求总量也在不断增长。国家对于城市交通基础设施的投资力度不断增强，2004年底我国城市道路达222963.8公里，人均拥有道路面积10.34平方米。每万人拥有道路长度6.5公里。

2004年底，我国城市拥有公共汽（电）车运营车辆28.2万辆，其中公共汽车276908辆，电车2712辆，地铁1896辆，全国每万人拥有公共车辆8.4标台，其中北京、上海两城市每万人拥有公共车辆是全国平均水平的2～3倍。

尽管我国城市交通的建设和发展很快，但是城市基础设施的建设速度与机动车的增长速度相差甚远，尤其是北京、上海等特大城市，这种现象尤为严重。以北京市为例，2003年北京市的人均道路面积为9.6公里，比2001年增长了15.67%，但是北京市2003年的民用汽车拥有量与2001年相比增长了42.5%，其中私人小汽车达107.09万辆，比2001年增长71.6%。从以上数字可以看出，汽车的增长速度远远大于基础设施的建设速度，因此车和路的矛盾随着增长速度差距的拉大而加剧，交通拥挤已经越来越成为大、中城市经济发展的障碍，由此引发的环境污染、能源的高消费、居高不下的交通事故伤亡率，严重制约着城市的可持续发展，因此，改善交通状况，缓解交通拥堵，为老百姓提供一个满意的出行空间，已经成为当前各级政府工作的重中之重。在基础设施建设的同时，利用各种先进的技术手段，提高交通管理的效率和水平，增强现有道路系统的运输供给能力也已成为当代中国城市交通发展的必然趋势。

1.1.2 总体运输现状

通过"八五"、"九五"交通基础设施的建设和体制结构的改革和调整，经过不断竞争、调整、优化，我国客货运输在运输方式和结构上有了很大变化，依赖单一或少数运输方式的客货运输结构已发生了很大的变化，各种运输方式的优势开始得到发挥，其中中长距离客运以航空和铁路为主，货运以铁路和水运为主；短途客货运则以公路为主；国际客运以航空为主，货运以水运为主。铁路和公路客货运输市场份额趋于稳定，民航客运和远洋货运持续增长。

2004年客运总量达到1767453万人，比上年增长11.3%，客运周转量比上年增长了18.1%，货运量比上年增长9.3%，货运周转量增长了28.9%。整体上，公路、水路、铁路、民航的客运量和货运量均大幅度增加。

2004年，全社会主要运输方式共完成客运量176.7亿人，旅客周转量16309.1亿人公里，其中公路占53.6%，铁路占35.1%，民航占10.9%，水运占0.4%；全社会主要运输方式共完成货运量170.6亿吨，货物周转量69445亿吨公里，其中水运占59.7%，铁路占27.8%，公路占11.3%，管道占1.2%，民航占0.1%。

1.1.3 管理水平现状

从"七五"开始，我国一直非常重视公路、铁路、水路、民航、城市交通管理水平的提高，尤其是城市交通控制与管理系统、高速公路监控和收费系统、铁路运输管理调度系统和售票系统以及其他各种运营管理系统的研究实施，使我国城市、铁路、公路、水运、航空等部门的运营管理水平得到了进一步提高。

目前，我国铁路已经形成了企业内部计算机网络，铁道部、各铁路局、铁路分局均已建成机关局域网；初步构成了以传输网、交换网和数据通信网为基础的骨干网络，基本实现了铁路干线通信数字化；铁路计算机网络安全试点通过了技术验收；客票网上销售和安全系统已经投入运行并服务社会。铁路客票发售和预订系统应用效果良好，计算机售票量超过总售票量的90%，售票收入占总收入的95%以上，初步实现了全国范围联网发售异地客票的建设目的，基本实现列车时刻表查询、网上订票、货运代理、客运服务、行包服务等电子商务服务。此外，会计核算、点到点成本计算与客运清算系统投入应用，货运清算系统模拟运行，铁道资金管理信息系统开始全面实施。

在公路规划、勘察、设计等工作中，许多单位已经利用网络开展联合设计，并开始普及应用计算机辅助设计系统（CAD）、地理信息系统（GIS）、全球定位系统（GPS）、遥感技术（RS）等辅助技术，使得基础设施建设前期工作大大加快；在建设管理方面，高等级公路、大型桥梁建设等领域已经采用了信息化施工技术，广泛应用了项目管理软件，明显提高了管理水平。此外，区域性运政管理系统得到普遍推广；路面养护管理与评价系统（CPMS）、桥梁养护与评价系统（CBMS）已在 20 多个省、自治区、直辖市推广应用；公路 GIS 系统、公路规费稽征系统等也得到了很好应用；高速公路通信、监控、收费系统成为高速公路运营管理的重要手段，京沈高速公路联网收费系统于 2003 年 10 月正式启用，广东、浙江、江苏、重庆、山东、山西、辽宁等省也都实现了省内联网收费。

在海事基建方面，已建成了 17 个船舶交通管理中心和 42 个雷达站，提高了船舶及特殊水域的交通管理水平。随着电子商务、现代物流理念逐步渗透，计算机联网售票，车站、港口、车辆、船舶的计算机管理系统已经普遍应用，工作效率大大提高。大中型港口和大型航运企业（集团）积极开展企业信息化建设，围绕运营管理、调度指挥、运输过程控制和企业内部事务处理等业务需求，开发了企业内部管理信息系统，并通过国际互联网开展用户服务。港航 EDI 用户总数已超过 1000 个，其应用已取得明显的经济和社会效益，成为我国港航运输生产中不可缺少的技术手段。在海事管理系统中，建成了覆盖全国 14 个直属海事局的水上安全监督信息网，实现了船舶、船员、通航环境管理等水上安全监督管理业务的计算机化，ISM 管理信息系统、中国船舶报告系统、船舶检验信息系统等都得到了很好的应用，为保障船舶航行安全发挥了重要作用。

民航信息基础设施建设也已初具规模，形成了以空管通信网和商务通信网为骨干的两大专用通信网络。空管通信网以自动转报、分组交换和卫星通信为主，连接全国各管理局、省（市、区）局和主要航站，覆盖所有国际航路和国内干线航路，承担空中交通管制、航空气象与情报、飞行计划与动态、综合管理等业务传输和国际数据交换服务。商务通信网覆盖国内 300 个主要城市和 80 个国外城市及港澳地区，网络用户终端数量超过 28000 台，通过技术改造初步形成支持多种主机系统和应用环境的基于 IP 的开放网络结构，承担着客货运输业务数据传输。民航建立了由旅客订座系统（ICS）、代理人分销系统（CRS）、机场旅客处理（DCS）、航空货运信息处理及民航商务数据网络等组成的大型计算机数据实时处理系统；建设完成了中国民航收入系统，使民航率先在国内实现全行业范围网络结算和清算，目前形成代理结算、清算和BSP数据处理中心等业务。民航企业信息化也取得显著成效，航空公司围绕企业管理和市场营销组织开发了飞行运行管理、收益管理、财务管理、机务航材管理和常旅客等信息系统，提高了企业管理水平和市场竞争能力。首都、上海浦东、广州新白云等一批现代化机场的投入使用，标志着机场信息化进入新的发展阶段。

1.2 我国现阶段交通运输业的发展水平分析

从上述数据可以看出，近年来交通运输基础设施得到了快速发展，然而各种运输方式发展速度却不均衡。近十年间，由于改革和市场化的进程较快，公路建设在投融资和管理方式上发生了根本变化，金融资本、国际资本和民间资本进入公路建设市场，建设投资的主要部分来自银行贷款和资本市场，公路建设呈现超常规发展态势，公路交通得到明显改善。

2004年公路客运量、旅客周转量在综合运输体系中所占比重分别为91.9％和53.6％；公路货运量、货物周转量在综合运输体系中所占比重分别为72.96％和11.3％；高速公路的迅猛发展使得超过1000公里的公路客货运输变得极为普遍。民航发展迅速，旅客周转量和货物周转量每年均以两位数递增，但是平时上座率和载运率只有60％左右。但是铁路由于改革滞后、政企不分，投资主要依靠中央财政投入，基本建设投资不到公路的一半，发展速度相对缓慢，虽然运输能力紧张状况有所缓解，但由于发展速度跟不上经济发展要求，铁路运能与运量的矛盾仍然存在，在客流高峰时期，供求矛盾更为突出。

虽然经过多年建设，我国现有交通运输基础设施状况取得了很大进展，但与国外发达国家相比，无论是在路网密度还是建设规模上都存在较大差距。如铁路路网密度以人口计划，仅为0.57公里/万人，与美、印、德、法、英等国相比，我们排在倒数第一位，在世界排100名以后；2004年公路网密度按每百平方公里计算约为19.5公里，除与幅员辽阔，人口稀少的加拿大、澳大利亚相近外，远远低于美国、日本等发达国家，尽管高速公路发展迅速，但与我国国土面积、人口数量和经济总量仍不相称。

在路网质量上我们与发达国家相距甚远，作为衡量铁路路网质量重要标志的列车速度，2004年我国旅客列车的平均速度仅相当于西欧国家铁路20世纪50年代的水平，公路路网技术结构与英、法、德、日等国100％的高级、次高级路面无法相比。

在运输装备上，我国小汽车进入高速发展期，车况和技术水平与国际水平开始接近；公路客车已经由原来的改装车进入到专用客车阶段，而且车辆的动力配置和舒适性得到了极大改善，引进车型的水平已经接近发达国家；公路货车缺重少轻的现象开始改变，我国近几年开始引进或自主开发大马力公路货车，但是由于受运价和经济实力制约，我国公路货运超载十分普遍，大量的改装车、“大吨小标车”充斥市场；我国铁路机车和车辆数量庞大，目前已经完成了内燃化和电气化，客车车辆的制造水平和装备水平有了明显改善，乘坐舒适性提高；海运船队在规模上位于世界前列，但船队船舶类型、船龄结构问题十分突出，致使船队在世界上整体竞争力不强。

在管理水平和服务质量上，我国与发达国家相比，无论是在管理手段、技术手段还是在制度上都存在较大差距。主要表现为：运营效率低，经验型管理仍然占主要地位，运输企业往往从自身利益和自身方便出发，牺牲货主和乘客的利益，同时由于管理体制的问题和竞争不充分，管理部门和运输企业没有从乘客和货主的需求出发建设场站和信息服务系统，致使换乘不方便、购票难、信息服务不及时或根本没有的现象普遍存在。

1.3 我国交通运输业存在的主要问题

1.3.1 脆弱的运输供应能力

我国现有交通运输网络的规模小、密度低、地区发展不平衡，承受需求波动的弹性仍然较小，尚没有足够的能力改善运输质量，往往以牺牲服务质量为代价来换取运输能力。尤其是在春运、暑运、“黄金周”等运输繁忙期，运输能力不足、运输质量低下的状况尤为突出。例如，2004 年春运高峰期间，铁路客车缺口达 5000 辆，票额缺口达 150 万张，难以满足运输需求，服务质量更无从谈起。

针对 2020 年全面建设小康社会、GDP 翻两番的目标以及对外贸易的快速增长形势，客货运输需求均将大幅度增长。交通运输作为基础产业，其运输能力必须与经济发展水平相适应，否则将对经济社会全面健康发展产生新一轮制约。

1.3.2 进展缓慢的现代综合交通体系建设

以发达的基础设施、先进的技术装备和高效的组织管理为基础的现代综合交通体系，将各种运输方式融为一体，各展所长、有机衔接、高效运行，具有综合性、集约化、网络化和信息化的时代特征，是交通现代化的发展方向。

在学习国外经验的基础上，我国对综合交通体系的研究始于 1959 年。

1984 年，我国把“逐步调整运输结构，尽快建立经济合理、协调发展的现代综合运输体系，发挥各种运输方式的优势”列入了国家技术政策，但由于长期受部门分割的管理体制所制约，综合交通体系规划和管理技术水平低，交通基础设施和技术装备落后，导致我国现代综合交通体系的建设进展缓慢，具有综合功能的运输枢纽尚未形成，各种运输方式缺乏有效衔接，严重影响了交通系统运输能力的发挥和服务质量的提高。

未来 20 年，我国交通事业仍将处于快速发展期，在各种运输方式总量规模快速增长的过程中，迫切需要国家制定综合交通体系发展规划，指导各种运输方式协调发展，全面提升交通技术装备水平，加快实现综合交通体系现代化进程。

1.3.3 居高不下的交通事故和死亡率

交通事故是世界性的公害，全世界每年死于交通事故的人数超过 50 万人，因交通事故造成的损失平均占 GDP 的 1.5%～2.0%。

我国是交通事故最严重的国家之一，道路交通事故死亡人数居世界第一位。近年来，我国道路交通事故数量、伤亡人数和损失急剧增加。2004 年，全国发生道路交通事故 567753 起，死亡人数 99217 人，直接财产损失达 27.7 亿元，万车死亡率达 9.2 人。

重大交通事故造成的社会影响极大。2002 年民航“5·7”空难造成 112 人死亡；1999 年“11·24”特大海难造成约 300 人死亡，获救率不到 5%。而 2005 年 3 月 29 日发生在京沪高速公路上的液氯泄漏事故，不但造成了巨大的生命和财产损失，而且造成了极坏的国内外影响。油气管道和运输船舶每年发生的各类泄漏事故高达数百起，对社会和环境造成严重后果。2003 年，兰—成—渝成品油管道泄漏 100 多吨，导致宝成铁路全线停车 7 小时。

9·11 事件以来，交通运输工具和设施一直是国际、国内恐怖主义犯罪活动的主要对象，使交通运输安全上升为关系国家安全的大事。如何防范日益频繁，手段隐秘的恐怖主义袭击，是交通运输安全面临的新课题。

1.3.4 严重的大城市交通拥堵

交通拥堵是目前世界上多数大城市普遍面临的问题，我国尤为严重，目前我国 113 个大城市普遍陷入交通困境。北京城区道路（包括二、三环）高峰时段饱和度已达到 0.9，个别时段交通流超过了道路容量。交通拥堵严重影响了社会生活秩序，引发事故率上升，环境污染加剧，经济损失巨大，阻碍了我国城市社会、经济与环境的健康发展，成为社会和公众关注的热点问题。

随着城市发展速度的加快，城市规模的迅速扩大，城市人口的急剧膨胀以及汽车保有量的快速增长，致使城市交通量将迅速增长。到 2020 年，我国将新增城市人口 2.8 亿，城镇化水平将达到 51.9%，民用汽车保有量将达到

1 亿辆左右，约为 2000 年保有量的 6 倍。如不采取有效措施，在政策、规划和技术上取得突破，城市交通拥堵问题将更加突出。

1.3.5 不容忽视的交通能耗与环境污染

交通运输能源消耗结构不平衡，运输工具大量消耗国内短缺的石油能源，严重影响着我国石油能源的安全。交通运输消耗能源量在能源消耗总量中所占比重、交通运输石油能源消耗量占石油能源消耗总量的比重呈逐年增加趋势。2000 年，我国交通运输业能源消耗量为 9721 万吨标准煤，2004 年全国交通运输业能源消耗量迅速上升至 14788 万吨标准煤，年均增长 11%，占全部能源消耗量的 7.3%。

大量的交通能源消耗导致严重的环境污染，其中，汽车对大气污染的问题尤其严峻。2002 年，我国 343 个城市中，只有约 1/3 的城市达到适于居住条件的二级空气质量标准。联合国开发计划署的《中国人类发展报告》指出，2004 年，113 个国家环保重点城市中空气污染指数最大的 10 个城市分别是：临汾、阳泉、大同、金昌、宜宾、株洲、重庆、焦作、长治、攀枝花。我国大城市 60%的一氧化碳、50%的氮氧化物和 30%的碳氢化合物污染来源于机动车尾气排放，严重的环境污染不仅导致高昂的经济成本和环境成本，而且对公众健康构成危害，使建设全面小康社会进程中对环境的要求面临巨大挑战。

第2章 我国交通运输业的总体发展趋势分析

2.1 我国交通运输业发展需求分析

党的“十六”大已经明确指出“21 世纪头 20 年是我国发展的重要战略机遇期”，在经济全球化、一体化以及我国加入 WTO 的国际、国内各种外在和内在的机遇与挑战下，中国将紧紧抓住这个重要的战略机遇期，用 20 年时间全面建设小康社会，为 21 世纪前半段的后 30 年基本实现现代化，打下坚实的基础。经济快速发展，人民生活水平不断提高，都对交通运输在质和量的保障上提出了更高要求，同时也为交通跨越式发展提供了一个重要的发展机遇。

2.1.1 经济快速增长，对交通运输业运量提出了更大的需求

加入 WTO，最直接的结果即是贸易往来的增加，入世以后，我国将在 137 个缔约国家和地区享有多边的、稳定的、无条件的“最惠国”待遇，这些优势将有利于提高我国外贸出口量，刺激国内各行业特别是劳动密集型行业的商品生产。据有关统计，入世以后我国贸易量将以平均每年 8%～10%的速度增长，如此高的增长速度，将对交通运输产生极大的需求。据统计，2004 年，我国国内生产总值同比增长 9.5%，截至 2004 年 8 月全国工业生产完成增加值同比增长 15.9%，重工业占工业增加值比重逐年提高，至 2004 年已达 67.59%。至此，我国经济步入新一轮快速增长期已成定论，其主要特征是我国进入类似“重工业化”阶段。

未来几年全国工业，尤其是制造业的增长仍可能保持高速增长态势。工业化进程加快，既与居民生活水平提高密切相关，也是国际制造业加快向我国转移的重要反映。制造业向我国转移对交通运输的直接需求，即表现在原材料和能源等生产资料的运输需求大大增加。虽然中央提出了实现新型工业化的目标，但是基础工业和加工工业仍然会保持一定速度的增长，因此对原材料和能源的需求仍然将保持较高水平。

全面建设小康社会的目标对我国经济发展提出了新的要求，即2020年我国将实现GDP比2000年翻两番，GDP年均增长率约6.8%。社会各项经济指标将达到的水平如表2-1所示。

全面小康社会的社会经济指标体系 表2-1

指标名称	单位	基本标准	2000年	2010年	2020年
人均国内生产总值	美元	3000以上	854	1600	>3000
城镇居民人均可支配收入	人民币元	18000	6280	12000	18864
农村居民家庭人均纯收入	人民币元	8000	2253	4000	7210
恩格尔系数（城镇）	%	小于40	39.2	30	25
恩格尔系数（乡村）	%		49.1	40	35
城镇人均住房建筑面积	平方米	30	19	25	30
城镇化比例	%	50	36.2	46	56
居民家庭计算机普及率	%	20	4.2	10	20
千人医生数	人	2.8	2	—	>3
大学入学率	%	20	11	15（2005）	20以上
城镇居民最低生活保障率	%	95%	71.6（2001）	95%	95%以上

人均国内生产总值超过3000美元，这是建成全面小康社会的根本标志。2000年，我国人均国内生产总值为854美元。按照国内生产总值翻两番的发展速度测算，到2020年将超过3000美元，达到当时中等收入国家的平均水平。人均收入的增加，将直接导致人们出行需求的增加。据国外有关方面研究，人均国民生产总值达1000美元时，国内旅游的人数会日益增多；人均国民生产总值达3000～4000美元时，国际间的旅游人数会增加。据此，到2020年，我国国内跨省、跨地区的旅游人数会大大增加，客运需求将大大增加。

根据国家发改委综合运输研究所最近的预测，我国客货运量将随经济发展稳定增长。2020年客运需求约为2000年的3倍，货运需求约为2000年的2倍，客运增长速度高于货运增长速度。2000～2020年我国客货运量预测见表2-2。

2000～2020 年我国客货运量预测　　表 2-2

增长情况	客运量	旅客周转量	货运量	货物周转量
2000 年	147（亿人）	12261（亿人公里）	135（亿吨）	44212（亿吨公里）
2020 年	410～430（亿人）	37500～39800（亿人公里）	236～240（亿吨）	70590～89000（亿吨公里）
倍数	2.78～2.91	3～3.2	1.63～1.65	1.6～2.0
年均增长率（%）	5.2～5.5	5.7～6.0	2.8～2.9	2.3～3.5

以上预测表明，快速增长的客货运量及周转量，必然要求我国交通运输业要适应经济的快速发展。但是根据有关部门的预测，到 2020 年我国公路将达到 300 万公里，年均增长约为 3.2%，而铁路营业里程将达到 10 万公里，年均增长约为 2.4%，由此可知基础设施建设满足不了运输增长。除继续进行基础设施建设外，其他可采取的办法包括提高基础设施的技术标准和服务水平等，其中建设高速公路和高速铁路就是可选择的办法之一，此外侧重运行效率的提高和方式的改进是另一个可供选择的办法。所以，解除对经济发展的"瓶颈"作用，必须通过多种方式不断提高运输供给能力和效率，以满足经济快速发展对交通运输业的总体需求。

2.1.2　全面建设小康社会，对交通运输业提出更高的质量要求

社会经济的发展，人民生活水平的不断提高，对交通运输业提出不仅以运量扩充来满足客货运的总体需求，而且还要以不断提高的运输效率和质量，切实体现以人为本，实现全方位、多层次、高质量的服务，来满足旅客、货主的需求，实现客运快速化，货运物流化。

客运方面，城镇化进程的加快、人民消费结构和消费观念的转变，将导致旅客出行目的、出行模式发生明显变化，商务、旅游、探亲等客流对出行质量（安全、便捷、舒适等）的要求各不相同，需要提供多层次、多元化的运输服务。

货运方面，产业结构的调整和升级，将导致重量轻、体积小、批数多的高附加值货物运输需求快速增长，对集装箱和零散货物的运输需求提供门到门的服务。

2.1.3　社会可持续发展目标，对交通发展模式提出了新的需求

当前"以人为本，全面、协调、可持续的发展观"是党执政兴国的第一要务。中国改革开放 20 多年来，经济的快速发展为我国综合国力的增强和人民生活水平的不断提高提供了有力保障，但是我们不可避免的在人与自然和谐、统筹的发展过程中出现失衡，尤其是近年来我国大城市环境污染加重、能源紧张等问题都在时时刻刻警示着人们要保持社会经济与环境的协调、可持续发展。即在注意提高经济增长质量和效益的同时，努力实现速度和结构、

质量、效益相统一，经济发展和人口、资源、环境相协调，不断保护和增强发展的可持续性。

交通是经济发展的血脉，要发展经济就要大力发展交通运输。但是交通的迅猛发展又会污染环境，消耗更多的资源，并产生诸多负面效应，长期以来，中国交通运输主要沿用消耗大量资源和粗放式经营为特征的传统发展战略，重发展的速度和数量，轻发展的效益和质量；重外延扩大再生产，轻内涵扩大再生产。

进入21世纪，面对巨大的运输需求以及紧张的能源和资源，中国交通运输业发展模式必须发生根本性变化才能够适应国民经济发展需求，因此只有利用科学技术改造交通运输传统产业，走集约化的发展道路，才能够使交通实现可持续发展。

2.1.4 交通资源合理布局的需求

随着城镇化、城市圈、城市带的发展，以及经济全球化、经济结构调整、区域经济的发展，对交通运输的运量、流向、质量要求等发生了变化，迫切要求交通运输业按照国家、经济、社会发展的新要求，扩充运输能力，并实现交通资源的合理布局和充分利用。

综上所述，21世纪前20年，交通领域必须紧紧抓住这一发展的重要战略机遇期，通过各种技术和手段实现交通运输业的跨越式发展，即实现交通运输由低水平、不全面、不平衡向更高水平、更加全面、更为平衡的转化过程。具体而言，发展的理念将从侧重解决“瓶颈”和满足基本需求转向注重提高人民生活质量，体现“以人为本”和“人与自然和谐”；发展的内容将从偏重基础设施建设转向注重基础设施、运输服务和管理的全面发展，强调运输系统的整体性、功能性和协调性；发展的方式将从注重资源配置效率转向效率与公平并重，增强交通运输的国土开发功能；发展的动力将由注重依靠传统技术应用和劳动者数量投入转向高新技术应用和劳动者素质提高，以信息化提升传统交通运输业，实现质量型、效益型的超常规快速发展。总体发展阶段将由目前的“得到缓解”升级到“基本适应”的新阶段；有条件地区步入“适应”或“适度超前”的更高阶段，基本实现交通现代化。

2.2 我国交通运输业的发展趋势分析

根据我国交通运输业的需求分析，借鉴国外交通运输业发展特点，得出中国交通运输业在未来10～20年的发展趋势，集中表现为：

交通综合化：区域经济一体化，直接导致为经济服务，且起重要支撑作用的交通运输业在地域上更加综合，以京津冀地区、珠江三角洲和长江三角洲为核心的综合交通网正在逐渐形成，由此带动国家综合交通体系逐步形成，因此交通运输将在空间上更多地表现为水上——地面——空中的综合性、联动性和互补性的集成体系。

交通人性化："以人为木"，充分发挥交通运输为人民服务的能力和水平，提高人和物位移的效率，缩短人和物位移的时间和成本，这是运输的根本目的。把人的需求放在第一位来考虑，是交通实现"以人为本"的根本出发点。

交通信息化：温家宝在国家信息化领导小组第三次会议上指出，大力推进信息化，是党中央顺应时代进步潮流和世界发展趋势做出的重大决策，是我国实现工业化、现代化的必然选择，是促进生产力跨越式发展、增强综合国力和国际竞争力、维护国家安全的关键环节，是覆盖现代化建设全局的战略举措。交通信息化是国家信息化推进过程中重要的内容之一，信息化建设将是交通运输业在今后较长一段时期内重要的建设内容。

交通智能化：交通智能化是使交通系统具有灵活的适应性、可靠的安全性和低成本的有效性，因此是未来交通的重要发展方向，也是一个国家综合实力的具体体现之一，是实现交通现代化的重要因素。交通智能化与交通综合化、人性化和信息化能够互相促进、相互影响和转化。

第3章

国外智能交通的发展及趋势分析

3.1 智能交通系统产生及内涵

20世纪80年代，各发达国家虽然已经基本建成了四通八达的现代化国家道路网，但是随着经济的发展，各国路网通行能力日益满足不了快速增长的交通需求，交通拥挤、交通事故、环境污染以及能源短缺等交通问题是世界各国面临的共性问题，无论是发达国家还是发展中国家，都遭遇不同程度交通问题的困扰。在发达国家工业化进程中，最初解决交通问题的传统办法是修建道路，扩大路网规模来满足人民日益增长的交通需求。但无论是发达国家还是发展中国家，由于土地资源日益紧张，用来修建道路的空间越来越小。与此同时交通在快速发展过程中带来的负效应日益显现，面对这些交通问题，能否找到一种有效途径解决以上交通问题，降低经济损失，提高交通运营的效率和安全是发达国家最先研究智能交通系统的主要动机。通讯、控制、信息技术等先进技术的产生为智能交通系统的产生提供了有力的技术支撑。用高新技术改造传统产业，提高交通运输整体效率和水平，已经成为各国共识。

3.1.1 日本

日本进行ITS开发和应用，可以追溯到20世纪70年代初的综合汽车交通控制系统（CACS）的开发，进入80年代后，面对不断增加的交通压力以及交通安全和环境问题，针对城市和高速公路交通控制、交通信息应用和交通安全的一系列项目，如：道路/车辆通信系统（RACS）、先进的移动交通信息和通信系统（AMTICS）、先进的铁路运输系统（ARTS）、智能车辆支持系统（SSVS）、先进的安全车辆（ASV）等开始实施。

随着信息技术的发展和广泛应用，1995 年日本制定了“推进先进的信息和通信社会基本方针”，并且成立了推进本部，由总理大臣任部长。在这个“基本方针”中明确了推进日本 ITS 的基本原则。同年，日本的五省厅（建设省、警察厅、通产省、运输省、邮政省）针对国家的基本方针制定了“道路、交通、车辆领域信息和通信政府实施指南”，日本在交通领域中的信息化正式以 ITS 的名称开始实施。为了协调日本 ITS 的开发和应用，日本的五省厅召开了联席会议，统一管理国家 ITS 的开发和标准制定，并指导民间 ITS 的开发和应用。为指导 ITS 的长期工作，1996 年五省厅又共同制定了“日本 ITS 综合规划”（Comprehensive Plan for Intelligent Transport System in Japan），各个领域的开发工作开始有计划进行。

3.1.2 美国

由于美国土地资源相对比较丰富，因而相当一段时间内是靠修路来解决交通拥挤问题，原来也很少有收费公路，但是美国在 ITS 的开发研究上大有后来居上的趋势。面对已经相当庞大的公路网，要想再占用大量土地，投入大量资金进行大规模道路建设已经不可能，因此，1991 年美国国会通过了“综合地面运输效率方案”（ISTEA），旨在利用高新技术和合理的交通分配提高整个路网效率。根据计算机仿真结果，有可能提高整个路网约 20％～30％的通行能力。ISTEA 的主要内容之一就是实施智能交通系统，并确定由美国运输部负责全国的 ITS 发展工作，并在以后的 6 年中由政府拨款 6.6 亿美元，用来进行 ITS 研究和试验工作。可以说美国的 ITS 研究工作是采用了自上而下的方式，这与日本由民间起步，政府协调，拨款资助的方式是不同的，因此美国在组织 ITS 研究时，首先是从 ITS 体系结构着手，通过体系结构的研究，引出各子系统及服务功能并希望在 2020 年提供全面的服务。此后，1994 年美国提出了 ITS 的 7 个服务领域（即 7 个系统）：先进的交通管理系统、出行信息服务系统、商用车辆运营系统、电子收费系统、公共交通运营系统、应急管理系统、先进的车辆控制系统。

3.1.3 欧洲

欧洲的 ITS 研究开发是由官方（主要是欧盟）与民间并行进行的。由于欧洲国家大部分很小，因此欧洲的 ITS 主要从洲际角度进行。早在 20 世纪 80 年代中期，就由欧洲 10 多个国家投资 50 多亿美元，联合执行了一项旨在完善道路设施提高服务水平的 DRIVE 计划。DRIVE 是 Dedicated Road Infrastructure for Vehicle Safety in Europe 的缩写，其含义是欧洲用于车辆安全的专用道路基础设施，其主要研究内容有：需求管理、交通和旅行信息系统、城市综合交通管理、城市间综合交通管理、辅助驾驶、货运和车队管理、公共交通管理。该计划到1994年已完成。从研究结果看，其研究领域和系统功能与美、日大致相同。

因此从以上发达国家智能交通产生的过程，我们可以看出：智能交通系统的产生是历史发展的产物，它是经济与技术发展在交通运输领域的融合体现。它的发展离不开经济促进，离不开技术支撑体系，智能交通的最终目标是促进交通运输的高效、安全、舒适、可持续发展。

在智能交通的产生过程中，我们认识到：

智能交通的产生与交通运输的发展、交通管理技术的发展、控制技术的发展以及通信技术的发展均有着密切关系，它是在交通运输需求达到一定程度，通信、控制、信息等高新技术发展到一定水平下而产生的。

智能交通系统与传统的交通工程既有内在的联系，又有本质的区别。追溯到20世纪70年代就有科学家在交通工程领域开始研究利用通信、信息和控制技术改善运输系统的效率和安全，但在当时，修路和工程措施仍然占交通运输的主导地位。直到90年代，面对日益恶化的交通问题，以及能源、环境、资金等因素的影响，以基础设施扩建来改善交通问题已经变得越来越困难的情况下，发达国家将电子信息等更多的高新技术引入道路运输系统。这种引入与前面的研究具有本质区别，各国专家和政府宣传员官员已经越来越感到以高新技术来改造道路运输系统及其管理体系，对大幅度提高路网通行能力和服务水平有着重要作用。因此，智能交通的大规模研发和应用开始在发达国家和地区广泛开展。

智能交通系统不是信息和控制技术在交通运输各个方面独立应用的简单相加，它是这些技术在交通运输领域的有效融合而产生的具有实质性改进和提高的交通运输各子系统，它强调的是高度的集成性和有效性。

3.2 主要发达国家和地区的智能交通发展现状

进入21世纪以来，世界主要先进国家进入全面实施ITS的阶段，十分强调ITS在现实交通服务中的重要作用。

ITS研究开发出现了两个方面的扩展。第一，智能交通系统开始主要是为解决道路交通中的技术问题而提出的，后来逐渐发展为涉及规划、决策、设计、实施和运营管理等各个方面，甚至影响到交通管理部门的职能转换、机构重组和运作方式的改变，今后可能需要重新设立交通运输项目的优先开发机制，需要重新调整对交通运输专业技术人员的教育、培训和使用方式，需要改变交通规划的模式，甚至需要重新组合交通设施规划、管理和执法的区域。第二，ITS的思想逐步被应用到道路交通以外的多种交通方式，智能化研究不仅仅局限于车辆和道路，而是以推进整个交通系统智能化为目标。综合智能交通系统的概念逐步形成，成为实现各种方式的地面交通以及与之相关的空际和海洋交通一体化的重要手段。

3.2.1 美国

2001年，美国在TEA-21的框架下，由美国运输部和美国智能交通协会（ITS America）联合编制了"美国国家智能交通系统10年发展规划"。这一规划对新世纪美国交通运输业的发展产生了深远的影响。

（1）发展方向

美国ITS在已有成就基础上，确定今后10年国家ITS发展方向和目标以及为实现ITS的发展目标所必须采取的行动。

未来ITS的两大发展主题：

①项目发展主题（Programmatic Themes）指明了今后新技术开发与应用的重点领域，主要有：

首先，建立一个全国性的、整体化的交通运输信息网络，使公众出行更加方便、更加省时、更加经济，提高货运效率，更有效地完成货物运输任务。

第二，开发先进的车辆防撞技术，大量减少撞车交通事故，将交通安全和运输效率提高到史无前例的水平。

第三，开发交通事故自动检测、通报和应变技术，使救护人员尽快到达事故现场，争取救护伤员、拯救生命的宝贵时间。

第四，进一步研发先进的交通管理技术，智能、自适应地管理各种地面交通，区域性交通网络应当在超越地区界限和运输方式的前提下，无间隙地整合起来，实现一体化的运行目标。先进的交通管理系统还应在保障交通安全、防止交通事故、提供事故救援和快速恢复事故现场的交通秩序等方面发挥其功能。

②辅助发展主题（Enabling Themes）旨在解决一系列非纯技术性方面（如社会、机构和政策等）的有关问题，包括以下内容：

首先，促进交通行业运行机制的转变，未来10年ITS项目将更加重视系统对用户的优质服务和系统性能的优化，交通行业的运行机制朝着向用户提供优质服务的方向转变，通过系统管理来提高车辆——设施的整体性能。

第二，明确政府有关公共机构的作用、关系和投资机制，形成适应于ITS发展与建设的、新的地区性机构及其共同协作关系，支持地区间整体化、多方式交通运输系统的运作和服务。

第三，将ITS发展与建设纳入到各级政府的基本投资计划程序之中，创建新型投资机制。

第四，发挥私营企业界的作用，开辟资金来源，在政府各级机构和私营企业界之间建立健康的互惠关系。

第五，重视基于驾驶行为的人的因素研究，深入理解出行者的出行行为和驾驶行为等人的因素是实现 ITS 各种潜在效益的重要保证。

(2) 实施重点

在以上规划的原则下，国会要求运输部的 TEA-21 执行期间（1998～2002 年）将开发和应用集中在两个方面：

首先是实施和集成智能基础设施（ITI），要求在 2003 年底实现：

①大都市区 ITS 设施：交通管理、信息服务、公交服务；

②商用车 ITS 设施：商用车信息系统与网络（CVISN）；

③农村公路 ITS 设施：天气信息、冬季交通、农村交通。

其次是试验和评估智能车辆，支持在未来 5～20 年内有应用趋势的先进技术的研究、开发和试验，重点在安全和安保服务（safety and security）以及辅助驾驶和车内控制系统。

(3) 实施效果

根据美国政府 ITS 效益评估报告，各系统的实施效果为：

①干线管理系统：延误减少 5% ～ 42%。

②高速公路管理系统：减少碰撞 21%，使高速公路范围的交通量增加 10%，出行时间减少 22%，节约燃料 2% ～ 55%。

③公共交通管理系统：基于 GPS 的自动车辆定位系统在地区运输区域的调度人员、经营商使用群体中的适应性很好，调度员能更快速与有效率地沟通公共交通信息。大约 80%的调度员发现系统“容易”或“非常容易”使用，约 50%的经营商和街道管理人员也有同样感觉，系统已减少乘客迟到 21%。

④事故管理系统：系统缩短平均事故持续时间在 1999 年为 55%，2000 年为 57%。

⑤电子支付系统：在加利福尼亚州文图拉对智能卡电子支付系统的评估指出，每年减少逃避收费潜在节约 950 万美元，减少数据收集费用 500 万美元，消除转账过失 99 万美元。

⑥出行者信息：多于 99%的被调查者说他们受惠于避开交通流、节约时间、减少失望以及按时到达目的地；81%的被调查者说他们已将这项服务推荐给其他人。

⑦道路气象管理：当与天气有关的警示张贴在动态消息信号板上时，车辆速度明显降低。在大风雪覆盖路面期间显示警示消息时，车辆速度下降 35%，而与之相比在没有动态消息信号时只下降 9%。

⑧商用车辆运营：电子提供资格证书减少纸面工作并节约提供证书的费用60%～75%。

⑨碰撞警示系统：国家公路交通安全管理局建模研究显示，碰撞警示系统将在51%的碰撞情况中有效。

⑩司机援助系统：在一年期间，出行者使用车载导航装置能减少延误8.1%，减少碰撞率4.6%，并减少燃料消耗3%。

3.2.2 日本

日本认为智能交通的发展与人民生活水平的提高有着密切关系，为此提出21世纪ITS发展的四个阶段：

第一阶段：2000年前后，ITS的初始发展阶段。在此阶段，交通信息主要提供给已经运行的道路交通信息通信系统（Vehicle Information and Communication System，下简称VICS）和相关系统，交通堵塞信息和最佳路线信息将提供给车载导航系统，使驾驶员能够减少出行时间并提高旅行的舒适性。在本阶段的后半段，通过使用电子收费系统，达到减少收费站拥堵的目的。

第二阶段：2005年前后，通过逐步引入用户服务的思想开始交通系统革命，ITS将有关目的地的服务信息和公共交通信息直接提供给用户。在此阶段，通过驾驶员安全驾驶系统和行人安全保护系统来减少交通事故的发生。另外，公共交通的舒适性和便利性也将得到极大提高。

第三阶段：2010年前后，ITS将被推进到一个更高水平，基础设施，车载装置，法律和社会系统将促使ITS成为一个稳固的社会系统。ITS的作用将是全国性的，通过对ITS更多更高级功能的认识，自动驾驶将全方位地发挥作用，汽车将成为一个安全和舒适的处所。

第四阶段：2010年之后，ITS的所有系统都已经投入使用，ITS已经进入到了一个成熟时期。由于ITS布设的大量光纤网和建立的各个服务系统，整个社会将进入到高度信息和通信的时代；自动驾驶的需求在此阶段将会大大增加，ITS作为一个基本系统将会被整个社会所接受，尽管交通量不断增加，但交通事故将极大地减少。道路已经不再拥堵，道路环境与整个地球环境更加和谐。

根据2004年ITS世界大会反映出来的情况，日本当前ITS开发和应用的成功标志有：

（1）交通信息服务广泛应用

由于广泛的用户和市场需求、完善实用的服务、成功的商业运作模式，使得VICS在日本呈现加速发展态势。截至2004年6月底，VICS车载器安装累计超过1000万台，并已经成为车辆导航系统的标配。加上其他的车载导航系统，日本累计有1500多万台车载导航器投入使用。

（2）电子收费（Electronic Toll Collection，简称ETC）成功应用

目前在全国已有1400个收费站提供ETC服务，售出近400万个电子标签，占全国车辆的5.4%。ETC在日本应用的直接结果是，现在日本首都高速公路干线收费站的拥堵现象减半。当明年利用率达到50%时，由于缓解、消除高速公路收费站拥堵而使全国每年少损失3000亿日元，减少收费站周围二氧化碳排放20%。

(3) 车路协调技术初步试验成功

车路协调技术主要是基础设施和车辆互通信息，侧重于改良基础设施保证车辆的安全性。在日本称之为先进的道路支援系统，也叫智能公路系统(Advanced Cruise-Assist Highway System，AHS)，日本已经选择了七个事故黑点进行了AHS的实证试验，在奈良县国家25号公路的试验点上，设立了前方事故危险报警装置，一年的试验中，将由于视线不良造成的事故降低了70%以上。

(4) 软件产业和3G等与ITS正在快速融合

日本的第三代移动通信系统都已经开始商用，基于新一代的3G通信的ITS信息服务系统用户开始快速增加，手机已开始提供一些类似导航仪的地图形式的交通信息。

3.3 发达国家的智能交通发展趋势

从2003年和2004年ITS世界大会以及各国的技术研发热点和市场情况来看，ITS已经逐步进入人们生活。因此，日本和欧洲不约而同地提出了“第二代ITS”的概念。

首先，2005年日本明确提出ITS进入第二阶段，其核心为“实现智能型移动信息社会”，通过驾驶员安全驾驶系统和行人安全保护系统来减少交通事故，提高公共交通的舒适性和便利性。其次，通过分析日本、欧洲和美国等发达国家下一阶段ITS发展计划，发现其发展方向具有以下共同特点。

3.3.1 交通信息采集、处理和发布技术将快速发展

交通信息服务带动了采集、处理、发布等技术手段的发展，主要体现在以下两个方面：

首先，各种信息采集技术的发展，为交通信息技术和设备的进步提供了基础，因此今后一段时间在视频、电磁波（包括红外和激光）、压力和电磁感应等技术方向，将出现更多的实用性强的信息采集设备。同时定位技术、车辆自动识别（Automatic Vehicle Identification，简称AVI）技术和通信技术的发展，将使浮动车技术得到更快发展。

其次，信息技术的进步和成本的降低，使得交通信息处理能力成倍增加，

为 ITS 数据的综合应用提供了基础。但是经处理的交通信息必须以适当方式提供给交通参与者，因此开发成本低、使用经济的交通信息发布技术和设备将是各国 ITS 建设的重要内容。

3.3.2 综合交通信息平台为出行服务

日本提出要在2007年之前在开放平台的基础上，开发共用软件、面向多应用的车载单元、共用硬件设施，从而建成 ITS 共用基础设施。这种想法与我国交通综合信息平台的提法有异曲同工之妙。

3.3.3 交通安全和社会公共安全成为关注的焦点

安全是现今社会的一大焦点问题，目前发达国家对安全的重视甚至超过了对交通效率的关注，也是近几年来国际 ITS 界的新热点。各国（地区）政府提出了未来一段时间的交通安全目标如表 3-1 所示。

各国的交通安全目标　　表 3-1

国家或地区	安全目标
美国	·美国运输部：到 2008 年，每亿车·英里的碰撞事故发生数量由目前的 1.51 起减少至 1.0 起 ·美国联邦汽车运输安全管理局（Federal Motor Carrier Safety Administration)：到 2008 年，由大型货车引发的死亡率由 1996 年的 1.8 人减少至 1.65 人（单位：每百万车·英里）
日本	2003 年 1 月，日本政府提出在 10 年内将交通事故死亡率降低一半
欧盟委员会	到 2010 年，交通事故死亡率降低 50%；2020 年实现交通事故 0 死亡率
英国	到 2010 争取实现： ·普通道路上的死亡和重伤人数减少 40% ·高速公路上的死亡和重伤人数减少 1/3 ·造成轻微人员伤害减少 10%（普通道路与高速公路） ·儿童死亡或重伤人数减少 50%
澳大利亚	到 2010 年，交通事故死亡率降低 40%

为实现以上目标，除了在基础设施、法律和教育等方面采取措施外，智能交通技术的开发和应用是重要手段，其中包括：

（1）欧洲道路安全行动计划（eSafety）

eSafety 的概念由欧洲 ITS 组织欧洲智能交通协会（ERTICO）最先提出，主要内容是充分利用先进的信息与通信技术（Information and Communication Technology，ICT），加快安全系统研发与集成应用，为道路交通提供全面的安全解决方案。除自主式的车载安全装置外，还须考虑车路协调合作方式，即通过车车以及车路通信技术获取道路环境信息，从而更有效地评估潜在危险并优化车载安全系统的功能。

（2）美国的智能车辆推进计划（Intelligent Vehicle Initiative，IVI）

该计划以 Human Factors 为基础，防止驾驶员分神，促进碰撞防止系统的研发应用。

（3）车载辅助驾驶系统日益完善和实用化

针对交通安全问题的车载辅助驾驶系统日益完善和实用化，各汽车生产商及零部件提供商纷纷推出自己的最新技术产品。据欧洲智能交通协会（ERTICO）预测，到 2010 年，20％的新车将配备辅助驾驶系统。

3.3.4 车载系统与道路设施的协调配合受到重视

（1）美国的车路整合（Vehicle—Infrastructure Integration，VII）

由美国联邦公路局、AASHTO、各州运输部、汽车工业联盟、ITS America 等组成的特殊联合机构，致力于通过信息与通信技术实现汽车与道路设施的集成，并以道路设施为基础，计划 2005 年推出可以实施的产品。各州将采用统一的实施模式，采用 Probe vehicle 获取实时交通数据信息，支持动态的路径规划与诱导，提高安全和效率。

（2）美国的协作式自动车路系统（Cooperative Vehicle-Highway Automation Systems ，CVHAS)

CVHAS 是一个以美国加州为首的 11 个州和本田技研公司等参加的合作基金组织，这 11 个州代表着美国人口的 35％。其目标是提供驾驶的辅助控制或全自动控制；信息获取方式：车载传感器；车路或车车间通信。近期的研究重点在公共汽车（Bus Rapid Transit，BRT）自动化以及交叉路口安全支持。

（3）日本智能道路（Smartway）

根据日本的“Intelligent Road Schema/Smartway 2001”计划，日本政府、企业以及研究机构正在积极推动日本 ITS 进入新的发展阶段。这一阶段中，将遵循 ITS 的理念，利用 ITS 相关技术，如 VICS、ETC、AHS（Advanced Cruise-Assist Highway System）先进的公路巡航/辅助系统以及信息与通信技术等，进行道路基础设施整合，实现 ITS-integrated infrastructure，即“Smartway”。

3.3.5 积极研究创建了基于信息共享平台和互操作技术的铁路综合信息集成系统

（1）欧洲 21 世纪干线铁路总体解决方案：欧洲铁路运输管理系统 ERTMS。

（2）北美的先进列车控制系统 ATCS 和先进铁路电子系统 ARES。

（3）日本新干线的列车运营管理系统 COMTRAC 和 COSMOS 及新一代列车控制系统 ATACS 等。

第4章 我国智能交通系统的发展现状和水平分析

4.1 我国智能交通的发展历程回顾

我国学者开始关注国际 ITS 的发展始于 20 世纪 90 年代，他们通过各种途径和方式将 ITS 的概念和内涵介绍到中国，但是我国实际上从 20 世纪 70 年代末就已经开展在交通运输和管理中应用电子信息技术的研究和项目。70 年代末，交通部公路科学研究所与北京市公安局合作首次在中国进行计算机控制交通信号的工程试验，80 年代初国家科技攻关项目“津塘疏港公路交通工程研究”，首次在高等级公路上把计算机技术、通信技术和电子技术用于监视和管理系统。

在 1986～1995 年期间，国家在交通管理系统方面开展了一系列科学研究和工程实施，在城市交通管理、高速公路监控系统、收费系统、安全保障系统等方面取得多项科研成果，并开发生产了车辆检测器、可变情报板、可变限速标志、紧急电话、分车型检测仪、通信控制器，监控地图板等多种专用设备，制定了一系列的标准和规范。“九五”期间，我国正式开始进行国家 ITS 体系框架、国家 ITS 标准体系以及电子不停车等方面的研究和试验，交通部还专门在北京通州公路交通试验场建立了智能交通试验室，拨款 1300 万元，用于实验室建设。

在“九五”工作基础上，“十五”期间以国家科技攻关计划“智能交通系统技术开发和示范工程”重大项目实施为代表，掀起了全国各大城市对智能交通系统的研究、开发、应用和建设的热潮，北京、上海、广州、天津、深圳、重庆、济南、青岛、杭州、中山等十个具有不同交通特点的城市，分别进行了有关智能化交通指挥、智能化公交调度、交通共用信息平台为主要内容的智能交通应用示范工程建设。同时一批涉及城市和城间道路交通管理的智能交通关键技术及共性技术研究以及车载信息装置、交通信息采集设备、车辆安全辅助驾驶、专用短程通讯设备等都进行了不同程度的开发和应用。

通过多年来中国交通科技界和工程界的不断努力，中国在智能交通系统的开发和应用方面也取得了一定进步，为今后智能交通系统的深入开发和应用打下了良好的基础。

4.2 中国智能交通的总体发展现状

经过“九五”、“十五”近10年的发展，我国的智能交通系统已经从概念进入应用试验阶段。以道路运输为主的智能交通系统研究和建设应用，在改善城市交通状况、解决城市交通拥堵问题、提高城间道路管理水平等方面发挥了一定作用，智能交通技术已经成为解决交通问题的重要技术手段之一，与此同时铁路、民航、水运也在进行着不同程度的智能交通技术开发和应用。尤其是国家“十五”科技攻关计划项目“智能交通系统关键技术开发和示范工程”的全面实施，促进了我国智能交通系统从技术研究到工程示范应用的全国开展，智能交通系统建设已经成为地方交通工作的重点内容之一。

4.2.1 铁路

已初步形成了以铁道部为中心、联结全国各铁路局较为完整独立的专用通信网络。研制成功了许多先进的业务系统：铁路运输管理信息系统、调度指挥管理信息系统、车号自动识别系统、全路客票发售和预定系统、行包管理信息系统、铁路办公信息系统、行车安全综合监控管理信息系统、车辆管理信息系统、财务管理信息系统、工务管理信息系统和全国铁路信息服务系统等将近40个信息系统相继开发并部分投入了使用。

2000年开始在国家和铁道部的支持下进行了涵盖运、机、工、电、车辆所有业务领域的铁路智能交通系统的体系框架、标准体系、试点工程等方面的全面研究。但是还没有针对铁路信息共享平台关键技术进行专门研发。与铁路（轨道）交通信息共享与服务平台相关的关键技术，如数据存储与集成技术、用户身份认证与权限管理、智能搜索引擎、开放互操作模型（OIM）技术、空间信息与定位服务技术、动态数据交换、元数据管理技术、数据融合与挖掘等研究方面取得了一定进展。

4.2.2 民航

民航在我国目前各种运输方式中智能化程度最高，民航智能化主要包括两方面的内容：即机场智能化建设和空中交通管理智能化。

国内新建的大型机场在智能化建设方面有如下特点：新建机场重视机场智能化建设，投资规模比重较大，就北京、上海、广州三大机场而言，智能化相关投资占到机场建设总投资的5%～10%，达到几个亿的规模；在智能化建设中均通过国际招标，选用国际上先进成熟的系统和设备，基本实现与国际接轨；系统在机场内部集成化程度较高，采用中央数据库等先进技术，分散的应用系统可以互相协调交换信息。成都双流、西安咸阳、厦门、深圳等年旅客吞吐量在500万人次以上的机场，均建立了中等规模信息系统，具备了基本应用功能。这些系统一般选用了国内开发商研制的产品，性价比较高。

民航空中交通管理智能化水平居国内各行业交通组织与管理智能化水平之首，空中交通智能化管理主要完成以下三个任务：空中交通服务，空中交通流量管理和空域管理。其中空管装备，通过系统引进，技术消化、吸收和自主研发，已经基本具备了自主研发的基础设施和技术储备，在技术上和装备上均取得了阶段性进展。

航空信息领域，一些国内科研院所和企业在民航领域内可承建单一功能的空中交通管制系统，其中“新一代空中交通服务平台关键技术及其应用”项目成果荣获2004年国家科技进步一等奖。但是我国民航领域还没有构建综合信息服务平台。

4.2.3 水运

水运是综合运输系统的重要组成部分。为适应国际海运市场的要求以及提高我国港口和内河管理水平，我国在水运信息化方面开展了大量工作，取得了显著成绩，为提高运输效率和确保航运安全做出了突出贡献。目前，水运已应用或开发的智能化系统主要有：保障运输安全为主的全球遇险搜救系统，电子海图显示与信息系统，船舶自动识别系统，船舶交通管理系统、卫星导航与船舶监控系统，散货码头自动化管理系统，集装箱码头智能管理系统，船闸自动化管理系统，智能卡系统，电子数据交换系统等等。

4.2.4 道路运输系统

道路运输与其他几种运输方式相比，其组织化程度最低，道路车辆的行驶随意性极大。由于道路交通的这种特殊性，国外智能交通系统的开发和应用都是从道路开始，其主体应用也在道路领域。与国外相同，我国的智能交通技术也主要围绕道路运输系统进行，目前已在智能交通整体框架和标准的研究、智能交通关键技术研究和软硬件产品的研发以及示范工程建设等方面取得了一定成果，部分大城市已将ITS列入城市交通发展规划中。

（1）技术研发现状

经过“十五”攻关，我国已在数据管理、信息采集与融合、短程通信、智能车路控制等技术领域以及系统集成方面取得了具有自主知识产权的创新成果；已经实现交通信息采集、车载信息处理和车辆安全装置等关键产品的国产化。根据统计，仅“十五”国家科技攻关计划智能交通系统关键技术开发和示范工程重大专项中申请专利40项；制定国家标准72项。企业标准15项；建立示范点44个，中试线8条，生产线8条；成果转让合同数达44项。其中关键技术成果突出的有：

①针对交通信息数据巨大、内容和形式复杂的特点，提出了ITS数据管理系统的概念性设计和ITS数据规范的框架，在ITS数据质量控制、数据抽样、数据集成、数据压缩与存储、分布式动态ITS系统以及数据再获得方面进行了研究，成果在北京公安交通管理局使用，提高数据存储和管理效率70%以上。

②解决了城市公交线网优化技术并开发了公共交通优化决策支持系统，在南京和苏州等城市公交线网规划中应用。

③专用短程通信（DSRC）领域，开发了主动通信方式下的双片组合式电子不停车收费技术，中国DSRC领域标准化工作已突破欧美被动式系统的壁垒，以该技术为基础开发的设备已形成20万片生产能力，并在广东全省2400公里的高速公路上全面应用。

④智能化汽车技术领域进行了汽车安全辅助装置开发，已经研制出为车辆安全辅助驾驶服务的车载扫描式雷达探测装置，探测距离大于100米（能见度大于50米的条件下），水平扫描角度大于10度，扫描频率大于4Hz，距离误差小于2米；研制了具有自主知识产权的电子油门和辅助制动装置，建立了整车控制模型。该工作得到国外同行的认可，并以此技术参与了国外公司的联合研究。

⑤智能车路研究取得突破性进展，自主成功研究开发了一套拥有完全知识产权的磁性标记诱导、车路协作、纵向和横向智能车辆控制的理论和关键技术设备，实现了车辆车道自动保持以及车路信息交互等功能。已获国家专利3项，填补了国内研究的空白，该技术已达到国际先进水平，在新疆地区已开始工程应用试验。

（2）智能交通系统工程建设及应用现状

“十五”期间在智能交通应用开发过程中，以城市、城间道路运输为主要实施对象，开展了智能化交通指挥、调度与管理系统，智能公交调度，综合信息平台为主要内容的示范工程建设，取得了一定成效。

交通部在“十五”期间进行跨省市联网收费、高等级公路综合管理系统和跨省市旅客快速运输系统的示范工程建设，取得良好效果。其中跨省市联网收费项目填补了我国跨省市联网收费系统的空白，并且形成了跨省市联网收费的新型管理体系，为交通部在大区域实施联网收费提供了技术和经验基础。

上海、广州、北京等特大城市开展的智能交通应用示范也取得了较好示范效果，广州市已经完成了综合信息平台的建设工作，将多种运输方式的数据集中在一个平台上建设和应用，首次实现了我国客、货运输的“大通关”服务。目前该平台在广州处于试运行状态，基本稳定可靠运行，能够初步实现公交车、出租车等交通数据的收集、融合与处理，道路拥堵趋势分析、公交线路行车速度分析、线路优选、行车诱导、客运票务查询等信息服务功能。

北京市公安交通管理局在示范工程建设中，除国家攻关拨款 400 万元以外，配套建设经费达 5.5 亿元。经过近 3 年的建设，目前已建成了较为完善的智能化道路信号控制、信息采集与发布、停车诱导等主要系统，实现了非现场执法、多种方式的实时动态信息发布、全市 1200 余处路口交通信号配时集中优化，使干线沿线的平均停车次数减少了 15%～20%；平均旅行时间减少了 10%～15%，其中计算机实时优化方式的协调控制是目前国际上先进的信号控制技术。

上海市智能交通系统示范工程——延安高架路交通监控系统试开通以来，已经发挥了明显作用，延安高架道路西向东主线的交通状况明显好转。在保持流量不变的情况下，道路服务水平有很大程度提高，断面畅通时段的增幅平均达 20%，延东路段的堵塞时段减少近 20%；行车速度有显著提高，断面平均车速提高了近 20%。

总之，智能化交通管理系统的实施，提升了城市交通管理与控制系统的科技含量，提高了管理者的能力和水平，增强了为出行者提供交通信息服务的意识。智能化公交调度系统的示范成功，为解决目前我国公交系统现存的运营问题提供了良好的技术方案。交通共用信息平台建设，开辟了我国交通运输组织与管理的新模式，对促进区域交通一体化和综合交通体系的形成具有十分重要的意义和作用。以技术创新促进管理体制创新，提高高速公路的管理和服务水平，为百姓带来了真正的方便和实惠。

(3) 智能交通产业化情况

由于目前我国 ITS 的发展阶段的特点，使得中国智能交通市场前景不十分明晰，在具有地域和文化背景的交通信息服务领域还未形成市场和有效的价值链，而承担交通机电工程的系统集成商在项目中大量购买进口产品，使得原定的整体产业化目标并没有实现。但交通信息采集设备（如视频和微波交通信息采集设备）和基于 DSRC 开发的电子不停车收费（ETC）设备，已经形成产业化并在我国城市和公路上开始大范围应用。

4.2.5 我国智能交通发展的特点

（1）近 10 年我国 ITS 的发展特点主要表现

①中国 ITS 与基础设施建设同行

发达国家的 ITS 建设是在城市交通基础设施建设基本完成，交通管理比较完善，信息技术已经普及的条件下进行的，推进 ITS 发展的技术和物质基础比较坚实。而我国是发展中国家，经济发展还处于工业化发展中期，交通运输基础设施建设刚刚开始上台阶，必须将 ITS 的开发、应用与基础设施建设结合起来。这种区别既表明我国 ITS 发展过程的艰巨性、长期性；又说明建设 ITS 采取与先进国家不同的方式，即将 ITS 基础设施建设与交通运输基础设施建设同步进行，而不需要对原有系统修补、改造。

②努力发展具有自主知识产权的 ITS 技术

在我国，广阔的 ITS 应用市场与相对薄弱的技术自主开发能力、产品研究成果转化能力的矛盾十分突出。因此，在 ITS 发展过程中，坚持既要对外开放，博采众长，更要注意发展具有自主知识产权的 ITS 技术，以 ITS 推动传统产业的优化升级，培育支撑我国 ITS 发展的坚实物质技术基础。

③近期内以投资类产品为主

与发达国家相比，我国的信息化水平以及经济水平较低，因此在中国开发和推销 ITS 相关产品与发达国家有很大不同。近期内中国使用 ITS 产品的最大用户将是基础设施建设的投资者。个人用户将 ITS 产品作为消费品使用仍有一段时间。在中远期，我国必须形成自己的技术力量，以此保证我国 ITS 的健康持续发展。

④道路交通以混合交通为处理对象

中国城乡道路交通均存在着非常突出的混合交通问题，特别是城市道路，非机动车和行人占据了道路面积的相当一部分，加剧了城市道路交通的拥挤。

（2）推进模式及不足

从“十五”攻关项目实施效果来看，我国智能交通系统已在技术攻关、示范工程的建设、企业产品的研发和市场化以及社会环境体系建设等多方面取得了一定进步，中国的智能交通系统已进入实质性的工程建设、应用试验阶段，多方参与、多主体建设、多元化投资的良好局面已经形成。

我国智能交通技术开发和应用工程建设情况

表 4-1

交通方式 \ 系统名称		智能化交通管理系统	客运管理系统	货运管理系统	联网电子收费	信息与服务	事件管理系统	智能公路与车辆	售票系统	智能调度	智能化安全系统
道路	城市	中等规模使用、国内有产业	有成果、试验应用	未开展	有成果、试验应用	中等规模使用、国内有产业	研究初期	未开展			
	公路	有成果、试验应用	中等规模使用、国内有产业	有成果、试验应用	中等规模使用、国内有产业	中等规模使用、国内有产业	研究初期	有成果、试验应用	中等规模使用、国内有产业		研究初期
铁路				大量使用、国内产业化			研究初期		大量使用、国内产业化	中等规模使用、国内有产业	研究初期
水路		有成果、试验应用	中等规模使用、国内有产业	大量使用、国内产业化		有成果、试验应用	研究初期		中等规模使用、国内有产业	中等规模使用、国内无产业	中等规模使用、国内无产业
民航		大量使用、国内无产业	大量使用、国内无产业	大量使用、国内无产业					大量使用、国内无产业		大量使用、国内无产业
国外类似系统		ATMS	APTS	CVO	ETC	ATIS	EMS	AVCS	EFC		

交通涉及公共利益，也是国家重要的基础设施，政府的管理和控制是必然的，智能交通作为改善交通运输环境，提高交通管理水平的重要技术手段之一，因此从政府层面上推动，再加上市场的拉动，能够带来比较理想的实施效果。例如，各示范城市均是以政府名义组织申报项目，实施单位也均以各地交通管理部门为主，多数示范城市成立了以主管市长牵头、各部门参加的地方性协调指导组织结构。在示范工程的项目实施过程中，由政府调动各方资源，协调工作，有力地推动了示范工程建设。在政府主导的大方向下，各地根据具体情况采取了各具特色的组织模式，如：广州的政府领导，各方投资，银行融资；北京的科技攻关与国家技术项目相结合；青岛以大企业(如青岛海信）为主实施，政府支持，上海由政府牵头，集中在一个领域实施，突出效果等。总之，中国智能交通是以政府主导和推动，研究机构、院校和企业参与的方式发展的。

总结“十五”期间，应该说智能交通系统得到了较快的发展，但在发展过程中也有诸多不足，主要表现在：

①市场化和产业化没有达到预期效果，拟扶持的智能交通企业因各种原因，没达到理想的实施效果。

②从目前全国智能交通的发展看，整体效应没有充分发挥出来。尤其是对区域性交通运输与管理水平的改善效果尚不明显。

总之，我国的智能交通技术开发和应用工程建设主要还是体现在为政府服务上，其他为公众服务的系统和技术仅处于试验、探索阶段。具体应用情况见表 4-1。

4.3 对中国当前智能交通系统发展的评价

4.3.1 我国发展智能交通系统的经验

总结我国 ITS 发展的基本经验，可以概括为以下几个方面。

(1) 各级政府的高度重视

我国政府十分重视和支持智能交通技术的发展和应用。为加快用高新技术改造传统产业，科技部从 1996 年开始组织了 ITS 领域的一系列国际交流和合作，支持在国内开展研究和开发。

国家在《国民经济和社会发展第十个五年计划综合交通体系发展重点专项规划》，已经将引进、开发智能交通等当代最先进的交通运输技术，作为“十五”期间综合交通发展所要采取的主要措施的一部分。同时，科技部在《国家中长期科学技术发展规划工作》中，也将智能交通系统作为交通运输业重点实施项目之一。交通部、铁道部、建设部、公安部也从“七五”开始就交通中的具体问题开展了电子信息技术应用的研究，在"九五"、"十五"期间，开始了ITS的规划、体系框架制定，以及实际应用系统的研究和应用。

智能交通系统的开发与应用涉及综合运输系统中的许多部门，为了便于协调，2000年国家科技部组织交通部、铁道部、公安部、建设部、国家技术监督局等有关部门，组建了我国ITS政府协调组织领导机构（全国ITS协调指导小组办公室），总体规划包括道路、铁路、水运、民航在内的我国ITS发展战略、标准制定和人才培训，组织ITS关键技术攻关和示范工程。

政府的高度重视是我国顺利推进ITS建设的重要前提。ITS是一个复杂的系统工程，它不仅涉及新技术推广应用方面的问题，而且涉及到体制、管理、思想观念等多方面的创新和改革，因此高层领导的参与是实施改革的必要条件。

（2）坚持走有中国特色的ITS发展模式

ITS是提高交通效率、保障安全、减少环境污染，促进传统交通运输产业优化升级的有效途径之一。我国政府十分关注这一新的发展趋势。在"十五"国民经济发展纲要中对建设综合交通体系，发展智能交通做出了明确规划："交通建设要统筹规划，合理安排，扩大网络，优化结构，完善系统，推进改革，建立健全畅通、安全、便捷的现代综合运输体系。"特别是要"充分发挥各种运输方式的优势，发展和完善城市间旅客快速运输、大城市旅客运输、集装箱运输、大宗物资运输和特种货物运输五大系统。以信息化、网络化为基础，加快智能型交通的发展。"

（3）坚持开放原则，充分利用国外智力和技术资源

为了有效、迅速地发展ITS，必须充分利用国外智力和技术资源。中国政府从1996年开始组织了一系列的国际交流和合作，每年都有专家、学者、企业代表参加ITS世界大会，并与欧盟、英国、美国和日本等共同组织ITS国际会议。与欧盟于1998年2月合作成立了"中欧ITS信息服务中心"(STICN-ISC/ITS)。同年，与欧盟ERTICO组织签订了合作项目成立中欧智能交通培训中心。我国在有关项目的建设中引进了大量先进技术和设备。坚持开放原则，充分利用国外智力和技术资源，是我国ITS发展建立在高起点上的重要保证。

在充分利用国外智力和技术资源的同时，也强调自主开发、技术创新。在科技部"十五"科技攻关规划中，将ITS的一些关键技术和共性技术的自主创新作为重点，投入了一定的资金。通过关键技术的研究和开发、示范应用，建立适合我国实际情况的ITS技术体系，为我国ITS的发展奠定基础。

4.3.2 我国智能交通系统发展中存在的问题

我国的ITS开发与应用正处在一个关键时期，高新技术企业和专家对其

抱有极大的热情，而面对越来越严重的交通问题，各级政府官员也希望通过ITS的开发和应用能够解决或部分解决面临的难题。面对这样一个局面，我们应该保持清醒的头脑，认真总结在ITS开发和应用中的经验，分析存在的问题。

(1) ITS的认识问题

在ITS刚进入中国时，多数人是怀疑的，而现在是对ITS寄予了极大的希望，赋予ITS过大的责任，使得ITS有些负担不起。因此有必要给ITS正名，对ITS的应用给出必要的基础条件。我们认为智能交通系统（ITS）是解决交通问题的方法和工具的一部分，这里有两个含义，首先ITS是一组方法和工具，主要用来解决交通问题，其次它仅是这类方法和工具的一部分，重点是通信和信息技术的应用，而且能够产生较好效果的前提是基础设施有一定的规模、法律环境良好以及使用者具备一定的素质。因此对ITS过高和过低的估计都是有害的，在当前特别要注意不能过高估计ITS对缓解当前城市交通拥堵的作用，我们应该清醒地认识到信息技术与交通工程基础设施必须有良好的匹配才能发挥应有的作用。

(2) ITS与当前实际需求的结合问题

ITS是一组方法和工具，我们应该选择能够解决当前最急需解决问题的方法和工具，换句话说就是在ITS领域中选择的开发和应用的重点应该能够解决当前问题。

我们当前应该在急需解决的问题中进行认真的分析，慎重选择试验和应用的项目，特别是要选择应用条件好，能够迅速见效的项目，这对ITS发展有极大的益处。

(3) 跨越式发展的问题

跨越式发展是当前谈得较多的问题，但就道路交通来说，需要认真分析而不能笼统来谈。首先来看基础设施，尽管当前中国社会和经济的迅速发展使得交通运输发展越来越快，而且进一步要求交通运输的超前发展，但是由于道路交通运输系统依赖大量的基础设施，而道路基础设施的建设需要大量的资金和一定的周期，虽然可以通过政策的支持和资金的投入缩短交通发展的历程，也可以提高基础设施建设的标准，但形成规模和系统仍然需要一定时间，因此ITS的应用必将受到基础设施的制约。其次从管理来看，有些论点认为ITS能使得交通运输系统跨越式发展。而单靠ITS是不可能的，ITS可以使交通系统的管理理念和管理手段跨越式发展，起到加速交通运输现代化进程的作用，但不可能使整个交通运输系统跨越发展。当然随着通信和信息技术，以及信息设备制造业的进步，我们现在不会再使用发达国家上世纪60～90年代的电子设备，我们今天的信息采集和加工能力远远大于上个世纪，但是人与物的移动仍然没变。

(4) 政府协调体制与资金投入

ITS与交通、通信、网络、计算机、多媒体及系统工程等多学科领域、多部门相关。1999年，由科技部牵头，联合建设部、交通部、公安部、铁道部、国家技术监督局等多个相关部委，组织成立了全国智能交通系统（ITS）协调小组，为推动交通系统的智能化发展提供了组织机制保障。同年11月，国家科技部又批准建立了“国家智能交通系统工程技术研究中心”，以国民经济、交通运输行业和市场的需求为导向，针对智能交通系统发展中存在的重大技术问题进行研究和开发。2003年，中国成立了全国智能交通系统标准化技术委员会。这些组织和机构的建立为协调中国智能交通系统的开发和应用起到了很好的作用，但与欧美国家的政府ITS协调体制相比，中国的全国智能交通系统体制缺乏高层行政领导的加入和应有的重视，因此政策制定力度和资金投入力度不足。中国在ITS的R&D公共资金投入，相对于日本和美国而言，差距较大。“十五”期间，国家相关部门（主要是科技部）在ITS的R&D投入为5000万元人民币；铁道部投入为2000万元人民币；交通部投入为3000万元人民币。

(5) 投融资体制

ITS是多种高新技术与交通基础设施和车辆的综合集成，因此在ITS研究领域占领先地位将意味着在ITS市场中取得主动权，进而获得高的回报率，否则无法形成具有自主知识产权的核心产品。同时由于信息资源具有替代性、附加性、秩序性、流动增值和综合再生性等性质，决定了信息资源的开发将是一个持续的过程，必须投入足够的资金才能保证其正常、高效地为社会各方面服务。

可以考虑利用市场运作手段，通过政策激励社会资金的参与。基础设施建设主要由国家出资，开发和运营资金可以考虑先由开发商垫付，成功之后通过收取服务费来维持运营和维护。

(6) 交通管理协调体制

当前，中国各行业主管部门的专业运输系统自成体系，管理职能分散，职能、利益的分割不利于ITS的整合。最明显的现象就是行业主管部门间的协调难，办成一件事更难。隶属于各个部门的各种信息系统、管理系统和控制系统，基本处于“孤岛型”运作状况，阻碍了各子系统效益的充分发挥，各个运作实体与行业内外的信息交换缺乏有机的纵横联系，ITS难以建设与运行。主要原因是缺乏能够协调各部门的国务院领导牵头的政府组织。

(7) 政策法规

智能交通系统涉及到社会、经济、生活的各个领域，它将极大地改变人们的交通行为规范和生活观念，其系统建设本身涉及多个方面，建设规模庞大，投资额度大，综合性强。无论是在系统建设过程中，还是系统推广应用阶段，都必须依法办事，规范操作。因此，围绕智能交通系统发展规划，必须制定相关法律法规与政策，以保障ITS能够顺利、健康地发展。但中国目前尚缺乏相关的技术政策、法律和法规。

目前，我国正处于ITS发展初期，既需要加大ITS开发力度，又需要在发展中规范建设行为，以打破部门垄断，促使交通信息在相关部门及行业之间实现真正的流动，创造竞争环境，推动企业和行业的技术进步，鼓励进行产、学、研相结合的技术创新，解决智能交通系统建设过程中的我国自主知识产权的技术源泉问题。因而，需要制定在财税、信贷、融资、人才、鼓励交通信息资源开放和共享、激励原始性创新等方面的政策，以及促进ITS发展的实施政策，研究ITS技术性的法律法规。

(8) 地区发展不平衡

中国整体社会发展水平，特别是经济和技术发展水平的东、西部差异、城乡差异很大，决定了中国ITS的发展必须针对不同地区、不同领域制订不同的发展政策。

(9) ITS的联合攻关及产业化

鉴于ITS的多领域性和理论、技术的尖端性，要求多行业、多领域、多部门、产学研的联合攻关。ITS的产业化将带动一大批相关产品的研发和生产，形成一个规模巨大的产业，对国民经济发展具有深远的影响。中国的企业、科研单位在ITS发展过程中，合作精神不强，独占一方观念太强，形成不了强大的研发、制造和产业化联合力量。

中国在ITS成果转化和产业化方面存在以下问题，一是成果转化率低；二是对引进技术的消化吸收和再创新不够。以至于国内的许多企业，在技术层次上还处在附加值较低的组装阶段，部分企业在从事具有中附加值的零部件、配套件生产；如交通控制系统的软、硬件国产化率低；大部分ITS产品在精度和可靠性方面与国外产品有差距，难以适应市场需求；盲目跟踪国际潮流，缺乏立足本国国情开发的、有特色的产品。

(10) 开展多种技术方案的比较研究

不同技术方案有不同的适应范围，具体在何种环境下运用哪种方案效果更好，需要从实践中得出结论。ITS发达国家，重视多种技术方案的对比性研究，不轻易否定任何一个理论上可行的方案，用实验的结果分析来得出结论。相比而言，中国缺乏此类比较研究。在中国的既往研究中，特别是国家大型攻关项目中做得尚且不够。

(11) 交通规划与智能交通系统

目前主要行业和城市在进行规划时还没有将智能交通系统作为规划的一部分，相当多的城市和行业只是将其列入科技发展的内容之一。如何将其融入常规的交通规划等业务中还是有待解决的问题。

（12）应用系统中硬件与软件

智能交通系统从组成角度看，是硬件与软件的集成，在投资上二者之间存在着一定的比例关系。若破坏这种比例关系，将既无法达到既定的目标，又造成极大的资源浪费。

我国智能交通建设上，存在着严重的投资比例失调问题，重视硬件建设，忽视软件研究、开发。如在我国交通指挥中心建设中，往往硬件设施大而壮观，而控制效果不尽如人意；又如在一些城市的公共智能交通建设，硬件上投资偏大，设备先进、齐全，然而缺乏软件的支撑，导致硬件设备无法发挥应有的作用，利用率极低，造成极大的浪费。

4.3.3　对我国智能交通系统发展现状的总体评价

智能交通系统（ITS）的正式提出是在1994年，与其相关的工作开始得更早些，发达国家积累了较多的经验和教训，对智能交通系统的效用和费用也有了初步的数据，第十届智能交通系统世界大会的主要的观点是：10年来，世界各地已经开始将ITS作为生活的一部分，形成了ITS业界，创造了新的智能交通系统产品和服务，也证明了其在改善人和货物运输的可达性、机动性和安全性方面的作用。虽然ITS在10年间取得了较大的成功，但是其不足也是明显的，主要就是产业和市场规模与10年前的预计差距很大，并且没有形成自己的价值链。市场上的主要障碍有：基础设施、产品和服务的成本；缺乏相对应的公共基础设施投资；相互连接的不充分和不协调，如交通数据、标准和互操作性的缺乏。

中国智能交通技术经历了近10年的发展，虽然已在解决智能交通发展的关键、基础及共性技术研究上以及智能交通的城市应用方面取得了一定进展，但是智能交通系统研究与开发还主要停留在以下阶段：

（1）国内智能交通的开发和试验多数是在单独领域或某一个具体技术或某一具体应用上进行的，而且这些试验以模仿和跟踪的内容居多。

（2）在涉及智能交通框架性的内容研究上，我国在“九五”、“十五”期间进行了两期研究，虽然具有较好的整体框架基础，但在实际建设过程中，绝大部分是围绕着当前交通中的具体问题；智能交通系统的开发和建设并没有按照整体框架设计的思路，主要以应急性和适应性的内容为主开展研发和建设，缺少系统的、突破性和独创性的研究开发和应用，特别是一些新领域还没有真正开展。

（3）我国的智能交通建设在改善城市交通状况，提高道路运输管理水平方面确实显现出一定的应用效果，但这些效果是零散、不突出，处在交通系统的附属或可有可无的地位。

（4）我国已建和在建的智能交通应用系统中，多数技术和设备来自于国外，我国自主研发的技术、产品仍处于试验阶段居多，离真正市场化、产业化还有一段距离，从事智能交通的企业与国外企业相比，在专业技术水平、人员素质等方面存在较大差距。

通过分析国内外智能交通系统的发展水平和应用状况，结合国内交通信息化乃至中国通信和信息技术的开发与应用情况，我们发现：①日本智能交通系统在 VICS 和 ETC 两个方面有成功的商业应用，而欧洲和美国均没有这么突出的成果；②国内外智能交通系统的提出、开发和应用，来自于交通本身的需求和技术及其产品寻找市场两个方面动力，而在中国技术推动的作用更突出一些；③当前欧美日在智能交通领域中的研究和开发，除汽车智能化外相当一部分来自其他高技术领域的扩展应用，这种由技术牵引出的扩展应用与交通系统的自身规律有相当的差距，由此造成应用效果和商业化水平不理想；④由此我们可以得出在智能交通领域中，适应交通运行和发展规律的，对交通服务、运营、管理、效率产生革命性作用的高技术开发有着广阔的发展空间。特别是在国外通信与信息通用技术快速发展的今天，在通用信息技术领域中，我国要有自主创新的成果是非常难的，而在智能交通领域发展才有 10 年，国外也在探索，尤其是我们有巨大的、带有社会和文化背景的应用市场需求，如果我们组织得当，将有可能在这方面形成独特的、有具体应用支撑的、有自主知识产权的高技术产业。

综上所述，我国在智能交通领域的总体状况可以归纳为以下几点：

第一，我国在各个领域都或多或少地开展了智能化交通的开发和试验；

第二，我国在智能交通系统体系框架上进行了两期研究，具有较好的整体框架基础；

第三，目前国内与智能交通相关的试验多数是在单独领域或某一个具体技术或某一具体应用上进行；

第四，我国智能交通系统的开发和试验过程中，模仿和跟踪的内容居多；

第五，我国的智能交通系统开发是围绕着经济和建设的现实问题，以应急性、适应性为主，严格讲是属于配合性的，系统性、突破性和独创性的研究开发，特别是一些新领域还没有真正开展；

第六，目前 ITS 在我国已经显现出一定的应用效果，但是效果零散、整体不突出，处在交通系统的附属或可有可无的地位。

第5章 我国智能交通系统发展的需求、环境与趋势分析

5.1 宏观层面的需求分析

5.1.1 国家战略层面的需求分析

交通是我国国民经济的基础产业，它不仅与人民生活密切相关，也是国防安全体系的重要组成部分。进行智能交通技术的研究，在涉及交通运输装备控制、交通运行方式调节、交通信息采集与应用、交通行为诱导与管制等现代交通核心技术上，开发具有自主知识产权的智能化、自动化和信息化的技术和产品，达到对运输的有效控制，实现低成本、安全、无缝的人或物的位移和流动，实现对智能交通领域从重点跟踪到突出跨越的战略性转变，符合国家总体战略。同时，对确保运输装备良好、安全的使用性能，对非常态下的交通运输安全性具有非常重要的意义。

在智能交通领域中，适应交通运行和发展规律的，对交通服务、运营、管理、效率产生革命性作用的技术开发有着广阔的发展空间。智能交通领域国外仍处在探索期，而我们有巨大的、带有社会和文化背景的应用市场需求，如果我们组织得当，将有可能在这方面形成独特的、有具体应用支撑的、有自主知识产权的高技术产业，交通领域的高技术研究是国家科技战略的重要组成部分，不可或缺的。

5.1.2 经济发展的需求分析

交通运输效率和水平直接影响我国经济的增长，在我国交通需求总量不

断增加的条件下，交通基础设施建设远远满足不了这种快速增长的交通需求。只有通过技术手段提高交通运输效率，提供更多的交通运输供给能力，才能够满足经济发展对交通运输业的需求。针对目前我国交通运输业科技水平较低的情况，对交通运输业的改造受技术约束，不能够快速实现产业升级换代，更谈不上跨越发展。因此从宏观经济的发展来看，经济的发展对以智能交通为代表的交通领域技术具有非常强烈的需求。

从微观经济角度分析，对智能交通领域进行技术研究，解决综合交通发展的关键技术问题，开发各种具有自主知识产权的产品、设备，不仅能为信息领域、通讯领域的设备或产品找到应用、发展的落脚点，同时智能交通本身也将形成自己的高技术产业。在智能交通技术与产品市场上占有一席之地，创造可观的显著经济效益。以交通信息采集设备为例，目前北京市正在进行大规模的交通信息采集系统建设，为实现四环路范围内的快速路和主干路的交通信息采集，已投资 4000 万元用于线圈、微波、视频、超声波等交通信息检测的购置，2005 年继续投资 4000 万元新建交通信息采集系统，如果系统中所有信息采集设备全部采用国产自主开发的产品，依据北京市的投资规划，按照 50 倍推算，全国的交通信息采集系统的市场需求量将达到每年 20 亿元。

5.1.3 促进人民生活水平提高的需求分析

开展智能交通技术研究、开发和应用，解决智能交通发展的关键技术问题，实现各种运输方式之间的信息共享，推动综合交通体系的形成。实现人和物的低成本位移服务，为公众提供方便、快捷的交通服务，是对公众提高服务所必需的。

5.2 我国智能交通发展面临的环境分析

对智能交通的发展环境分析，主要从影响智能交通发展的主要因素即经济、技术和社会三方面进行分析总结：

5.2.1 经济环境

中国是支持和稳定世界经济增长速度的重要国家之一，中国政治、经济的稳定吸引外商投资在全球占有非常大的比例。交通运输业在吸引外商投资方面占一定的比例。今后将有更多的资本进入交通运输业；国内经济在将来很长一段时间内的持续发展，提供了交通行业比较稳定的经济环境，同时区域经济一体化，更加强烈地表现在对交通行业的投资上体现为区域性，这是促进区域性综合交通体系建立的重要影响因素，智能交通通过信息服务等多种形式，为区域综合交通提供重要支撑条件，将成为各种资本投资的核心，因此在未来一段时间内，可以预测智能交通的经济发展环境是良好的。

5.2.2 技术环境

通讯技术、定位技术及网络技术的发展带动着国际 ITS 不断向前发展。支持智能交通发展的下一代通讯、互联网、定位技术的日益成熟以及宽带网的提供，为智能交通提供了充足的技术支撑体系。与此同时在国际技术市场全球化、一体化的进程中，在国际技术市场降低门槛的同时，引进国际先进的智能交通技术和产品已不再困难。通过国际合作，开发适合我国国情的智能交通技术和产品，将是今后解决影响我国智能交通发展的关键技术问题的重要途径之一。

5.2.3 社会环境

以人为本，建设和谐社会是当今社会的主流，而且中国正在逐步进入老龄化社会，能够提供方便的交通出行服务的智能交通系统越来越受到人们的重视，随着生活水平的提高，需求将会日益强烈。

智能交通系统在交通发展过程中的正面作用日趋明显，国家十分重视发展智能交通技术，无论是国家科技中长期发展规划还是部门和地方的交通规划都将智能交通作为重点加以考虑或实施，为智能交通创造了非常好的推进和应用社会环境。

5.3 不同经济区域智能交通系统的需求分析

未来交通运输需要重点解决需求与供应能力不平衡的问题、提高服务质量的问题和可持续发展问题，智能交通系统的最大挑战在于如何在满足社会发展对交通运输需求日益增长的同时，提高经济效益和安全性，减少对环境的不良影响。因此我国智能交通系统的总体需求主要集中在畅通、便捷、安全、经济和可持续发展几个方面。

根据目前中国智能交通系统发展的现状和特点分析，今后一段时期，我国的智能交通系统的需求具体体现在以下几个不同的方面：

5.3.1 东部城市智能交通需求分析

根据中国智能交通系统发展战略组的研究，我国东部、中部和西部三个地区的差异十分明显，由此我国东部、中部和西部地区经济、交通服务和 ITS 需求也有较大差异，见表 5-1：

我国东、中、西部地区经济与交通服务需求　表 5-1

项目＼地区	东 部 地 区	中 部 地 区	西 部 地 区
经济发展特征	经济较为发达，部分地区已经接近发达国家水平，基础设施建设较为完善，但是管理水平仍然不够	相当于 10 年前的东部地区	处在工业化、城市化的起步阶段，贫困人口较多
对交通服务需求	高质量服务	方便的出行服务	方便物品交换，温饱型交通需求
对 ITS 的需求	信息化、完善的 ITS 系统	初级管理系统	先做好农村公路和客运服务，ITS 开展仍需一段时间

以上这些特点就决定了我国近期和中期的 ITS 需求将会主要集中在我国东部发达地区的城市地带。

（1）我国东部城市特点

我国东部沿海发达地区，城市化水平已经较高。在很多城市已经出现较为明显的交通拥堵现象。同时各个城市对 ITS 的需求也与日俱增。“十五”国家科技攻关重大专项“智能交通系统关键技术开发和示范工程”中的 10 个智能交通试点示范城市有 9 个是在东部地区。

根据各个城市不同的经济发展水平和城市规模的大小，对我国 10 个 ITS 示范城市情况进行对比，我国 10 个 ITS 示范城市市区 GDP 的对比情况如图 5-1 所示。

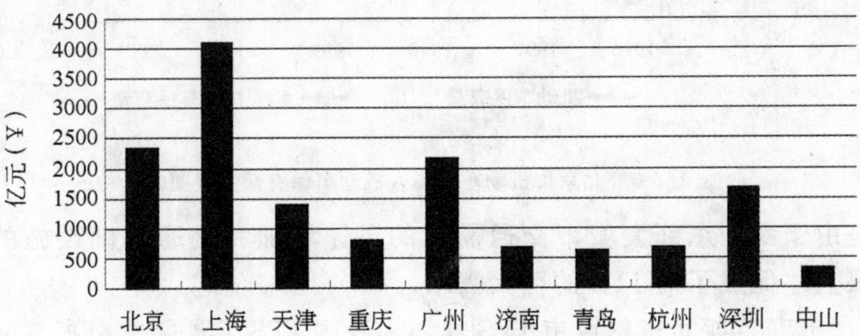

图 5-1　我国 10 个 ITS 示范城市市区 GDP 对比

从经济发展的角度看，10 个示范城市的经济发展水平普遍比较高。属于国内经济最为发达的城市。从交通现状的条件来看，一般中国国内城市的人均交通资源都是比较有限，大城市（市区人口 500 万以上）人均铺装道路面积比较小，如图 5-2 所示。

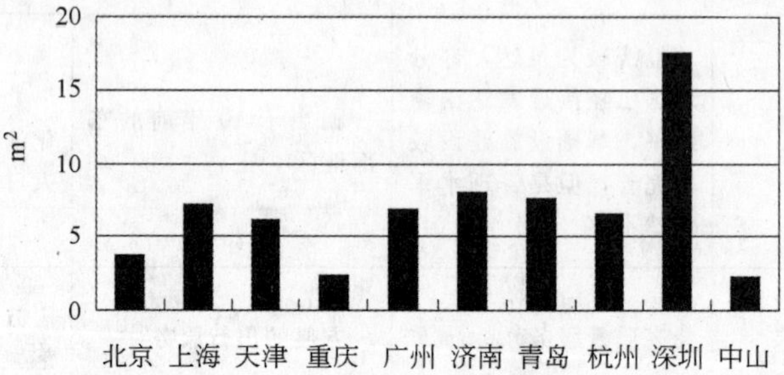

图 5-2 示范城市人均铺装道路面积

同时，目前我国大城市机动化水平也正在迅速提高中，机动车保有量的增长十分迅速。以北京为例，在 2003 年 8 月，北京市机动车保有量达 200 万辆，其中私车超过 119 万辆。北京市的城市道路总长 4311 公里，其中五环路以内 2134 公里，道路面积 2955.7 万平方米。目前北京市机动车年增长率 12%，而北京市道路面积增长率约为 2%，远远低于机动车增长率。北京市机动车与私人机动车保有量发展情况如图 5-3 所示。

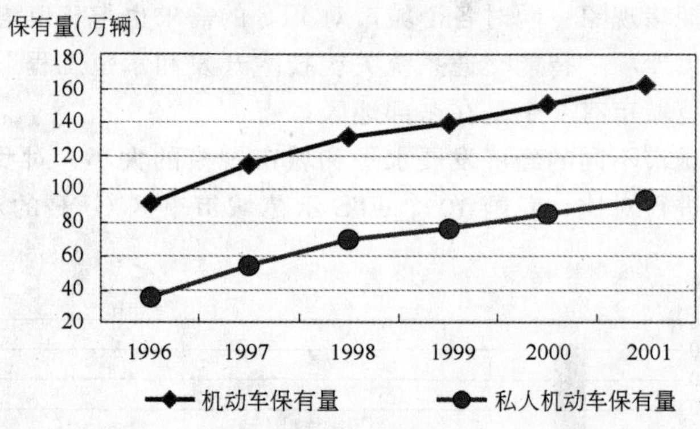

图 5-3 北京市机动车与私人机动车保有量发展图

正是由于我国东部大城市交通需求的迅速增加和交通基础设施的供给不能同步跟上才促成了对 ITS 的巨大需求。

(2) “十五”期间东部城市 ITS 规划和我国 ITS 发展需求分析

在本课题的研究中，根据我们采集的我国“十五”期间一些 ITS 示范城市的规划和已经部分实施的项目，见表 5-2：

"十五"期间 ITS 示范项目实施情况　　表 5-2

城市	"十五"期间规划中的 ITS 项目
北京	奥运交通规划 A1 智能型交通管理系统 A2 停车诱导系统 A3 先进的公交系统 A4 综合信息服务平台 A5
上海	高架路交通管理信息系统 B1 实时公交调度系统 B2 实时出租车调度系统 B3 桥梁和隧道交通信息管理系统重建 B4 路面交通监控系统重建 B5 市政紧急事件管理系统 B6 快速路管理系统 B7 车载导航系统产业化 B8
广州	基于 GPS/GIS 的公交信息发布和调度系统 C1 物流信息系统 C2 交通信息采集发布和监控系统 C3 静态交通管理 C4 车载设备 C5 城市 ITS 政策研究 C6
天津	ITS 规划 D1 车辆和驾驶员信息管理和服务系统 D2 奥运快速通道智能管理系统 D3 出行前信息服务系统 D4 警车调度系统 D5 停车信息发布和诱导系统 D6 公交信息服务 D7
重庆	交通管理和规划系统 E1 电子收费系统 E2 车辆安全辅助驾驶系统 E3 出行信息系统 E4 紧急事件和安全系统 E5 运营管理系统 E6 综合物流系统 E7
青岛	智能公交调度系统 F1 城市交通管理系统 F2 停车收费系统 F3 干道监控系统 F4

续上表

城市	"十五"期间规划中的 ITS 项目
济南	共用信息平台 G1 城市智能交通管理系统 G2 区域物流管理和服务系统 G3
杭州	交通管理中心建设 H1 综合信息服务系统 H2 混和交通控制 H3 智能交通控制 H4 先进的公交系统 H5
深圳	交通管理系统 I1 公共交通运营与管理系统 I2 交通信息系统 I3 商业车辆运营系统 I4 紧急救援系统 I5 综合物流系统 I6
中山	不详

从上述我国示范城市的 ITS 规划项目开看，我国近期城市内 ITS 的需求主要集中在以下 10 个领域：

①交通信息平台和信息服务；

②智能化交通管理；

③先进的公交系统；

④城市道路紧急事件管理；

⑤停车管理和停车诱导；

⑥物流；

⑦ITS 规划和政策研究；

⑧车载设备；

⑨电子收费；

⑩安全驾驶。

将以上 10 个领域和表 5-3 的数据整理，得出 ITS 领域项目实施情况（见表 5-4）和我国城市的 ITS 需求分布情况，见图 5-4。

通过对 10 个城市 ITS 规划项目的统计和分析我们得出如下基本结论，当前城市 ITS 需求最大两个方面是：

①交通信息平台和信息服务；

②智能化交通管理和交通控制。

需求较大的是：先进的公交系统和物流。

ITS 领域项目实施情况 表 5-3

ITS 领域	项 目
交通信息平台和信息服务	A5/B1/B4/C3/D2/D4/D6/D7/E4/G1/H2/I3
智能化交通管理和交通控制	A2/B1/B4/B5/B7/C3/D3/D5/E1/F2/F4/G2/H1/H3/H4/I1
先进的公交系统	A4/B2/B3/C1/D7/F1/H5/I2
城市道路紧急事件管理	B6/E5/I5
停车管理和停车诱导	A3/C4/F3
物流	C2/E6/E7/G3/I4/I6
ITS 规划和政策研究	A1/C6/D1
车载设备	B8/C5
电子收费	E2
安全驾驶	E3

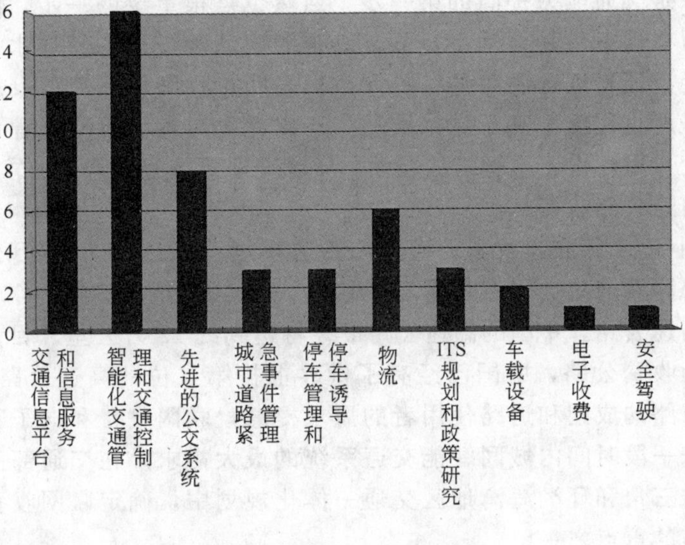

图 5-4 城市 ITS 需求分布图

5.3.2 城际智能交通系统的需求

城际智能交通系统是智能交通系统的一部分，主要致力于满足城际交通运行和用户的需要。需要指明的是，城际智能交通系统并不局限于仅仅应用于城际的系统和服务，就发达国家目前计划的一些城际智能交通系统来看，它们大多具有在城市中实施使用的可能。当然，城际智能交通系统重点在于解决城际交通使用者和提供者的需要。

根据 2005 年国家公布的资料，截至 2004 年我国高速公路通车里程数见表 5-4。

1990～2004 高速公路通车里程　表 5-4

年份＼地区	1990	1991	1992	1993	1994	1995	1996	1997	1998	1999	2000	2004
全国总计	522	574	652	1145	1603	2141	3422	4771	8733	11605	16400	35000
东部地区	506	558	636	1037	1401	1665	2542	3356	5211	6768	—	—
中部地区	—	—	—	92	173	447	765	1250	2351	2883	—	—
西部地区	16	16	16	16	29	29	115	165	1171	1954	—	—

可以看出，从 1997 年以后，由于国民经济高速增长，我国公路发展呈现出较快的增长趋势，特别是高速公路平均年通车都在 4000 公里左右。高速公路投资建设的快速增长从一个侧面反应了我国国民经济的快速增长，折射了国民经济对于城际交通能力的需求。

但是，我们必须清醒地认识到，仅靠建设道路等基础设施是远远不够的。道路建设只是交通能力提高的第一步，当然也是很重要的一步。但是如果我们仅仅停留在这一步是远远不行的。纵观我国城际交通的管理水平，相对快速发展的经济还是远远不够的。统计数据表明，我国城际交通事故无论是从发生率还是严重程度都高于城市交通。所以在今后的城际交通建设中，我们一定要改变只重建设不重管理的局面。城际交通对智能交通的需求分析如下。

(1) 高速公路收费

截止到 2004 年底，我国的高速公路通车里程已达到 3.43 万公里，根据国家高速公路网规划，国家高速公路将在未来的 30 年内达到 80000 公里，加上地方的高速公路，中国的高速公路最终将达到约 12 万公里。目前中国的高速公路均为收费公路，中国已经有了世界上排第二位的高速公路收费系统，随着高速公路的成网和道路使用者的需求提高，联网收费和电子不停车收费将成为未来一段时间内城间智能交通系统的最大需求。在交通部已经制定的长三角、珠三角和环渤海湾地区交通一体化规划中，确定联网收费和不停车收费是实施的重点之一。

(2) 紧急事故响应服务

城际交通系统的使用者和运营商对紧急事故处理方面的服务需求是非常迫切的，这些服务需求紧随事故发生后。例如发生撞车就马上需要救护车，需要医护人员，需要交通警察、拖车等支持。由于城际交通用户和从业者往往在远离城市的地区，这些地区往往没有良好的医疗等服务设施，从发现事故到医疗等服务到达事故地点的时间往往比城市里长很多，这将导致发生很多本来可以挽救的损失。如果建立了一套完善的紧急事故响应系统，将大大缩短事故的响应时间，将有可能挽救更多的生命和财产。又如在沿海地区，台风常常给人们带来巨大的经济和生命财产损失，如果能有一套比较完善的事故响应系统，那么该系统将可以预先……的乡村地区居民和正在城际道路上工作的运输服务的提供者，这样就……损失。

城际智能交通服务的使用者对紧急事故……的需求主要集中在提供能提高事故响应速度的措施和方法，包括选择适……减少数据发现和确认的时间，也包括重大事故的预警。城际紧急事故……不仅需要为出现紧急情况的车载人员提供预警信息，也需要给救护人员……车等医疗设施提供关键信息以协调他们的准备工作，需要为事故快速处……提供医疗设施导航、事故车辆确认等信息，同样也需要为快速管理和协调……服务提供便捷准确的信息。

（3）城际交通管理

城际地区的出行者在施工地区或者是靠近具有季节性或是周期性吸引力的地区（如海滩、公园等）时，常常面临着交通拥挤带来过多的交通延误。尽管拥挤和延误没有城市中那么频繁，但是由于很少有可以替代的其他途径而导致城际交通的堵塞和城市内部的拥挤一样难以忍受，这些原因往往导致更长的延误。交通事故导致的延误往往由于相对城市中更长的响应时间而恶化，城际交通的堵塞和延误导致更多、更为严重的撞车事故，根据美国的统计，城际交通事故差不多是城市内部的两倍，往往这些事故又将导致更严重的堵塞和延误。另外，突然的交通事故可能导致次生的交通事故和额外的交通延误。

城际智能交通用户在这方面的需求集中在对信息的需求和管理方面，需要能够调整或者是整合以适应季节性或者是短期的条件。包括：回程交通条件，堵塞区域周围的可选择道路，因道路施工而禁止通行的道路，天气条件的变化和可能带来的危险，以及小城区的自适应交通信号和交通管理系统等等信息等。

城际智能交通使用者在这方面已经确定的需求主要集中在以下几个方面：

①咨询信息；

②交通控制；

③强制执行；

④经济发展/环境保护；

⑤数据共享。

（4）城际公共交通服务

对于很多城市外居民来说，交通服务的可达性是他们非常关心的一个问题。随着国家的发展，对容易获得的交通服务的需求将会越来越大。城际公共交通的需求主要集中于提供一种中间服务，这种服务为出行者提供了从出行地点到传统的固定线路交通、可变线路交通、根据需求变化的辅助公交系

保证任何一种出行愿望都能实现。此外还有

统以及其他相关服务的…话：一些机构需要的特殊非交通服务（护理，

一些重要的因素需要…者中进行交流和协调的信息需求（比如交通部门

途中饮食等等）；在…和到达的精确、实时时刻信息以及更好的客户服务。

和社会服务提供者需求可以分为以下 4 类：

本领域比较…

①出行信…

②电子…行支持；

③系…据共享。

④…

…）旅游观光信息服务

走出城市去旅游观光的出行者需要城市间智能交通系统提供旅游以及目的地信息，旅游观光者需要知道到哪儿去旅游、怎样到达，沿途的情况，这方面的主要需求是天气条件预测，路线咨询，旅店信息等等。这些信息如果能很方便的获得，必将促进该地区旅游业的发展。

在旅游观光的途中，一般存在着多种多样的地形，比如山岭、森林、沙漠等等，这些复杂地形的存在使得为他们提供信息变得非常复杂。为旅游者和其他不熟悉本地区的人提供相关的支持信息将会提高本地区的旅游价值。另外，一旦到了一个旅游地区，他们又将需要在该地区内部的交通服务。这些需求必然又将要求城际智能交通提供机动灵活便捷和经济效率高的服务。

根据以上的讨论，旅游观光对城际智能交通系统的需求可以分为如下 5 个方面：

①出行前信息咨询；

②途中服务信息；

③紧急事故援助；

④交通状况信息；

⑤市场数据共享。

（6）城际交通事故预防

城际交通问题中的事故不管是种类、数量，还是严重程度都是严重的问题。例如，相对于都市交通，城际交通每公里事故数高，并由于车速的不断提高和紧急事件响应时间的加长而变得更加严峻。城际交通事故预防集中于避免事故的发生、降低事故的严重性并保护交通系统中的乘客。某些情况下，出行者虽然没有直接因交通事故受伤，但是可能被交通事故波及，例如等车的乘客可能被事故车辆撞伤。所以通过关键地点的远程监视器提供一个安全的交通环境变得非常重要，比较明确的城际交通事故预防需求可以分为以下 7 类：

①减少碰撞；

第6章 中国智能交通系统发展的战略目标及重点

6.1 指导思想

为国民经济持续、快速、协调、健康发展和社会全面进步提供交通运输保障，实现交通的跨越式发展，全面提高交通发展的质量和水平，根据智能交通领域发展的现状、存在的问题及所面临的形势和发展趋势，未来20年我国智能交通系统发展的总体指导思想是：紧紧围绕国家经济发展和交通运输发展的主要目标，以“全面建设小康社会”为宗旨，以市场需求为导向，坚持“全面、协调、可持续发展”的科学发展观，统筹规划我国智能交通系统的发展目标和阶段重点；以实际应用和服务出行者为重点，进行智能交通系统工程项目建设、产品开发和基础研究，为综合交通系统的形成提供支撑条件，成为交通信息化和人性化的先导；努力研究和开发具有自主知识产权的技术和设备，成为中国高技术开发和应用重要领域。

根据发展阶段不同，发展地域不同，在交通基础设施和管理水平发展的不同阶段和处于不同发展阶段的东、中、西部和沿海地区，选择能够较快产生经济效益和社会效益的智能交通项目进行建设和实施，同时兼顾长远利益，分步分阶段实施智能交通系统各层次的目标；以市场目标为导向，加快我国综合交通体系的智能型发展，通过智能交通的技术手段，分层次、有重点地整合我国各种交通运输方式的信息和资源，促进我国未来20年，建立通畅、便捷、安全、经济、可持续发展的综合交通体系的交通运输发展目标的实现，最终实现交通运输管理的现代化。

6.2 战略定位

根据我国社会和经济发展的总体战略目标，21 世纪前叶是国家基本实现现代化的重要时期，到 21 世纪 20～30 年代将完成工业化的历史使命，21 世纪中叶将达到当时中等发达国家水平。为此，党的十六大对全面建设小康社会、加快推进社会主义现代化作出了战略部署。发展社会主义经济、走新型工业化道路、繁荣农村经济和加快城镇化进程、推进区域经济的协调发展、参与国际经济技术合作和竞争、提高人民生活水平等都对交通运输提出了新的更高的要求。交通运输智能化作为实现交通现代化的重要技术手段和重要标志之一，在全面考虑影响其发展的各种因素、条件的前提下，制定合理、适用的发展战略，对实现我国交通现代化具有重要的战略意义。

根据目前中国所处的经济发展阶段，智能交通发展战略的定位是：智能交通系统将作为重要的技术手段和交通信息化的切入点，改善我国交通运输行业的服务质量，改善交通安全，提高运营效率和管理水平，成为我国综合运输体系建设、城乡交通一体化的支撑，促进智能型综合交通体系的形成。同时，智能交通还是我国高技术研究和产业的重要组成部分，应为我国的高技术发展和创造应用空间起到重要作用。

6.3 ITS 发展战略选择

中国的现代化进程是由发展中国家向发达国家转变的过程，这个过程是动态的、变化的和标准不断提升的过程，是用我国与世界中等发达国家发展水平差距的缩短来衡量的。因此，我国的现代化进程任重而道远，既要加速经典现代化的实现，又要学习和引进新技术，推动知识化、网络化、全球化和创新化进程，实现新现代化。

为适应整个国家发展战略的要求和交通发展战略的总体要求，在制定中国智能交通系统发展战略时，既要紧密结合国家经济发展和交通总的发展规律和趋势，又要符合国情和地区实情，既要加快发展，适当超前，又不盲目建设，浪费投资；为交通现代化和国家现代化进程创造有利基础条件。

从我国目前的经济发展状况来看，我国的各个产业的发展水平都与国际发达国家的发展水平有较大的差距。在日益开放和走向全球一体化的经济环境中，我国作为发展中国家丧失了产业结构在稳定的经济环境中逐步进化的机会，不可避免地面临跨越式发展的挑战。但是我国在发展过程中的不平衡，地区的差异，又决定着我国在制定领域或行业的战略规划时，必须慎重考虑这种地区性发展的不平衡，选择适合的发展模式以有效地推进整个社会和经济的发展。

根据课题组的研究，目前中国 ITS 发展战略的选择是：变被动型、跟踪型的发展模式为主动型、适应型的发展模式。针对城市、高速公路、综合运输、重点经济区的需要，选择适合我国国民经济发展需要的智能交通系统项目，为综合运输体系的形成提供信息交换和服务支撑。同时，不失时机地开展自主创新研究，发展智能交通产品和服务产业，为我国高技术产业提供增长点和市场。

考虑到东、中、西部地区间的差异和所处的发展阶段，战略选择应有所不同：东部地区，经济发达区域和中心城市应适当超前发展，注重发展智能交通产业和服务业，为中西部的发展积累经验，并辐射和带动中西部的发展，战略选择应以跨越式发展为主；中部地区，应注意引进东部成功的系统和经验，在重要的中心城市开发和应用与其经济水平相适应的系统，在地面运输系统中重点开发为管理服务和方便群众出行的两类系统，战略选择主要以主动式发展为主；西部地区，由于其基础比较薄弱，经济发展和资金投入有限，因此在智能交通系统的发展上，建议采取适应型发展模式，在国家西部大开发的背景下，对智能交通系统有关内容进行小规模的试验，并在基础设施的建设过程中考虑必要的 ITS 和信息化基础设施建设，在 ITS 项目的实施上重点选择交通安全方面的内容。

战略的选择不是一成不变的，随着我国社会经济的进一步发展，地区之间的差异会逐渐缩小，在各个地区交通运输发展的不同阶段和不同水平的情况下，可根据实际情况调整 ITS 的发展战略，促进交通运输的快速、有效、健康和可持续发展，满足人们对出行的高质量、高水准的服务要求。

6.4 战略总目标

中国智能交通发展的战略目标是：在“全面建设小康社会”的前提下，以市场需求为导向，紧紧抓住本世纪头 20 年我国经济发展的重要战略机遇期，按照“重点突破、分步实施，点面结合、全面推进，服务为主、效益并举”的战略方针，解决和建立我国智能交通发展的关键技术支撑体系，实现智能交通系统在全国范围内的有效应用，形成完整的、市场化运作的智能交通价值链，初步形成便捷、安全、经济、可持续发展的智能型综合交通体系，实现客运快速化、货运物流化、达到人流、物流、信息流的无缝连接；同时智能交通部分技术还要在国防建设中发挥作用；培养一批高水平的智能交通综合型、专业型、技术型人才队伍。

(1) 重点突破、分步实施

智能交通在我国的起步较晚，我国自主创新、具有自主知识产权的智能交通技术基础仍十分薄弱，未来 20 年，我国将在涉及智能交通的关键技术和难点技术方面进行重点突破，解决技术对我国智能交通发展的“瓶颈”制约作用，建立具有我国自主知识产权的智能交通支撑技术体系，根据交通发展需求的程度，将已成熟的技术在应用中分步实施。

(2) 点面结合、全面推进

在已经开展的单个城市、小区域和单项应用示范的基础上，进行区域性、大范围智能交通系统的综合应用示范，并以北京、上海、广州 3 个大城市举办的奥运会、世博会及亚运会为契机，开展各种智能交通应用示范，示范成功后在全国大范围推进智能交通系统建设。

(3) 服务为主、效益并举

在“全面建设小康社会”的前提下，以服务出行者作为突破口，各类智能交通系统子系统建设以服务公众为主，在为公众提供良好服务的同时，加强和完善适用于政府运营和管理的各类智能交通子系统的建设。并在系统建设实施过程中，发挥市场机制，促进智能交通产业的形成。

6.5 各阶段的主要战略目标

根据我国基本实现现代化的战略部署和国民经济发展的阶段性要求，综合考虑我国交通运输业的总体发展水平和智能交通的发展现状和水平，未来 15 年，中国智能交通的发展将分成 3 个阶段，各个阶段的战略目标是：

第一阶段（2006～2010 年）：智能交通系统技术体系和智能型综合交通系统形成期，在几个应用领域达到和接近发达国家同类项目 2000 年的水平。

具体是以城市和城间道路运输系统为核心，兼顾其他运输方式，在城市交通信号系统、公交调度和服务系统、区域联网不停车收费系统、综合交通信息集成系统、公众出行信息服务系统等方面形成效用明显、规模大、使用范围广的实际应用系统；在北京奥运会、上海世博会和广州城市综合交通中形成智能交通系统应用的典型系统；在交通信息采集与处理、新型定位系统技术、新型交通安全技术、智能车路系统等方面初步形成自主研究和创新体系，开发可为企业和政府应用的先导技术。

第二阶段（2010～2015 年）：完善的智能交通技术体系已经形成，智能型综合交通体系已经开始发挥效用，并日渐完善，达到发达国家 2005 年 ITS 发展水平，即国际上所称的第二代发展水平。

各种交通运输方式完成自身的智能化建设，智能交通综合系统已初步形成并发挥效应，各地区在国家ITS体系框架和标准的指导下，建成便于今后全国联网、互通共享的智能交通综合信息平台系统，能够实现全国范围内的快速客运系统和货运物流系统，达到人流、物流、信息流的无缝衔接，智能型综合交通体系开始发挥明显作用。

第三阶段（2015～2020）：智能交通系统已经成为人们生活的必要组成部分，人、车、路之间已经形成稳定、和谐的智能型整体，进入智能交通发展的成熟期，接近发达国家的发展水平。

通畅、便捷、安全、经济、可持续发展的智能型综合交通体系已全面建成，智能交通系统已经成为人们生活中必不可少的组成部分，建立于一般服务和特殊服务基础之上的智能交通各子系统能够满足人们各种各样的出行要求，在交通量持续增加的情况下，智能交通系统能够实现自身的动态调节，交通与人、与社会、与环境更加和谐。

6.6 战略重点

根据智能交通系统总体发展战略，智能交通系统在发展过程中要注重实效，在国家信息化带动工业化大的发展方针下，用信息技术的成果改善交通运输的环境和条件，提高交通运输的服务现代化水平。结合中国经济的发展阶段和交通建设重点，紧紧抓住2007年ITS世界大会、2008年奥运会以及2010年世博会三次重大的机遇，全面研究、开发、应用能够满足交通运输和管理需求的各种智能交通技术、装备和产品。在有限的资金投入下，优先支持发展社会、经济效益明显、需求强烈的智能交通各子系统。以关键技术攻关为切入点，综合集成现有各相关系统，加大高新技术成果在智能交通中的转化和应用，充分发挥智能交通系统为社会服务的最大能力。未来5～15年我国的智能交通系统各发展阶段的重点具体表现为以下几个方面：

6.6.1 第一阶段（2005～2010年）

围绕本阶段的战略目标，这一阶段的战略重点主要集中以下几个方面：

（1）智能交通的技术研究重点

根据“九五”和“十五”的基础，本阶段智能交通的研究开发主要集中在对智能交通发展的关键技术问题的研究和解决上，并创建具有自主知识产权的研究成果。尤其是在前3年，要集中解决好以综合交通运输协调技术、综合交通信息服务支撑技术、综合交通系统的智能控制技术为主的三大重点、难点技术问题。通过综合交通运输组织协调、智能化交通控制与运营、智能车路、交通信息全过程服务支撑等关键技术的研究和自主创新，增强我国综合交通运输的协同性和智能化水平，加快形成具有自主知识产权的技术群，促进现代综合交通体系和智能交通产业的快速形成，建立综合交通运输信息服务体系，为区域综合交通运输和产业物流提供高质量服务。建立具有我国自主知识产权的智能交通技术支撑体系，为我国智能交通的后续发展奠定坚实的基础。重点内容包括：

①综合交通运输协调技术

突破多种交通方式共同作用下交通系统的“点、线、面”交通流的动态建模分析技术，突破交通设施、运输装备和运输组织之间的协调技术和技术规范，建立综合交通动态分析和协同运行的核心技术群。重点进行综合交通基础设施、运输装备、运输组织的协调技术、综合交通系统效率评估技术、交通行为和信息干预技术等研究。

②综合交通信息服务支撑技术

突破交通单元空间定位、交通信息可信标识、动态数据高效传输、海量数据存储组织、交通信息提取计算、多源异构数据交换、多媒体信息发布等技术、产品和设备的应用创新，建立区域动态交通信息共享和服务的关键技术群。

③综合交通系统的智能交通控制技术

突破区域性综合交通系统的出行诱导、集中调度、交通监控、电子收费、信号控制和交通组织等智能交通技术的工程化应用，建立大城市智能交通控制的关键技术群。重点解决交通信息采集、传输、处理与存储过程中各种关键技术；利用新一代定位技术、网格技术等先进技术，探索新的收费模式和交通控制模式和技术，争取在世界智能交通领域的前沿技术占有一席之地。

④智能车路技术

扩展研究智能车路的技术范围，从人、车、路一体化的角度出发，加强智能车辆、导航系统和基础设施技术与装备等关键技术环境的研究，解决车路之间、车车间的通讯的问题，全面研究和开发基于动态交通信息的车辆自主导航技术和设备，研究该技术在特殊环境下的工程化应用和国防应用，并进行小规模的试验。

(2) 智能交通的集成和应用重点

在“十五”智能交通示范应用的基础上，将智能交通的应用由“单点城市”推广到“城市带、城市群”，由“单一系统”推广到“综合系统”，由“以道路交通为主”推广到“综合交通体系”。结合 2007 年北京 ITS 世界大会、2008 年北京奥运会、2009 年广州亚运会以及 2010 年的上海世博会 4 次重大集会契机，全面开展智能交通系统的示范应用和推广，探索适合我国国情的智能交通技术体系、管理体制和运营模式，通过智能交通系统的全面实施，提高我国交通运输业的综合运输供给能力、供给效率和服务水平。重点实施内容包括：

①城市智能交通的应用与推广

首先，在“十五”各城市智能交通应用和示范的基础上，在中等以上城市进一步实施智能化交通信号系统，智能化公交调度管理系统，积极进行区域性智能化公交调度管理系统，综合性智能化公共交通调度管理系统（包括公共汽车、地铁、城间客运、出租汽车）的综合调度示范和应用推广，扩大车载装置、地理信息定位系统在城市交通管理系统中的应用范围，解决和完善城市路口的智能化控制和公交优先控制与策略，增强为公众提供安全、便捷、舒适、环保的交通环境和条件的供给和服务能力。

第二，在重点城市和有条件的区域进行综合交通信息集成系统的开发和应用，充分利用现有的技术和条件，整合各种交通信息与服务资源，探索利用多种技术手段和设施提高为公众提供服务的质量和水平的能力，在主枢纽城市和各种交通方式都具备的城市进行综合交通体系的共用信息平台的示范应用，在珠三角或长三角等区域经济区进行区域性综合交通信息平台的应用示范，积极探索区域性综合交通信息平台的建设和运营模式。

第三，在货物运输需求量较大的城市和地区，积极开展基于商用车辆的物流配送管理系统，通过车辆的电子标签、车载装置等装备，实现对场站和配送过程的可视化、智能化的管理。建立包括一般货物和特殊货物（包括危险品）的智能化配送和安全、快捷的运输周转渠道和环节，减少货物的配送周期，降低货物的配送成本。

第四，在大中城市进行城市应急调度与指挥系统的应用示范，解决突发事件、重大事件、灾害事件发生时的城市应急预案与措施，增强综合交通运输网络对非常态交通的运输承受和供给能力，增强政府在事件发生时的控制、管理能力，为公众提供在任何状态下的交通安全环境。

②城间道路智能交通系统的应用与推广

首先，在“十五”前期的基础上，在京津冀、长江三角洲、珠江三角洲等区域经济圈，选择适当的区域开展和推广跨区域的电子不停车收费系统，在高精度的全球定位系统和宽带移动网条件下，研究建立多种方式的道路联网收费系统的关键技术及实施条件和政策。

第二，建立国家公路智能监测和管理中心。

第三，积极推广跨省市的旅客快速运输系统的建立。积极推广区域性高速公路综合管理系统的建设和应用，提高公路运输的安全、便捷、舒适的运输环境。

③水路智能交通系统的应用与推广

水路智能交通系统的应用重点是：建立与其他交通运输方式相衔接的港口智能化交通信息服务平台与调度管理系统；建立智能化货物运输交易与调度平台以及应急指挥系统。

④铁路智能交通系统的应用与推广

铁路智能交通系统的应用，主要集中在与其他交通运输方式相衔接的智能化交通信息服务平台与调度管理系统以及客运专线安全系统上。

⑤民航智能交通系统的应用与推广

民航智能交通系统的应用重点是：航站枢纽与其他运输方式相衔接的信息服务系统，能够实时反映民航客机飞行航路和状态的综合信息系统以及为飞行安全服务的定位和信息系统。

(3) 智能交通的产品开发和产业化

在智能交通实施的第一阶段，不仅要促进智能交通技术开发和应用，同时要大力加强具有我国自主知识产权的智能交通产品和设备的开发，并实现关键产品的产业化，这是我国智能交通发展的根基。根据“十五”的研发基础和成果，在2005年至2010年将重点支持以下内容的产品研发和产业化：

①支持我国具有自主知识产权的视频、微波交通信息采集设备、专用短程通讯设备和完全具有自主知识产权的车载装置的推广和应用，促进其产业化。

②支持适用于我国公交调度的设备和产品的推广和应用，促进其产业化。

③研究、开发能够实现车路一体化、港船一体化等运输基础设施和装备之间，基于固定和移动两种模式下的无障碍通讯和信息交互平台的先进技术、新型装备和产品（包括移动信息服务终端和产品）。

④自主研发适合我国现代交通信息需求和特点，能够智能可控的交通信息采集、处理、发布技术和产品。

⑤重点支持研究、开发适合我国国情、具有自主知识产权、符合开放标准体系的新一代智能化交通信号控制系统和软、硬件产品，逐步达到我国交通控制产品和设备的国产化，改变我国此类产品的进口化现状。

⑥继续跟踪和研究国际上先进的智能车路等系统，积极开发能够应用于工程、灾害环境下救援以及能够在国防中应用的设备和产品

(4) 智能交通标准化

智能交通标准化的制定包括：采用已发布的国际标准；以与基础设施建设相关的标准化工作作为重点领域，初步建立ITS标准的宣传、培训、检测体系；基本形成ITS术语及定义、基础信息分类编码及表述、5.8MHz的专用短程通信、基于专用短程通信的不停车收费及联网收费标准群；数字地图及定位、客运信息交换标准、车辆辅助驾驶与公路标准规范的制定工作；制

定交通管理与紧急事件框架、中心与外场设备间信息交换协议标准。

6.6.2 第二阶段（2010～2015 年）

在智能交通实施的第二阶段，我国的综合交通体系已经具有一定的规模，智能交通经过上一个五年阶段的发展，已经在技术体系、示范应用和产品开发具有一定的基础，第二阶段主要是在这些基础上开始更大范围的推广和应用，发挥各自系统的优势和效应。具体表现为：

（1）已经初步建立起来能够支持智能交通发展的技术支撑体系，其中综合交通运输组织协调、智能化交通控制与运营、智能车路、交通信息全过程服务支撑技术体系已经初步形成。因此将重点进行上述技术的实际应用，检验技术的应用范围和应用效果。通过应用促进技术的不断成熟和进步，形成支撑我国智能交通系统发展的强有力的技术支撑体系。根据阶段战略目标，到 2015 年我国的智能交通技术应能够达到发达国家 2005 年的发展水平。

除了将第一阶段已形成的技术进行应用和完善，在第二阶段还将制定运营、管理和维护现有系统的制度和相关政策，开发能够为弱势群体提供特殊服务的智能交通技术以及为高端用户开发的车辆自动驾驶、自动防碰撞报警技术。与此同时，将根据当时最新的信息技术、通讯技术等高端技术，研究适用于智能交通系统的各种先进技术，跟踪国际前沿技术，不断研究适合中国智能交通发展特点的各种信息采集、传输、处理技术。

（2）智能交通系统的应用已经在第一阶段的基础上进行全国范围内的应用。由我国自行研究的城市交通控制与管理系统将逐步替代外国产品，城市公共交通的综合调度系统在中等以上城市应用。体现各种运输方式的集成信息服务的综合交通信息共用信息平台在主要枢纽城市展开大范围应用，规模效应开始显现，网上查询、网上叫车、实时交通信息服务、行程诱导等多方位、多层次服务开始逐步提供，旅行时间预测精度将能够达到 85％以上。

跨区域的不停车电子收费建设成功后，我国将在已建和在建的高速公路收费项目中推广；完善的高速公路综合管理系统将在新建的高速公路上开始大范围应用；交通应急响应系统也在各大中城市开始推广应用，城市之间已经建立起了联动的应急响应系统。

物流配送平台和相应的管理系统也在全国大范围推广，货物运输的成本因科学配送、环节减少，成本日益降低，直接促进我国商品的出口额。

（3）开发出具有完全自主知识产权的各类交通信息采集、检测设备，车载装置并批量化生产，产业正在形成，规模效应开始显现。具有完全自主知识产权的新一代智能交通系统软、硬件产品将是这一段设备研发的重点。包括：

①车辆防撞产品、定位、导航、诱导系统；

②用于电子收费的各类通用标签、专用短程通信设备和产品；

③应用于国防及特殊环境下的智能车路设备和产品。

(4) 智能交通标准化此阶段的重点将在上一阶段的基础上，继续完善以ITS标委会为核心的标准化工作群体；根据我国国情，有选择地采用国外先进标准；完善ITS标准的宣传、培训、检测体系，初步建立标准实施的监督体系；完善术语及定义标准群，完善基础信息分类编码及表述群，基本形成数字地图及定位标准群，完善5.8MHz的专用短程通信标准群，进行其他专用通信标准的制定工作，初步形成信息服务标准群，完善交通与紧急事件管理的框架、中心与外场设备间信息交换协议标准群，制定专用产品标准，完善基于专用短程通信的不停车收费标准群，制定涉及其他方式（如GPS等）的标准，初步形成综合客货运信息交换标准群，进一步进行车辆辅助驾驶与自动公路标准制定工作。

6.6.3 第三阶段（2015～2020年）

经过10多年的发展，我国智能交通将进入大规模应用期。不仅表现在我们成熟的智能交通技术支撑体系的创立、智能交通关键产品的国产化和产业化以及智能交通在城市、城间的广泛应用。此时更突出地表现在智能交通在对传统交通业的促进和改变上。

充分发挥现有各系统的各种服务功能，不断扩展新的系统和功能来满足人们对智能交通的需求。全国范围内的智能型综合交通体系已经初步形成，并能够进行良好地循环发展。各种运输方式能够综合集成，形成优势互补，为公众能够提供一个具有承载能力、弹性的现代智能型综合交通体系。人尽其行，物尽其流，信息通畅、透明，将是这一阶段的主要特点。

初步实现了安全、快速、环保、节约的交通环境，达到了人与自然、人与交通、交通与自然基本和谐发展的平衡状态。

6.7 推进模式

6.7.1 政府是智能交通应用的主要推动者

智能交通在中国最初10年的发展历程中，主要的推进模式是由政府进行推进，这是由中国目前所处的阶段和交通运输组织与管理的体制所决定。虽然目前智能交通正在逐步向市场化迈进，但在未来一段时期内，由于交通仍以基础设施建设为主，因此智能交通的产品、开发、建设和应用仍集中在投资类产品，这就决定着政府仍将是智能交通应用的主要推动者，但其前提是以市场需求为导向。政府作为主要推动者，一方面通过智能交通建设提高政府本身的管理水平和执政能力，另一方面为公众提供公益性质的交通信息等服务。

6.7.2 以目前可实现的系统或项目为切入点，逐步扩大应用范围

智能交通系统在中国的应用和服务的模式宜以目前可实现的系统或项目为切入点，我国的智能交通建设刚刚进入初始阶段，以可实现、能够见效益的系统或项目入手，一方面可以缩短系统建设的周期，降低建设的成本和风险，另一方面可以很快的显现效益，对于推进智能交通系统的应用和服务是有益的，也是符合技术的发展规律。在推进过程中注意加强对现有系统的整合和应用，充分发挥各子系统的综合效应，在此基础上，逐步开展大范围应用。

6.7.3 进行智能交通关键技术和高技术开发

交通是国家的基础性、服务性行业，目前涉及交通科技问题的研究主要集中在科技部以及各部委科技主管部门下达的各项任务中，对于涉及智能交通系统发展过程中的关键技术和高技术问题，建议由国家科技主管部门有重点、有突破、有时效进行适时的科技引导，组织各行业的专家、学者、工程界人士集中进行攻关研究，对发展我国智能交通系统产业，提高我国智能交通系统的技术装备水平具有重要的意义。

6.7.4 注重技术手段与管理体制之间的相互作用

智能交通除了本身特有的技术之外，还涉及信息技术、通讯技术、控制技术等多种技术在交通领域的综合应用，是交通信息化建设的重要切入点，以技术手段改变现有的交通运输组织与管理模式，对管理体制的变革渗透在技术创新过程中，同时管理体制的变革也将深刻影响到技术手段的应用。在两者不断的创新过程中，技术创新与管理体制的创新处于一种动态的，相互作用的过程中。因此，在智能交通的推进过程中，不仅要考虑技术本身的各种实现要素，同时也要关注技术应用的环境及其对管理体制的作用和影响。

6.7.5 发展过程中注重公平性原则

智能交通系统重要的服务功能之一是能够为公众提供各种动态、及时的交通信息服务，在国外发展智能交通的历程中，信息服务已经成为智能交通的主要内容之一。但信息服务的面向对象应注重公平性原则。

(1) 不能完全以营利为目的，为小汽车的拥有者提供特权的交通信息服务。应该为所有公众提供普遍的信息服务，以满足人们的出行需求。

(2) 不能完全以优势传媒手段，如互联网、手机等提供交通信息服务，应该考虑为所有公众提供可获得普遍信息服务的传播手段。

(3) 智能交通要注重对老人、儿童等弱势群体提供最大帮助。

只有在发展过程中，注重以上三点，才能“以人为本”、在“共建和谐社会”中发挥智能交通的真正作用。

第7章

中国智能交通系统发展的战略措施和制度安排的建议

7.1 制订有力的国家政策

ITS 作为改善交通的重要技术手段之一，它的实施和发展既需要适宜的交通基础设施和管理的环境，也需要国家在发展的不同阶段从宏观环境上制定能够引导 ITS 系统有效、有序、实用、可持续发展的政策和规划，促进 ITS 在我国的快速有效实施。

从 ITS 的发展历程来看，ITS 在我国的发展过程中政府一直是起推动的主导作用，并在"九五""十五"期间投入一定的财力、物力和人力致力于 ITS 共性和关键技术的研究以及示范工程的应用和推广，并且国家在"十五"发展纲要中也已明确提出我国要发展智能型综合交通系统。

但是从 ITS 的技术特点和发展趋势分析，ITS 系统的实施要求在一定的交通基础设施信息化的基础之上，而且 ITS 系统能够发挥最大效益的前提是系统以完善的信息化为基础，较高的集成化为手段，完善的服务化为目标的复杂的大系统，这样的系统，不是一次就能建设完成的，它需要有规划、有目的、有重点、有步骤地进行建设，并且需要持续的资金用于前期的建设和后期的运行维护。因此在这种情况下，国家必须在以上方面制定相应的政策和规划，以保证国家范围内的 ITS 系统能够有效的实施。

(1) 从国家层面出台鼓励智能交通发展的相关政策，促进 ITS 的发展，行业层面也应考虑出台相应政策，鼓励和引导 ITS 各项技术和产品的研发，各地政府的法律法规应能够保证智能交通系统的实施和应用。

(2) 智能交通系统发展的全局性、长远性战略规划是可持续发展的必要条件，因此智能交通体系框架应列为国家层面的规划文件，并经政府批准，严格执行。并且在实际应用中，不断进行完善和补充。

(3) 建立智能交通系统发展的政策链。智能交通的发展需要一系列的政策支持，不仅表现在投资、应用、建设环境的政策支持，同时在智能交通涉及的法律环境也需得到国家政策层面的支持，只有环环相扣的政策链作为保障，才能使我国智能交通系统有效、快速、健康的发展。

7.1.1 制订国家政策应考虑的因素

随着我国市场经济的快速发展和政府职能的转变，我国政府在未来的运输政策上将会发生实质性的转变，政府作为供应者的功能降低，而作为管理者和服务者的功能增强，也就是说政府在交通运输业投资不再占主体，而是应制定相应的政策促进交通运输的多渠道投资和融资，保证智能交通系统的可持续发展的资金投入。这样，政府一方面作为市场竞争的催生者，另一方面还要作为环境与社会利益的管理者。在考虑 ITS 成本效益的前提下，政策的制订中必须考虑以下三方面因素：

(1) 政府必须及时调整在交通运输部门市场活动中的角色，以促使智能交通市场的运作更有效率，并承担市场无法执行的功能。因此政府必须通过相应的引导和促进政策，建立一个利于 ITS 发展的市场架构，以激励所有参与的决策者能追求效率。

(2) 鉴于许多环境与社会目标无法直接与经济效益挂钩，导致市场参与者减少的 ITS 项目，政府必须制订相应的鼓励和保护政策，达到社会效益的最大化和群众利益的最大化。

(3) 政府在采取积极的政策和措施来促进有效率的 ITS 建设和运营的市场形成的过程中，一方面通过市场的无形的手来调节，同时对于某些因市场竞争机制而导致的新的不公平因素，在追求经济效益最大化的同时，社会效益受到损失和人民利益受到伤害的同时，政府必须制订相应的政策，一方面避免这样的情况发生，另一方面在情况发生的情况下能够采取最有效的措施减少社会及公众利益的损失。

7.1.2 政府规划的制定

智能交通系统作为应用技术手段之一，在现在及将来对于交通问题的改善是具有一定的推动作用的。但从 ITS 实施的本质上看，它并不能从根本上解决中国交通的问题。随着我国城市化、工业化进程的加快，如果不从根源上解决交通问题的产生因素，即从交通规划、基础设施建设、法律环境和人的出行模式调整等诸多方面从长远加以筹划交通的建设，就不能够真正改善和解决我国交通运输中存在的问题。良好的技术手段也只有在能够充分发挥它的效用的前提下，才能够真正起到以技术促生产、以技术促创新，改善管理水平和提高服务质量。在我国现有基础设施的条件下，如果完全利用基础设施建设来完全满足人流、物流对交通的需求，在相当长的一段时期内是存在一定困难的。因此在中央及各级政府的城市规划及交通发展规划中重视利用ITS技术来改善和提高在建和既有设施及系统的运行效率，对解决当前的交通问题是非常有益的，其重要性主要体现在以下几方面：

中央政府的ITS战略规划制定，能够在今后一段时期内，指导全国ITS发展的目标、重点、主要的对策和措施，有利于保证全国ITS建设的协调统一，在保证有序性的前提下，避免部门间及各地建设的盲目性和重复性，减少资金的浪费。

地方政府在总体战略规划的指导思想下，制定地方的ITS发展规划，既有利于地方ITS系统的建设一致性和长远性，又有利于全国系统的一致性发展，为今后地方及区域性的ITS系统整合和信息共享，发挥综合效用，改善地方交通状况和促进经济发展具有重要推动作用。与此同时，切实可行的规划能够保证ITS在政策、资金、建设方面的连续性和完整性。

在政府规划中考虑ITS系统的建设，应从以下三方面加以考虑：

（1）在运输规划的制定中考虑ITS因素；

（2）在在建及将建系统设计中考虑ITS因素；

（3）在现在系统的改善中考虑添加ITS技术；

7.2　加强标准的制订，大力推进智能交通的标准化

智能交通系统建设和发展的自身特点，决定了标准化在该领域的重要性，国外发达国家在发展智能交通的过程中，非常重视该领域的标准化建设工作。一方面标准化的实施有利于全国系统的兼容性，保证各子系统能够有效的衔接和整合，另一方面标准化有利于促进ITS领域的产业化和进行有关技术的保护，由于组成智能交通系统的各子系统是以分布式的体系结构相互协作，因此标准化工作成为国际及世界各国在智能交通系统方面主要的工作之一。

智能交通系统在我国的建设和应用刚刚处于起步阶段，应特别重视标准化和智能交通系统同步建设，这样对我国智能交通系统的大范围应用和今后全国系统的有效整合，发挥整体效益的优势，将起到重要的保障作用，具体表现在如下几方面：

（1）标准化可保障全国范围内的兼容性；

（2）标准化有助于拓展ITS相关产品的提供渠道，创造更大的市场空间；

(3) 标准化有利于系统集成；

(4) 标准化有利于减轻风险，保护投资。

因此在今后相当长的一段时间里，我国必须根据技术的发展和智能交通的建设情况，适时地推出适合我国国情的各类技术标准，以指导实际的工程，规范智能交通的市场。目前我国在智能交通领域标准化的建设方面，已经具备了一定的基础，在共性及关键技术的领域开展了相关标准的制定工作。在标准化的制定过程中，必须全面考虑多方面的因素，既要充分考虑其有利的一面，也要考虑其不利的一面，只有在适合的阶段进行标准的制定、宣贯、执行，才能够真正发挥标准化的优势。

7.3 通过投资和融资等多种方式加大投入

智能交通建设特点决定智能交通的发展不是一蹴而就的，需要长期的支持和资金投入。从目前我国智能交通的发展特点分析，国家仍是智能交通的主要推动者，因此当前，国家应该从科技、建设等多个部门对智能交通给予持续的资金投入。与此同时国家也将出台各种优惠政策，积极促进投融资环境和体制的建设，吸引多方资金投入到智能交通实现的各个环境。

在投资环境的建设过程中，政府要明确区分哪些是社会公益型项目，哪些是可经营型项目。对于不同性质的项目，应设计不同的投资方案，确定投资主体、投资回报，制定不同的投资战略和规划。社会公益型的ITS项目建设，投资主体应主要为政府；经营型的ITS项目建设，投资主体由市场选择，但不排除政府对重点项目的政策和资金支持。根据目前我国ITS的发展阶段和交通基础设施的信息化现状和水平，建议涉及国家安全和交通安全的ITS公益型项目以及涉及交通信息化基础设施的项目，主要投资由政府承担或政府占投资较大百分比。

对于ITS建设项目的投资和融资环境的建立，政府应采取下列措施，吸引多方资金投入到项目的建设过程中，以利于ITS系统的持久建设。

(1) 建立政府投资调节机制

在交通基础设施信息化的建设过程中，各级政府应承担其相应的责任。保证完全公益性的基础设施投资；对于既有公益型、又有经营型的基础设施或项目建设，政府承担必要的投资。政府的投资主要来源是预算内投资、政府性建设基金及政府财政债券等。在未来一段时间里，政府要通过不断的调整和改革来确立政府基金的稳定性，保证用于ITS基础设施和项目建设及维护资金投入的持续性和稳定性。充分发挥政府资金的调控作用，对于规划内的ITS建设资金，纳入政府计划管理，按照发展规划、区域布局和建设重点，进行必要的调节，组织好建设项目的实施。

(2) 积极改革投融资体制，改善投融资环境，吸引国内外资金参与智能交通的建设与运营

改革投融资机制，实现融资多元化，融资渠道多样化，对解决智能交通系统建设资金的来源具有重要的保障作用。在积极利用和争取国际金融组织、国外政府及国内金融机构对 ITS 项目的贷款的同时，制定积极的政策，放开市场，采取 BOT、TOT 等多种投融资方式，建立完善的投融资回报机制，鼓励和吸引国内外的企业、财团投资，充分利用资本市场筹措 ITS 建设、运营的资金。

7.4 坚持以自主开发为主、引进为辅的原则，形成具有我国自主知识产权的智能交通技术和产品

智能交通系统的建设是多种技术的应用和集成，随着技术的不断进步和发展，智能交通在技术的引用和研发上具有多种可选择性。既可以通过引用国外的先进的成熟的技术，又可以通过自主研发解决系统实施中的技术问题。二者如何选择，应慎重地加以考虑。根据国内现有技术的基础条件和开发情况，以及国外发达国家 ITS 的技术现状和发展趋势，建议 ITS 技术的引进和研发应主要从以下两方面加以考虑：

(1) 对于已经验证的国外成熟 ITS 技术，可从国外直接引进，但要注意知识产权问题。

(2) 对国外尚处在探索阶段的技术，应注意其发展的可能方向和我国的需求，正确选择自主研发的重点，并且要善于应用各种技术、政策和法律手段，为我国的高科技产业提供发展空间。

7.5 重视合理的智能交通评估和调整的作用

建立健全 ITS 系统实施的评估和评价方法，及时调整 ITS 项目实施的策略，对促进 ITS 系统的发展，提高交通服务的质量和水平，具有重要的意义。

ITS 在我国的大范围应用还刚刚开始，许多 ITS 项目均处在正在建设或刚刚启用阶段，我们目前还缺乏客观的方法，从定量或定性的角度对 ITS 的影响程度以及 ITS 的实际效果进行评价或评测。因此在 ITS 建设的同时，应开展 ITS 评价及评估方法的研究，应要求在 ITS 项目实施前、实施后进行项目的评估，选择适宜的项目推广应用，对于不适宜建设的项目予以调整，或停止实施。

7.6 促进优势产业的形成

在未来，随着对智能交通领域研究的逐步深入，以及智能交通系统建设的普及，技术应用推广的范围加大，智能交通系统的发展特点不仅表现在对计算机技术、通讯技术、信息技术以及信号控制和电子产品等多种现代化设备的需求，智能交通还将促进上述技术和设备的进步和发展，这是一个能够将运输产业和汽车产业与21世纪的新兴产业—信息产业迅速结合起来的领域，智能交通的开发和应用能够为中国的高新技术产业提供一个巨大的市场，由此形成一个高新技术产业群和新的经济增长点。因此，我们应紧紧把握这一机遇，在改善和发展我国交通运输业的同时，通过国家的各种优惠政策，积极引导ITS优势产业的发展，做到以点带线、以线带面，培育中国的ITS产业，促进ITS的市场化和产业化。

参考文献

[1] 王笑京，齐彤岩，蔡华．智能交通系统体系框架原理与应用．北京：中国铁道出版社，2005

[2] “九五”国家重点科技攻关项目《中国智能运输系统体系框架》专题组著．中国智能运输系统体系框架．北京：人民交通出版社，2003

[3] 世界银行著，建设部城市交通工程技术中心译．可持续发展交通运输．北京：中国建筑工业出版社，2002

[4]《求是》杂志评论部．党员干部关心的25个科学发展观问题．北京：红旗出版社，2004.4

[5] 国家统计局．2005中国统计年鉴．北京：中国统计出版社．2005

附件1

城市智能交通系统发展战略研究

马 林 王长君 张国华 袁建华

目 录

1 概述

2001年9月，“九五”国家重点科技攻关项目《中国智能运输系统体系框架研究》通过了国家鉴定和验收，该研究成果从总体上研究制定了我国智能运输系统的体系框架，对不同运输领域的服务功能分类、数据流程以及系统间的接口等提出了指导性的意见，奠定了我国智能交通系统发展的基础。为全面推动智能交通系统的建设和发展，在体系框架指导下尽快开展各分领域的深入研究是非常紧迫的任务。

城市交通不仅是运输系统的重要组成部分，在运输系统中承担着交通集散和交通枢纽的关键节点作用，同时也是我国城市社会经济发展的基础平台，是促进人类住区发展、建立小康社会的物质载体。目前，城市交通面临的问题十分严峻，突出表现在运输效率低下、交通日趋拥堵、交通事故逐年上升、交通信息服务缺乏等方面。尽管我国城市交通基础设施的建设取得了比较大的发展，但就总体而言，仅仅依靠扩大城市道路基础设施的规模已经难以有效缓解城市交通的问题，必须通过技术进步实现道路基础设施服务水平的整体提高。构建城市智能交通系统，对促进我国社会经济发展、改善城市交通环境、提高居民生活质量具有十分重大的意义。

城市智能交通系统涉及领域广泛，交通组成复杂，实施部门众多。在城市交通发展的大背景下，怎样认识我国城市智能交通系统的作用、发展目标、推进时序等问题，是涉及到城市交通总体发展的重大战略问题，也是关系到我国城市智能交通发展的方向性问题。因此，探讨我国城市智能交通系统发展的背景、需求、发展重点、相关配套措施是非常必要的，也是非常迫切的。

本研究在分析我国城市交通发展现状和趋势的基础上，结合国内外城市智能交通技术的发展和实施情况，重点研究交通控制与管理、交通诱导与信息服务、交通需求管理、驾驶人与车辆牌照管理、公共交通系统、停车管理系统等6个子系统对智能交通技术的需求，提出未来10年发展的目标，以及实现发展目标的途径。并根据我国的实际情况，提炼出需要重点解决的关键技术和配套的政策措施。

2 城市交通发展背景与趋势

2.1 城镇化

近20年来，我国城镇化进程不断加快，改变了在计划经济体制下长期波动起伏以至停滞不前的局面，城镇化率稳步增长。城镇化进程的动力来源于经济发展、产业结构的转变以及人们生活水平不断提高的要求。根据2000年第五次全国人口普查的公报，全国居住在城镇的人数为45594万人，占总人口的36.09%，比1990年上升了9.86个百分点。《中华人民共和国人类住区发展报告》提出，到2010年，城镇人口将达到6.3亿人，城镇化比重将达到45%，与1996年世界城市化47%的平均水平比较接近。

党的十六届三中全会通过的《中共中央关于完善社会主义市场经济体制若干问题的决定》进一步明确了城镇化与市场经济体制的关系，提出了“五个统筹”的要求，特别是统筹城乡发展、统筹区域发展、统筹经济社会发展对城镇化提出了新的目标，指出“农村富余劳动力在城乡之间双向流动就业，是增加农民收入和推动城镇化的重要途径”。在深化劳动就业体制改革方面，中央提出“在产业类型上，注重发展劳动密集型产业”。这一系列政策的实施，将进一步加快农村富余劳动力向城市的集中，促进城镇化的发展进程。

我国城镇化的外在表现具有明显的人口向以特大城市为中心的都市圈或城市群集中的特征，而且由于东西部经济发展不平衡、基础设施建设不平衡，呈现城市人口进一步聚集的趋势。在这种背景下，大城市人口的增长和城市范围的膨胀将是一种难以抑制的趋势。

2004年底，我国共有设市城市661个，其中百万人口以上的特大城市有46个，50～100万人口的大城市有68个。未来20年，随着城镇化的进程，我国百万人口以上的特大城市将会超过80个。在未来人口高度聚集和机动化高速发展过程中，无论是城市交通的日常出行总量，还是出行距离，都将随之大幅度增长。交通供需矛盾非但难以缓解，还有可能进一步恶化，我国大城市将面临更加严峻的交通局面。

2.2 城市机动化

城市机动化是指城市交通方式向机动化转变的过程和趋势。城市机动化已经成为我国城市发展中一个无法回避的现实问题和迫切问题。在我国经济发达的城市，小汽车正在快速地进入家庭，汽车化社会正快速向我们走近。事实上，交通工具的机动化趋势，在我国的城市交通发展过程中一直存在。但在20世纪80年代以前，我国的经济基础和汽车工业基础均比较薄弱，机动化的进程比较缓慢。1985年，全国民用汽车保有量只有321.12万辆，私人汽车28.49万辆。随着经济的快速增长，机动车数量迅速增加，到2004年，全国民用汽车保有量达到了2693.71万辆，增长8.39倍；私人汽车的增长更加迅速，2004年全国私人汽车总量已达1481.66万辆，增长了52倍。从这些统计数字中可以看出，我国的机动化进程已经显现出强劲的势头。由于城乡经济发展的不平衡，全国民用汽车的绝大部分特别是私人轿车大多在城市范围内使用。

1994年颁布的汽车产业政策明确提出将汽车产业作为我国经济发展的支柱产业。汽车产业政策实施十多年来，已经对我国汽车工业的发展起到了巨大的促进作用，以轿车为核心的生产体系已初步形成。2000年10月，中共中央十五届四中全会将“鼓励汽车进入家庭”列入了《中共中央关于制定“十五计划”的建议》。这些政策和措施十分鲜明地表达了国家对汽车工业的支持力度，在这一政策环境下，我国汽车工业发展迅速。1985年我国汽车产量为43.72万辆，其中轿车产量0.9万辆，到2001年我国汽车产量增长到234.17万辆，其中轿车达到70.36万辆，年均增长率分别为11.06%和31.32%。近几年，轿车产量增长更快，2003年全国轿车产量首次突破200万辆，达到206.89万辆，比上年增长80.7%。作为城市机动化物质基础的汽车产业，特别是轿车生产持续、快速的发展，必将进一步加快城市机动化的进程。

当前，除少数经济发达城市外，我国大部分城市的机动化水平都不高，更低于国外同等收入的城市，潜在的需求很大。“积极发展城乡公共交通，鼓励轿车进入家庭”是《中华人民共和国国民经济和社会发展第十个五年计划纲要》中明确提出的提高人民生活水平的重要战略目标，随着国家相关消费政策、产业政策的进一步落实，以及购车环境的改善，潜在的需求将很快地转化为购买量。在未来10年间，机动化将会完成由起步阶段向普及阶段的过渡。预计到2010年，我国百万人口以上的特大城市，城市机动化的平均水平将达到180辆/千人。

2.3 城市交通

我国城市智能交通系统是在城市交通总体上不适应城市经济社会发展的背景下提出的，这种不适应主要表现为道路交通基础设施相对滞后，交通需求增幅很大，交通组成十分复杂，交通安全矛盾突出。

(1) 道路交通基础设施总量不足

我国城市土地资源短缺，城市人均建设用地严格限制在100m² 以下。2004年，全国城市道路交通基础设施的平均水平为：道路广场和对外交通用地合计占城市建设用地的15.5%，道路广场用地仅占9.8%；人均道路用地面积10.34m²；万人拥有公共交通车辆8.41标台；人均道路交通基础设施投资720元。

近年来，虽然各城市均加大了城市道路交通建设的力度，但由于受到用地规模限制、建设资金匮乏、占道经商现象比较严重的影响，总的道路设施容量增长比较慢，人均道路设施水平没有明显的改变，车均道路设施水平下降比较快。

(2) 城市交通需求急剧增长

城市交通需求增长突出反映在3个方面：

一是城市中汽车数量呈现爆发式增长的势头，特别是随着“汽车进入家庭”政策的实施，城市汽车结构发生了巨大的转变，汽车的出行特征也发生了根本性的变化。这种变化在若干机动化速度比较快的城市已经显现出来，客车的增长远远超过货车的增长，小汽车已成为车辆构成中的主体，汽车也已经从昂贵的奢侈品逐渐成为城市中增长最快的代步工具。

二是城市交通出行总量有了显著的增加，且出行规律发生了很大的变化。在居民出行结构中，上班、上学等有固定线路、固定出行时间的出行（即有规律的刚性出行）比例逐年下降，而公务、生活、休闲等其他目的的出行（即无规律的弹性出行）比例明显增多，道路交通高峰时段延长。

三是城市流动人口大幅度增加，所派生的交通量增长很快。

（3）混行交通状态短期内不会改变

混行交通是我国城市交通最主要的特征。尽管近年来部分大城市的自行车使用量逐年减少，但就总体规模而言，自行车交通仍是城市交通的主要方式之一。据国家统计局调查，2004 年，城镇居民家庭平均每百户拥有自行车 140.21 辆。在各城市的居民出行中，自行车交通方式出行的比重仍占到 20%～40%。

长期以来，由于城市客运交通市场的不健全，居民的选择余地很小，因而形成了以自行车交通为主的城市客运交通结构。在汽车数量较少的情况下，交通问题并不突出，但随着城市机动化的发展，汽车和自行车混合行驶的交通组织方式导致了道路设施的低效使用，交通供需矛盾激化，如何处理自行车和汽车交通的矛盾已经成为城市交通的“顽疾”。多年来，面对如此巨大的自行车交通，城市中没有形成与此相适应的完善的快、慢分行道路网系统，汽车与自行车混合行驶的状况非常普遍，或将主要干道上建成路段分行的“三块板”断面，把混行交通的矛盾转移到路口。在同一空间内，组织好两种交通特性不一致的交通流，就目前而言，还没有成功的经验。

（4）交通安全矛盾日益突出

近年来，我国的道路交通安全矛盾十分突出，交通安全形势非常严峻，道路交通事故死亡人数自 2001 年以来每年死亡 10 万人以上，平均每天死亡近 300 人。2004 年全国共发生道路交通事故 51.8 万起，因道路交通事故造成 10.7 万人死亡，48.1 万人受伤，直接经济损失 239 亿元，万车死亡率在 10 人左右，远远高于欧、美、日等发达国家和地区。

3 城市智能交通系统建设的必要性

我国目前已经进入城镇化及城市机动化的快速发展阶段，在城镇化和机动化的双重作用下，全国大城市普遍陷入难以摆脱的交通困境。据有关经济研究机构测算，我国大城市因交通运输的制约，GDP 损失可能高达 1～2 个百分点。

无论是缓解城市交通紧张局面，还是适应城市经济社会发展的需求，加快推进城市交通系统智能化建设都是重要的战略举措。

3.1 提高道路交通基础设施利用率

城市智能交通系统有助于提高道路交通基础设施利用率，缓解城市交通的巨大压力。城镇化的迅速推进特别是大城市用地规模的扩张，带来了城市交通需求特别是机动车数量和出行量的迅速增长。城市交通在未来的发展中，不仅面临着城镇化和机动化进程的压力，而且也受到生态环境保护和土地资源短缺的制约。在这种双重压力和双重约束条件下，积极推动城市智能交通系统的建设，最大限度地提高交通设施的利用率和交通运营管理的水平，用最小的设施供应满足最大的交通需求，符合资源配置的基本要求，也符合城市可持续发展的战略目标。

3.2 提高城市交通建设和管理水平

智能交通系统植根于传统的交通工程理论与实践，是以提高交通系统的可靠性、安全性、经济性、舒适性及运行效率为目的，运用最新的科学技术成果对传统的交通工具、交通设施及其规划、运行及管理方法进行改进和提高的一个新兴领域。智能运输系统涉及众多领域和部门，在系统建设过程中需要多领域、多行业的共同协作，以达到整合、集成、优化、协调的发展目标。

以智能化为主线，以道路基础设施建设为核心，推动城市智能交通系统建设，将赋予城市交通建设和管理新的内涵，有利于形成符合技术发展趋势的科学化、规范化建设管理体系，有利于提高城市交通规划建设与管理的水平。

3.3 改善交通安全状况

城市智能交通系统有助于落实“以人为本”的发展战略，改善交通安全状况。我国目前虽然汽车拥有率还处于比较低的水平，但交通安全状况十分严峻，道路交通事故率之高、交通安全度之低都是与以人为本、全面建设小康社会的发展战略不相适应的。推动城市智能交通系统建设，通过综合性的技术应用，及时地检测、识别与分析交通事故与突发交通事件，建立快速紧急救援系统，强化车辆和驾驶人管理，将有利于预防和减少交通事故的发生，全面提高交通安全水平。

3.4 落实全面建设小康社会的目标

城市智能交通系统以有效利用道路交通资源为目标，有利于建立与节约型社会相协调的城市交通环境。对增强城市交通的可持续发展能力，改善生态环境，提高资源的利用效率，促进人与自然的和谐，推动整个社会走上生产发展、生活富裕、生态良好的文明发展道路，实现全面建设小康社会的目标具有积极的推动作用。

4 国外城市智能交通系统发展现状

20 世纪 80 年代始，国外智能交通系统的发展进入了实质性的快速成长阶段，经过近 20 年的持续发展，目前已形成以美国、日本和欧盟为代表的智能交通系统发展群体，有力地促进了智能交通系统领域内的重点基础理论研究、关键技术研究开发、标准规范制订和工程实施，使智能交通技术的应用市场日趋扩大，产业化进程日益加快，产品种类和规模快速壮大。

4.1 美国

美国对交通系统的智能化研究始于 20 世纪 60 年代末，1990 年美国运输部成立了智能化车辆道路系统（IVHS）组织，1992 年制订了“智能交通系统发展战略计划”，1994 年将 IVHS 更名为智能交通系统（ITS），1997 年研究完成并公布了 ITS 体系结构，之后美国对 ITS 体系结构进行了修改完善，并进一步调整了 ITS 发展战略计划。

美国非常重视 ITS 技术的研究和应用开发，并把建设先进的交通控制与管理系统放在了突出的位置，已制订发布了有关交通控制设备及系统、交通信息采集处理、交通信息集成处理、交通信息服务等一系列标准规范。这些标准规范大多具有系统性、配套性，也很详细和全面，起到了较好的指导、引导甚至很强的约束作用。美国一直注重关键技术、核心软件的开发应用，基本上每 1～2 年都会推出数个交通控制与管理领域急需的、有很大市场潜力、技术实现难度高的关键性软硬件产品，如 AUTOSCOPE 系列交通视频检测器、PELCO 和 AD 及 VICON 系列交通监控设备、TRANSYT 系列交通信号控制软件、BENTLEY 系列交通信息集成服务软件、TRANSCAD 系列交通规划分析软件，以及在停车管理、高架道路匝道控制、交通违法取证、交通事故紧急救援等方面的产品设备。

美国十分重视交通需求管理，并采用智能化的手段保证交通需求管理措施的实施。1992 年出版了《交通需求管理手册》，对缓解交通拥挤、改善环境质量、提高道路使用效能起到了很好的促进作用。在美国，高利用率车道（High Occupancy Vehicles，简称 HOV）管理系统应用比较普遍，是有效的交通需求管理措施，近 20 年来已经推广到 20 多个大城市。1991 年颁布的“陆上综合运输效率法案”（Intermodal Surface Transportation Efficiency Act,

简称 ISTEA）将 HOV 专用车道作为交通拥挤管理规划中的强制措施，有些大城市正在计划扩大原来的 HOV 专用道路网。

美国是以私人汽车交通为主的国家，但近年来也十分重视公共交通的建设。美国城市公共交通管理局（UMTA）已经启动了智能公共交通系统项目 "Advanced Public Transportation Systems（APTS）"，经过现场试验，UMTA 认为 "APTS 可以显著提高公共交通服务水平，吸引更多乘客采用公交和合伙乘车的出行模式，从而带来了减少交通拥挤，空气污染和能源消耗等一系列社会效益"。根据 1998 年美国运输部的联邦公共交通管理局（FTA）出版的《APTS 发展现状》，美国的 APTS 主要研究基于动态公共交通信息的实时调度理论和实时信息发布理论，以及使用先进的电子、通讯手段提高公交效率和服务水平的实施技术，包括车队管理、出行者信息、电子收费和交通需求管理等几方面的研究。

4.2 日本

日本于 1973 年开始进行智能交通系统方面的研究，根据 1996 年制定的《推进智能交通系统整体构思》，未来日本智能交通系统共分为 9 个领域：先进的导航系统，不停车收费系统，安全驾驶支援系统，交通管理最优化系统，道路交通管理高效化系统，先进的公交系统，车辆运营管理系统，行人诱导系统和紧急车辆支援系统。

日本在交通控制系统研究开发中，将主要精力放在开发和测试车载动态路线指示系统方面。已开发、测试、评价了智能车辆道路系统以及在城市运营环境中车辆与城市道路系统的有机组合，并着手开始研究更通用的交通控制与管理系统，其核心是一体化的交通控制系统和交通控制中心。东京都警察厅交通控制中心是日本具有代表性的交通控制中心之一，主要职能是收集、处理、发布道路交通信息，进行交通信号控制、交通信息发布、事故紧急救援等。该中心交通信息主要来源于：16400 个超声波、雷达、红外线检测器，295 处交通电视摄像机，公众报警电话，以及交通巡逻车和直升飞机。收集上来的信息由控制中心 133 台计算机组成的处理系统自动进行后台处理，根据道路交通流量的状态，对全市 14447 个交通信号中的 7247 个进行预定的方案控制，并显示在控制中心的显示板上。同时，将交通流量、车辆行驶速度、路段的堵塞程序、道路行驶时间、交通事故、道路施工等信息通过多种方式向社会进行发布。

日本在动态路径诱导系统方面开展了大量的研究和试验，交通诱导系统是其通用交通管理系统的一个重要的子系统。它的发展计划包括三个阶段：

第一阶段（1995～1997 年）：1996 年 3 月在东京和神奈川县建立了 4km^2 的实验区，约有 200 条链路可供选用。在实验区内建造带有双向红外线通信功能的交互式 DRGS，对 DRGS 的功能进行全面试验，其重点在路径诱导信息的实时提供问题。

第二阶段（1998～2000 年）：DRGS 在大城市开始发展，车载单元逐渐普及。DRGS 向每一辆车提供优化路径信息，但还无法保证所有车辆运行效果的总体最优。

第三阶段（2001 年以后）：DRGS 向所有车辆提供优化路径信息，使车辆处于总体最佳运行状态。

由于路径诱导是交通流优化的前提，因此国家警察署（NPA）准备对 DRGS 进行长期、反复的实地试验，积累技术、经验，并有目的地进行评估，使这些技术系统化，以指导交通管理系统的发展。

就提供优化路径的方式而言，DRGS 可分为两类，即独立型的 LDRG（现场确定的路径诱导）和 CDRG（控制中心确定的路径诱导）。LDRG 只能利用车载数据使车载单元选择车辆自身的优化线路，但是此项技术有可能使许多车辆选择同一条道路，造成新的交通阻塞。相反，当车载单元广泛使用时，CDRG 能合理分配整个路网上的交通流，并对未来的交通条件进行预测。因此，DRGS 的发展方向是建立由控制中心分配交通流的系统，即交互式 DRGS。

20 世纪 90 年代初期，日本建设省就认识到交通需求管理（Transportation Demand Management，简称 TDM）的思想在解决交通拥挤问题方面的重要性。因此，在智能交通系统建设中，非常重视与交通需求管理的结合，用智能交通系统技术实现 TDM 的目标。日本制订的 TDM 的主要目标包括：通过减少产生出行的活动而减少出行总量；通过改变交通方式和有效地使用机动车来减少车辆交通；在时间和空间上减少交通的聚集程度。各城市在“减少道路交通拥挤法案计划”指导下，开始采用 TDM 解决城市交通问题，1996 年 12 个城市试点进行“减轻交通拥挤的样板工程”。由于智能交通系统的发展，尤其是 ETC 技术在道路收费中的成熟应用，已有几个城市开始实施一些严格的措施来限制交通。目前，TDM 已经成为日本城市交通可持续化发展必不可少的组成内容。

为了加强对机动车和驾驶人的管理，日本在 20 世纪 70 年代末建立了全国机动车登记中心和全国驾驶人登记中心，并建立了全国集中的机动车/驾驶人中心数据库。全国各地车辆/驾驶证受理点均通过网络将受理的机动车/驾驶人信息录入至中心数据库，而各地执法人员均能快速查询该数据库中的驾驶人和车辆牌证信息，以便迅速识别牌证的真伪。

日本城市公共交通智能化的发展也经历了三个阶段：

20 世纪 70 年代末，开始应用公共汽车定位系统——公共汽车接近显示系统。

20 世纪 80 年代初，开始应用公共交通运行管理系统，其中包括乘客自动统计，运行监视和运行控制。

进入 20 世纪 90 年代后，由于机动车数量的增长和交通拥挤的影响，要保持正常的行车速度十分困难，由此引起公共交通方便性和可靠性下降，导致乘客数量减少。为此，东京都交通局开发了城市公共交通综合运输控制系统（CTCS)，旨在改进公共汽车服务，重新赢得乘客。在 CTCS 中，公共交通运营管理系统是一个基本的框架，其目的是通过掌握运行情况以及乘客数据提供高水平的公共交通运营服务。在公共汽车和控制室之间建立信息交换，并利用诱导和双向通讯的方法，将服务信息提供给公共汽车运营人员和驾驶人员，同时这些信息也通过进站汽车指示系统和公交与铁路接驳信息系统提供给乘客。公共交通综合管理系统包括累积运营数据、乘客计数、监视和控制公共汽车运营和乘客服务等功能，其中乘客服务功能中包括进站汽车指示、信息查询和公共交通与铁路接驳信息提示。

4.3 欧盟

欧盟在智能交通系统研究方面实施了两项研究计划：第一项是 DRIVER 计划，第二项是 PROMETHEUS 计划。DRIVE 计划面向道路与交通控制技术，而 PROMETHEUS 计划面向汽车技术。

DRIVE 计划中，DRIVE-I 主要进行基础研究工作与技术开发；1991 年开始的 DRIVER-II 则是以现场试验为主的技术研究。DRIVER-II 耗资 4 亿欧洲货币单位，有 64 项研究课题，大约有 500 个单位的 4000 余人参与了研究开发。从 1994 年底至 1998 年开始实施 DRIVE-III 计划，4 年中共投资 2 亿欧洲货币单位，对 DRIVE-II 计划的研究成果在 30 多个城市进行了综合试验与标准化的开发。

在具体的技术措施方面，应用不停车收费技术对城市拥挤道路进行收费，是实施交通需求管理的重要内容。德国于 1994 年 1 月份开始推出一套道路收费系统，以缓解当时的交通拥挤状况，在斯图加特市进行了试验，选取了 500 名汽车驾驶人参加道路收费系统的试行。该道路收费系统是在汽车内安装磁卡及发射系统等电子装置，当汽车经过设在道路旁边的自动收费装置时，自动收费装置中的电子计算机就会根据道路交通流量的大小，高峰、平峰以及车型的大小等分类标准自动收取该车的通行费。

伦敦自 2003 年 2 月 17 日起，在伦敦市中心 21km^2 左右的区域内实施道路拥挤收费，收费时段从周一至周五的上午 7 点至下午 7 点，周末及法定休息日不收费。通行许可暂时采用纸质许可证的形式，技术成熟后向智能化许可证和电子/摄像控制技术方向发展。驾车者预先购买时效分别为一天、一周、一月或更长时间的许可证，放在车窗挡风玻璃上，以此作为进出指定收费区域或在该地区内通行的凭证。定价标准为 5 英镑/日 · 车，与出入收费区域的次数无关，公交车、急救车等部分车辆不收费。初步估计每年可获得 2 亿英镑的收入，其中私人小汽车收费约 1.4 亿英镑，商务出行收费约 0.55 亿英镑。

在机动车和驾驶人管理方面，德国、法国等国家在 20 世纪 80 年代初就建立了全国集中的驾驶人和车辆登记信息数据库，各地的交通执法人员均可通过有线和无线方式与全国数据库联通，迅速读取各种驾驶人和车辆牌证信息，使假牌假证车辆、肇事逃逸人员无处可藏，且在任何地区的交通管理部门都能准确地将交通违法记分记录和交通肇事记录录入驾驶人档案信息中。

欧洲在发展智能公共交通系统方面处于领先地位。许多国家同中国一样具有悠久的历史，城市街道一般都比较狭窄，因此在城市交通建设中一直把公共交通作为发展的重点。通过实施公交优先政策，设立公交专用道，为公交车提供优先通行信号，布设智能公交监控与调度系统等措施，提高公交车辆运行速度和公交服务质量，吸引公众乘坐公交车出行，从而有效地缓解了城市交通压力，并取得了明显的社会经济效益。

4.4 新加坡

新加坡于 20 世纪 70 年代开始实施交通需求管理，政府通过采用小汽车牌照限额发放、大力发展公交、区域特许证制度（ALS）、电子道路收费(ERP）等一系列措施，使交通阻塞得到有效的控制。

新加坡是最早实施道路收费的国家之一，也是目前应用拥挤收费系统比较成功的国家。1975 年 6 月，新加坡开始实施著名的区域通行证方案，划定覆盖中心商业区的最拥挤区域作为交通控制区，在其边界上设立 27 个车辆入口处。载客不足 4 人的车辆在上午高峰期（周一到周六的 7：30～9：30，后来延长到 10：15）进入控制区，必须出示购买的区域通行证。1998 年 4 月，新加坡开始在其东海岸公园大道采用 ETC，每辆车在其挡风玻璃右上角安装用来存有现金智能卡的车内装置，实现自动交费。车主可以提前将预交款存在卡上或者存入银行账户中，智能卡存款余额显示在车内装置的液晶显示屏上，当余额不足时会自动警告。

5 城市智能交通系统发展需求

城市交通是一个复杂的庞大系统，各个子系统共同构成相互协调运作的整体。智能交通系统就是要通过综合应用各种技术使各子系统更好地相互协调运行，以获得整个系统的最佳运行效率。深入研究城市交通系统中各子系统对智能化的需求，是构建城市智能交通发展战略的基础。

5.1 现状和问题

(1) 交通控制与管理智能化水平低

近年来，许多大城市不同程度地受到交通拥挤的困扰，城市交通“出行难、行车难、停车难”的问题非常突出，已普遍成为政府棘手的难题。不但北京、上海和广州这些特大城市交通拥堵日益加剧，就连一些大城市，甚至中等城市也出现了交通拥挤不堪、交通秩序混乱的局面。

为了提高城市道路交通管理水平，改善城市交通通行环境，经国务院批准，公安部、建设部于 2000 年 2 月开始在全国实施了城市“畅通工程”，旨在全面提高城市交通管理的科学化水平。实施“畅通工程”以来，各城市在加快城市道路基础设施建设、完善交通标志标线、增设交通信号控制等方面进行了大量的投入，为交通发展奠定了比较好的基础。

但就全国城市总体情况而言，交通发展形势仍不容乐观，交通控制与管理的总体水平还比较低，与实际需要还存在着相当大的差距，交通控制与管理技术的科学化、现代化进程都还处于启动与探索阶段，所采用的技术手段和使用范围十分有限。我国大部分城市距离建设先进的智能化城市交通管理和控制系统还有较长的一段路要走。

(2) 机动车与驾驶人管理技术手段落后

机动车和驾驶人是城市道路交通的主要参与者，在城市智能交通系统的发展中，机动车和驾驶人管理是不可忽视的重要内容。近年来，随着公安部“金盾工程”建设的不断深入，以机动车、驾驶人信息管理为主的交通管理信息化工作发展迅速，在机动车和驾驶人的注册登记管理方面也进行了一系列的改革与新技术应用。但总体上看，我国在这一领域的管理状况和技术手段仍然比较落后，主要存在以下问题：

办理机动车和驾驶人牌证手续繁杂。除国家统一规定的一些手续外，各地车管部门根据地方政府的要求，额外增加各种上牌前的要求，如车船使用税、地方建设费等。车管所内部牌证审批流程不科学，造成群众重复往返各窗口，且等候审批时间过长。另外，由于受公安网络通讯条件和办证机构设点的限制（如：机动车和驾驶证牌照业务集中在地市级车管所，农用车、摩托车等牌照业务集中在县级车管机构），造成农民车辆上牌或报考驾驶证，需要长途跋涉到地市或县城。在城市里，车管所办事网点过少，群众也很不方便。对于进口车牌照，由于海关进口车数据通报周期过长，造成群众购买进口车后无法及时办理牌证。

规章制度不适应形势发展的需要。1989 年发布的《机动车辆安全技术检测站管理办法》（第 2 号令）和 1996 年发布的《驾驶证管理办法》（第 28 号令）及《驾驶员考试办法》（第 29 号令）已不能完全适应形势的需要。具体表现在：车辆安全年检和驾驶证年审方式落后，管理不严，流于形式；限制性条件过多且不符合国际惯例，影响人们对驾驶的需求；不适应道路交通安全管理的需要，如机动车和驾驶人牌照管理没有和驾驶人违法、事故情况有效结合，源头管理和路面管理脱节，不能有效地促进驾驶人遵章守纪。1989年发布的《临时入境机动车辆与驾驶员管理办法》（第4号令）存在局限性，仅适用于外国人驾驶机动车辆临时入境旅游、比赛等活动。随着我国加入WTO，以及不断加入双边、多边国际性交通运输协定，国际交通活动日益增加，现行规定已不适应新形势的需要。《道路交通安全法》已于2004年5月在全国正式实施，上述许多问题在这部新法中都得到了较好的考虑和解决，但法律的严格实施和执行需要相当长的一段时间，解决这些问题也有一个较长的过程。

基础工作薄弱。全国机动车和驾驶人登记信息系统存在数据质量不高、不统一的问题，即全国各地的机动车、驾驶人登记信息不规范、不完整。公安计算机网络还未延伸到各级交通管理部门，难于准确辨别机动车和驾驶人牌证的真伪，给各地基层路面执法部门查处机动车和驾驶人违法行为及给车管部门比对盗抢车上牌把关带来困难。而且，也增加了对报废车、无牌无证车辆管理的难度，在交通安全管理方面存在极大隐患。

管理信息系统尚待完善。在驾驶人和车辆管理信息系统方面存在的问题包括：信息分散、共享程度低、没有统一规范的信息共享规则，应用系统间缺乏集成，系统规模效益不高；地区间应用发展不平衡，影响系统整体效能发挥；地市以下应用系统多为自行开发，系统版本多、功能差异大，导致各地车管所使用的管理软件版本不一，数据项目采集不全；驾驶人与车辆管理系统与交通事故、交通违法等业务数据缺少关联。

安全技术落后。机动车驾驶证、行驶证证件生产工艺过于简单、防伪手段落后，假牌假证现象仍然存在，有些地方甚至还比较严重。随着全国道路交通建设的快速发展和机动车辆的普及，与机动车辆相关的违法现象逐年上升，一些违法分子，特别是从事专业交通运输的驾驶人，为了逃避违法记分处罚，采用假机动车牌证和假驾驶证等违法手段。由于执法人员无法获得及时、可靠的相关信息，难以做出快速、准确的判断，只能凭经验进行处理，这就给违法分子以可乘之机，大大降低了管理、整治的力度。

(3) 公交智能化刚刚起步

与欧、美、日本等国家相比，我国的公共交通发展还非常落后，公交智能化水平很低。近几年，由于科学技术的进步和政府对公交投入力度的加大，我国智能公共交通系统已初现端倪。比如上海市在地铁系统中安装了自动检票系统，可实现乘客的自动计数。还有一些城市正在着手实施公交“一卡通”，实现公交电子收费。杭州、上海、北京、大连等城市已在部分公交线路上建成了公交车辆跟踪调度系统，并安装了电子站牌、车载 GPS 定位设备，实现了对车辆的实时跟踪和定位、公交车与调度中心的双向通讯，以及在电子站牌上实时显示车辆位置、到达时间信息等功能。但总体上来看，这些系统没有将动态交通状态信息与车辆定位信息有效融合，仍处于低级阶段。

(4) 停车设施利用效率低

在汽车化社会，停车与城市的 4 项基本功能——居住、工作、游憩、交通均密切相关，而且是影响人们投资决策、居住和工作地点选择的一个关键因素，影响着人们的活动方式和生活方式。

城市交通问题是现代城市所共同面临的难题，而其中的停车问题又是城市交通中最为棘手的问题之一。在我国，以往由于机动车数量较少，停车问题不突出，因此也不受重视。但随着国民经济的迅速发展、城镇化进程不断加快、机动车数量迅速增加、城市土地过度开发等一系列相关因素的变化，导致了城市的停车需求急剧增长。在许多大、中型城市，停车供需矛盾已十分突出。特别是在高峰期，一方面大量汽车在拥挤的道路上寻找停车车位，另一方面部分停车场却因为诸多原因利用率很低。于是，便造成了一系列的问题，如：

①由于寻找停车车位而增加了大量不必要的交通出行，进一步加剧路面交通的压力；

②增加了燃料消耗，加剧了交通环境污染；

③造成了大量的违规停车行为，影响道路的正常通行；

④现有的停车场停车利用效率没有得到应有的发挥，资源配置、利用率低；

⑤乱停乱放影响城市形象和市容环境，诱发车辆盗窃等社会治安问题。

国内已经开始研究智能交通技术在提高停车系统利用效率和停车服务方面的技术与方法，并在停车收费技术和停车诱导系统方面取得了一定的进展和成效，特别是停车诱导系统作为智能化停车的突破口，已经在部分特大城市和大城市的中心区投入或计划投入使用。北京、上海、广州、南京等城市的部分区域已建成小规模的停车诱导系统，深圳市人民南商业区和福田中心区、苏州市观前街商业区等也正在计划建设停车诱导系统。

5.2 需求分析

城市智能交通系统发展的根本目的，是把现代控制、信息、通信、定位、智能等高新技术应用到城市交通系统，用智能化的技术手段最大限度地发挥交通设施的效能，实现交通运转的高效、便捷、安全、环保的目标，为满足日益增长的城市社会经济发展和交通需求，创造支持城市可持续发展的现代化交通系统。

城市交通系统对智能化的需求主要体现在两个层面：一是面向管理者的需求，二是面向使用者的需求。在第一个层面上，主要解决管理者在规划、建设和管理城市交通系统中迫切需要的交通信息收集、交通流调控、交通资源合理使用、交通运行组织等与系统运行状态反馈相关的重大技术手段和技术方法。而第二层面则主要是为使用者提供高水平的交通服务，包括信息提供、交通诱导、交通环境改善等与出行过程相关的重大技术问题。城市交通系统组成的多样性和复杂性，决定了上述两个层面的需求不能孤立地对待和解决，必须结合城市交通子系统的特性统筹考虑。

基于上述认识，结合我国城市交通亟待解决的问题，对 2010 年前城市交通系统智能化需求进行分析研究。

5.2.1 交通控制与管理

交通控制与管理系统的智能化需求是多方面、多层次的，主要体现在交通控制与管理的信息需求和技术功能两方面。

（1）信息需求

不同的群体对交通控制与管理信息的要求是不同的，概括起来包括以下 6 个方面。

①交通执法与监督人员的需求

交通执法与监督主要包括交通事故处理、停车管理、交通违法处罚、驾驶人和车辆管理等，交通执法与监督人员通过交通控制与管理系统的相关信息来进行执法和监督服务，服务对象是交通出行者，详见表 5-1。

交通执法与监督人员的交通控制与管理信息需求 表 5-1

服务名称	数据需求
交通事故处理	交通事故处理法规信息、事故发生信息、事故现场信息、事故当事人与车辆信息、处理过程信息、结案信息以及公告信息等
停车法规执行	停车法规信息、违反停车法规的车辆信息、处罚信息以及公告信息等
交通违法处罚	交通违法处罚规定信息、违法信息、处罚信息以及公告信息等
驾驶人和车辆管理	驾驶人和车辆登记信息、违法信息、扣分和培训记录信息等

②交通控制人员的需求

交通控制主要包括交通信号控制、交通诱导、匝道和速度控制等方面，交通控制人员通过城市交通指挥中心相关交通信息进行交通控制，服务对象是交通出行者，详见表 5-2。

交通控制人员的交通控制与管理信息需求　　表 5-2

服务名称	数据需求
交通信号控制	交通流量信息、路段占有率信息、交通拥挤信息、交通事故信息、道路基础信息、交通信号配时信息、信号控制设备运行状态信息等
交通诱导	交通流量信息、道路情况信息、交通拥挤信息、交通事故信息、路径诱导和警示信息、公告信息等
匝道和速度控制	交通流量信息、道路情况信息、车辆运行速度信息、交通拥挤信息、交通事故信息、匝道交通信号配时信息、速度控制信息、公告信息等

③紧急事件管理人员的需求

紧急事件管理主要包括事件预防、事件检测、事件鉴别、事件响应、事后管理等方面，紧急事件管理人员通过城市交通指挥中心相关交通信息对紧急事件管理，详见表 5-3。

紧急事件管理人员的交通控制与管理信息需求　　表 5-3

服务名称	数据需求
事件的预防	道路状况信息、交通状况信息、交通信号配时信息、自然灾害及气象信息、预防措施信息等
事件的检测	交通状况检测信息、检测设备运行状态信息等
事件的鉴别	道路状况信息、交通信号配时信息、交通状况检测信息、自然灾害及气象信息、交通事件鉴别算法信息、交通事件鉴定信息（包括事件发生的位置、性质及类型等信息）等
事件的响应	交通事件鉴定信息、求助策略信息、救援部门信息、救援人员及设备信息、事件处理信息等
事后管理	事件处理信息、道路状况信息、交通状况检测信息、交通信号配时信息、恢复措施信息、事件处理报告信息等

④交通组织管理规划人员的需求

交通管理规划人员依靠城市交通指挥中心积累的交通流量、交通分布等相关交通信息进行近中期城市交通组织管理规划，并对交通组织管理策略进行近期及远期评估。其交通信息的需求主要包括交通流信息（包括动态和历史的）、道路使用水平信息、OD 数据、交通需求数据、交通仿真数据、组织管理策略信息、策略评估信息等。

⑤交通设施维护人员的需求

城市交通设施维护管理主要包括道路标志标线维护管理、通信及外场设备维护管理、道路维护中车辆限制管理、灾难恢复管理，交通设施维护人员通过城市交通指挥中心相关交通信息对城市交通设施进行维护管理，详见表5-4。

基础设施维护人员的交通控制与管理信息需求　　表 5-4

服务名称	数据需求
道路标志标线维护管理	道路状况信息、交通标志标线设置信息、交通流信息、交通需求信息等
通信及外场设备维护管理	通信及外场设备设置信息、通信及外场设备运行状态信息、生产与建设厂家信息、备件备货信息等
道路维护中车辆限制管理	交通流信息、道路状况信息、车辆限制信息等
灾难恢复管理	道路状况信息、基础设施检测信息、基础设施评估信息、灾难恢复策略信息等

⑥交通出行者的需求

交通出行者对交通控制与管理信息的需求主要体现在出行前信息服务、行驶中驾驶人信息服务、个性化信息服务和路径诱导及导航服务等方面，交通出行者可通过城市交通指挥中心及相关的发布系统来获取这些服务，详见表 5-5。

交通出行者的交通控制与管理信息需求　　表 5-5

服务名称	数据需求
出行前信息服务	道路状况信息、交通状况信息、交通信号配时信息、自然灾害及气象信息、出行路径选择信息、公共交通系统信息等
行驶中驾驶人信息服务	道路状况信息、交通状况信息、交通信号配时信息、行进路径选择信息、车辆运行状态信息、车辆导航信息、停车场信息等
个性化信息服务	道路状况信息、交通状况信息、交通违法公告信息、停车场信息、交通管理部门信息、交通法规、规定宣传信息等
路径诱导及导航服务	交通地理信息、车辆定位信息、路径诱导及导航信息等

(2) 功能需求

交通控制中心是交通控制与管理系统的运行载体，也是实现智能化控制与管理的核心。主要功能需求和系统划分如下。

①交通信息采集系统

交通信息采集系统由交通环境信息采集系统和交通流采集系统组成。

交通环境信息采集系统通过安装在城市交通主要干道沿线的气象或路面信息检测设备，采集路面潮湿、积雪、冰冻以及路面破损等路面状况，以及能见度、风向、风力、一氧化碳含量、噪声指标等空气环境情况，经智能化信息提炼、融合形成有综合价值的基础交通环境信息。

交通流采集系统包括车流和人流两种采集系统。车流采集系统主要通过在城市道路上安装车辆检测器（包括视频、雷达、微波、红外、激光和电磁感应等车辆检测设备）来获知车辆到达密度、占有率、车速、车辆类型、车辆号牌、排队长度等交通车流情况。人流采集系统主要通过个人便携装置，或位于路边、公交、地铁或轻轨车上以及车站等处的个人终端，采集交通出行者信息。

②交通控制系统

交通控制主要是通过安装交通信号灯具、交通诱导标志以及交通信号与标志控制设备等技术手段来实现控制的。先进的交通控制系统应实现对城市交通的自适应控制和对大区域、多种交通方式的协调控制以及对特定交通方式（如公共汽车）的优先控制，同时具备交通信号控制仿真功能。

③交通违法取证系统

广泛建立交通违法取证系统是逐步降低城市交通违法率的必要手段，交通违法取证系统应采用多种技术手段，如视频摄像、数码照相、光学照相等。交通违法记录系统必须能够清晰记录机动车辆冲闯红灯、超速行驶、不按规定越线行驶或违法停车等交通违法行为，在记录中能够清晰识别出交通违法车辆的特征（包括颜色、车牌号码、违法时间和地点等参数），系统还须具备防修改、防破坏能力。

④交通电视监控系统

交通电视监控系统是交通控制与管理的“千里眼”，能实时传播城市交通的直观画面，不仅为交通控制与管理系统提供丰富的交通图像信息，而且还可以反映某些交通控制与管理技术手段实施后的效果。交通电视监控系统应向高清晰、低照度、数字化方向发展，研发价格合理、性能优越的视频数字化编解码、数字传输、视频网络服务以及存储管理技术设备。

⑤交通地理信息系统

城市交通地理信息系统是交通控制与管理系统的基础，是基于网络具有可视化和实时功能的地理信息服务平台，使指挥控制人员操作控制各应用系统更加简单方便，也可以使交通出行者更加简便明了地获取各种交通信息。城市交通地理信息系统应从“单用户版”发展为“网络用户版”，从客户/服务器（C/S 服务模式）发展为网络/服务器（B/S 服务模式）。

⑥交通突发事件处理系统

交通突发事件处理系统由交通突发事件自动检测系统和紧急救援系统组成。

城市交通突发事件是指发生在城市路网上的造成道路通行能力突然下降

或交通需求陡然增加的预想之外的事件，是引发城市交通拥堵的主要因素，较为常见的有交通事故和非周期性交通拥挤。为了迅速自动检测到交通突发事件的发生，需要在城市路网安装相应的检测设备来动态采集并处理路网上各个路段的交通参数，然后通过一定的检测算法来判断交通是否发生突发事件。交通突发事件自动检测系统至少应当具备事件的检测、鉴别和响应能力。

配合交通突发事件检测系统，需要建立快速、高效的紧急救援系统，以最大限度地减少由交通突发事件引发的不良后果，通过交通信息的快速传递、交换等技术手段，形成快速、高效的应变救援处置方案并予以决策、实施。涉及的主要设备包括：具有通信、指挥和调度综合功能的交通指挥车辆以及事故快速勘测车辆、救援破拆与清障车辆和紧急救护车辆等。

⑦交通执法与监督系统

交通执法与监督主要包括交通事故处理、停车执法、交通违法处罚、驾驶人和车辆管理等。需要通过建立办公自动化系统、交通信息系统、车载或便携式无线移动查询和处罚技术设备来辅助交通执法与监督人员的日常工作，需要建立交通信息 WEB 网站、信息终端来为被执行当事人提供信息服务。

⑧交通信息集成系统

多种交通信息的采集、集成、发布是实现交通控制与管理系统的关键，建立交通信息集成系统是交通控制与管理系统的核心技术之一。当务之急是需要集成交通环境采集系统、交通流采集系统、交通控制系统、交通电视监控系统、交通违法取证系统、公路车辆监测系统、122 接处警系统、GPS 车辆定位系统、可变情报板显示系统等各个应用系统提供的交通信息，并对这些信息进行相关处理分析和融合，从而快速识别当前城市交通情况，自动生成各种应急预案，服务于交通管理人员决策，同时向公众发布相关交通信息。

⑨交通指挥决策系统

依据交通信息集成系统提供的实时、综合的交通信息，实时对交通指挥疏导方案进行计算机辅助决策，并与人工决策相结合，合理指挥调度交通。并能够在发生各种交通突发事件时，迅速进行交通疏导，恢复正常交通秩序。

⑩交通控制与管理系统信息与接口标准规范

需要建立交通控制与管理系统的信息技术标准和接口技术标准，主要包括交通控制系统、交通管理综合信息系统、交通指挥系统等方面的标准规范体系，重点开展交通管理术语类标准、信息接口规范类标准、数据库规范类标准的制订工作。

5.2.2 交通诱导与信息服务

(1) 总体需求

交通诱导和用户信息服务系统应能够利用车辆检测系统采集交通信息，并经过综合分析和处理，把实时的交通信息（即交通状况）通过可变信息标志、车载设备、广播、手机短消息、图文电视等传播途径及时通知交通参与者，使之能及时了解道路交通状态，选择正确的路径到达目的地。交通诱导系统和用户服务信息系统需要满足以下基本要求：

·按出行要求制定最佳行车路线，并随时确定车辆具体方位；

·遇到交通意外事故，能重新设计行车路线，并在相应的显示终端上显示出线路上的交通情况，如堵塞，拥挤、意外事故等等；

·提供有关服务信息，如天气、加油站，旅馆，停车场，修车场等信息，并根据客户请求可以用多种语言向客户发布。

（2）功能需求

①先进的导航系统

路线导航信息：为驾驶人选择最佳行驶路线、最短出行时间提供导航信息。这些信息包括：各条路线的拥堵状态、交通管制措施、可利用的停车设施等。驾驶人出行前也可以在家中或办公室通过因特网或电视得到这些信息，以制定有效的出行计划。

目的地信息：通过车载装置等提供与目的地有关的各种交通信息。

道路和驾驶信息：通过埋置在道路上的传感器采集道路状况信息，并通过车载设备向驾驶人发布，使驾驶人更有效地控制车辆和行驶，特别是当夜间行驶或雾中行驶时，可以有效地降低事故的发生，提高驾驶安全性。

危险警告：有效防止碰撞和突发交通事件发生，当车辆所在位置的危险情况被探测到时自动发出警告。

辅助驾驶：通过自动刹车系统和前面所提到的危险警告系统，防止车辆因偏离正常的行驶轨迹而引起的碰撞或突发交通事件的发生。

自动驾驶：自动驾驶系统可以有效地减少驾驶人的驾驶负荷并能防止交通事故的发生。

②交通管理优化

交通流优化：通过全路网的信号控制系统，对交通流进行优化，以此提高交通安全性、驾驶舒适性和通行效率。

发生交通事故时发布交通管制信息：对交通事故发生地点实行有效的交通管制，防止因交通事故引发新的交通拥挤、交通事件或事故。

③道路高效管理系统

特许商用车辆管理：对重载等特别许可车辆实行管理，保护路面结构，防止危险发生。

道路危险信息发布：根据不同行驶区域的自然条件，提供道路危险警告信息。如：雨天、大雾、冰雪、大风，以及沿海道路的海浪警告信息等。

④公交支援系统

公共交通信息发布：为乘客提供有关乘车线路、发车时间、乘车费用等信息。

公共交通优先通行管理：采集公交车辆运行数据信息，为提高公共交通的准点率实现公交车辆的优先通过控制。

⑤车辆运营管理系统

实现商用车辆自动跟踪行驶，加强商用车辆运营监控，提高运输的安全性。

⑥行人诱导系统

通过声音、图形、信号等多种方式，对行人和自行车进行诱导，为行人和骑自行车者创造安全的路边环境。有效防止人、车事故的发生，当行人在机动车道上穿越时，系统及时向驾驶人发送警告信息并自动刹车。

⑦紧急车辆支援

紧急事件自动警报：当车辆发生突发事件或遭遇地震、洪水等自然灾害时，系统自动向救援中心发出紧急事件警报，从而缩短救援时间。

紧急车辆诱导及救援行动支援：通过实时采集突发事故地点和受损路况信息，及时通告救援组织并进行救援指导，为交通事故或自然灾害突发地准备救援车辆。

5.2.3 交通需求管理

(1) 分析思路

20 世纪 80 年代以前，人们解决交通问题的途径主要是从增加交通供给的角度出发，仅仅考虑了交通供给方面的对策和措施。20 世纪 80 年代以来，人们开始逐渐认识到单靠交通供给已无法从根本上解决城市交通供求不平衡的矛盾，因此提出了交通需求管理的概念，明确了从供求两个方面解决交通拥挤问题的思路。

交通需求管理，广义上是指通过经济、行政、政策和法律等方面的导向作用，促进交通参与者的交通选择行为的变更，以减少机动车出行量，提高公共交通分担率，解决交通拥挤等交通问题。交通需求管理的内容主要包括：通过实施错时出行等对策，在时间上分散交通需求；通过向驾驶人提供道路交通状况和拥挤、事故信息，减少道路交通流在某一区域或道路上过度集中；通过提高公共交通的服务水平，促进人们对公共交通的利用，使道路资源更加充分有效的使用；实施各种综合对策，提高小轿车的利用效率；以及通过城市规划、交通规划等对交通发生源进行调整，创造交通负荷小的城市结构。交通需求管理的手段与目的如图 5-1 所示。

(2) 用户服务定义与 TDM 的新策略

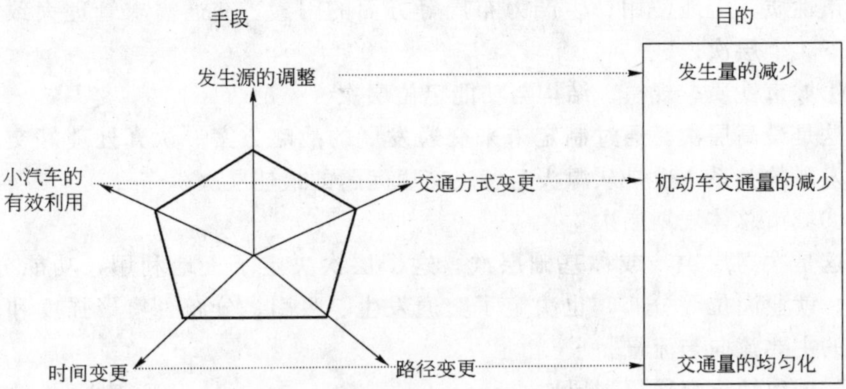

图 5-1　交通需求管理的手段与目的

用户服务体现了智能交通系统的服务目标，在《中国 ITS 体系框架（第二版）用户服务》中，交通需求管理系统主要提供 5 个方面的服务：交通需求预测，可达性控制管理，拥挤价格管理，停车控制和价格管理，交通环境质量管理。

智能交通技术为实施交通需求管理提供了重要手段和保障，可以实施的主要的策略包括：

①合乘（Car Pooling）管理

合乘管理提供了一种可行的多人合乘方式代替单独驾车，特别适合于通勤出行。这种管理系统需要提供交通状况、事故、公交服务、停车位和可供合乘的车辆（包括私家车、出租车、单位接送职工的客车）信息。

②HOV 车道

HOV 车道是全天或部分时间专门为多人乘用的车辆提供专门通行权的车道，一般路面设置 HOV 车道的特殊菱形标记。HOV 车道可以大大提高道路的利用率，减少出行时间，保证车辆的正点运行。

③可变收费

实行可变价格或浮动价格，在拥挤时段和拥挤路段收取比较高的通行费。通过事先向驾驶人提供实时交通信息和价格信息，引导驾驶人避开拥挤时间和拥挤路段，从而起到疏导交通流的作用。对不同区域的停车场、道路实行差别化的收费机制。

④实时路径诱导

实时路径诱导是更高级的交通运输需求管理手段，使交通流更加平稳，实现交通系统的整体优化。

（3）交通需求管理的层次

交通需求管理影响面广，具有社会性、政策性、系统性强的特点，涉及到城市性质、土地使用、生产力布局等方面的因素。交通需求管理大致可分为以下 4 个层次。

①城市性质、规模、结构与功能定位层次

这是最高层次。通过制定未来交通发展的战略方案，认真处理好交通与城市发展的关系，也是从源头上解决交通问题的最佳层次。

②城市总体规划层次

这是次高层次，或称基础层次。这个层次决定了土地利用，功能分区，人口、就业岗位等分布，也决定了交通发生、吸引、分布、集聚强度和城市交通的主要流向与流量。

③城市综合交通规划层次

这是关键层次。主要是落实城市道路网络、路网结构、交通枢纽、站场、港口布局及对外交通干线等专业规划，特别是创建形成城市交通合理结构的良好环境，从而确定客货运与交通设施在城市空间范围的分布。这是解决城市交通问题的重要阶段，对实现需求与供给的平衡起着关键性的作用。

④交通组织、控制与管理层次

对交通进行组织、控制与管理是解决城市交通问题的最后一个层次，或者说是最后的措施，也是实现交通安全畅通的最后保障。这一层次是在现有既定交通设施布局的基础上作好车流、人流的组织调配，进行监控、指挥、引导与疏解，尽量做到人车分流、快慢分流、静动分流，以改善交通秩序、提高交通运行质量与道路的通行能力。

从城市智能交通系统的应用角度分析交通需求管理，其重点将集中在第四层次，即交通组织、控制与管理层次。

(4) 与其他系统的关系

①需要综合信息平台作为基础

基础交通信息是制定交通需求管理政策和措施的重要依据，而其他子系统的各种信息的及时反馈又是改进交通需求管理对策的重要方面，信息的交换与共享对于交通需求管理系统来说尤其重要。交通信息综合平台包含了交通运输信息服务的所有内容，利用这一先进的交通运输综合信息平台，交通需求管理系统可以更好地与其他子系统相互协调与配合。

②与其他子系统之间的协作与配合

交通需求管理系统与其他子系统之间相互共享信息，交通需求管理系统利用其他系统提供的信息制定相应的交通需求管理对策与措施，并将对其他子系统的要求反馈给相关系统。因此，交通需求管理系统与其他子系统之间的协作与配合关系主要体现在信息流的方向上。如图 5-2 所示。

③与交通信息采集系统的关系

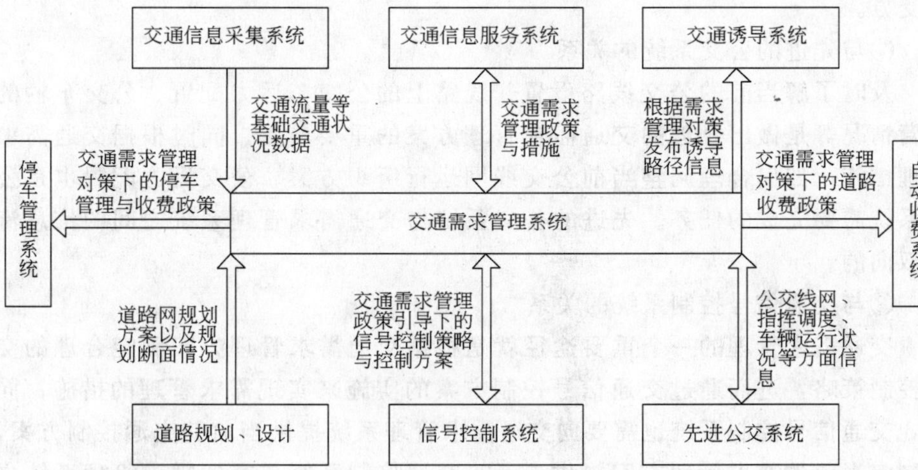

图 5-2　交通需求管理系统与其他子系统之间的关系

交通信息采集系统向交通需求管理系统提供各种相关的路面流量信息以及其他交通状况信息，通过实时收集这些信息，交通需求管理系统可以判断当前的需求管理措施是否合适；通过长时间的观察，不断地调整完善，接近最优方案。交通信息采集系统与交通需求管理系统之间的信息流是单向的，交通需求管理系统是信息接受方。

④与交通信息服务系统的关系

交通需求管理系统向交通信息服务系统输出当前的交通需求管理方案，由交通信息服务系统负责对公众发布，接受用户的查询。同时，用户与公众对与当前的需求管理措施的反馈意见也可以通过交通信息服务系统获取，反馈进入交通需求管理系统。交通信息服务系统与交通需求管理系统之间的信息流是双向的。

⑤与交通诱导系统的关系

交通诱导系统根据当前的需求管理对策，不仅向用户提供相应的建议路径，同时也包括建议的交通方式以及交通换乘方式等等。交通需求管理系统负责向交通诱导系统提供当前的交通需求管理方案，尤其是涉及到影响用户路径选择的重要信息，比如交通限制措施、道路拥挤收费信息、停车收费信息等等。交通诱导系统与交通需求管理系统之间的信息是单向的，交通需求管理系统是信息提供方。

⑥与自动收费系统的关系

交通需求管理系统需要向自动收费系统提供当前的需求管理方案，提出需要收费的道路、价格等信息，自动收费系统将执行相应的措施。自动收费系统与交通需求管理系统之间的信息交互是单向的，自动收费系统是信息的接受方。

⑦与先进的公交系统的关系

及时了解当前的公交线路设置、线路上的公交车运力配置、公交车辆的运营情况等是做出合理的交通需求管理方案的重要前提。同时根据交通需求管理措施，如何合理调整当前公交线网运行组织方案、公交运力配置也是公交系统需要完成的任务。先进的公交系统与交通需求管理系统之间的信息流是双向的。

⑧与交通信号控制系统的关系

交通需求管理的一个重要途径就是根据交通需求管理方案制定合理的交通控制策略，进而通过交通信号控制方案的实施来实现需求管理的措施；同时，交通信号控制系统也需要向交通需求管理系统提供当前的交通控制方案，为制定当前的需求管理方案提供参考。交通控制系统与交通需求管理系统之间的信息流是双向的。

⑨与停车管理系统的关系

停车收费与管理是调节交通需求的重要手段，停车管理系统与交通需求管理系统之间的关系是单向的，停车管理系统是交通需求管理信息的接受方。

5.2.4 驾驶人与车辆牌证管理

（1）需求分析

①交通执法管理者的需求

交通执法管理包括对路面交通违法处罚、交通事故处理、停车管理、治安管理检查等方面，交通执法者通过现场核对驾驶证、车辆牌照的真伪进行执法管理，如采用即时信息手段与信息中心数据库比对等。需要的信息包括：

- 机动车驾驶证的真伪性、有效性；
- 机动车驾驶人的交通肇事/违法历史记录和记分情况；
- 机动车号牌、行驶证的真伪性和有效性；
- 机动车的交通肇事/违法记录和处罚情况；
- 被盗抢车辆信息以及因特殊情况受控的机动车、驾驶人相关信息；
- 驾驶人或车主相关信息。

②交通控制与管理系统的需求

交通控制与管理系统主要通过路面交通流量检测、事件检测、车辆牌照图像识别等手段来实现交通管控。交通控制人员迫切希望通过车辆身份识别系统并网上查询机动车信息数据库，了解和识别通过指定路口/路段的机动车辆相关信息（如车辆类型、牌照号码、车主、受控情况等），以便进行精确的交通流量统计、信号配时控制、公交优先、违法判别和交通肇事逃逸追查。

③交通信息服务系统的需求

交通信息服务系统为了向机动车驾驶人或车主提供特定的信息服务（如违法/记分情况通报、交通诱导等）时，必须建立相应的驾驶人和机动车牌证信息库。交通诱导服务系统应利用车辆检测系统和车辆牌证识别技术采集交通信息，送到服务中心的计算机进行处理，把实时交通信息通过可变信息标志、车载设备、广播、短消息、因特网、图文电视等传播途径及时通知交通参与者，使之及时了解道路状态，选择合适的路径到达目的地。

（2）系统功能需求

主要功能需求如下：

①驾驶人和机动车牌证信息查证服务

需要在全国范围内建立完善和可靠的机动车牌证信息和驾驶证信息数据库以及相应的查证服务机制和装备，为路面交通执法部门、治安管理部门、相关的管理和服务部门提供牌证查证手段。

②机动车驾驶人违法信息查询服务

需要在全国范围内建立完善和可靠的机动车驾驶人违法信息数据库和相应的查询服务体系，在此基础上形成机动车驾驶人信用体系，为公安交管部门和交通运输部门强化驾驶人管理、保险公司开展浮动车险费率服务、运输部门开展跨地区的租车服务提供信息服务和支持。

③具有高防伪技术的数字化驾驶证

借鉴国外证件制作技术的发展趋势，采用新型防伪技术、新型材料并能实现数字化制作管理的驾驶证。新一代的驾驶证，应具备以下功能：

• 路面执法者用眼睛能快速识别证件真伪，专业人员能使用特定仪器辨别证件真伪；

• 机读功能和信息存贮功能，以便路面执法人员通过专用的证件阅读装备，读取相关信息比对证件后辨别证件的真伪，亦可进行交通违法信息的读写和处罚；

• 证件制作的数字化管理，通过机动车驾驶证的数字化制作，强化证件制作过程的计算机管理，确保证件与驾驶人信息数据库的一致性。

④具有高防伪性能的数字化机动车牌照

在现行机动车牌照和2002式机动车号牌的基础上，采用新型防伪技术、新型材料并实现数字化制作管理的机动车牌照。新一代的机动车牌照，应具备以下功能：

• 路面执法者用眼睛就能快速识别车辆牌照真伪，专业人员能使用特定的仪器辨别车辆牌照的真伪；

• 机读功能和信息存贮功能，以便路面执法人员通过专用的证件阅读装备，通过读取相关信息比对车辆牌照后辨别真伪，亦可供车辆检测系统设备自动采集这些车辆身份识别信息，用于交通信号控制、治安车辆跟踪、公路收费管理等；

• 牌照制作的数字化管理。通过机动车牌照的数字化制作，强化牌照制作过程的计算机管理，确保牌照与机动车信息数据库的一致性。

5.2.5 公共交通系统

（1）用户服务

用户服务是指用户（即乘客、驾驶人、承运人及行业管理者等其他参与交通运输的社会实体）对构建系统所提出的各种功能要求，即是从用户角度来看系统能做的事情。提出了用户服务，也就确定了系统的开发范围或发展目标。

确定用户服务需遵循以下原则：

• 既要参考国际最新的研究成果，也要兼顾中国的社会、经济、人文特点，结合中国交通的现状和未来发展趋势；

• 贯彻可持续发展战略，着眼于缓解或解决交通问题；

• 既针对用户需求，又引导用户需求发展，加快交通现代化进程；

• 考虑国外 ITS 开发热点问题，促进中国相关产业发展。

①公交信息服务

公交信息服务包括出行前公交信息服务、在途公交信息服务、路径诱导和导航服务，以及个性化信息服务等四项子服务。

出行前公交信息服务：在出行前，为出行者提供有关公交线路、发车时刻表、公交换乘选择、公交票价的最新信息和相关服务信息等。出租车运营商、公共交通运营商等根据出行者预约信息，对合乘请求进行处理、发布。出行规划服务应基于用户指定的出行，把计算好的路线、运输方式选择、在查询时间内的实时行程状况和在估计行程时间内的预测状况提供给用户，出行规划服务还应提供一条或多条备选路线方案信息。同时，应可提供符合残疾人出行标准的路线规划信息。

在途公交信息服务：为乘客提供多种运输方式之间的换乘信息，包括换乘的时间、地点以及可能的各种换乘方式等。通过电子站牌或公交车辆可变信息板，为出行者提供当前公交车辆的运行信息。该信息可以表现为车辆到达下一站的预测时间、车辆在公交线路上的分布情况、车辆的行驶速度及所处的位置等；为公交乘客提供固定的行车时刻表信息；提供实时的调度信息，如因特殊需要所发出的大站车、区间车和快车等；以及提供公交方式不同服务水平的票价信息。

路径诱导和导航服务：利用已有的基于路网和公共交通信息的历史数据

形成的关系型数据库，为公交驾驶人提供丰富的行驶信息，如当前车辆位置、目的地方向及位置、路网中的路段数据；同时支持用户手工或音频输入的请求查询加油站、旅馆等信息，通过音频、视频输出的界面通知用户；并支持电子收费及通用格式的电子地图，以减少车辆在路网中的滞留时间，从而达到缓解交通压力，减少交通阻塞和延误的目的。

个性化信息服务：利用先进的通信、电子和多媒体网络技术，为出行者定制个性化信息的服务。

②公交运营管理服务

包括运政管理、公交运营管理、轨道交通运营管理和出租车运营管理四项子服务。

运政管理：主要为公共交通行政主管部门实施行业管理提供服务，能够依靠先进的通讯技术，实现电子公文流转、营运线路审批等行业管理工作和客运数据统计，对客运行业发展进行规划。提供车辆维修业务的审批和登记以及车辆技术管理，保存和维护车辆维修与检测信息。

公交运营管理：主要为乘客和公共交通运营企业提供服务，包括：

• 根据乘客和旅行者的请求，向用户提供包乘和包租服务等提供个性化公交服务；

• 对公交公司的基础设施如电子站牌、雨棚、场站等的运营情况进行监视，并根据实际情况做出相应的维护；

• 通过先进的通讯和监控技术实现公交车辆的智能指挥和调度管理，保证车辆的准点运行；

• 管理公交公司司机和出租车司机的信息，包括驾驶经验、违法和事故记录等，并对司机和售票人员等工作班组进行安排；

• 合理设定公交公司运营中的各项费用、收费方法与策略，管理公交乘车费用；

• 对运营车辆的位置、轨迹和载客情况等信息进行记录和分析，为交通控制和信息发布提供依据；

• 根据公交线路上的车辆和交通信息，向交管部门或交通管理中心提出优先通过申请请求，并对公交专用车道等优先设施进行运营监测。

轨道交通运营管理：利用先进的通讯技术和机制，提高轨道交通和其他运输方式的信息共享水平，使信息得到有效的利用，从而提高轨道交通的运营管理水平和运输效率。利用先进的控制技术和监视技术，缩短意外事件的反应时间，提高轨道交通安全管理水平。

出租车运营管理：利用先进的通讯技术，可以多渠道地联系运营商，预约出租车服务。利用先进的通讯技术、定位技术、控制技术对出租车的运营状态进行监控，当车辆遇险时，警报自动发出，管理者可以远程控制车辆，保障人员和车辆的安全。

③公交电子收费服务

利用先进的电子、通讯技术，以非现金方式实现对使用公交服务的用户征收使用费。

④面向公交数据应用支持

利用各部门的相关信息，对公交线路上的车辆、班组和司乘人员进行有效地管理；监视公交基础设施的运行情况；辅助完成公交优先的服务等。

(2) 功能需求

根据系统用户服务要求，智能公共交通系统应具有如下功能：

• 采用定位系统进行数据采集，以地理信息系统为操作平台，以公交优先为原则，实现公交车辆的智能调度，提高公共交通车辆运行速度和到站准点率，使乘客能以较短的时间到达目的地；

• 通过收集的数据和公交实际运行效能的分析，对公交线网布局、线路公交方式配置、站点布置、发车间隔时间和票价等进行更合理的优化和设计，达到提高公交运行效率，降低运营成本；

• 公交出行者可以通过多种方式，如可变信息牌、信息台、电话、互联网等方便地获取公交信息，包括出行路线、换乘点、票价、车型等，在各公交场站出行者能通过电子站牌了解车辆到达时刻，节约出行者时间；

• 驾驶人可以方便地获取所需的路况信息及路线信息；

• 客运车辆和司乘人员的安全监控功能及紧急事件报警功能；

• 方便完善的电子收费功能，出行者凭着"一卡通"方便地在公共汽车、地铁、出租车之间实现换乘；

• 客观评估系统的社会效益、经济效益和服务水平，为经营决策者提供决策基础。

5.2.6 停车管理系统

(1) 系统需求

智能停车管理系统的最终的目的是改善城市停车难的状况，提高城市交通系统的运转效率与功能。根据我国城市交通发展的需求和城市停车管理系统发展状况，以及中国 ITS 结构体系框架，确定城市智能停车管理系统的用户服务需求。

智能停车管理系统用户包括：车辆驾驶者，交通管理者，停车设施管理者，执法者和规划者。用户服务需求的内容包括：停车信息服务，停车需求管理服务，停车设施管理服务，停车自动收费服务。

(2) 功能需求

①停车信息服务

利用先进的通信、电子、多媒体、计算机网络等技术，使出行者在出行前和出行中均可获得停车信息，包括停车诱导信息服务、停车预约服务、预出行停车信息服务和停车换乘选择信息服务四项子服务。

②停车需求管理服务

根据停车设施使用的历史和现实情况，对某区域内停车需求进行一定的预测，并依据预测数据给出停车设施的使用方案、定价和停车标准，平衡不同区域的交通需求。停车需求管理服务包括停车需求预测、停车动态控制及价格管理两项子服务。

③停车设施管理服务

在停车设施的运营管理中，利用先进的监控设施和检测设备，了解停车设施的使用情况，并根据实时使用情况对停车资源的利用做出一定的组织，以便更加有效地利用停车资源；另外，对违反规定的停车行为进行监测并记录相关信息，为执法提供依据。停车设施管理服务包括停车设施监控、停车资源组织和利用及违反停车规定的车辆监控 3 项子服务。

④停车自动收费服务

属于电子收费服务领域，包括停车场自动收费及路边停车自动收费两项子服务。利用先进的通信、电子和信息处理技术，实现停车场的现代化管理，对停车场的使用者自动收取使用费。利用通信、电子技术，在非主干道上允许适度的路边停车，并自动收取停车使用费。

6 城市智能交通系统发展策略

6.1 发展思路

城市智能交通系统作为改善城市交通状况的重要技术手段，在提高道路网络容量、道路通行能力、运输系统服务水平以及交通需求管理等方面，具有非常重要的作用。因此，发展城市智能交通系统对建立可持续发展的城市交通环境，推动整个社会走上生产发展、生活富裕、生态良好的文明发展道路，实现全面建设小康社会的目标具有积极的促进作用，有助于缓解城市交通拥挤，改善生态环境，提高道路交通资源的利用效率。

城市智能交通系统是智能交通系统的核心组成部分，其发展的总体方向应符合我国智能运输系统体系框架。但不仅要考虑框架所确定的服务领域，更要从使用者的角度分析城市智能交通系统的需求。也可以说，使用者的需求决定了城市智能交通系统发展方向、发展重点和发展时序。确立以服务需求为主线的发展思路，是构建城市智能交通系统发展的核心问题，也是推动城市智能交通系统产品市场形成的关键所在。

6.2 总体目标

依据我国城市道路交通的基本状况和发展趋势，城市智能交通系统的发展要抓住重点，以交通信息服务与诱导为基础，以智能化交通控制为手段，以交通需求管理为主线，以提高公共交通服务水平和停车管理水平为重点，以加强驾驶人与车辆管理为保障，全面提升城市交通的建设与管理水平，减少道路交通量，提高城市道路的通行效率。力争 10 年内，在我国特大城市初步普及城市交通智能化技术，大幅度提高道路的利用率，形成与小康社会相适应的城市交通系统。

6.3 各子系统发展目标与策略

6.3.1 交通控制与管理

（1）发展目标

加快交通控制中心、交通信息采集与处理设施的建设，逐步形成以交通控制中心为平台，具有实时交通监视、控制和指挥功能的智能化交通控制与管理系统，大幅度提高交通控制与管理的水平。

（2）发展原则

交通控制与管理系统是城市智能交通系统的主干系统，涉及技术众多。根据系统的特性和发展要求，制定如下发展原则：

一致性原则。交通控制与管理系统的发展应充分注意与国内外智能运输系统的体系结构及各交通行业标准化组织的有关内容相一致，系统功能要统一，结构模块化，接口透明。

可扩展性原则。系统的发展要做到不能仅局限于其系统本身发展的需求，同时也应考虑相关领域、相关技术的发展对本系统的促进，应具有很强的可扩展性。

集成性原则。系统应具有很强的集成性，要满足完整性，这样才能通过相同的基础和机制来实现其用户的服务功能。

适应性原则。系统必须具有良好的适应性，应能够适应我国城市交通发展现状，能够解决好相关的实际应用需求。

产业化原则。系统的关键技术及核心软件应在示范应用的基础上得到逐步完善，最终形成可以较大规模推广的产品，实现产业化。

（3）发展重点

①制订体系结构

交通控制与管理系统体系结构决定了系统的技术应用和有关信息要求，是系统技术与发展的指导性框架，是系统成功的基石。系统体系结构应定义所包含子系统及其用户所需的功能，各个子系统所应具备的功能，以及各个子系统之间的相互关系和集成设计。

②制订系列标准规范

研究制订交通控制与管理系统标准体系细目表，然而在细目表指导下积极开展系统及子系统的信息和接口标准规范制订，突出标准规范的系统性、配套性和开放性，为交通与控制系统的理论研究、产品研发、生产和应用发展奠定坚实的基础。

③开发关键技术与具有自主知识产权核心软件

必须确定一些具有广阔应用前景或影响重大的关键技术和具有自主知识产权的核心软件，加以重点开发，确立我国在这个领域的重要地位。

④重点技术产品产业化

对我国自主开发的关键技术和具有自主知识产权的核心软件，应选择一些市场需求大的产品进行配套的产业化培育，最终形成一定的生产规模和应用规模。

⑤人才培训

发展交通控制与管理系统并实现产业化，既需要培训一批专门从事系统理论研究、标准规范制订、关键技术及核心软件研究型人才，又需要培训大量产品生产和应用型人才，还需要培训一批促进系统理论与技术普及化、社会化的师资人员，应当形成系统的人才梯队来维持我国交通控制与管理系统的长期持续发展。

(4) 发展步骤

交通控制与管理系统的发展可分二步走：

第一步，在“十五”期间重点发展最急需也是最需要优先发展的关键技术与核心软件，尤其应紧密结合国家“十五”科技攻关“智能交通系统关键技术开发和示范工程”重大专项课题和国家计委项目“我国智能交通运输产业化发展对策”要求，认真做好交通控制与管理系统相关理论、标准、技术和工程应用工作，使部分关键技术和核心软件产品形成一定的产业规模，建立一定范围的示范应用。

第二步，自 2006 年～2015 年，一是继续做好第一步工作的深化、配套工作，使第一步工作取得的成果全面达到国际先进水平，并形成较大的市场规模；二是扩大开发研究的领域，形成大规模的国产产品替代进口产品的群体，最终达到我国交通控制与管理领域需要的大部分技术产品都具有自主知识产权，都有较大的产业化规模，除了很好地满足国内市场需求之外，应逐步推向国际市场。

6.3.2 交通诱导与信息服务

(1) 发展目标

以服务用户需求为核心，逐步形成功能完备、使用方便、信息准确、更新及时、方式多样的交通诱导与信息服务系统。

（2）发展策略

智能交通系统的发展与人民生活水平的提高密切相关，而交通诱导和用户信息系统又是智能交通系统发展的重要目标。综合我国前阶段发展的经验，交通诱导和用户信息系统应按以下几个阶段推动：

第一阶段——初始发展阶段。在城市道路上建设交通信息采集和处理系统，交通信息主要提供给室外可变信息板和交通广播，通过室外可变信息板和交通广播，服务于交通参与者。

第二阶段——推进普及用户信息服务。交通信息主要提供给开始运行的用户服务系统，交通堵塞信息和最佳路线信息将提供给车载导航系统，使驾驶人能够减少出行时间，提高旅行的舒适性。

第三阶段——信息整合与扩大服务。交通诱导系统和用户服务信息系统将有关目的地的服务信息、公共交通信息进行整合，与道路交通信息一并直接提供给用户。在这一阶段，通过驾驶人安全驾驶系统和行人安全保护系统来减少交通事故的发生。

第四阶段——完善服务。交通诱导、车载装置、自动驾驶将全方位地发挥作用，汽车将成为一个安全和舒适的代步工具，交通信息高度融合，用户出行的自主性和选择性大大增强。

6.3.3 交通需求管理

（1）发展目标

以智能化的手段，集成、协同各种交通信息，综合应用各类交通设施和管理措施，调控交通需求，提高道路使用效率。

（2）发展策略

交通需求管理系统作为智能交通系统的子系统，与其他系统的差别很大，在发展策略上应突出以下几个方面：

开放性策略。交通需求管理系统与交通控制系统、公共交通系统等其他子系统不同，交通需求管理系统更注重突出需求管理的总体思路与概念，需要与其他系统的协同配合才能发挥作用。比如采用价格手段来进行交通需求调节的时候，需要借助自动收费系统、停车管理系统等系统的功能来实现。利用交通管理措施来调节交通需求时，需要利用交通控制系统、交通信息服务系统的功能等。

整合性策略。如果仅仅具有开放性，交通需求管理系统必将成为其他系统的附属功能，但是交通需求管理系统区别于其他系统的关键之处就在于它的整合性。也就是说，交通需求管理系统能够利用其他系统的功能为整体优化交通需求服务。交通需求管理是站在整个城市交通系统的高度来调用、调节与整合其他系统的功能，其目标是实现系统最优。

交互性策略。交通需求管理系统的交互性尤其突出，一方面需要在实施相应的需求管理政策、措施以前进行充分的宣传，征求市民与相关部门的意见；另一方面，在实施以后，需要通过实际的效果验证并听取用户的反馈意见，对措施进行改进。实际上交通需求管理措施的实施过程是一个实施、反馈、完善、实施的循环过程，在这个循环过程中，用户对系统的反馈意见是关键环节。

地域性策略。交通需求管理的措施具有极强的地域性，在一个地区执行很好的措施，在一个新的城市未必可以行得通。在确定交通需求管理的具体措施和方案的时候，需要因地制宜，进行充分的可行性研究。

前瞻性策略。我国的交通需求管理系统整体上发展滞后，现阶段实现交通需求管理跨越式发展的关键是建设适合我国城市特点的交通综合信息平台，同时建设交通需求管理系统内部的各个子系统。这种内部系统与外部条件齐头并进的建设模式是保证交通需求管理系统实现跨越式发展的重要措施，但是在建设的同时需要考虑好两者之间的联系与接口，以免出现重复建设和资源浪费。

(3) 发展步骤

随着我国经济的快速发展，城镇化和机动化进程的不断加快，我国城市智能交通系统需要实现跨越式的发展，而建设智能型的综合交通信息平台是实现我国智能交通系统跨越式发展的基础与关键，在此平台基础上构建的智能交通系统各个子系统才能最大限度的发挥各自的作用。因此，我国交通需求管理系统的发展应分为两个步骤：

一是外部环境的建设，包括减少交通发生量、减少交通量、均匀交通量的相关政策的研究、制定与系统实施，以及构建智能型综合交通信息平台。

二是内部子系统的建设，主要是实现交通需求管理策略的相关技术系统。

6.3.4 驾驶人与车辆牌照管理

(1) 发展目标

在城市交通管理中，驾驶人及车辆的管理是一个重要的组成部分，牌照管理制度的改革和完善，将涉及广大车主和驾驶人的切身利益，也与广大群众的生活出行密切相关的。因此，在改革和完善现有驾驶人与车辆牌照管理制度的同时，建立完备的、集成化的驾驶人与车辆牌照管理系统是今后我国驾驶人与车辆牌照智能化管理的发展目标。

(2) 发展原则

规范化原则。在驾驶人与车辆牌照管理系统的建设中，应充分注意与国外驾驶人及车辆牌照管理体系结构、国内外各交通行业标准化组织的有关内容相一致，系统功能要统一，结构模块化，接口透明。

可扩展性原则。驾驶人与车辆牌照管理系统不仅要考虑系统本身发展的需求，同时也应兼顾智能交通相关领域对驾驶执照和车辆牌照的需求，以及现代电子技术、信息技术的发展对本系统的促进。系统应具有很强的可扩展性。

网络化和集成化原则。系统应具有很强的网络化、集成化功能，要满足牌照信息的完整性和实时性，实现全国范围内的查询、查证和用户服务功能。

产业化原则。系统的关键技术、制作工艺、中心数据库管理及核心管理软件应在示范应用的基础上得到逐步完善，最终形成可以较大规模推广的证件类产品，实现产业化。

（3）发展重点

①完善和修订相关政策和制度

驾驶人和车辆牌照管理法规及相应的管理制度是系统实现的关键，它决定了系统的技术应用和有关信息要求。与其配套的管理法规应定义所包含子系统及其用户所需的功能项、管理和使用程序，以及各个子系统之间的相互关系和集成要求。

②制订系列标准规范

在驾驶人和车辆管理政策完善的基础上，首先研究制订牌照相关技术标准以及相应的电子信息接口标准、通信协议标准、信息查询接口标准等，强调标准规范的系统性、配套性和开放性，为城市智能交通的产品研发、生产和应用发展奠定坚实的基础。

③开发牌照管理的关键技术、制作设备与核心管理软件

驾驶人和车辆牌照管理涉及到大量的技术与产品，在牌照制作的原材料和制作设备等方面我国还处于引进或仿造阶段。因此，必须确定一些具有广阔应用前景或影响重大的关键技术、制作设备、具有自主知识产权的核心管理软件来加以重点开发。

④重点技术产品产业化

对我国自主开发的关键技术和具有自主知识产权的核心软件，应选择一些市场需求大的产品进行配套的产业化培育，最终形成一定的生产规模和应用规模。

6.3.5 公共交通系统

（1）发展目标

公共交通智能化系统的发展目标是：以提高公共交通服务水平为核心，增强公共交通系统的信息化和智能化水平，为推进公共交通区域调度创造必要的技术条件，为实行公共交通“一卡通”提供技术和系统的支持，为实现

公共交通运政管理搭建智能化的平台。

(2) 发展策略

上下结合式策略。国外发达国家智能交通系统的发展建设，大体有两种模式：自上而下模式（top-down approach）和自下而上模式（bottom-up approach）。自上而下式模式主要是由政府部门指导，统一规划，研究和开展的项目由政府审批确定，这样使各研究的子题具有较强的统一性和协调性。但是由于信息的不完全性和实施计划的相对稳定性，使得这种指导不一定符合我国现实情况的要求，不可避免的存在指导失误的可能性。另外，这种模式很容易给政府带来较大的财政压力。自下而上模式是指底层各组织独立研究开发，项目计划和方向一般由组织自己确立，自筹资金，研究成果一般只适用于内部。这样的项目由于组织掌握的信息比较全面，决策及时，灵活性较大，效益比较显著，资金问题相对容易解决。但其缺点也很明显，即子系统间的协调十分困难，不利于向更高、更完善的方向发展。综合以上两种模式的利弊，我国应采取上下结合的模式。即充分发挥自上而下、自下而上两种模式的优势，既能保证各子系统间的协调统一，又能解决政府难以预料和解决的问题。该模式应具备以下特点：

• 由政府制定研究发展目标、原则、规范和标准，使各系统协调统一；

• 研究开发机构多元化，在总体发展目标指导下，发挥地方、企业自主开发的优势；

• 开发的项目必须符合统一的规范和标准，国家给予一定的支持，以政策支持为主。

阶段性发展策略。智能公共交通系统是一个复杂的与其他系统有着广泛联系的开放系统，而我国各城市的发展极不平衡，不可能所有的城市都同时实施智能公交系统的所有功能。必须循序渐进，尽可能结合各个城市不同情况，采取阶段性发展策略，制定不同阶段的开发目标。

统筹性开发策略。由于城市智能公交系统的各子系统是逐步开发的，这样就存在不同子系统间相互配合协调、子系统间接口、数据传输及各子系统承担和实现的功能等问题。因此必须统筹规划子系统间的接口标准、数据传输协议等标准化研究。

低成本开发策略。减少开发建设成本，尽量使用现有的基础设施，为用户提供低成本服务，而且要为用户提供不同价格/性能的可选服务。

(3) 发展框架

智能公共交通系统是在对公交系统优化的基础上，运用系统工程理论将交通流诱导技术、差分 GPS 定位技术、GIS 及地图匹配技术、公交运营优化与评价技术、计算机网络技术、数据库技术、通信技术、电子技术、智能卡技术等先进技术科学集成，形成集智能化调度、公交电子收费、信息服务、网络通信于一体的先进的公共交通管理系统。智能公共交通系统不是一个孤立的系统，而是一个开放的、与其他系统有着广泛信息共享的系统。

①智能公交规划设计子系统

对公交线网布局、定线及非定线公交方式配置、站点布置、发车间隔确定、票价的制定等进行优化和设计，从规划方面提高公交服务水平。

②智能公交运营调度子系统

由调度中心、车载设备、电子站牌等几部分组成，主要功能就是实现公交车辆的自动调度和指挥，保证车辆准点运行，并使出行者通过电子站牌及时了解车辆到达时刻。向交通控制中心实时进行公交优先请求的申请，与各个公交公司、公交车辆间进行信息协商等。

③智能公交信息服务子系统

通过媒体将详细的公交信息发布出去，使公交出行者方便获取这些信息，吸引公交出行。并通过换乘信息服务，对驾驶人进行路径诱导及导航。

④智能公交安全保障子系统

通过对道路交叉口的安全监控、公交车辆和司乘人员的安全监控，达到最大限度安全保障的目的，通过紧急事件报警装置，以最快速度使紧急事件管理中心了解事故详细情况，便于尽早采取有效救援措施，减少损失。

⑤智能公交运政管理子系统

通过网络整合政府各职能部门功能，实现对各种申请的审批，费用管理，各职能部门间的数据统计与交换，车辆的稽查，各种统计报表的上报等。

6.3.6 停车管理系统

(1) 发展目标

针对我国城市停车需求急速发展的趋势，通过智能化技术的应用，大幅度提高停车管理和停车诱导的水平，提高停车泊位的使用效率，减少因盲目寻找停车位而产生的无效交通，逐步实现停车的多样化电子收费，减少收费的环节和管理人员。

(2) 发展策略

政府引导策略。在政府主导下，制定智能化停车的相关法规、指导性技术规定和相关标准。

市场化运作策略。智能化停车设备和停车诱导系统的开发，以市场化运作为主，引导企业在符合国家相关标准的前提下，自主开发并管理。

低成本开发策略。由于停车所需的土地资源巨大，因而应鼓励和推行占地少、智能化程度高、建设成本和使用成本低的停车设备开发。

(3) 发展框架

智能停车管理系统是在对停车场（库）规划和停车需求分析的基础上，结合国家现行的停车管理政策，对停车场、路边停车泊位进行规划、设计、建设与管理，运用系统工程理论将交通流诱导技术、通信技术、电子技术、计算机网络技术、光电信息技术、人工智能技术、数据库技术、智能卡技术等先进技术科学集成，形成集智能化停车诱导、停车自动收费、网络通信、停车安全监控、与其他停车场协调管理于一体的先进的智能停车管理系统。其组成应包括以下部分：

①智能停车设施管理子系统

主要实现停车设施监控、信息搜集、停车资源组织利用、违规车辆监测、停车设施维护，保证停车设施正常运作。

②智能停车信息服务子系统

主要实现停车信息发布，信息服务，预约停车服务等内容，通过媒体（可变信息牌、广播、车载导航系统、互联网）将详细的停车信息（停车场位置、剩余泊位、收费标准等）发布出去，使车辆驾驶人方便地获取这些信息，对其进行停车诱导，使驾驶人及时做出正确的行车决策。

③智能停车收费子系统

运用智能卡电子收费技术，实现路外及路边的停车自动收费，提高停车管理人员的工作效率，方便车辆驾驶人。

④数据统计及管理子系统

将采集到的数据通过数据处理与融合，进行管理与分析，分别将不同的有用信息提送给不同部门，从而总结交通规律，把握交通流向，为交通规划建设和政策的制定提供决策支持。

7 城市智能交通系统的关键技术

7.1 交通控制与管理

7.1.1 关键技术

交通控制与管理涵盖大量的技术与产品，在许多方面我国还处于引进或国产化阶段，总体而言，在这个领域我们还处于较为落后的状态。根据我国的实际需求和开发水平，确定需开发的关键技术如下：

①交通流采集技术；

②交通信号协调控制技术；

③多交通方式协调控制技术；

④交通突发事件自动检测技术；

⑤交通违法监测技术；

⑥交通事故数字接处警技术；

⑦车辆定位技术；

⑧交通流仿真技术；

⑨交通事故快速勘测技术；

⑩紧急救援技术；

⑪交通通信技术；

⑫交通图像识别和目标跟踪软件；

⑬交通信号优化软件；

⑭交通突发事件检测算法；

⑮交通信息集成软件；

⑯交通控制与指挥调度软件；

⑰系列标准规范制修订；

⑱人才培训。

7.1.2 优先次序

交通控制与管理系统发展的主要任务很多，也是一项长期艰巨的任务，通过对市场需求、影响大小和技术实现难易程度等因素综合分析，提出如下的优先发展的次序。

(1) 第一优先级

①交通流采集技术，重点完善环形线圈检测技术，发展视频检测技术、激光测速技术、电子标签识别技术；

②交通信号协调控制技术，重点发展干线协调控制技术、公交优先控制技术；

③交通突发事件自动检测技术；

④交通违法监测技术；

⑤车辆定位技术；

⑥交通事故快速勘测技术；

⑦紧急救援技术；

⑧交通信号优化软件；

⑨交通突发事件自动检测算法；

⑩交通信息集成软件；

⑪交通控制与指挥调度软件；

⑫系列标准规范制修订；

⑬人才培训。

(2) 第二优先级

①交通流采集技术，重点发展、完善雷达测速技术、红外测速技术、微

波测速技术；

②交通信号控制技术，重点发展匝道控制技术、车道控制技术、非机动车控制技术；

③多交通方式协调控制技术；

④交通流仿真技术；

⑤交通事故数字接处警技术；

⑥交通通信技术；

⑦交通图像识别和目标跟踪软件。

7.2 交通诱导与信息服务

交通诱导与信息服务系统由五个子系统构成：交通流采集子系统、车辆定位子系统、交通信息处理子系统、行车路径优化子系统和交通信息服务子系统。交通流采集子系统是实现交通诱导的前提条件，包括两个关键问题：一个是交通信号控制系统的流量采集技术；另一个是道路断面的交通信息采集系统的研究。交通信息处理子系统对路网动态交通流进行处理，形成实时的路网交通状况，由行车路径优化系统通过实时动态交通分配模型和相应的软件进行实时交通分配，滚动式预测网络中各路段和交叉口的交通流量，为诱导提供依据。

由于目前国内的室外可变信息板技术和无线广播诱导技术发展已比较成熟，在信息采集和处理系统的支持下，已能承担行驶方向、行驶时间、停车信息等交通信息发布的任务。关键技术是车辆定位技术、交通信息服务技术、行车路径优化技术和实时动态交通分配技术。

7.2.1 车辆定位技术

车辆定位技术主要包括：

（1）地图匹配定位技术

车辆的行驶路线同道路网格的图形相关，利用具有确定性的坐标确定车辆位置。这种技术通常与其他技术匹配，利用数字地图修正车辆的定位误差及协调车辆的位置。

（2）推算定位技术

利用电子罗盘、速度陀螺仪、里程表、速度表及车轮脉冲传感器得到的信号推算出车辆的行驶距离、速度及行驶的方向。

（3）全球卫星定位系统

由 GPS 接受机接受至少来自四颗卫星的信号，以确定车辆的位置。如果车载接受机时钟与两颗卫星的时钟严格同步的话，则来自第三颗卫星的信号足以对车辆进行定位。但是，实际上卫星使用精确而且昂贵的原子钟，而车载接受机使用一般的时钟，两者时钟无法严格同步，因此需要第四颗卫星的信号来补偿车载接受机时钟的误差。

(4) 惯性导航系统

惯性导航系统一般包括 3 只加速度表和 3 只陀螺仪，这种技术具有很高精度水平的高速捕获数据的能力；但这一技术同推算定位方法一样会产生累积误差，时间长了精度会随之降低，所以需要配以辅助的传感器，如 GPS 等。

7.2.2 交通信息服务技术

交通信息服务技术是解决交通诱导的关键技术，其作用是把主机运算出来的交通信息（包括预测的交通信息）通过各种传播媒体传送给公众。这些媒体包括：有线电视、联网的计算机、收音机、路边的可变信息标志和车载的信息系统等。

7.2.3 行车路径优化技术

行车路线优化技术的作用是依据车辆定位子系统所确定的车辆在网络中的位置和出行者输入的目的地，结合交通数据采集子系统传输的路网交通信息，为出行者提供能够避免交通拥挤，减少延误，高效率地到达目的地的行车路线。在车载信息系统的显示屏上给出车辆行驶前方道路网状况图，并用箭线标示所建议的最佳行驶路线。

7.2.4 实时动态交通分配技术

要解决交通流的诱导问题就必须解决动态和随机的交通流量在路段和交叉路口的分配问题，这一技术的主要难点是解决算法问题。

7.3 交通需求管理

城市交通需求管理的关键技术是综合交通信息平台技术、HOV 管理技术和城市道路拥挤收费技术，核心技术是综合交通信息平台技术。

7.3.1 综合交通信息平台技术

综合交通信息平台的建立能够为智能交通系统各个子系统之间建立一个共享数据的空间，对异构、动态数据进行融合整理，为其他子系统提供信息服务。交通需求管理系统需要充分利用各种社会信息，制定高效的交通需求管理措施。因此，开发综合交通信息平台是实现智能化交通需求管理的不可缺少的核心技术。

7.3.2 HOV 管理技术

HOV 是在特定的时间段内只允许多乘员车辆通行的专用车道，保证高承载率车辆快捷、安全运行。HOV 一方面能够提高每小时通过的客流量；另一方面缩短高承载率车辆的运行时间，吸引更多的人采用该种出行方式，从而使道路上车辆总数下降，缓解交通拥挤，减少交通延误和废气排放量。

HOV 管理技术的核心，是自动车辆识别和电子收费等技术。

7.3.3 城市道路拥挤收费技术

道路拥挤收费是非常有效的交通需求管理措施。但道路有机收费不仅涉及到收费政策，而且也需要技术上的保障与支持。

城市道路拥挤收费可以分为三个不同的等级：一是线路收费制度（Tolled Cordons）；二是特许证制度（Supplementary License），要求车辆必须持有预先购置的特许证才能进入特定区域内的道路；三是电子化道路收费系统（Electronic Road Pricing），也是最有效的区域收费系统，对在拥挤区域内使用的机动车实行电子化收费。

城市道路拥挤收费技术的核心是自动车辆识别、电子收费、交通拥挤程度的判断与预测等技术。

7.4 驾驶人与车辆牌照管理

7.4.1 关键技术

结合我国现行的基础条件，重点开发如下关键技术：

（1）全国范围的机动车、驾驶人牌照信息的查证、查询技术；

（2）全国范围的机动车驾驶人违法记录查询服务技术；

（3）全国范围的被盗抢车辆信息查询服务技术；

（4）具有高防伪性能的数字化驾驶证制作和管理技术的研究；

（5）具有高防伪性能的数字化机动车牌照制作和管理技术的研究；

（6）专用证件/牌照阅读设备和数字化制作设备的研究；

（7）电子牌照识别软件和相关识别设备的研究。

7.4.2 解决方案

驾驶人与车辆牌照管理涉及到政策法规、计算机网络和数据库查询系统、证件或牌照的制作工艺技术和设备、证件或牌照发行管理系统、证件机读验证设备、电子牌照识别设备和识别软件等方面的技术。

为了提高机动车、驾驶人信息查询/查证的效率，在现有的全国机动车、驾驶人查询系统的基础上，逐步建立以31个省为中心的机动车/驾驶人牌证登记中心，各地市车管所和县级车管所（站）作为各省登记中心的代理点，登记的数据全部集中至各省登记中心，改变目前以各地市车管所甚至县级车管所为单位的机动车/驾驶人牌证登记数据中心。并以此为基础，建立跨部门、跨行业的驾驶人与机动车信息服务平台，为社会各行业、各企业提供信息服务。

为了更好地为各行业和部门服务，可在证件上采用电子牌照技术、IC卡技术等，实现驾驶人与机动车牌照机读功能和快速身份识别功能。并建立一套完善的驾驶人与机动车证件或牌照数字化发行管理系统。

7.5 公共交通系统

公共交通系统涉及到的关键技术主要包括信息采集与传输、信息服务、运政管理、电子收费、安全保障五个方面。

7.5.1 信息采集与传输技术

信息采集与传输的核心是如何快速、准确、及时、高效地获取和处理相关信息，相关的关键技术主要包括：

（1）车载信息采集技术；

（2）路边信息采集技术；

（3）公交车辆与调度中心的信息传输技术；

（4）公交车辆与交通控制系统之间的信息传输技术；

（5）公交车辆定位技术。

7.5.2 公共交通信息服务实现技术

在智能公共交通信息服务子系统中，最难解决的就是如何向出行者动态的提供出行前和在途公交路径诱导信息。需要研究开发的主要关键技术如下：

（1）动态公交信息数据库管理技术；

（2）公交服务信息标准；

（3）公交服务信息发布技术。

7.5.3 公交运政管理集成技术

主要实现公共交通的客运管理、车辆运营审批、公交系统日常维护管理、费用管理等事务性工作的自动化，提高政府部门的运作效率。同时系统还提供经营者、驾驶人和车辆数据交换的接口，实现与其他系统数据的共享。

7.5.4 公共交通电子收费技术

由三个设计构件组成：公交结算及载客统计管理，车载票务及载客统计管理单元，远程公交票务管理。真正实现“一卡通”，使公交卡不仅可以在公交车辆上使用，同时也可以在其他交通方式和消费方式上使用。

7.5.5 公交安全保障技术

通过车载车辆安全单元及路边监控传感器实现对道路、行驶车辆及司乘人员的安全检测，将危险信息通知驾驶人及安全保障系统中心，以避免事故发生。对已经发生的紧急事件，可快速通过专用通讯网络通知紧急事件管理中心，达到安全保障目的。

7.6 停车管理系统

停车管理系统涉及的关键技术有停车系统通信技术、停车终端智能卡技术、信息采集处理技术、停车诱导技术和停车收费管理系统。

7.6.1 通信技术

停车管理系统首先要解决停车信息的传输与通信，包括：

(1) 有线通信技术；

(2) 无线通信技术。

7.6.2 智能卡（IC）技术

根据停车管理系统的要求，将智能卡技术全面应用在通用停车领域，开发停车付费与公交付费共用的“一卡通”技术。

7.6.3 信息采集处理技术

实施智能停车管理系统需要采集和处理大量交通信息数据，如通过远程监视装置、传感装置采集对象区域内各停车场相关信息。应开发研制相应的设备、技术以及信息处理系统。

7.6.4 停车诱导技术

开发研制停车诱导的关键设备和技术标准。

7.6.5 停车收费管理系统

包括路内、路外各类电子收费设施，设置标准，付费信息处理，费用结算等。

8 城市智能交通系统发展的相关政策和措施

智能交通系统集先进的信息技术和控制技术于一体，在经济发达国家的交通运输中，越来越多地被采用，并取得了明显的效果。我国近年来信息技术和控制技术也取得了很多成就，为智能交通系统的发展奠定了很好的基础。但智能交通系统能否在我国城市交通中得以应用并达到预期的目的，城市智能交通系统应用的外部环境也是一个非常重要的制约因素。

城市智能交通系统发展不仅取决于关键技术的突破，而且与道路设施建设、政府的支持力度、市场化机制的建立以及人才培养都有直接的关系。为了使我国城市智能交通的建设有一个良好的发展环境，提出如下相关政策和措施建议。

8.1 进一步增强规划的信息化水平

科学合理地确定城市道路用地规模，城市道路网络布局，建立城市交通基础信息数据库，以及中长期交通分析模型。将电子地图、GIS、交通模拟、交通信息采集等技术和产品，逐步应用到城市交通的调查、分析、规划编制之中。

8.2 提高道路基础设施建设的质量及完善交通工程设计

应尽快开展对现行城市道路设计规范及相关标准的修订，为城市智能交通系统的建立提供高质量的道路设施和完善的停车设施。在现阶段，一是通过交通工程设计或管理措施，对不同方式的交通流实行系统分离，达到快慢分离、人车分离；二是同步建设规范的道路标志标线等交通工程设施。

各城市要根据城市的实际情况制定各类建筑的停车配建标准，进一步规范停车场的规划建设，运用交通需求管理的方法合理确定不同类型停车场的收费标准，并在政府宏观调控的基础上，促进停车设施建设和管理的市场化。

8.3 制定完善的城市智能交通系统发展规划

由于我国城市交通遇到的问题是复杂的，也是极其广泛的，在现有的经济实力条件下，应本着长远和近期相结合的原则，逐步推进。因此，必须尽快制定城市智能交通发展规划，在规划指导下，确定短期的研究开发计划，首先开发与当前问题密切相关的技术和设备，逐步实现其规划目标。

8.4 保证城市智能交通系统研究的资金投入

科学研究是解决城市交通问题的重要基础，无论是基础研究还是应用研究均需要研究经费的投入，特别是城市智能交通系统这样的高新技术研究，更需要国家在研究开发经费方面给予大力支持。为了保障城市智能交通系统德发展，建议国家在相应的研究计划中列专项予以长期支持。同时充分调动企业的广泛参与，积极开展相关产品和系统的开发研制，以需求促市场，以市场带产品。

8.5 增加政府引导性投入

国家和地方政府应在各方面给予必要的引导性投入。有效的政府投入将会促使城市智能交通系统产业化的有效发展。政府投入的一个重要部分是财力的投入，有效的财力投入将会使城市智能交通系统的发展有一个高的起点。政府投入的另一个重要部分是人力的投入，政府要有效的组织研究机构、生产企业、咨询行业等，在城市智能交通系统的技术和应用方面实行有目的、有配合的攻关。

8.6 鼓励咨询业参与

咨询业是介于研究行业（包括基础研究和应用研究）与制造业的一个中间环节，研究行业（包括研究所、大学及私人研究机构）所产生的研究成果许多可通过咨询业而完成成果产业化。咨询业的主要服务领域包括：设计、技术服务、成果产业化、咨询服务、技术实施、技术开发等。相对于较为发达的国家来说，中国尚未在概念上真正形成具有规模的咨询行业。建议国家对从事于城市智能交通系统技术发展的企业和咨询业提供特许的经营政策，以鼓励企业和咨询业对技术开发和应用进行投资。

8.7 制定优惠政策

应制定政策将城市智能交通系统的有关产品列入国家鼓励发展的高新技术产品目录，在税收方面给予优惠政策，使企业更积极的投入城市智能交通系统的产品开发与生产。对于通过高新技术认定的城市智能交通系统技术项目和企业，国家在投资政策方面也要有适当的优惠政策以利于项目或企业更有优势地参与竞争。具体的优惠政策可包括减免税政策、非关税的技术壁垒政策、投资及拨款优先政策、无息贷款或贴息贷款优惠政策等。

8.8 鼓励竞争与产业化保护

在城市智能交通系统产业化的过程中，市场竞争是不可避免的。优者生存，劣者淘汰是市场竞争的必然规律。政府要提前建立一系列政策和措施，一方面鼓励市场的竞争，另一方面要适当地保护我国自己的产业并加以扶持。国家在过去发展汽车业、电子业及通讯业过程中已累积了经验和教训，希望在城市智能交通系统产业化的过程中能吸取过去其他产业化过程中的教训，避免走过去的弯路。

8.9 鼓励成果转化

对城市智能交通系统研究、开发、应用和产业化要建立明确和完善的机制，对整个过程要以立法的形式规定中央和地方的财政投入、项目重点和实施进度与年限。中央和地方在项目审批和成果验收时，要注重成果的转化性和应用性，政策方面扶持的力度要尽可能多地体现在成果转化和应用过程。在机制上，要体现出以市场为导向，以竞争为手段，以政策为依据，以自主知识产权为目标。

8.10 培养城市智能交通系统技术人才

要大力培养城市智能交通系统技术人才，培养和造就大批高级人才是我国城市智能交通系统实现产业化并取得可持续发展的一个重要前提。应采取多种有效措施，鼓励高校和科研院所培养从事与城市智能交通系统研究的跨学科综合性人才，加快城市交通领域的国家科研中心的建设，为人才培养创造优异的环境。

参考文献

[1] “九五”国家重点科技攻关项目《中国智能运输系统体系框架》专题组著．中国智能运输系统体系框架．北京：人民交通出版社，2003

[2] 黄卫，陈里得编著．智能运输系统（ITS）概论．北京：人民交通出版社，1999

[3] 陆化普编著．智能运输系统．北京：人民交通出版社，2002

[4] 陆化普，李瑞敏，朱茵编著．智能交通系统概论．北京：中国铁道出版社，2004

[5] 全国智能交通系统协调指导小组办公室．中国智能交通行业年度报告．

北京：中华工商联合出版社，2004

[6] 周鹤龙，徐吉谦．大城市交通需求管理研究．城市规划，2003，No.1 Vol.27：p57～p60

[7] 王丰元，陈荫三，宋年秀．交通需求管理及其在中国的应用．交通运输工程学报，2002，No.2 Vol.2：p83～p87

[8] 朱顺应，杨涛．城市交通需求管理理论研究初探．重庆交通学院学报，1997，No.1 Vol.16：p107～p113

[9] 刘清泉，顾怀中．新加坡城市交通需求管理对中国城市交通管理的启示．城市研究，2000，No.1：p40～p42

[10] 王红，朱顺应，王毅．对我国城市推行交通需求管理（TDM）战略的几点认识．城市问题．1998，No.6：p55～p57

附件2

公路智能交通系统发展战略研究

齐彤岩　汪　林

目　录

1 我国公路交通发展现状及趋势

近年来，我国公路交通事业发展取得了丰硕成果，各类基础设施的数量持续快速增长，公路交通运力运量大幅增加，这在一定程度上缓解了我国交通供需矛盾。但是从总体上看，目前我国公路交通仍然存在运行效率不高、安全状况差、服务水平较低以及可持续发展能力低的问题，寻求以高新技术带动我国公路交通事业的发展已成为当前我国公路交通发展的趋势。

1.1 公路基础设施建设现状及趋势

我国是当今世界上公路建设速度最快的国家，为解决经济周期上升阶段出现的交通运输"瓶颈"制约，实现公路建设跨越式发展和适度超前的目标，我国不断增大公路交通固定资产的投资额，2004年，全国公路建设交通完成投资4702.28亿元，占交通固定资产总投资额的88.5%，比上年增长13.7%，从而使得公路交通基础设施建设步伐大幅加快，路网结构进一步完善。

1.1.1 新建公路里程继续增加，路网整体水平突飞猛进

截止到2004年底，全国公路总里程达到187.07万公里，比上年末增加6.08万公里，其中国道、省道、县道、乡道和专用公路各占全国公路总里程的6.9%，12.2%，25.6%，50.5%和4.8%。

规划于2007年建成的"五纵七横"为主骨架的国道主干线交通运输网络体系现已初具规模。同时，路网整体功能和技术水平有了极大提高，东部省份的公路网等级及密度已接近发达国家水平。

(1) 高速公路里程增长快速，路网结构进一步完善

自1998年以来，我国高速公路就保持了持续快速增长的势头，年平均增长幅度达26.8%，截止到2004年底，我国高速公路总里程已达34288公里，仅次于美国，居世界第二；除西藏自治区未通高速公路外，其他30个省（市、区）的高速公路里程均超过100公里，其中突破1000公里的省份上升到16个。

(2) 县乡公路里程大幅增长，全国公路密度进一步提高

自2001年以来，国家重点实施了西部地区通县通油、全国县际及农村公路改造工程和乡村"通达工程"等建设专项，使县乡公路建设步伐加快。截止到2004年底，全国县乡道（不含村道）里程达到142.46万公里，占全国新增公路里程的87.6%。全国公路密度为19.5公里/百平方公里，比上年末提高0.6公里/百平方公里。

(3) 东中西部地区公路里程持续增长，技术状况进一步改进

我国东中西部地区公路建设速度、技术水平虽然不尽相同，但均保持了稳步增长态势。截止到2004年底，东中西部地区公路里程分别达60.68万公里，64.23万公里和62.16万公里，比上年末增长4.8%，3.0%和2.4%。同时东、中、西部地区各等级公路建设均有所提高，其中东部、中部和西部地区的高速公路里程分别为17146公里，10152公里和6991公里，与上年同比增长9.2%，22.1%和22.0%；二级及以上公路里程分别为142100公里，104300公里和53100公里，与上年同比增长8.9%，12.5%和9.8%。

1.1.2 公路技术等级和路面等级不断提高

我国公路事业的飞速发展，推动了公路等级及路面等级明显提高。截止到2004年底，全国等级公路里程151.58万公里，占公路总里程的81.0%，比上年末提高1.5个百分点，其中二级及以上高等级公路占公路总里程的16.0%，比上年末提高1.0个百分点；全国有铺装路面和简易铺装路面公路里程89.70万公里，占总里程的47.9%，比上年末提高4.4个百分点。

1.1.3 公路交通工程设施建设规模日益扩大

伴随着我国公路建设规模的不断增加，针对公路交通工程设施建设也在不断扩大，其投资一般占公路基础设施建设总投资的3%～4%左右。据不完全统计，截至2003年底，全国已建成了1.94万公里的高速公路通信设施，其中通信管道1.8万公里，光缆1.5万公里，交换机系统130余套，装机容量达8万余线，数字微波通信线路700公里，紧急电话系统近470套，公路移动通信系统262个，移动台5000余部；省级高速公路联网，加快了通信联网的步伐。

1.2 公路运输业发展现状分析

1.2.1 公路交通运输业现状

（1）公路运输能力持续走高，运力结构合理优化

我国国民经济持续快速增长和经济总量的不断扩大，拉动了公路运输车辆数稳步增长，截止到2004年底，全国运管部门登记注册的公路运输汽车达1067.18万辆，比上年增加142.54万辆，其中大型运输客车、普通货车、专用货车以及集装箱车同比分别增长14.9%，5.8%，20.5%和37.3%；同时结合运输生产力布局调整，我国运力配置得到进一步优化，向重点货源地区和主要运输通道倾斜，实现了运量和运力结构的动态平衡。

（2）公路客运增长较快，公路货运稳步攀升

我国人口基数大，随着人民生活水平的提高，带来的人员流动日益增加，2004年全社会完成公路客运量162.5亿人，旅客周转量8748.4亿人公里，分别比上年增加16.1亿人和1052.8亿人公里，在综合运输体系中所占比重分别为91.7%和53.6%。

由于经济规模的不断增大，使得适宜公路的高附加值产品的货物运输量大幅度增加。2004 年全社会完成公路货运量 124.5 亿吨，货物周转量 7840.9 亿吨公里，分别比上年增加 8.5 亿吨和 741.4 亿吨公里。公路货运量、货物周转量在综合运输体系中所占比重分别为 74.3%和 11.8%。

(3) 国道网交通量与行驶量增长，拥挤度进一步上升

2004 年我国国道网年平均日交通量与行驶量进一步增长，主要集中在京津地区、广东、上海、浙江、江苏和河北地区，年平均日交通量均超过 1 万辆。其中东部地区较中西部地区的涨幅大。与之相对应的是国道网年平均交通拥挤度也比上年上升 6%，东部地区国道相对拥挤，天津、广东、河北、上海和北京的国道网交通拥挤度均超过了 0.8。

1.2.2 公路交通发展中存在的问题

综上所述，尽管我国公路交通全面紧张状况已经基本得到缓解，但从总体上说，公路交通的运输效率、服务水平，安全状况以及可持续发展能力还亟待提高。

(1) 交通管理和服务水平落后

相对于我国汽车数量，道路并不算太拥挤，我国每 100 公里道路只有汽车 1000 多辆，而日本、德国和英国均超过了 6000 辆，韩国更超过了 12000 辆，但与国外畅通的交通状况不同的是我国高速公路和国道发生经常性严重堵塞。“管理瓶颈”问题表现在迟缓的事故应急反应，低效的交通管理系统，以及数不胜数的公路收费站，造成交通不畅，服务水平落后。

(2) 不可再生资源浪费严重

目前，我国已成为世界第二大石油进口国，交通石油燃料消耗到 2020 年将占全国总量的一半左右。我国公路部门的消耗量占交通运输部门总消耗量的八成以上，但是由于利用率低，我国汽车燃油消耗率一般比国外高 15%～25%以上。公路货运中最突出的问题是装备太差，致使一半能源无谓消耗在车的自重上。同时，国民经济的跨越式发展带动运输需求大幅增长，刺激某些地区公路基础设施建设一味加快步伐来应对高运量的挑战，占用了大量不可再生的土地资源，不符合中央有关建设节约型社会的基本战略发展思想。

(3) 环境污染并发存在

在交通运输途中，各种形式的频繁停车，交通拥堵等外界条件不仅消耗了大量的能源，而且还引发产生了大量大气污染、噪声污染等环境污染，据统计目前我国排放的废气中有 50%以上的气体都是由公路运输车辆排出的，这极大地阻碍了我国公路交通的可持续发展进程。

(4) 运输效率不高

交通基础设施建设规模和速度不断增长的同时，因交通设施和设备的使

用效率问题造成的巨大浪费日益凸显，据资料统计，行驶在我国120多万公里公路上的1200多万辆民用车辆中，近一半是空车，全国货运空驶率高达49%，而美国这一比重仅占10%左右。

(5) 交通安全形势严峻

近些年，我国进入机动化的初始阶段，汽车保有量和公路基础设施增长都很快，在汽车安全性能和公路设施的安全性不断提高的情况下，我国公路交通事故率和死亡率连年高居世界第一，形势不容乐观。我国的汽车保有量只占世界的2%，但交通事故致死人数却占到世界的15%至20%，按每万辆车分摊事故死亡数（每万辆车死亡60人左右）比美、日、德高出30倍。

2004年，全国公路交通事故共造成83085人死亡，占死亡总数的77.6%，其中二、三级公路上交通事故造成的死亡，比2003年略有下降；但高速公路事故死亡人数比2003年同期上升18.3%，农村道路交通安全状况也令人堪忧，因低速货车、三轮汽车（原农用车）、拖拉机肇事共造成11228人死亡，占死亡总数的10.5%。

1.3 公路ITS是我国公路交通运输发展的必由之路

我国公路交通现状及存在的问题直接反映出单凭基础设施建设远远不能应对高速增长的车辆出行需求，因此交通信息化建设提上日程，公路智能交通的成功引入为我国交通领域注入了新的活力。

1.3.1 公路ITS推行的适时、紧迫性

公路交通是一个复杂的综合系统，依靠传统的交通管理方式，单从道路或车辆的角度考虑，很难解决拥堵、事故、环境污染等近年来不断恶化的交通问题。为实现公路跨越式发展的目标，体现人本化、智能化和信息化发展方向，推行ITS势在必行。

智能交通系统（ITS）将先进的自动控制技术、计算机技术等综合有效地运用于整个交通运输管理系统，将道路、驾驶员和车辆有机地结合在一起，使车辆和道路智能化，是充分发挥现有交通基础设施潜力、提高运输效率和效益、改善交通安全以及缓解交通拥挤的有力保障措施。通过智能交通技术，驾驶员可以及时了解道路和车辆状况，以最安全和经济的方式到达目的地；管理人员能通过对车辆、驾驶员、道路信息的实时采集和发布，来提高管理效率和服务水平；同时可以有效地减少能源消耗和环境污染。

1.3.2 公路新的跨越式发展的奋斗目标

在我国全面建设小康社会和现代化建设进程中，针对公路交通中存在的种种问题，公路交通行业需要在新的发展环境下实现新的跨越式发展。因此，十六大提出本世纪头20年交通发展的总体要求是：以邓小平理论和“三个代表”重要思想为指导，坚持速度、结构、质量、服务、管理、效益和可持续

发展相统一，努力实现交通新的跨越式发展，到2010年使公路水路交通紧张状况全面缓解，对国民经济的制约状况得到全面改善，到2020年基本适应国民经济和社会发展需要，为全面建设小康社会、适应人民群众的出行需求提供更畅通、更便捷、更安全的交通运输条件。

2 国外公路智能交通系统发展状况及趋势

近半个世纪以来，道路交通运输系统的低效性、安全性以及环境污染问题已经成为世界性难题。为解决公路交通中存在的一系列难题，在上世纪60年代，美国就开始了有关智能交通方面的研究，之后，欧洲、日本等也相继加入了这一行列。上世纪80年代后半期，美国、日本以及欧洲的工业化国家分别运用当代的高新技术和理论，开始研究开发以提高效率、提高安全性和减轻环境影响为目标的智能交通系统，包括：

①美国的智能车辆道路系统（IVHS，Intelligent Vehicle-Highway System）

②欧洲的道路交通安全设施高效率/安全计划(PROMETHEVS，Program for a Europe Traffic With Highest Efficiency and Unprecedented Safety)

③日本的路车信息系统(RACS，Road Automobile Communication System)

在此基础上，日本于90年代初提出了智能交通系统（ITS，Intelligent Transport Systems）的概念。经过30年的发展，美国、欧洲、日本成为世界ITS研究的三大基地，全球正在形成一个新的ITS产业，难以记数的大小项目正在开展，发展规模和速度惊人。

值得一提的是，智能交通系统当初是为解决公路交通问题而提出的，而ITS发展到今天已经包括了大交通甚至是通信系统，国外发达国家政府都把ITS建设作为政府在交通领域内发展的重点，以“保障安全、提高效益、改善环境、节约能源”为目标的ITS概念正逐步在全球形成。

2.1 国外公路ITS应用现状

2.1.1 美国公路ITS应用现状

美国的智能交通系统在1994年以前称为智能车辆道路系统（IVHS，Intelligent Vehicle-Highway System），后因为研究内容的不断扩大而改名为“智能交通系统”，即ITS，其研究的内容以公路交通为主。

20世纪60年代末期，ERGS（Electronic Road Guidance System）项目开始了世界上最早的公路ITS开发研究。之后，美国集中国内各种力量，在政府和国会的参与下，ITS的领导和协调机构正式成立，于1991年制订了综合陆上运输效率化法（即所谓的冰茶法案，IS-TEA），并拟订了20年发展计划。1995年3月，美国运输部首次正式出版了“国家智能交通系统项目规划”，明确规定了智能交通系统的7大领域（出行和交通管理系统、出行需求管理系统、公共交通运营系统、商用车辆运营系统、电子收费系统、应急管理系统、先进的车辆控制和安全系统）和29个用户服务功能。

为了加强ITS研究，美国联邦政府公路局在全美建立了3个ITS研究中心，中心的经费由联邦政府和地方共同提供。1991年～1997年期间，在美国进行的ITS现场试验有86个，耗费资金达7.53亿美元。值得一提的是美国为了调动企业和私人投资公路建设的积极性，大力开展了电子收费系统和不停车收费系统的实验研究，目前已有12个运输管理机构进行此项工作。

2.1.2 日本公路ITS应用现状

日本整个智能交通系统起步较晚，但由于政府重视，其发展和推进速度相当快。目前在ITS项目上已形成了官、民、学的协调体制，重视ITS技术商品化的道路，这极大地推动了日本公路ITS的发展，其中车载导航系统和电子收费系统的研究尤为突出。

车载导航系统开发出以现有交通管理系统为基础，配以数字地图和红外双向短程通信的道路交通情报通信系统（VICS)。VICS于1996年开始投入使用，截至目前已有三个地区投入使用（东京区、大阪地区和爱知地区）。

电子收费系统（ETC）1995～1996年度拨款70亿日元对ETC进行开发，1998年日本的ETC标准得到批准，并成为短程通信国际标准基础。

日本政府在ITS领域进行了大量的资金、政策等方面的投入，以期形成ITS产业推动日本经济发展。国内组成了由四省一厅（邮政省、建设省、运输省、通产省、警察厅）参加的全国统一智能交通系统开发组织（VERTIS)，并于1996年制定了“推进ITS总体构想”，推出一个投资运算7.8兆亿日元、为期长达20年的发展计划，包含了智能子系统部分应用、改善基础设施建设及系统和产品的研究开发。同时、日本国内丰田、三菱、东芝等100多家企业也联合设立智能运输系统的开发和经营机构，加大智能交通产品开发的力度。

近几年，日本投入了15亿日元开发了全国公路电子地图系统，打开了车辆电子导航市场，已经有近400万套车载导航系统在市场上应用。目前日本的ITS应用主要是在交通信息提供、电子收费、商业车辆管理以及紧急车辆优先等方面。

2.1.3 欧盟公路ITS应用现状

欧盟对公路ITS的研究开发也不甘落后，1985年，欧共体19个成员国为主的政府与民间企业组织合并后，共同推进智能运输系统的发展，并更名为“欧洲道路运输信息技术实施组织（TRICO)”，总开发投入50亿美元，实施智能道路和车载设备的研究发展计划。1986年欧洲民间联合操作了欧洲高效安全交通系统计划（PROMETHEUS），在政府介入下，1995 年启动了该计划，1996 年 2 月底，欧共体事务总局 13 局第一次公布了征集的具体 74 个子项目。

欧洲在公路 ITS 应用方面的进展，介于日本和美国之间。日前正在进行 Telematic 的全面应用开发工作，欧洲计划在全欧洲范围内建立专门的交通（以道路交通为主）无线数据通信网，ITS 的主要功能如交通管理、导航和电子收费等都围绕 Telematic 和全欧无线数据通信网来实现。由于欧洲各国政府的分散投资和各国的 ITS 需求不一致，在整个欧洲建立统一的交通信息服务系统困难重重。然而在开发先进的旅行信息系统（ATIS）、车辆控制系统（AVCS）、商业车辆运行系统（ACVO）、电子收费系统等方面，市场前景十分诱人。至今，已有相当一部分的研究成果投入到实际的应用当中，并为使用者带来了可观的经济效益。

此外，世界其他各国纷纷开展 ITS 的研究和开发，除了解决交通问题的原因之外，另一个重要的出发点则是 ITS 将成为继军事应用之后高新技术最大的应用市场，这就不难解释为什么发达国家在 ITS 领域投入如此巨大的人力和财力。同时，利用地理信息系统（GIS）、全球卫星定位系统（GPS）、专用短程通信技术（DSRC）开发 ATIS、不停车收费系统（ETC）车辆安全系统作为 ITS 的主要应用在全球范围内已呈一种趋势。

2.2 国外公路 ITS 应用效果

2.2.1 美国公路 ITS 应用效果评价

据 Mobility-2000 和 OECD 组织估计，采用 ITS 至少可以使交通基础设施效率在下述几方面得到提高：

（1）交通事故次数　　减少 30%～80%

（2）交通死亡人数　　减少 70%

（3）交通阻塞次数　　减少 25%～50%

（4）实际通行能力　　至少增加 100%

根据分析预测，实施 ITS 后，美国现有高速公路的流量可以从 1988 年的 3.1G 台·m 增加到 2020 年的 6.1G 台·m。据统计可知，在交通事故中，20%是立即死亡，59%是现代医学无法医救的伤害，21%是因为得不到及时的抢救而死亡的，而采用 ITS 后因及时抢救，交通事故死亡率可大大降低。

从直接效益上看，ITS 可每年减少损失 250 亿美元，此外尚可带来减少能源消耗、降低大气污染、提高城市运输生产力方面的效益。

从智能交通产业的生产效益测算，美国人估计研究开发成本约 14 亿，测试经费约 30 亿，实施安装成本约 300 亿，若单独考虑降低交通拥挤损失及产品市场效益两项，以上成本一年即可全部回收。2000 年，各相关产品的国际国内市场效益达每年280亿美元，10年内可达年产值6000亿美元，相当于美国开发ITS战略计划全部投资的10倍。

此外，对智能交通运输基础设施中的交通信号控制系统、高速公路管理系统、交通事故管理系统、电子支付系统、电子不停车收费系统以及多模式出行者信息系统评价均能达到预期效果。

2.2.2 日本ITS应用效果评估

根据相关研究预测，采用ITS后，今后5～20年公路交通状况会得到大幅有效改观。

2010年日本交通噪音将大幅度下降，ITS在改善交通基础设施沿线环境，在交通基础设施效率影响方面的结果为：CO_2 的排放量减少1.5%，约110万吨。

2015年可以达到12000亿日元的经济效果，在提高交通基础设施效率方面的结果为：基本消除交通阻塞。

2025年可以减少56亿h/年的时间损失和12.3兆日元/年的经济损失，在交通基础设施效率方面的结果为：

①平均车速　　提高10km/h
②交通阻塞　　完全消除
③交通意外　　检测到80%
④交通事故　　减少50%
⑤燃油消耗　　降低25%
⑥CO_2 排放量　　减少15%
⑦NOx排放量　　减少30%

在直接引入安全行车辅助系统（AHS）的道路区间，在交通基础设施效率影响方面的结果为：

①道路区间交通事故　下降33%
②全国干线交通事故　下降15%
③全国干线死亡人数　减少13万人次

另据日本的资料统计，传统的人工收费平均时间是14秒/辆，采用电子收费系统（ETC）后，当每辆车以40km/h的速度通过收费口时只需3秒的时间，到2015年可以减少1500亿日元的阻塞损失，同时还可以减少因额外停车增加的油耗和机件、轮胎损耗及废气排放。

2.2.3 欧盟ITS应用效果评估

欧洲联盟在其整个ITS计划中率先完成了部分子课题的研究与应用，并从公路扩展到水路交通，在交通基础设施效率影响方面的结果：

①货车延时　　减少20%
②出行时间　　节省3%～9%

③出行距离　　　　　缩短 4%~8%

④平均速度　　　　　提高 21%

⑤收费口停车时间　　节省 40 小时/年

欧洲 ITS 研究计划 EUREKA 中的普罗米修斯 PROMETHEUS 实施后，在交通基础设施效率影响方面的表现为：

①CO 排放量　　　　减少 10%

②HC 排放量　　　　减少 5%

③NOx 排放量　　　降低 5%

④平均燃油　　　　　节约 5%

⑤货运集装箱运输燃油节省 4.4%

⑥污染物　　　　　　减少 50%（城区）和 13%（郊外）

通过计算评估，在欧洲因采用 ITS 技术可以减少 5550~5600 亿欧元的交通事故、交通堵塞和环境污染等的经济损失，同时可以增加 1000 亿欧元的市场规模。

2.3 国外公路 ITS 发展趋势分析

从 1994 年召开第一次 ITS 世界大会以来，十几年的时间过去了，世界各国在此阶段根据自身的情况进行了大量的开发和试验，积累了大量的经验。自 2004 年开始，他们认真评估 ITS 的实际效果，并根据社会和经济的新情况调整各自的发展方向和重点。比较重要和有特色的有如下几个方面：

（1）交通安全和社会公共安全成为关注的焦点

安全是当今社会的一大焦点问题，交通安全受到世界各国政府和社会的关注，除了交通安全以外，全球的恐怖主义活动猖獗，恐怖分子越来越多的利用交通工具作为犯罪工具，其典型事件就是“911”。因此如何减少交通事故及其导致的伤亡，防止恐怖分子利用交通工具作为犯罪工具，以及当恐怖事件发生时，如何利用交通指挥和控制系统为疏散和救援提供保障，就成为 ITS 重要的应用领域。

面对严峻的安全（包括 Traffic Safety 和 Security）形势，主要发达国家在前一阶段开发和试验的基础上对应用 ITS 的有关技术和成果改善公路交通安全提出了较为明确的目标，其重点是应用安全辅助驾驶技术和紧急救援系统以及 ITS 强大的信息采集和发布能力。例如，美国运输部提出到 2008 年每亿车英里碰撞事故发生数量由目前的 1.51 起下降为 1.0 起；日本提出在 10 年内将交通事故死亡率降低一半，为实现这个目标，除了常规的工作外，要充分利用 ITS 领域开发的主动和被动安全技术，同时还要开发和应用车路协调技术。欧洲在多年研究的基础上提出了名为欧洲道路安全行动（eSafety）计划，希望到 2010 年，交通事故死亡率降低 50%；2020

年实现交通事故0死亡率，eSafety主要内容是充分利用先进的信息与通信技术（Information and Communication Technology，ICT），加快安全系统的研发与集成应用，为道路交通提供全面的安全解决方案。除自主式的车载安全装置外，还须考虑车路协调合作方式，即通过车—车及车—路通信技术获取道路环境信息，从而更有效地评估潜在危险并优化车载安全系统的功能。

通过近几年的工作，发达国家在这方面的进展是明显的，突出有以下两点：

第一，车载辅助驾驶系统日益完善、实用化。据ERTICO（欧洲ITS协会组织）预测，到2010年，20%的新车将配备辅助驾驶系统；

第二，车载系统与道路设施的协调配合受到重视，美国的智能车路整合（Vehicle-Infrastructure Integration，VII）项目和协作式自动车路系统（Co-operative Vehicle-Highway Automation Systems，CVHAS）项目以及日本的Smartway项目都是这方面的开发计划，主要目标是遵循ITS的理念，利用ITS相关技术（如先进的巡航/辅助驾驶系统以及信息与通信技术等），进行道路基础设施的整合，实现ITS—integrated infrastructure。

（2）不停车收费（ETC）仍然备受关注

日本的ETC在2001年3月由当时的日本建设省批准正式开始建设和运营，经过2年多的推广已经有了相当规模的应用，截止到2003年9月，已经有882个收费站开通了ETC，售出160万台车载机（OBU），每天有68万车次使用ETC，占全部通行车次的10.5%。根据日本国土交通省的预测，到2004年3月使用ETC的比例将达到15%左右，日本国土交通省计划在国家高速公路的1300收费站上均开通ETC车道，计划到2008年3月使用ETC的比例达到70%。

值得注意的是，由于车载机（OBU）生产量的加大，其价格有了明显的下降。日本的ETC使用主动式模式，安全性和通信带宽均优于被动式，但价格较贵，刚开始推广ETC时车载机售价一般为30000～50000日元，而目前典型型号的车载机售价已经降到10000日元以下，这为大规模应用创造了条件。

ETC不但在日本推广和应用良好，在美国和欧洲也有较多的应用，例如在美国的休斯敦地区，实施的ETC系统已经有120万用户，而在北德州地区有75万用户。

另一方面，不停车收费领域的应用，已经跳出了建设收费站的收费模式，费用收取技术上开始百花齐放。德国从近期开始使用货车收费系统，在所有货车上安装了GPS/GPRS终端，按车辆的行驶的里程进行实时的收费。英国为防止今后出现交通全面瘫痪现象，将实施一种全新交通收费系统，即通过车载黑匣子，利用全球卫星定位系统，记录驾驶员的不同行驶路线、不同时段及里程长短，从而定价收费，以取代现有的养路费和燃油税。研究表明，系统的交付使用将能使国内交通能力提高40%。伦敦市中心从2003年开始利用车牌照数据，按次对进入市中心区的车辆征收拥挤费用。

(3) 日本的车载导航系统仍然走在世界的前列

日本的车载导航系统无论是技术开发还是商业应用都走在世界的前列，且装载应用的推广迅速。截止到2003年8月，车载机的保有量达到了1270万台，其中约716万台使用VICS系统。与2003年3月1147万台车载机保有量相比，短短5个月增长了123万台。

(4) 欧洲、美国和日本均关注DSRC的综合应用

DSRC即专用短程通信的缩写，它是ITS提出后为适应高速移动车辆间或车辆与道路设施间宽带通信而产生的一个新领域，不停车收费系统（ETC）即属于它的一个热点应用范例，除此之外移动物体间的信息交换还有其他广泛用途，因此各发达国家均展开了旨在开发新型用途DSRC的深入研究工作。

日本已经明确提出了时间表，而且完成了试验样机，它可以为车载机提供ETC、并获取交通信息和上网等综合服务，此试验系统已在2004年ITS世界大会上展示。

同样欧洲和美国也在进行着DSRC的研究和开发，由于欧洲在DSRC的第一个应用，也就是被动式ETC系统，带宽窄、可靠性差，因此重点研究改进系统，以适应更广泛的应用；而美国在此领域另辟蹊径，针对目前应用最多的915MHz的被动式ETC系统改进余地不大的缺点，确定将DSRC的主要开发和应用均转到5.9GHz频段，并且已经得到了FCC（联邦通信委员会）的批准。

3 我国公路ITS发展现状及趋势需求分析

3.1 我国公路ITS发展现状

我国公路ITS自20世纪90年代初就逐渐开始加快了发展进程，2001年全国ITS体系框架和标准体系框架制定完成之后，公路ITS在中国的开发和试验由讨论可行性和必要性进入到了实际开发和试验应用阶段，但是整个进程基本上还处于模仿和跟踪阶段，自主创新和具有世界领先的ITS技术较少。下面就分几个大的方面介绍我国公路ITS的发展现状。

3.1.1 我国公路ITS战略及框架标准发展现状

在“九五”和“十五”期间，我国的公路ITS制定了一系列的战略、框架和标准，这为我国公路ITS的进一步发展奠定了坚实的基础。

1996 年开展了交通部重点研究项目“智能运输系统发展战略研究”，从中国整个道路运输的角度和城乡交通一体化的角度研究了我国如何发展公路 ITS，制定了中国公路 ITS 发展的初步框架及中国发展公路 ITS 的近、中、远期目标。发布了中国第一部国家层次的公路 ITS 发展战略，为促进我国公路 ITS 健康、快速发展起到了重要推动作用。

1999 年交通部与科技部共同组织并完成了“九五”国家重点科技攻关项目“智能交通系统体系框架研究”。第一次全面地分析了我国建设 ITS 的总体需求，提出了 ITS 重要的逻辑框架和物理框架。在保证国内各地 ITS 建设有序性的同时，为今后全国范围内的系统兼容性打下了坚实的基础。

1995 年交通部主动承担了国际标准化组织 ITS 技术委员会在中国的归口工作，开始每年组织中国的专家参加国际上有关 ITS 的标准化工作。1998 年正式批准成立了 ISO/TC204 中国委员会，开展了国内的 ITS 标准化工作。在这些工作基础上，2003 年成立了“全国智能运输系统标准化技术委员会”，组织与 ITS 相关的生产、使用、科研、管理、设计、教育、监督及检验方面专家共同进行中国 ITS 标准化工作，加快中国 ITS 标准化的进程。

3.1.2 我国公路 ITS 技术研究及工程应用现状

(1) 关键技术开发及工程应用

在“九五”和“十五”期间，我国公路交通行业有针对地选择了一些目前我国公路交通中急需的关键技术进行了开发和示范应用。

1998 年由交通部组织多个省厅开展了网络环境下不停车收费系统的行业联合攻关和示范工程，以联网收费为突破口，出台了《高速公路联网收费暂行技术要求》。

2000 年由国家经贸委主持研究了国家技术创新项目“高等级公路电子收费系统技术开发和产业化”，解决了不停车收费的关键技术和产业化问题。

“九五”期间，国内还组织实施了一系列与公路 ITS 相关的重大项目，如地理信息系统（GIS）在公路设计中集成应用和综合技术研究，快速货运系统及货运交易信息系统等。以公路主枢纽建设为基础，积极引导运输企业应用信息技术提高管理和运营效率，GPS、无线通信、GIS—T 及信息通信网等技术逐渐在经济发达地区的运输企业中应用。

经过“九五”的一系列工作，公路行业在 ITS 开发和应用方面有了一个初步基础，根据国家经济和社会发展的需求，在“十五”期间，根据中国高等级公路的情况和城间客运的需求，由交通部和科技部共同组织了跨省市国道主干线联网电子收费技术开发和应用、高等级公路综合管理系统的开发和示范应用以及跨省市快速客运系统示范应用等国家攻关项目，示范内容和实施地点如下：

①跨省市国道主干线联网电子收费技术开发和应用：在京沈高速公路示范应用；

②高等级公路综合管理系统的开发和示范应用：在京津塘高速公路和廊坊地区实施；

③跨省市快速客运系统示范应用：在杭州至合肥以及成都市进行示范应用；

④现代运营体系和物流体系的开发和示范工程：苏州、厦门、青岛、天津保税区等地规划建设的现代物流公共信息平台示范工程。

(2) 公路 ITS 实验室的建设

交通部作为公路交通运输的主管部门，一直非常重视以高新技术改造传统产业。自上世纪 90 年代中期编制“九五”计划时，就将开发和应用 ITS 列入政府的计划，建设国家 ITS 工程技术中心，并拨款 1300 万元建设了公路 ITS 中心试验室，安排了一系列与公路 ITS 相关的基础理论和关键技术研究工作。

在“九五”国家 ITS 工程技术研究中心试验室一期建设的基础上，“十五”期间，交通部又继续投资 1900 万元进行公路 ITS 试验室的建设，该试验室的建设充分考虑了车路间的协调，将建设先进的通信和信息系统，道路上的各种数据、图像信息融合在统一的数字系统中，使管理水平提升到新的高度。目前已建成组合式收费试验检测系统和智能公路系统试验平台。在实验室的二期工程建设中，将完成短程通信和信息服务实验室、实体交通仿真和交通控制实验室、区域联网收费和检测评估试验系统以及智能公路与辅助安全试验系统的建设。

3.1.3 公路 ITS 社会环境体系建设现状

在“十五”期间，全国范围内都开展了 ITS 方面的人才教育和培训，公路 ITS 也不例外，目前我国公路 ITS 已经建立了各领域、各层次的技术人员培训体系。按照地域划分，已在华北、华东、华南和西南地区设立了 5 个全国区域性智能运输技术培训中心，培训中心的依托单位分别是北京工业大学、北方交通大学，同济大学，华南理工大学，重庆大学。

3.2 我国公路 ITS 发展存在的问题

迄今为止，虽然我国在公路智能交通系统的基础研究方面做了不少工作，在一些应用系统上也开始了试验和应用，但基本上还处于模仿和跟踪阶段，仍然存在不少问题，归纳起来主要有以下几个方面：

3.2.1 公路 ITS 发展起点相对较低

国外公路 ITS 的发展都是建立在完善的交通基础设施上，而目前我国在相当一段长时间内，仍旧主要以基础设施的建设为主。虽然目前我国道路基础设施已初具规模，但是还没有形成较为完善的网络。而 ITS 的推广和应用是需要在较完善的公路设施基础之上才能最大限度的发挥其效用。

因此，目前我国公路ITS的发展应该结合我国公路交通发展的实际情况，在一边建设基础设施的同时，一边发展我国的公路ITS，选择适合现有基础设施及资源的ITS关键技术进行开发和推广应用。

3.2.2 信息孤岛严重制约信息融合与共享

信息化的最大优势就是资源整合与共享。国外经验表明，信息网络的总体效益是网络结点的平方。到目前为止，我国各地区交通部门基本上建立了各自的信息系统，然而这些信息系统基本上是分散建设、各自运行，而且数据格式和标准互不相同，不能实现系统间的业务交换和信息共享，难以实现互联互通和互动操作，形成了一个个“信息孤岛”，极大影响了交通信息化建设的效益。

3.2.3 公路交通安全措施力度不够

智能交通系统自引入我国已有十几年，但针对国内公路交通事故高发，死亡人数高居不下的现状一直没有效果明显的措施予以应对，近几年反而有攀升的趋势，明显影响了国民经济快速稳定发展的步伐，造成巨大经济损失，并引发了一系列社会问题。

3.2.4 公路ITS开发资金有限

由于交通建设的投资重点尚未从修路转移到管理上来，所以用于改造传统交通运输、开发ITS系统的资金需要一个逐步增加的过程，这需要贯彻“有所为而有所不为”的原则。

3.2.5 ITS产品研发与供需问题重重

相比国际信息和电子方面的产品日新月异，我国在此方面普遍落后，ITS产品研发力量小，产品研发过程长，产业化水平低，因此始终处于亦步亦趋的追随过程。

同时，ITS设施以投资类产品为主。由于我国ITS与基础设施建设同步，而且我国信息化水平及国民购置力较低，近期内ITS产品的主要用户将是基础设施的投资者，而用户设备（如车载设备）的市场需求有限。

3.3 我国公路ITS发展趋势

目前我国在公路智能交通系统方面发展已处于全面研究和推广应用阶段，今后我国公路ITS将体现三大趋势、五个热点。

3.3.1 三大趋势

（1）应用信息、计算机网络等高新技术，建成国家公路网管理和信息服务网络，提高我国公路的管理水平和服务水平；

（2）降低车辆能源消耗，提高公路交通运行效率，推进我国公路交通向节约化、环保型的方向发展；

（3）遵循以人为本的理念，重点开展公路安全运行技术研究。

3.3.2 五个热点

(1) 利用区域内电子不停车收费系统示范，推动全国联网电子收费系统技术的开发建设进程；

(2) 利用国家公路网运行监控和信息服务系统，推动国家公路网管理水平和服务水平；

(3) 研究开发全国客运数据管理中心系统，达到广域的客运信息融合，提高公路交通为民服务的水平；

(4) 开发公路运行车辆的安全运行监控、预警和辅助安全技术，促进公路交通的行车安全；

(5) 开发基于高精度定位技术的公路收费系统，跟踪国外在该领域内研究和应用推广，并逐步将其应用到我国公路交通的各个收费领域中。

另外，我国还将全面开展标准制定工作，积极参加国际标准化工作项目。

3.4 我国公路 ITS 发展需求分析

3.4.1 基础设施规模大幅度增加的大背景

2004 年 12 月 17 日，《国家高速公路网规划》已经国务院审议通过。规划中明确了将用 30 年左右的时间修建完成国家高速公路网，国家高速公路网将采用放射线与纵横网格相结合的布局形态，构成由中心城市向外放射以及横连东西、纵贯南北的公路交通大通道，包括 7 条首都放射线、9 条南北纵向线和 18 条东西横向线，可以简称为“7918 网”，总规模大约为 8 万 5 千公里。国家高速公路网规划建成后，可以形成“首都连接省会、省会彼此相通、连接主要地市、覆盖重要县市”的高速公路网络。这个网络能够覆盖 10 多亿人口，直接服务区域 GDP 占全国总量的 85%以上；实现东部地区平均 30 分钟、中部地区平均 1 小时、西部地区平均 2 小时抵达高速公路，客货运输的机动性将有显著提升。

国家高速公路网是中国公路网中最高层次的骨干通道，主要连接大中城市，包括国家和区域性经济中心、交通枢纽、重要对外贸易口岸；主要承担区域间、省际间以及大中城市间的快速客货运输，保障提供高效、便捷、安全、舒适的服务。规划的主要目标是：连接所有目前城镇人口在 20 万以上的城市；连接首都与各省会、自治区首府和直辖市；连接各大经济区和相邻省会级城市；完善省会级城市与地市之间、城市群内部的连接；强化长江三角洲、珠江三角洲和环渤海三大经济区之间及与其他经济区之间的联系；保障西部地区、东北老工业基地内部高速网络的合理布局和对外连接；加强对国家主要港口、铁路枢纽、公路枢纽、重点机场、著名旅游区和主要公路口岸的连接。这一规划引进了“无缝衔接”甚至“零距离换乘”的概念。交通部在研究高速公路与其他运输方式布局中，考虑了 100 个国家级运输衔接，尤其是与包括公路在内的运输枢纽的有机衔接。由于交通部、铁道部和国家民航总局分别对中国的公路、铁路和航空编制规划，《国家高速公路网规划》的制订还考虑了铁道部和国家民航总局的规划布局，形成与铁路运输枢纽、67个干线机场、沿海和内河的主要50个港口快速运输的有机整体。

2005年2月2日，国务院审议并原则通过国家《农村公路建设规划》，规划中明确：到“十一五”末，基本实现全国所有具备条件的乡（镇）通沥青（水泥）路（西藏自治区视建设条件确定）；东、中部地区所有具备条件的建制村通沥青（水泥）路；西部地区基本实现具备条件的建制村通公路。到2010年，全国农村公路里程达到310万公里。东部地区实现所有具备条件的建制村通沥青（水泥）路；中部地区基本实现所有具备条件的建制村通沥青（水泥）路；西部地区基本实现所有具备条件的乡（镇）通沥青（水泥）路、具备条件的建制村通公路（西藏自治区视建设条件确定）。

到2020年，具备条件的乡（镇）和建制村通沥青（水泥）路，全国农村公路里程达370万公里，全面提高农村公路的密度和服务水平，形成以县道为局域骨干、乡村公路为基础的干支相连、布局合理、具有较高服务水平的农村公路网，适应全面建设小康社会的要求。

根据《道路运输业发展规划纲要（2001～2010年）》，到2010年，年完成道路客运量达到230亿人次、旅客周转量12416亿人公里，年均增长率分别为5%和5.5%，占各种运输方式总量的93%和60%；货运量达到153亿吨、货物周转量10457亿吨公里，年均增长率分别为4%和5.5%，占各种运输方式总量的80%和18%。到2010年，全国规划的45个公路主枢纽基本建成。全国等级汽车客运站达到8600个，等级汽车货运站达到2300个，每个县级城市至少具备一个二级客运站和一个等级货运站。形成100个左右现代物流中心或货运中心，建设一批客货运输综合枢纽。2010年，营运客车总量达到220万辆，其中大中型客车总量达到90万辆，大中型客车中高级客车所占比重达到25%以上，中级客车所占比重达到50%以上；营运货车达到550万辆，其中特种专用车占30%以上；普通载货汽车中厢式车占20%以上，重型车占20%以上。

公路智能交通系统在今后20年到30年服务的对象，就是上述的85000公里高速公路，超过250万公里的农村公路，它的任务就是保证每年几百亿人次的旅客运输和几百亿吨的货物安全快捷地运达目的地。

3.4.2 提高管理和服务水平的需求

随着我国公路基础设施建设迅猛发展，车辆保有量急剧增加，带动公路运输信息量成比例增长，为了对全行业运行现状以及发展趋势有一个客观、深刻的把握，保证公路运输业在全国范围内形成安全、高效、有序运转的有机整体，避免“信息孤岛”现象，需要有与之相匹配的国家层面上的管理信息系统，对大量信息进行综合统计分析，为有效制定运输计划，行业管理以及决策提供科学依据。

首先，在客运数据管理方面，由于近两年来层出不穷的客运车辆交通事故所带来的高额赔付以及严重的负面社会影响，致使各界增强了客运关注力度。目前我国客运建设与管理不协调，与快速建设相对应的各省、自治区、直辖市的客运系统信息化管理各自为营，环境、平台、数据库独立，系统间无法沟通；同时，各客运企业的客运信息用报表或电子报表上报的形式，有一定时段限制，致使运输管理部门无法及时、准确得到各客运站的客流量、流向等信息，很难在线路的审批和调整上做到量体裁衣，缺乏应有的时效性。因此运输管理部门层面急需全国范围内的客运数据管理中心系统，实现客运经营和管理部门与综合数据管理中心之间的信息互动，广域信息融合，为客运部门组织旅客运输提供便捷途径，为旅客提供联运旅行规划，以及联运旅行途中服务。

其次，在国家公路网运行监控信息服务方面，为宏观把握国家高速公路网、干线公路网、公路主枢纽的公路网中区域内车流运行状况，有效提高公路建设、管理决策的科学性，保障道路交通需求与供应，维持主动与动态平衡，需要一套覆盖国家公路网的信息采集、发布系统，为运营公司提供及时、准确的运营车辆和货物数据通道，以实现效率和环境目标。

3.4.3 提高公路交通系统安全性的需求

“安全”是世界交通运输界永恒的主题，我国公路交通安全形势依旧严峻，虽然我国是公路建设速度最快的国家，高速公路总里程已居世界第二，但事故率一直高居不下，极大地影响了国民经济健康快速发展，成为阻碍运输企业运营效益提高以及驾驶员行车安全的绊脚石。

运营公司急需车辆安全运行实时监控系统，提供机动车辆调度、管理、防盗、防抢、救助等功能，来满足生产和指挥调度系统的管理、调度等功能需要，提高车辆运营效率，降低运营成本；驾驶员急需车辆自身运行安全监控系统，以应对突发紧急事件，并最大限度的减少事故率。

3.4.4 低能耗与可持续发展的需求

目前，石油是我国运输行业主要动力资源，但是我国石油消费主要依靠进口，2004 年中国原油进口量突破 1.2 亿吨，增幅达 34.8%，这也是我国年度原油进口首次突破 1 亿吨大关；预计中国 2010 年石油进口规模将达到 1.8～2 亿吨，进口依存度也将随之突破 50%。

同时，我国车辆能源利用率普遍偏低，行车途中又由于停车频繁，耗时长，如停车收费、交叉口延误等外界因素影响导致能源无谓浪费，而且带来并发的环境污染问题，不利于公路的可持续发展。

另一方面，我国现有公路交通建设的侧重点仍旧偏向于基础设施建设，从而造成国内并不充裕的土地资源的大量占用，尤其是产业高度集聚的长江、珠江三角洲以及环渤海地区，运输需求大，土地资源紧张。

通过应用高新技术，充分挖掘已有公路的通行潜力，提高公路运量，降低能耗与环境污染，是可持续发展的需求导向所在。以区域内电子不停车收费为示范，推动全国联网电子收费系统的建设进程势必成为我国智能公路建设方向所在；同时，融合卫星定位和移动无线电信新型技术的卫星定位全自动收费系统，也将缓解高速公路收费与物流畅通快捷之间的结构性矛盾。

4 我国公路智能交通系统发展的战略目标

4.1 发展战略的总体指导思想和战略方针

为适应我国国民经济发展对公路交通提出的跨越式发展的要求，在节约资源的前提下全面提高交通运输的质量和服务水平，本战略在研究目前我国公路智能交通领域的发展现状、存在问题以及所面临形势的基础上，提出未来5～20年我国公路智能交通系统发展的总体指导思想和战略方针，为交通运输适应国民经济持续、快速、健康、协调发展和社会的全面进步提供技术保障。

4.1.1 总体指导思想

未来5～20年我国公路智能交通系统发展的总体指导思想是：坚持建设“以人为本，和谐社会、节约型社会”的科学发展观为导向，着眼便民强国，立足率先发展，在公路交通的新一轮大跨越发展中，应用信息电子技术加速公路交通产业结构的战略性调整和产业的全面升级，为实现安全、高效和可持续发展的现代综合智能运输体系提供技术支撑。

4.1.2 战略方针

未来5～20年我国公路智能交通系统发展的战略方针是：按照“服务于民、统筹规划、有效整合、强化创新”的基本方针，实现政府的行业管理能力和为民服务能力的全面提升，加速公路智能交通的产业化步伐，为实现公路交通“小康社会”发展目标提供强有力的技术保证。

(1)“服务于民”是公路智能交通发展的战略宗旨

坚持“以人为本”，一是一切从人民的需求出发，为公众提供高效的、多样化、甚至个性化的运输服务，适应人民生活更加富足和品质不断提升的需要，使交通真正成为提高人民物质文化水平的重要手段；二是要突出交通安全在公路智能交通发展中的核心作用，强化其保证人民生命财产安全的作用。

(2)“统筹规划”是公路智能交通发展的战略模式

鉴于我国经济地区化发展不平衡和文化、观念的地区差异，统筹规划不同地区公路智能交通系统的发展目标和阶段重点，按照轻、重、缓、急，分阶段、有目的、有步骤地进行建设和实施。

（3）“有效整合”是公路智能交通发展的战略措施

在公路行业内部，同样在信息化基础设施和基础信息资源建设上存在着较大差异，从国家公路交通运输行业信息化建设的全局出发，做到全国各省、自治区、直辖市的系统递阶建设、资源共享整合、坚持统一标准，保证网络平台及信息平台互联互通，重点解决好地方应用系统和国家综合系统间信息的有效整合的问题，将大大提高公路智能交通系统的整体运行效率。

（4）“强化创新”是公路智能交通发展的战略导向

公路智能运输系统在今后20年将创造巨大的市场空间，通过自主开发和引进消化相结合，重点进行集成创新，实现从以跟踪模仿为主向以注重自主创新为主转变，将大大提高我国企业的核心技术能力，摆脱对国外技术的依赖，全面提升公路交通运输业的总体科技水平。

4.2 公路智能交通发展战略总目标

以实施全国交通信息普遍性服务为突破口，分步骤、分阶段、分层次地全面推动公路交通智能化管理系统建设进程，大力构筑覆盖国家高速公路网、国家干线公路网、公路主枢纽的信息管理服务系统，实现广域信息资源共享，进而全面提升国道公路系统的效率与安全性，降低油耗和对环境的污染。

4.3 公路智能交通发展各阶段战略目标

遵循党的“十五”大、“十六”大指导思想，在公路交通“十一五”发展规划纲要和全面建设小康社会的公路交通发展目标的指引下，综合考虑我国交通运输业的总体发展水平和智能交通的发展现状和水平，制定我国公路智能交通系统发展战略。

在未来5～20年中，我国公路智能交通系统的发展将分成三个阶段，各阶段的战略目标是：

未来5年（2006～2010年），以全面建设公路交通信息采集和归集系统为龙头，以区域性公路智能交通系统示范工程为手段，在部、省、地市三个层面对信息资源进行集成和融合，在部一级能够比较及时了解重大的交通事件并进行协调，全面完善公路上的信号、标志标线等与交通出行、安全密切相关的交通工程基础设施；初步建设覆盖经济发达地区的信息采集网络，初步实现对国道主干线网、客货主枢纽的监控和管理；初步明确政府应提供的普遍性信息服务内容，建设以调频广播、呼叫中心、VMS等为主要媒介的信息服务系统，有效提升经济发达地区路网运输效率和客货运输服务水平。

未来10年（2006～2015年），全面建设覆盖国省道公路网和客货枢纽的信息采集网络，可全面快速掌控我国各区域公路交通运行状况，在全国主要大中城市全面提供交通信息普遍服务；全面提高对公路紧急事件反应和救援能力，较大幅度的提高公路交通的服务水平，大幅度减少因救援不及时造成的伤亡人数；开发和推广“经济安全车”，全面降低能耗提高安全性；大力发展个性化信息服务产业，使不同的出行信息需求可通过各种方式获得；开放公路智能交通数据网络，为电子商务和物流提供数据平台和通道。

未来 20 年（2006～2025 年），全面建成能保障公路运输系统较为通畅、安全、经济、可持续发展的智能交通系统，为全国公众提供交通信息普遍服务，公路交通运行效率、服务水平以及安全性得到大幅度提高。公路交通作为综合交通重要组成部分，能够达到适应国民经济的发展，满足小康社会人们对交通的整体需求，公路智能交通的各项产业蓬勃发展，走上良性循环的轨道。

4.4 公路智能交通系统发展战略衡量指标体系

上述战略目标主要从提高我国公路交通运行的效率和服务水平，以及提高安全性和实现公路交通可持续发展等方面来考虑的，衡量以上的战略目标的指标体现在以下几个方面。

4.4.1 公路交通安全指标

公路交通安全指标主要包括以下两个方面：

(1) 公路交通系统能够防止攻击，有效应对自然和人为的威胁与灾难，兼顾突发紧急事件预警处理能力，保证危急状态下（特别是自然灾害条件下）人员和货物的连续运输的能力。

(2) 通过不断提高营运车辆的安全技术水平，以及快速的事故响应和救援，减少交通事故发生数，减少由交通事故造成的伤亡人数和社会经济损失。

以 2004 年为基年，公路上因交通事故死亡约为 83000 人。据预测，2010 年，我国汽车保有量达到 5500 万辆，2020 年将最低达到 8000 万辆，而 2004 年只有约为 2500 万辆。按照死亡人数不变，万车死亡率 2010 年和 2020 年应分别降低 55％和 69％，这还是一个非常艰巨的任务，应主要靠普法教育、管理和提高车辆的安全性来达到此目标。按照国外的统计，未及时救援造成的死亡约占总数的 30％。按照 2010 年初步建成救援网络，可减少此类死亡 30％，2020 年基本建成救援网络，减少 70％此类死亡计算，应可在 2010 年和 2020 年减少 9％和 21％的死亡，分别约为 7500 人和 17000 人。

4.4.2 效率/经济指标

公路交通的效率/经济指标主要包括：出行时间和运输成本。是指出行者在完成一次固定起讫点时所消耗的时间和运输成本，有效的 ITS 技术可以减少运输过程中所消耗的成本，提高运输的经济性。

通过本战略的实施，逐步提高我国公路交通的运输效率和服务水平，预计将使物流成本占销售额的比例由现在的18%，降低到2010年的13%，和2020年的10%。

4.4.3 能源/环境指标

公路交通的能源消耗和环境污染是评价公路交通可持续发展的重要指标，有效的ITS技术可以大幅减少公路交通的能源消耗和对环境的污染。

2000年中国机动车石油消耗量为6560万吨，占全国石油总消耗量的1/3，估计2010年和2020年中国机动车石油需求将达1.38亿吨和2.56亿吨。

通过本战略中的ITS技术的使用，希望通过减少拥堵和有效提高公路交通运输的实载率，在2010年和2020年分别将运输效率提高5%和10%，简单计算预计到2010年，2020年分别达到节省700万吨和2500万吨的石油消耗。

5 我国公路ITS发展战略实施规划

为达到上述战略目标，在未来的5～10年内，我国的公路ITS将重点针对以下几个领域进行开发和推广应用。

5.1 区域内电子不停车收费

以环渤海经济圈（“京、津、冀”地区）、长江三角洲经济圈（“苏、浙、沪”两省一市）以及珠江三角洲经济圈的高速公路联网收费系统为依托，推广应用我国大区域内的电子不停车收费系统，重点研究具有我国自主知识产权的电子不停车收费系统关键技术，并逐步形成产业化规模，推动全国联网电子收费系统的建设进程。

通过区域内电子不停车收费系统的研究开发和应用，逐步提高目前我国示范区内公路交通的运行效率，减少由于收费路段的“瓶颈”给我国公路造成的交通拥堵，减少在收费站停车所造成的能源消耗和环境污染。

5.2 国家公路网运行监测和信息服务

建立覆盖国家高速公路网、干线公路网、公路主枢纽的公路网运行监测和预警系统，及时掌控我国各个区域内公路交通运行状况，包括流量、突发事件、基础设施运行状况等。有效提高公路建设、管理决策的科学性，保障道路交通需求与供应维持主动与动态平衡。

建设国家公路网的信息采集网络，建立一种创建、运营、维护和更新信息以及数据共享的管理机制，收集、分析、协调、推断和存储数据，并与外部系统（特别是其他运输方式）互动；同时建立信息发布网络，为各种交通运输需求提供相关可用信息，协调公路运输系统，消除连接不畅和紧急、恶劣气候影响条件下的交通混乱，为车辆提供及时、准确的通道信息，促进我国国家公路网高效管理和提高对大众的信息服务水平。

5.3 全国客运数据管理中心系统

依托目前我国各个地区的大型公路客运枢纽，建立国家客运数据资料采集系统，建立包括数据维护、统计、分析处理、生成决策信息等在内的全国客运数据管理中心系统，建立全国范围内的客运数据服务网络，建立各类人性化的售票网络系统，同时建立全国客运信息的实时发布和查询系统。为旅客的公路交通出行提供旅行规划以及旅行途中各类信息服务，提高公路交通为民服务的水平，切实做到“以人为本”的公路交通理念；同时也为客运部门组织旅客运输，受理中心提出的客运业务请求提供便捷途径。

5.4 公路车辆运行安全监控预警与安全辅助

针对目前我国公路交通中交通事故频发的现状，利用先进的信息、电子、传感器等高新技术手段，研究开发我国公路运输车辆的安全监控系统，包括公路运输车辆定位服务系统、车辆运行状态安全监控与预警系统、驾驶员安全状态监测与预警系统，以及危险状态下的安全辅助驾驶系统。

通过研究公路交通中车辆安全运行监控预警及安全辅助驾驶技术，从而达到提高目前我国公路交通安全运行的目的，减少交通事故发生的数目，减少交通事故所带来的社会经济损失和人员伤亡。

5.5 基于高精度定位技术的收费系统研究

融合高精度的卫星定位技术、高精度的电子地图和移动通讯等技术，研究开发基于高精度定位技术的不停车收费系统，重点研究车辆定位子系统、蜂窝移动通信数据传输子系统、车载数据处理及人机交互终端、后台的中央账户及计费子系统、违章稽查及交易安全认证子系统，从而实现对不同行驶车辆在不同的行驶区域和路线上实时在线计费。

通过跟踪研究和推广应用基于高精度的卫星定位技术的收费系统，可以有效的减少目前我国在收费设施建设上投资，直接跨越燃油税及养路费阶段，大幅度提高我国公路运行的效率，节约能源。

6 公路 ITS 发展的战略措施

6.1 国家的政策和规划

6.1.1 国家政策规划制定意义

高新技术是公路 ITS 有效运转的有力保障，而先进的战略思维则是智能交通系统的核心。为实现新世纪公路 ITS 跨越式发展进程，从国家层面着手引入战略化思考，以科学发展观为指导，以战略的头脑统筹规划，高屋建瓴地制定一系列宏观政策和规划，能够有条不紊、整体系统地推进公路智能交通系统建设步伐，有效提升其实际应用效果。

国家在“九五”“十五”期间，集中力量进行了公路 ITS 建设的专项投资研究，并且在“十一五”交通发展规划中明确提出要加强交通枢纽和综合交通信息网络建设，构建现代化的智能交通系统。而公路智能交通系统以其复杂多变的运行环境和广泛的使用群体是综合智能交通系统中重要的环节，对综合交通的影响最为明显。

6.1.2 国家政策制订要点

(1) 突出国家引导与企业参与相结合

国家正确引导和大规模投资建设固然重要，但企业的积极参与则更能有效激发市场活力。因此在制定政策时，国家应积极转变角色，改投资者为经营管理者，体现在政策制定中突出以政府引导、市场推动为主，鼓励行业内外企业积极参与公路智能交通系统建设、运营和服务，促进公路信息化市场和产业向规模化、系统化方向全方位发展。

(2) 公路基础设施与智能交通系统建设并重

建议交通部门在制定公路交通系统发展的政策时，将公路基础设施建设与公路 ITS 发展放在同等重要的位置，公路 ITS 建设也纳入交通基本建设计划中。国家按照基本建设投资和固定资产购置的一定比例制定公路智能交通系统建设资金构成模式，优化二者的建设比重，加快其协调发展进程。

(3) 重视数据采集工作的重要性

实时、准确、高效、大范围和全方位的公路综合交通管理系统是公路 ITS 的建设目标。通过全面的、实时的交通数据来优化运输系统，可充分发挥现有交通基础设施潜力，提高整个路网的运输效率、效益和通行能力。国家政策制定中应充分重视作为各项工作依托的数据采集工作重要性，出台措施予以系统规范。

(4) 考虑全面协调可持续发展的战略思想

未来交通发展重点是扩充能力，优化结构、提高质量、改善服务、保障安全、保护环境。交通的可持续发展能力是直接关系着国计民生的大事，因此国家制定公路智能交通系统发展的政策时应该用发展的眼光看问题，树立科学的系统观，建立节约型、绿色公路交通系统。

6.2 标准化

公路 ITS 标准是智能交通系统得以顺利、高效建设和运转的基础。目前我国已经根据逻辑框架和物理框架，分析了我国智能运输系统中可能存在的标准问题，从而确定了我国智能运输系统标准化领域。

公路智能运输系统标准体系可分为两层，第一层为智能运输系统通用标准，第二层为智能运输系统的分系统标准。按各子系统的功能，智能运输系统标准体系由信息定义和编码、专用短程通信、数字地图及定位、电子收费、交通管理与紧急事件管理、综合运输与运输管理、信息服务、自动公路与车辆辅助驾驶系统标准构成。

由于通信技术、产品种类繁多，技术更新快，难以准确预见ITS适用的技术，为了确保ITS服务功能的实现，制定出的标准必须具有一定的超前性，同时具有一定的灵活性，因而此次研究的着眼点和重点是有关ITS的综合性标准和接口标准。

6.3 投资和融资

为进一步深化公路ITS建设投资体制改革，拓宽融资渠道，考虑对不同性质的项目制定不同的投资模式。对于社会公益型或涉及国家人民安全的公路ITS项目建设，投资主体应主要由政府承担或政府占投资较大比例；对于经营型ITS项目建设，投资主体由市场选择，但不排除政府对重点项目的政策和资金支持。同时考虑采取包括国内外银行贷款、发行债券、上市募集、转让经营权、产业投资基金以及利用世界银行、亚洲开发银行和国外政府贷款等多种融资手段，积极鼓励和引导国内外资金进入智能交通的建设与运营。

6.4 技术的引进与研发

随着技术的不断进步和发展，公路智能交通系统在技术的引用和研发上既可以通过引用国外先进成熟的技术，又可以通过自主研发解决系统实施中的技术问题。

根据国内现有技术的基础条件和开发情况，以及国外发达国家公路ITS技术现状和发展趋势，建议公路ITS技术的引进和研发应主要从以下几方面加以考虑：

（1）从国外直接引进已经验证的国外成熟ITS技术

目前在国际技术市场上，获得具有知识产权的技术或产品，除通过自主研发外还可通过委托研发、购买具有自主知识产权技术、收购拥有自主知识产权的核心企业等多种途径获得。我国可根据公路智能交通技术发展的实际情况，利用技术差距、通过各种方式获得国外先进的具有自主知识产权的技术，这对实现交通产业升级，推动我国公路交通的发展具有重要意义。

（2）正确选择自主研发的重点，提高交通科技的水平

在鼓励引进国外先进技术的同时，并非否定技术自主研发的重要性，在ITS产业的发展过程中，也必须有自己的技术基础做支撑。对于关系国家安全和关键技术领域的核心技术，必须通过自主研发获得，对于这些领域国家应加大投入进行自主研发，建立起引进和自主研发的互补机制，即有利于智能交通产业的长远发展，又有利于国家整体的技术和产业结构的调整。

(3) 合理找准结合点，实现国内外技术互补融合

鉴于中国的国情，除了引进国外技术和自主创新两条途径之外，选准切入点，将国内外先进技术合理融合是实现中国国情的公路交通技术体系的首选之策，这不仅可以最大限度的适应国内产业升级、技术进步的需要，还能节省投入资金，对提高交通的服务水平和质量，实现交通的跨越式发展具有重要意义。

6.5 评估和调整

目前国内公路 ITS 的发展比较迅速，几乎所有国外成功的案例和一些不是很成功的案例都被引入到国内的公路交通系统中，如何选择适用于中国公路交通发展模式的智能交通系统项目是当前决策者考虑的重点。在公路 ITS 项目实施前、项目实施过程中、项目完成后对项目投入的社会经济成本、项目预期的社会经济效益以及对环境的影响进行准确评估，建立健全我国公路 ITS 系统实施的评估和评价方法，及时调整公路 ITS 项目实施的策略，对促进我国公路 ITS 系统的发展具有重要的意义。

但是目前由于我国公路发展的重点还主要是基础设施的建设，一些基础的支撑智能交通系统发展的平台也在不断完善之中，许多基础的量化数据还是不全，这就直接导致了我们现在还不能用完全定量化的数学方法去评价我们的公路智能交通系统，我们只能通过定量和定性相结合的方法进行评价或评测。因此这也给我们建立系统的评价方法和项目发展方向的调整带来一定的难度。

参考文献

[1] 交通部综合规划司．2004 年公路水路交通行业发展统计公报，2005
[2] 交通部．国家高速公路网规划，2004
[3] 国务院．农村公路建设规划，2005
[4] 交通部．道路运输业发展规划纲要（2001～2010 年），2001
[5] 中国经济信息中心．2005 年中国石油天然气行业年度报告，2005.06
[6] 国务院发展研究中心．2003 年～2020 年中国汽车市场预测
[7] 世界银行著/建设部城市交通工程技术中心译．可持续发展交通运输——政策改革之优先课题．中国建筑工业出版社，2002.08
[8] 交通部．交通（公路水路）信息化建设指南（2003～2005），2003.04

附件3

铁路智能运输系统发展战略研究

贾利民　李　平　张莉艳

目　录

1 国外 RITS 相关的研发现状

近年来随着人工智能技术、计算机及其相关技术的迅猛发展，世界各国都开展了用上述新兴技术改造传统铁路运输模式的研究，旨在提高铁路运输效率、增强铁路运营安全、提高服务质量、减少环境污染。尤其是欧洲、日本、美国等发达国家一直致力于运输规划、旅客信息服务、列车控制以及列车运营管理等方面的研究并取得了令人瞩目的成果。如作为欧洲 21 世纪干线铁路总体解决方案的欧洲铁路运输管理系统 ERTMS（European Rail Traffic Management System，简称 ERTMS）、北美的先进列车控制系统 ATCS（Advanced train control system，简称 ATCS）和先进铁路电子系统 ARES（advanced railroad electronics system，简称 ARES）、美国旧金山港湾铁路的先进列车控制系统 AATC（Advanced Automatic Train Control，简称 AATC）、法国铁路的连续实时追踪自动化系统 ASTREE（Automatisation du Suivi en Temps Réel，简称 ASTREE）、德国的计算机辅助综合铁路系统 CIR（Computer Integrated Railroading，简称 CIR）、日本新干线的列车运营管理系统 COMTRAC（Computer-aided Traffic Control，简称 COMTRAC）和 COSMOS（Computerized Safety，Maintenance and Operation Systems。简称 COSMOS）及新一代列车控制系统 ATACS（Advanced Train Administration and Communications System，简称 ATACS）、计算机和无线电辅助列车控制系统 CARATCS（Computer and Radio Aided Train Control System，简称 CARATCS）。同时一些发达的国家和地区受 ITS 系统研究的启发开始筹划新一代的智能铁路系统的研究，如日本的 Cyber Rail 等。

1.1 运营管理和列车控制方面

1.1.1 欧洲

(1) 欧洲铁路运输管理系统 ERTMS

在欧洲 30000 公里长的高速铁路网上，存在着多达 10 余种的列车运行控制系统，如欧洲之星高速列车装备 6 种列车运行控制系统、Thalys 高速列车装备 8 种列车运行控制系统，当列车穿越国境运行时必须停下来切换控制系统的标准，一方面昂贵的设备造成列车运营及维护费用的上升，另一方面越界切换增加了旅行时间，给旅客带来了不便。针对这种现状，为建立全欧洲铁路网统一的铁路信号标准、保证各国列车在欧洲铁路网内的互通运营，提高铁路运输管理水平，欧洲共同体于 1989 年 12 月设立了欧洲铁路运输管理系统项目（European Rail Traffic Management System，简称 ERTMS）。

ERTMS的总体结构包括轨道旁设备、车载设备、铁路通信系统GSM-R（GSM for Railway，简称GSM-R）三大部分。其中GSM-R拥有上、下行4MHz带宽频率，工作在900 MHz频段，提供在不同铁路通信网络间互通的功能。已确认的ERTMS应用范围主要包括：调度员—驾驶员间的运营通信、自动列车控制、调车作业、远程遥控、紧急情况区域广播、车站和维修段的地区通信、旅客服务。

ERTMS系统以欧洲列车控制系统（European Train Control System，简称ETCS）为标准、GSM-R为平台、欧洲点式应答器为定位手段，包括ETCS、GSM-R和运输管理三个子系统，其主要功能包括：

①运营指令/控制，确保列车在路网中的安全运营；

②运输管理，处理车辆和基础设施管理问题，保证对线路能力和车辆应用的优化配置。

考虑到不同国家多样化的功能需求和操作需求，ERTMS/ETCS由定义了以下几个功能等级：

ERTMS/ ETCS第1级采用传统的地面信号系统，采用固定闭塞方式运行，通过点式应答器将行车命令传给列车。由轨道电路检查列车完整性和列车位置。

ERTMS/ ETCS第2级引入了欧洲无线通讯系统（GSM-R）。它不需要地面信号系统，只需要列车检测设备，因而大量减少了轨道旁信号设备。通过GSM-R进行连续式速度控制，提供列车自动防护和机车信号。用查询应答器定位列车，并通过轨道旁的无线闭塞中心RBC（Radio Blocking Centre，简称RBC）检查列车完整性。

ERTMS/ ETCS第3级取消了地面信号系统，采用移动闭塞。系统通过GSM-R实时移动授权，应答器实现列车定位，车载设备实现列车完整性检查。

综上所述，ERTMS的主要特点体现在：

①与现有路网兼容，ERTMS设备可用一个特定的传输模块读取现有设备的信息。

②可满足各国的特殊需要。ERTMS规范考虑了产品的特殊性，如应答器具有特定信道，满足特定用途。

③易于升级，可以在第一级的基础上增加无线网络升级到第二级，在第二级的基础上将列车完整性检测的功能合并到车载设备上即可升级到第三级。

④增加列车数量，ETCS的第三级可实现移动闭塞运行，能更好地利用列车和固定基础设施，从而增加线路上的列车数量。

⑤减少旅行时间和运营费用。

欧洲各国纷纷开展了ERTMS的测试工作，德国、荷兰、英国、瑞士、法国、意大利都分别在指定线路进行了第1、2、3级的测试。试验表明基于GSM-R无线通信的列车控制系统，依靠现有的信息技术、网络技术等成熟技术，可以大大改进铁路的服务质量和运输效率。通过在既有线上安装GSM-R无线通信设备以代替原有的轨道电路和地面信号机，可以极大提高便捷性和高效性。研究趋势表明ERTMS将成为欧洲21世纪干线铁路运输的总体解决方案。

(2) 法国的连续实时列车监控系统ASTREE

1986年法国开发地铁ASTREE系统（连续实时列车监控系统），作为欧洲列车控制系统（ETCS）的一个补充，其核心是使用最新数据处理和通信技术对列车运行实施全面的监控。从而有效地管理线路能力，改善能源和车辆的使用状况。

ASTREE的开发按照3个组成部分进行：一是计算机控制中心，用于列车监督、管理和安全。二是地面列车数据传输系统，三是包括列车定位和速度控制装置的车载设备。系统采用多普勒雷达检测列车的位置和速度，由车载计算机进行计算，用应答器进行绝对位置修正，从而能够连续检测列车的位置和速度，具备完整的自动检测及列车自动防护功能。

使用ASTREE的优点在于：

①可通过使用移动闭塞提高线路能力。

②减少信号、控制及轨道设备的安装及维修费用。

③中央调度设施可以快速解决运营问题，减少干扰，提高运输效率。

④有关线路使用能力和燃料耗费的建议可降低能耗，提高管理质量。

(3) 伦敦地铁朱比利新线

伦敦地铁朱比利新线，计划于1998年3月开通。其行车安全设备由英国西屋公司开发。其开发目的是采用基于无线通讯技术的移动闭塞实现高密度列车运行，保证线路上的行车间隔在100s。

该系统的特点是，为使没有安装移动闭塞车载设备的、由其他线路驶来的列车也能在原线路运行，保留了既有固定闭塞设备；为使装有移动闭塞车载设备的列车能在全线运行，在旧线固有闭塞设备的基础上叠加了移动闭塞设备。

此外对具有高安全性要求的设备列车自动防护系统ATP（Automatic Train Protection；简称ATP）与列车自动运行系统ATO（Automatic Train Operation；简称ATO）设备隔离，在ATP设备中使用无线天线、多普勒速度表、检测绝对位置的应答器等以确保安全性；ATO设备另行配备测速传感器、环形线圈、站台门等自动驾驶设备。

(4) 瑞典的无线闭塞系统 RBS

由瑞典 ABB 公司开发的 RBS（Radio Block System，简称 RBS）系统，目的在于实现地方铁路现代化的同时，减少建设费用和降低维修成本。RBS 的特点是在使用弹簧道岔的地方铁路，沿线只需设置无源地面感应器，无需设置信号机和轨道电路。

通过中央集中连锁装置来控制列车，用无线技术控制 ATP 车载设备。若车载设备通过地面感应器，则能得到通过点的位置及距下一地面感应器的距离。车载设备将通过点的信息和下一地面感应器的请求信息通过无线传输技术传送到集中连锁设备，经一定时间若仍未得到允许信号，车上产生制动曲线，使列车在地面感应器前停车。若集中连锁设备能够提供允许通过的进路，则通过无线设备向 ATP 车载设备传送允许通过的信息，列车按照该信号行驶。

瑞典国铁的斯德哥尔摩西南 115km 线路的 7 个站已于 1995 年投入了使用，将来还计划增设控制道岔的功能（相当于 ETCS 的第 3 等级）。

(5) 德国的计算机辅助综合铁路系统 CIR

CIR 系统的总体目标是通过计算机及其相关技术的充分运用在现有路网的基础上提高铁路系统运输能力。CIR-ELEK（Computer Integrated Railroading - Erhöhung der Leistungsfähigkeit im Kernnetz，简称 CIR-ELEK）系统采用了连续式列车自动控制和高效自动闭塞（HBL），提高了列车通过能力。自 1993 年 4 月起草开发 CIR-ELKE 轨道设备的计划以来，先后于 1993 年 12 月采用 CIR-ELEK 功能实现电子连锁、在 1998 年 10 月开始实验运行。通过在实验室、测试中心和澳芬堡（Offenburg）——巴塞尔（Basel）试验线上的测试，证实了该系统的安全性和可靠性。1999 年 5 月起澳芬堡-巴塞尔 CIR-ELEK 部分试点区段正式投入运营。结果表明：由于驾驶室的信号化和对列车速度的连续监督，大大提高了运营的安全性。2001 年 6 月 22 日在 Offenburg-Basel 线上正式投入运行。随着运营控制系统 CIR-ELEK 的完成，铁路运行控制可以达到人们所希望的那样：高运营质量、高效率、多列车线路。

1.1.2 日本

(1) 新干线列车运行管理系统 COMTRAC、COSMOS

为了实现高质量的铁路运营管理，需要开发一套先进的列车运行管理系统以有效地辅助调度员的日常工作和决策，鉴于此，日本先后于 20 世纪 70 年代初和 90 年代中期提出了两套列车运营管理系统——COMTRAC 和 COSMOS。COMTRAC（Computer-aided TRAffic Control）系统于 1972 年投入使用，其间经过不断完善，一直使用至今。1995 年东日本铁道公司又开发了功能更强的新型列车运行管理系统 COSMOS（Computerized Safety，Maintenance and Operation Systems)。

COMTRAC系统主要是利用计算机对铁路行车进行全面管理，其具体目标包括两个：一是根据运输市场的需要灵活编制合理的运输计划，二是当列车运行出现晚点时编制列车运行调整计划。COMTRAC系统由运输计划子系统、车辆管理子系统、运营管理子系统、旅客导航子系统、资料管理子系统组成。

新干线新型列车运行管理系统COSMOS是在计算机辅助行车指挥系统COMTRAC和新干线管理信息系统SMIS（Safety management information system，简称SMIS）的基础上对硬件、软件和网络进行改进和完善而研制开发成功的。COSMOS系统由运输计划、运行管理、维护作业管理、设备管理、电力控制、集中信息监视、车辆管理、站内工作管理等8个子系统组成。

历时5年开发成功的COSMOS系统的显著特征是以列车运行计划管理为中心，对所辖各站进行集中式的进路控制，形成了围绕列车运行的、周密的运输计划制订程序，从宏观上规定了全线运输的秩序。COSMOS的最新目标是：

1）提高指令业务的功能性。例如直接将行车指令传达给乘务员，指挥车辆运行，甚至直接指挥维修人员进行设备维修，从而简化信息传递的程序，充实了用户接口，实现了信息一致化、共享化。

2）建立现代化的业务体制。对车辆装配数据、设备数据、检查数据、故障数据等的管理、运输计划的制定、道路控制等全部实行系统化管理。

3）提高服务质量，例如当运行出现故障时，能及时地向乘客提供开车或延迟的时间。

（2）先进列车管理和通讯系统ATACS

JR东日本公司从1995年开始着手开发的新一代列车控制系统ATACS（Advanced Train Administration and communications system）系统相当于欧洲的ERTMS-3系统，其主要特征是不再采用以前的轨道电路检测列车位置，而是利用最新的数字通信和计算机技术等进行列车控制。以列车间隔控制为例，列车通过传感器进行自我定位，然后将位置信息传送到地面站，地面站根据前车的位置返回其停车位置。列车的车载控制装置根据停车位置、本车的位置速度、车辆性能、线路状态等生成速度控制曲线，当超速时启动制动器进行自律控制。

ATACS的主要目标有以下3个：

①通过简化轨道旁信号设备降低列车控制系统的成本；

②增强安全性；

③增强列车控制系统与需求相结合的灵活性。

ATACS 主要由车载系统和地面控制器构成，地面控制器具有如下功能：间隔控制、进路控制、平交道口控制及维修工作控制。车载系统通过车载无线设备将列车位置信息传给地面控制器，同时根据地面控制器提供的信息控制列车。ATACS 的基础测试于 1997 年完成，在 2000 年进行区域性试验。

(3) 计算机和无线电辅助列车控制系统 CARAT

日本铁路信号系统经历了列车运行监控 ATS（Automatic Train Supervision System，简称 ATS）、现行 ATC（Automatic Train Control；简称 ATC）、数字式 ATC、计算机和无线通信辅助列车控制系统的发展历程。现行 ATC 是一种列车超速防护系统，存在以下缺点：在进行最强的自动制动时，虽然能保障安全，但会造成旅客乘坐不舒适；采用速度分级控制的多段制动方式，加大了运行间隔；闭塞区间长度必须根据制动性能最差的列车来确定，因而降低了混运型区间运输效率；适应能力差；地面向车上传送信息量小。鉴于此，日本铁道技术研究所于 1987 年开始了由列车自行作列车检测和用无线方式传送地面和列车间双向信息的列车控制方式的研究，这就是 CARAT（Computer And Radio Aided Train control system，简称 CARAT）的前身，CARAT 包括地面系统和车载系统两部分。地面系统分为地面监控系统和无线传输系统。地面监控系统由沿线设置的监控传感器或监控应答器构成，其任务是连续追踪和检测列车运行的位置和距离；无线传输的任务是向列车传送列车运行位置和容许列车运行区间的信息。车载系统包括列车安全控制计算机系统、无线传输和收发系统。

在 CARAT 中，列车在线路上运行时连续测定自身位置信息，通过无线信道发送给地面系统。地面系统接收列车位置信息，跟踪列车、监视车站咽喉区道岔位置和沿线平交道口的信息。根据各类列车的位置和列车前方道岔和道口的状态，系统能判断允许列车进入的区段，并将允许区段末端的位置信息通过无线信道发送给相应列车。列车收到信息后，依据线路参数、列车制动性能计算最大允许速度，并监测自身速度，如速度高于最大允许速度则实施减速，从而确保列车不会越过允许区段的末端。接近列车还可以向道口值班员和线路上的维护人员发送接近报警信息。

1.1.3 美国

(1) 先进列车控制系统 ATCS

为了采用现有的先进技术提高铁路运输系统的效率、提高安全性、降低成本，1983 年北美铁道协会决定开发一种先进列车控制系统 ATCS 以取代现有行车指挥系统。先后成立了体系框架结构、通讯、车载设备、调度中心等 10 个委员会，以行车指挥为中心，制定系统的整体框架，划分出功能模块及制定其间接口标准和通信协议。

ATCS主要包括及车车载设备、线路维修车载设备、沿线设备、数据通信网、调度中心等模块，其最大的特点是分布式、模块化和灵活性。ATCS按复杂程度分为有4个功能级，分别称作10级、20级、30级和40级，以便不同的线路根据具体情况选用。

10级系统属于电气集中系统，由调度端的计算机装置提供连锁逻辑，通过无线移动电话实现调度端和机车的通讯。

20级系统装备了双向通信系统，使得调度端和机车之间可以传输一些关键数据；

30级系统引入了列车定位和识别系统，可以跟踪列车的位置。可以完成列车自动控制、辅助驾驶员驾驶、机车安全系统等高级功能。

40级系统引入调度端对沿线设备的控制，即沿线设备与调度端中心计算机间的数据传输。

ATCS的优越性体现在：

①通过合理安排列车的越行与交会地点和次数，及辅助驾驶员执行最优驾驶策略等降低机车能耗，节约能源。

②调度台及时通报来自列车和轨道旁的精确数据，调度中心和车载计算机随时监测事故发生的隐患，并及时采取措施消除隐患从而大大增加安全性。

③提供更有效的运行图和运行调整方案及引入移动闭塞，从而增加现有线路的通过能力。

（2）计算机和无线电辅助列车控制系统ARES

继ATCS之后，1992年秋Burlington Northern开发了ARES系统。ARES的基本思想是通过整个系统提供可靠的检查与平衡手段，从而大大降低了人为错误的影响，实现安全行车的目的。ARES包括集中运输控制CTC（collect traffic control，简称CTC），利用GPS定位的线路保证控制TWC（Track Warrant Control，简称TWC），运动分析和报告系统LARS（locomotion analysis report system，简称LARS），能源管理系统EMS（energy management system，简称EMS）和铁路运营控制系统ROCS（rail Operation Control System，简称ROCS）。ARES被安装在Superior和Grand Rapids之间的主线上和Minnesota到Kelly Lake之间的主线上。

（3）先进的列车自动控制系统AATC

AATC（Advanced Automatic Train Control）是由美国BART（Bay Area Rapid Transit；旧金山港湾地区高速铁路）与休斯航空公司（Hughes Aircraft Company）于1992年共同开发的基于无线的列车控制系统，其功能类似于欧洲的ERTMS/ETCS、日本的ATACS系统。AATC利用了美国军用高精度定位系统EPLRS（enhanced position location reporting system，简称

EPLRS）来实现列车追踪，通过测量列车头部和尾部的无线装置与沿线设置的地面无线装置之间无线电波的传播时间，确定出列车位置。系统的特点是地面（车站）设有智能系统。车站监视多个列车的运行状况，并灵活的利用这些信息实现列车的节能运行。

(4) 增强的列车控制系统 ITCS

ITCS（Incremental Traincontrol System，简称 ITCS）系统是由 Harmon 公司于 1994 年开始开发的，它由 ATCS 系统发展而来，对 80 年代美国、加拿大铁道协会开发的 ATCS 系统不完善的列车控制功能进行了补充。目的是实现美国 AMTRAK 旅客列车运营的高速化、提高底特律与芝加哥间的旅客列车速度。预计使用 ITCS 系统后可使运行时间从 5 小时 35 分缩短到 3 小时。

ITCS 系统特点是：

①利用即有的 ATP 信号设备，通过 ITCS 向旅客列车提供高速信号；

②利用卫星实现列车定位。

1.2 用户服务及多式联运方面

1.2.1 欧洲

欧洲在多式联运 ITU（Intermodal Transport Unit，简称 ITU）方面的研究主要针对货物运输，因为多式联运货物运输是欧盟委员会白皮书《2010 年欧洲运输政策》中重要的一部分。研究旨在通过多种运输方式之间的电子数据交换 EDI（Electrnic Data Interchange，简称 EDI）建立起一个基于电子市场的多式联运系统，实现集成运输链上货物之间高效率、低消耗、可持续的门到门运输。

研究主要集中在多式联运运输链、衔接站的运转和城市货运分布方面的信息系统建设上。目前已成功开发了基于互联网通讯接口的合作信息系统。该系统的开发可提供诸如预订和货运状况等信息。现在已设计出概念信息模型，为实现运输链上货主到收货人之间的运输提供了包括所有运作人员在内的集成信息系统。

目前已经形成的项目成果有：

(1) 1997 年 9 月开始《基于互联网的国际铁路货物模拟——轨道追踪系统》项目尝试研究国际铁路货物运输的流水线化，主要用于提高欧盟和俄罗斯以及独联体各国之间的货运信息和物质流动的质量以及可靠性。该项目属于国外贸易物流和交付管理的远程信息处理项目 TEDIM 中的一部分。轨道追踪是一个通过互联网集成、处理和发布交付管理信息、包含了货车、多式联运和集装箱货物等的运货单信息以传递给全球不同当事人和工作人员的信息系统。1999 年该系统通过测试并在 2000 年完全交付运转。

(2) 电子货运市场的定位。研究已证明电子商务在多式联运市场上的可行性，包括基于互联网的解决方案等几个系统都已成功开发。为多式联运开始前的阶段工作提供基础，并为客户提供了有关货运状况方面的信息。低费用的解决方案在一些中小企业已经得到验证。研究也已产生了一个概念信息模型。

(3) 无接缝的跟踪和追踪。运输链上货物运动之间的相互模拟由于不同当事人采用不同的方式非常耗费时间。相应的分布系统已经通过验证以对信息链和货物进行追踪。

(4) 多式联运衔接站的运转。网络上结点处的运输往往给门到门的运输增加了费用和时间，这也是实现高效多式联运运输的瓶颈。船只、驳船和陆上之间的高效运输尤其重要。

(5) 自动货物处理。研究已对自动货物处理系统的组件开发进行评价，生成了有效处理多式联运单位（ITVS）的新货车原型，评价了ITUS的自动定位系统。港口与轮船接口的概念已形成，包括衔接站和相关船只之间的货物处理系统。

此外，正在研究开发的ETCS（欧洲列车控制系统）技术也可为将来的货运提供相应的服务，主要包括：

①通过遥测技术和标签技术实现列车的追踪和跟踪；

②列车货物物流和运输以及旅行规划；

③货物转换过程可视化；

④车辆定位系统；

⑤车辆诊断和车队管理。

正在积极研究开发的领域包括：

(1) 多式联运货物信息服务。

定义一个主题网络以形成不同货运信息和交通管理信息之间的信息交换层，为实现更有意义的运输服务提供良好的建议。另一个项目是通过将运输活动与更广范围内的运输走廊和多式联运运输链上多种运输方式的结合，对已经成功开发的基于互联网的信息分布系统进行进一步扩展。

(2) 多式联运衔接站的新技术。衔接站的优化的研究的一个主题，其中的一个重要方面就是开发和集成新技术。研究主要集中在货运技术的创新以及与其他运输方式设备的协调顺序上。可采用轨道—自动货运和LCMM集装箱，通过信息的集成，来减少衔接站中的延迟以及加快多种运输方式之间的衔接，实现费用的减少，效率的提高和时间的节省。CargoRoo Trailer智能货物列车或LCMM集装箱可使300KM范围内的铁路货运比公路更具竞争力和吸引力。采用智能货物列车可实现物流和货物转换的自动化，通过基于货物列车的新技术来减少货物在衔接站交接的费用。

(3) 项目《Marco Polo》。项目《Marco Polo》侧重于实现货物从公路运输到铁路、航空以及水路这几种运输方式之间的交接运输。该项目2002年2月4日被批准，投资1150亿欧元，已于2003年开始实施。

研究活动子项目包括：

①欧盟和CEEC′s之间多式联运的综合解决方案（INTERMODA）。项目目标是：欧洲多式联运网络平台的细化；技术性能的细化，市场的定位和网络状态调整参数的确定；对网络地位记录、分析和评价；预测未来需求；改善现有和未来网络的方法研究；

②欧洲主题网络的货运衔接点（EUTP）。EUTP为多式联运货物运输衔接站之间进行研究和技术开发战略方面的信息收集和分析。研究的成果是得出一个基于数据库和政策建议的综合网络以用于决策支持，弥补现有国家和欧洲研究力量的不足。

1.2.2 日本

鉴于现有的ITS过多地强调公路运输，缺乏从铁路角度来考虑问题，同时日本的铁路也不能满足多式联运乘客日益增长的可持续流动性的交通需求，日本铁路技术研究所于2000年开始了综合使用信息和通信技术的铁路智能交通系统的研究，称为数字铁路系统（CyberRail），用以提高铁路系统的运输效率和运输能力、增强铁路运输系统中个人的流动性、便利性以及舒适性、减少能源消耗和环境污染、提高现有基础设施的利用率、创造与旅行相关的商机、提供集成的、统一的、标准的信息、提高铁路运输系统的安全性和可靠性。

在CyberRail系统中，旅客、铁路工作人员以及铁路相关公司都可以自由地传输、收集和处理信息。乘客可随时收到为他们的需求而提供的旅行计划以及个人导航信息，同时铁路公司可以不断优化运输计划，以满足旅客的需求和行车指挥的高安全性。CyberRail系统致力于实现两个层次的目标：一是提供实时的多式联运旅客信息服务；即为旅客提供关于旅行前信息、门到门的旅行导航、交通受阻时的旅行计划调整服务等方面的更方便、更可靠、更实时的信息。二是使铁路列车运营更灵活、更安全、更可靠、更具竞争力。即采取实时的、面向需求的列车运营计划和基于通讯的智能行车指挥。

CyberRail的基本机制就是一个由IT构成的多式联运的电脑运输空间。该运输电脑空间就是不间断地观测多式联运网络中移动目标的位置、状态以及其他数据，并在由信息系统和网络组成的电脑空间中进行记录和追踪。根据这些信息可为指挥和控制提供决策。

目前日本铁道技术研究所开展CyberRail系统研究的首要工作是定义CyberRail系统体系框架，而该工作首先要定义系统的用户服务。CyberRail

的用户服务划分为以下 4 个领域：

(1) 多式联运信息和个人导航；

随着计算机及通信技术的迅猛发展，使得铁路公司为旅客提供全方位的支持成为可能。该项服务用于帮助旅客在出发前或出发中制定或修改多式联运旅行方案，及根据旅客预定的路线导引旅客。通常由于旅客的原因（迟到、越站等）或交通服务提供商的原因（列车晚点或因事故、阻塞等停发列车）导致旅客改变路线，这时系统必须简单、顺利地帮助旅客修改旅行方案。目前日本正在试验新型铁路旅客导航系统，它通过使用蓝牙无线通讯技术定位旅客并为旅客提供实时的旅行信息，在出现事故时自动修改旅客的路线并保证其在最新的列车运营条件最优。

(2) 铁路相关信息发布和交换的通用信息平台；

(3) 面向需求的运输规划和调度；

即从旅客的角度优化运输计划，包括运行紊乱时的列车运行调整。其评价指标包括总旅行时间、拥堵率的标准偏差（代表旅客均匀分布在各列车上的程度）等。

(4) 智能列车控制；

用于实现更先进的基于通讯的列车控制系统，日本、西欧和北美都在进行这方面的研究。其增强功能主要体现在 3 个方面：①预报列车控制；②监视和障碍物检测；③轨道旁工作者和维修车辆的保护。预报列车控制通过预报前面的交通条件，控制列车以减少列车追踪间隔、尽快从运行紊乱恢复正常、降低能耗。监视和障碍物检测通过从列车或从轨道旁监视铁轨以预防列车脱轨，避免碰撞障碍物。其主要应用地点是站台和平交路口。为保护轨道旁工作者和维修车辆，将运行列车的位置信息通过便携式终端提供给作业者及维修车辆，以避免与运行列车发生碰撞。

1.2.3 美国

美国在多式联运方面的研究也集中在货物信息在不同运输方式的集成上，其研究开发的目的为：

①促进 EDI 系统和 ITS 技术的兼容，实现在国际、各州边境以及出入口之间的信息追踪和处理；

②改善不同运输方式间的协调，例如进行货车车队管理和及时到达计划；

③提高各州之间运输走廊的效率；

④鼓励公共和私人之间进行灵活的操作；

⑤确保不同运输方式之间无接缝的运输；

⑥利用 ITS 技术来提高活动模拟过程，以及对危险品运输的事故响应。

美国目前已通过两项新的 ITS 实验以实现多式联运货物运输量在 21 世纪

的前 20 年中翻一倍。美国运输局投入了 100 万美元来进行这两项测试。测试将持续两年。这两个测试的系统是：

（1）多式联运分布渠道的集成货物信息和安全系统

该系统采用智能卡技术来开发一种基于互联网的，实现多种运输方式间货物安全运输的系统。系统将把综合货物数据从一种运输方式自动转移到另一种运输方式。自系统在芝加哥的 O′Hare 国际机场成功安装和测试后，新泽西州 Newark 的第二个机场和供应链也将安装该系统。该领域的测试是建立在 O′Hare 空中货运安全入口系统的基础，而该系统是由联邦航空管理局、O′Hare 国际机场和 ATA 在 1997 年研究开发的。项目采用指纹智能卡入口系统来实现货物从地面到空中的安全转移。

（2）美国运输局和华盛顿州运输局共同合作，实现公共公路 ITS 技术和私人站点电子数据交换系统的联系。对交通信息的近一步利用，可使运输组织明确或绕过运输瓶颈，减少运转费用和拥挤。

此外，联邦公路管理局（FHWA）对货物多式联运方面也开展了相应的研究，只要集中在货物多式联运分析框架方面以及运转和安全问题上，并成立了多式联运技术工作组来研究集装箱点到点运输的地图绘制和定义潜在解决方案的问题并进行测试。

1.3 紧急事件处理方面

通过不断地从过去的事故中吸取教训和高效率地采用通信技术、电子技术以及计算机技术等新技术，国外铁路运输系统的完全性已经提升到很高的水平。在紧急事件管理领域，国外取得了很大的进展。这方面的研究尤其于欧洲、美国和日本为典型代表。

1.3.1 欧洲

欧洲国家对紧急事件的管理主要体现在通过 GSM-R 技术来改善铁路紧急事件管理服务。GSM-R 提供了数字和同类别话音和数据移动电话系统，通信平台的“数字缺口”将封闭。当沿着铁路区间的电话出现故障时，紧急呼叫通常由无线电话连接。此外，高效率的数据传输设备的出现，为新的应用提供了可能。因此，GSM-R 大大适应了这种发展趋势，将来其在紧急服务方面更可能的应用是：

①在线诊断管理在线系统配置（人员、机车和调车线等）；

②在线后勤管理；

③在线 EBULA 管理；

④运输监督管理（例如：货运管理）；

⑤动态旅客信息和动态列车信息；

⑥车站和列车上预订服务；

⑦车站和列车上购票（以及今后动态价目表）；

⑧ 紧急呼叫管理（业务联系）。

（1） 高速铁路方面

①德国

德国联邦铁路股份公司和其他铁路集团在全国铁路网上，首先在高速、新建和扩建铁路线上大力扩建危险报警设备。危险报警设备的任务是监控列车、轨道、轨道设施、危险区域（如隧道、道口）以及环境条件。危险、故障报警通过数据网报告给铁路负责部门，为了及时、准确报告可靠的情况，需要采用先进的传感器、测试和数据传输技术。

最重要的危险报警器有：

- 热轴检测器和停车制动测定器（HOA/FBOA）；
- 风速、风向报告器（WMA）；
- 气流报告器（L_sMA）；
- 隧道事故报警器。

德国高速铁路不同于日、法两国，属客、货混运型，且隧道约占线路长度的$\frac{1}{3}$。因此，隧道内的行车安全成为其安全保障的重点，除了采用安全监测系统外，还制定了严格有效的防范措施以及运营措施。同时，在高速线上也采用了防灾报警系统（MAS90），除可监督线路装备的运用状态外，还可识别和及时报告环境对行车安全的影响，以及移动设备发生破损的情况。

此外，目前一种新的安全系统由德国 AEG 公司推出。这种移动式通信系统安装在由法兰克福至科隆间的 30 个隧道中。在这一段高速线路上，安装了复杂的无线系统，其型号为“远距摄政者号”（即远距离全控式）。它使在故障或事故状态下的应急处理和救援成为可能，高速列车可以在任何状态下接收到完好的信息，所有的天线和电缆都具有独到之处，是面向未来的 BOS 型数字无线系统。在防火和阻止重大事故方面该系统考虑得很周全，是一种绝对安全的应急无线通信系统。超过 500m 长的隧道内要求安装无线系统以解决通话、防火和卫生医疗之用。隧道内保证有足够强的场强，以满足人员急救、技术室及紧急出口的通信畅通。

②法国

法国高速铁路创造了当前世界上轮轨系交通的最高试验速度 515. 3km/ h，运营速度达到 300～320km/ h，以机车信号为主的列车自动控制系统由 TVM-300，逐步发展为 TVM-400、TVM-430。在 TVM-430 系统中，增加了设备监测和报警子系统，进一步强化了列车运行安全的保障功能，其主要内容为接触网电压监测、热轴监测、降雨监测、降雪监测、大风监测、立交桥下落物监测等。

(2) 城市快速铁路方面

为了提高安全性，德国 NESKomy 有限公司与柏林城市快速铁路有限公司合作研究了两个安全系统：信息和事故报警系统（INS）、旅客紧急呼叫和卫星定位系统（INS）。信息和事故报警系统由以下部分组成：

①带有自动装置的信息及紧急报警柱；

②监控录像机；

③带有查询的通信技术。

这套系统可向站台上的旅客提供信息，提供有关列车运行时刻表、列车联运及当前列车运行状况的完整信息，为了及时提供这些信息，控制中心装备了电子列车信息系统。旅客也可以利用信息系统的自动装置获得所需的信息。报警柱上装有显示器、报警灯、扩音器等。

旅客紧急呼叫和卫星定位系统可完成以下功能：

①带有起始位置的列车报告；

②手动位置呼叫或自动位置报告（采用数据无线信道），用于列车运行调整；

③紧急呼叫报告；

④运行参数传输（停车地点、列车连接等）；

⑤旅客与中心之间，以及中心与机车驾驶员的语音和文字传输。

这套系统由以下部分组成：

①无线设施；

②带有计算机的 GPS 接受装置；

③列车上的电话间；

④辅助计算机；

⑤无线网；

⑥紧急报警中心；

⑦操作终端。

1.3.2 美国

在美国，整个国家铁路的安全在法律上是由联邦铁路管理局（FRA）负责的。过去，美国针对具体地点展开的安全项目有效的保障人民的安全，使事故发生率大大降低。通过建立美国安全顾问委员会，美国加强了铁路运输的安全。在实施安全保障和承诺项目基础上，在紧急事件管理方面，美国联邦铁路管理局还开展了紧急事件命令（EO），通过召集直接的铁路部门或其他责任当事人采取具体的快速行动来减少包括伤亡危险在内的紧急状况。EO 是美国联邦铁路管理局最有效的安全管理工具。

目前，美国联邦铁路管理局已开展了一些有关安全的项目，项目对紧急事件的近一步预防和管理有了一定的研究，研究内容主要体现在论及碰撞安全的报告《碰撞避免和事故幸存》上。碰撞安全包括为防止碰撞所采取的措施，也包括万一发生事故时确保旅客和乘务人员受到保护的措施。整个报告思路是：首先对高速导轨地面运输 HSGGT（high-speed guided-ground transportation，简称 HSGGT）系统中发生碰撞可能产生的情景进行想像和描述，其次考虑了美国或国外现有的有关防止碰撞发生或减小碰撞发生后果的规章、制度、标准以及实践，在此基础上形成避免碰撞和在事故中幸存的指导方法和详细说明。项目报告分成四块内容：

（1）碰撞威胁

这部分内容对 HSGGT 系统可能发生的碰撞后果进行了讨论，以及对国外铁路和 HSGGT 系统用来防止事故发生以及减小事故发生后果的规章、标准和实践，以及防止碰撞发生和事故监督方面的指导方法进行了阐述。指导方法包括应用于 HSGGT 系统的安全概念系统，以及定性安全性能标准的发展，并对可用于防止碰撞情况发生的碰撞避免和事故幸存系统进行了概述。

（2）碰撞避免

这部分内容描述了现有高速铁路、传统铁路、公共换乘系统中应用的信号和列车控制系统的特点，以及防止碰撞发生的其他方法，如阻止外界对铁路线的干扰。报告对不同碰撞避免系统之间相互影响的特点和限度进行了描述，并对 HSGGT 系统的容量和可行性进行了论证。最后得出发展应用于美国境内 HSGGT 系统的碰撞避免系统的指导方法。

（3）事故幸存

这部分内容 HSGGT 系统中的车辆和列车事故幸存性的技术发展水平进行了详细讨论。头一章描述了不同车辆之间发生碰撞的基本机制，包括车上乘客伤亡的主要原因、碰撞发生后乘客逃生空间的消失以及不同乘客车厢和车辆之间的相互影响。接着近一步描述了乘客对碰撞伤害忍耐力的测量方法、评价运输车辆碰撞性能的方法。最后得出 HSGGT 系统车辆减少碰撞的设计以及运转评价方法。

（4）建议的安全规范

这部分内容是对 HSGGT 系统的碰撞避免和事故生存进行详细描述。首先是根据事故和伤亡率说明系统总安全性能需求，其次是根据后果严重程度或发生事故频率进行子需求细分，最后对安全关键子系统如车闸和信号、列车控制系统进行了子需求描述。

研究虽然未包罗高速铁路运输安全的全部问题，但涉及了有关安全方面的主要问题，可为进行紧急事件管理系统的开发提供借鉴。

此外，在安全系统产品开发方面，目前 4 家信号公司（美国 Westinghouse 公司、美国 Safetran 公司、澳大利亚 Westinghouse Brake&Signal 公司和西班牙的

Dimetronic 公司）已联合开发了新一代安全处理器 Westrace。产品采用梯形逻辑、相异冗余、模块式结构，可用于控制中心、区间闭塞和车上设备的安全处理逻辑设备，几乎可以满足世界铁路上各种安全处理的要求，可以和各种现有信号设备接口。Westrace 一期系统包括：安全逻辑设备 SLE（safety logic equipment，简称 SLE）系统构成（CS），以及采用该系统的应用手册。

未来五年，美国联邦铁路管理局在安全方面的研究重点是：

①铁路系统问题——安全、保险和环境

②人为因素；

③全部车辆及组成；

④轨道和结构；

⑤轨道与列车的相互作用；

⑥列车控制；

⑦交叉口等级；

⑧危险品运输；

⑨列车乘客的保护；

⑩设施和设备的研究开发。

1.3.3 日本

日本新干线运行已 30 余年，以高安全性著称。其早期的列车运营管理自动化系统（COMTARC）包括行车调度、车辆调度、旅客调度、电力调度、通信信号调度以及设备（线路）调度，其中的设备调度除负责线路的管理和维修保养外，还收集沿线气象、地震等信息，防止灾害的发生以及指挥修复与救援工作。其典型的安全监测系统为气象信息系统（MICOS）及智能地震预警系统 UREDAS（Urgent Earthquake Detecticon and alarm system，简称 UREDAS），1996 年东海道新干线开发引用了轨温监视系统。

上世纪 60 年代，日本国家铁路公司（JNR）采用的是报警制动的 ATS 系统来预防铁路事故的发生，但只依靠报警设备不可能彻底避免列车事故的发生。随后开发研制了点式控制的 ATS，称之为 ATS-S（Automatic Train Supervision-spot）系统，并与 1996 年在整个铁路网上进行了安装。在列车通过了停车显示信号机前方的报警点后，不管此时列车的速度为多少，ATS-S 设备都会向驾驶员报警。只有在驾驶员对给出的报警信号不确认的情况下，ATS 才启动紧急制动，使列车停车。采用 ATS-S 设备后，因冒进危险信号所造成的列车事故得到大幅度减少。此后，开发研制了以应答器（双向传输）为基础的车上连续模式 ATS-P（Automatic Train Supervision-progression）设备。在该系统中，与到下一个停车显示的距离有关的信息能够产生连续的速度核查模式，信息通过信标（应答器）传送到车上，不需要驾驶员确认复位。这些系统目前广泛应用于日本铁路的市郊线路上。

如上所述，虽然是为了提高安全性采用了诸如应答器之类的新型先进技术，但是信号系统的功能也能进一步得到提高，因而也有利于紧急事件的管理。例如，随着列车到地面的传送功能的采用，使平交道口报警时间的恒定控制、列车位置追踪、向旅客信息向导系统提供信息、向有关部门发送紧急情报信息等成为可能。

1.4 辅助安全驾驶方面

1.4.1 日本

在日本列车运行控制的发展主要经历了 ATS，ATS-P，ATP，ATC，D-ATC 几个阶段。

日本在原有的多步刹车控制方法基础上，开发出新的不分步刹车控制方法 New-ATP。多步刹车方法将速度信号从地面传递给列车，当列车速度超过所收到的速度信号时，自动执行刹车控制直到列车速度低于所收到的速度信号。而不分步刹车控制方法是将前一列车位置信息和列车临时速度信息从地面传递给列车，之后列车计算该位置的目标速度和存储在列车的其他信息，如刹车效率和轨道斜度，再将目标速度和列车实际速度相比较，执行最优刹车级控制。刹车曲线较原刹车曲线平滑。

1999 年日本开发了数字 ATC 系统，地面设备通过轨道电路检测列车位置并通过轨道电路发送编码的数字信息。传输的信息主要包括轨道电路识别码，非闭塞区间码和其他关于列车运行的信息。这些信息在车载 ATC 中建立数据库保管，车载设备通过数据库中的信息建立一步刹车原型。列车位置主要通过车轴转动检测。该系统在 Kagoshima 线上测试，获得了良好的效果。

1.4.2 韩国

韩国开发的列车自动运行系统 ATO 是标准 EMU 的一个组成部分，要完成列车自动驾驶，最重要的部分是 ATO，TCMS，ATC，TWC，TRA。EMU 系统在 Sangju 线上测试取得了良好的控制效果。EMU 系统的组成如图 1-1 所示。

韩国 ATO 系统主要采用三种方法进行控制 1）时间最优化控制，尽可能快的接近目标速度；2）PI 控制，保持接近目标速度；3）精确停车控制，通过计算到停车点的距离和是否能够在停车点停车，执行精确停车控制。通过从周围设施获得的信息，ATO 系统有 4 种状态，消极状态，积极-惰性状态，积极运行状态，错误状态，通过在状态之间的切换，可以控制在这 4 种状态下列车的运行。ATO 系统在韩国测试线上运行，取得了良好的测试效果。

1.4.3 意大利

意大利开发了新的速度控制系统 SCMT，与欧洲的速度监控系统 ETCS/

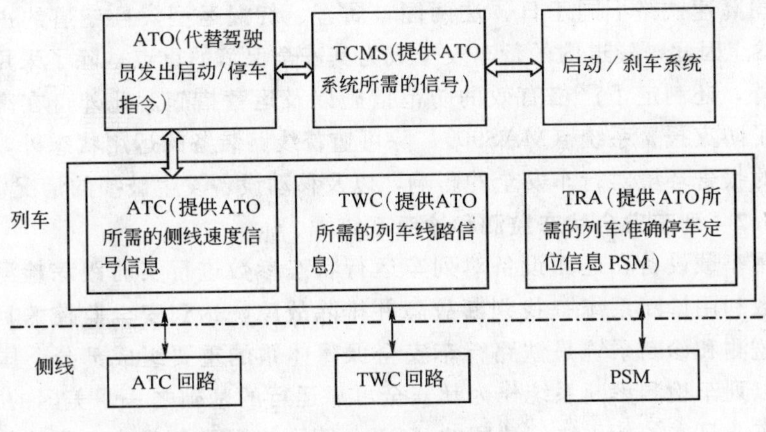

图 1-1　EMU 系统组成框图

ERTMS 都将被安装到罗马——那不勒斯的高速线上。SCMT 包括两个子系统：①SST（地面子系统）：此子系统基于地面应答器的辅助更新列车位置信息和铁路线路坡度信息。②SSB（车载子系统）：估计列车的实际速度和位置。在列车运行控制中撞车问题的解决中，采用分布式智能方法，经过在实际情况下的检测，证明控制效果良好。在此基础之上，将进一步开发移动闭塞环境下的列车撞车问题的最佳解决方法。

1.5　监测与安全方面

1.5.1　高速铁路监测系统

（1）日本

日本新干线运行已 30 余年，以高安全性著称。其早期的列车运营管理自动化系统（COMTARC）包括行车调度、车辆调度、旅客调度、电力调度、通信信号调度以及设备（线路 ）调度，其中的设备调度除负责线路的管理和维修保养外，还收集沿线气象、地震等信息，防止灾害的发生以及指挥修复与救援工作。其典型的安全监测系统为气象信息系统（MICOS）及智能地震预警系统（UREDAS)，1996 年东海道新干线开发引用了轨温监视系统。

（2）法国

法国高速铁路创造了当前世界上轮轨系交通的最高试验速度 515. 3 km/ h，运营速度达到 300～320km/ h，以机车信号为主的列车自动控制系统由 TVM-300，逐步发展为 TVM-400、TVM-430。在 TVM-430 系统中，增加了设备监测和报警子系统，进一步强化了列车运行安全的保障功能，其主要内容为接触网电压监测、热轴监测、降雨监测、降雪监测、大风监测、立交桥下落物监测等。

（3）德国

德国高速铁路不同于日、法两国，属客、货混运型，且隧道约占线路长度的1/3。因此，隧道内的行车安全成为其安全保障的重点，除了采用安全监测系统外，还制定了严格有效的防范措施以及运营措施。此外，在高速线上也采用了防灾报警系统（MAS90），除可监督线路装备的运用状态外，还可识别和及时报告环境对行车安全的影响，以及移动设备发生破损的情况。

1.5.2 列车安全状态监测和诊断系统

利用车载设备和地面设备对列车运行状态参数进行实时跟踪检测，根据这些参数利用诊断系统查找判断故障并排除故障，达到安全监控的目的。列车状态监测和诊断系统是铁路行车安全保障体系的重要组成部分。国外高速铁路均以列车检测诊断系统作为其安全可靠运行的基础之一。美国的‘蓝虎’内燃机车、日本的新干线、法国的TGV、德国的ICE等都实现了故障检测诊断的计算机化。在法国TGV线上，每隔40～50km就安装一个热轴报警器，测量轴承温度变化过程、升高速率和绝对温度。这些探测器的输出可直接传送到分析的控制中心。德国ICE高速列车自检系统，在列车运行过程中能不断检测列车的运行状态及机车车辆、电器和机械方面的故障，记录发生的不正常现象，其数据可存储也可用文字或图形显示。一旦发生故障，不仅能够报警，还可以通过ICE的无线通信系统将维修所需要的重要诊断数据传送给有关的检修段，使其作好快速修复准备。

列车安全监测系统的任务就是保障列车在行驶过程中的安全。判断设备和道路的状态是否良好，首先需要测取代表其工作状态的数据，然后根据专业知识，依据测得数据对设备的状态做出正确的评估判断。当发现故障时及时提出排除故障的方案措施，指导乘务人员迅速排除故障，同时监测系统应该对乘务人员的操作进行监督。主要包括以下系统：

①车载与线路数据检测子系统；

车载与线路数据检测子系统由车载装备和地面装备两部分组成，车载部分的主要工作首先是对列车上关系到设备工作状态，影响行车安全的参数进行实时检测，二是对线路状态的间接测试。所有被测参数都通过列车总线与地面网络通信子系统将数据实时送往地面调度中心处理；而地面部分的任务是对通过列车的状态参数或列车运行品质、安全指标进行检测，如脱轨系数、偏载情况、脱轨运行等，这些数据也通过列车总线与地面网络通信子系统传送给车载监控系统进行处理。可见该子系统的基本任务是检测、记录各类状态的数据。

②车载与地面专家诊断子系统；

车载与地面专家诊断子系统则对这些数据进行分析处理，根据专家知识经验做出判断。车载诊断系统由于受到其运算速度的影响，只能对那些影响安全的重要故障做出判断，并指导驾驶员排除。而更复杂、多方面的故障应寻求地面专家系统的支持，地面专家系统应该具有丰富的知识经验和高速的运算速度，具有很强的诊断处理能力。运行参数记录监控子系统用来实现防止冒进等错误操作和对乘务人员的监督，是确保安全的执行环节。

③运行参数记录监控子系统；

④列车总线与地面网络通信子系统。

列车总线与地面网络通信子系统的第一个任务是实现列车上各种参数、数据的共享，第二个任务是实现车上车下的数据通信。各个子系统各负其责、协调运转，从而组成了列车安全状态监测和诊断系统。

1.6　自动付费方面

目前，付费系统的研究可以说各国铁路部门都在积极进行，各种付费系统非常多。在这当中发展的比较好的国家非日本莫属，现在日本主要在积极推广非接触式的IC智能卡的应用。

日本的非接触式的IC智能卡最初是从1987年开始研究的。该系统将IT等一些新技术应用到铁路收费业务中，大大提高了车站的旅客疏散速度，减轻了铁路职工的工作强度和工作效率。该系统是从研究自动收费门开始的，但是经过在东日本铁路公司三次实际的现场实验后，系统又于1998年引入了非接触式的智能卡技术。现在东日本铁路公司已经于2001年底开始实际应用该系统。

系统组成如下：

(1) 管理系统：追踪每一个无接触智能卡和管理该系统，管理系统可以提供数据，一旦智能卡被偷或者丢失，卡号能够马上回馈到管理系统并使得该卡作废。

(2) 售票机：这种机器可以在智能卡上写数据也能在季票上打印提示信息。数据是可擦写的；

(3) 计费系统：为了使得存储功能有效，用户可以在必要时在卡内存钱；

(4) 智能卡内容显示装置：这种装置可以使得用户看到IC卡的内容，例如卡里的现金余额和用户记录等等。

现在东日本铁路公司应用的智能卡收费系统可以与原有系统兼容，比原有系统的性能更强、稳定性更好，系统在应用中可以在高峰期的一分钟内同时处理45个旅客。其优点主要体现在：

(1) 提高了服务功能

①通过系统时无需取出卡；

②可以自动调整费用；

③当卡丢失或失窃时重新发卡。

(2) 系统得到更新

①减少了售票系统和费用调整系统的工作量；

②减少了原有系统的问题；

③减轻了车站员工的维护工作量。

(3) 降低了成本

①减少了维护成本；

②减少了费用调整系统数量；

③减少了售票系统的数量。

(4) 安全性得到提高

目前，该系统的研究人员正在致力于把非接触式的智能卡应用范围努力扩展到站内的各种付费业务中去，如果实现那么以后旅客在车站内享受各种有偿服务都只需出示一张卡就行了。

1.7 结论

综上所述，尽管发达国家在运输规划、旅客信息服务、列车控制以及列车运营管理等方面的研究并取得了一定成绩，但迄今为止尚未有一套完整的铁路智能运输系统的体系框架理论及相应的示范工程，因此为了进一步提高我国铁路运输的安全、效率及服务，从系统的角度规划中国铁路智能运输系统总体架构，采用渐进集成的方式发展铁路智能运输系统，以实现铁路运输的智能化、现代化的跨越式发展。

2 中国信息化建设及 RITS 相关研究的现状

2.1 信息化建设现状

早在 20 世纪 80 年代初期中国铁路就已开始了各业务系统的信息化建设，历经“六五”、“七五”、“八五”、“九五”近 20 年的发展，中国铁路与运输安全和效率直接相关的业务及其基础设施已基本实现信息化。先后研制成了许多先进的业务系统，如面向安全保障的计算机连锁控制系统、列车运行状况监控系统、计算机化的自动闭塞系统、智能列车运行控制系统、面向运营管理和服务水平提高的铁路运输管理信息系统 TMIS（transportation management information system ，简称 TMIS)、调度指挥管理信息系统 DMIS（dispatching management information system ，简称 DMIS)、车号自动识别系统 ATIS（Automatic train identifying system，简称 ATIS)、全路客票发售和预定系统、行包管理信息系统、铁路办公信息系统等、运输客运收入清算系统。通信网络建设已初步建成覆盖铁道部、铁路局、铁路分局和主要站段的计算机网络和传输网、交换网、数据通信网三大通信基础网。铁路各方面工作开始实现从传统管理向现代管理的跨越。

2.1.1 铁路运输管理信息系统（TMIS）

堪称我国铁路运输最复杂、最庞大的TMIS工程，自1994年立项，1995年开始实施，已取得较大进展。该系统不仅覆盖铁道部、路局和分局的各个主管业务部门，而且还遍及全路各基层站段，通过铁路计算机网络联成一体。TMIS系统以提高运输生产，特别是货运管理水平为目标，为铁路运输调度部门提供实时掌握全路货车、机车、列车、集装箱及所运货物的位置、状态变化的信息，也为领导和计划、统计、财务等部门进行宏观决策和科学管理提供可靠的依据；同时，将货物运输的动态信息提供给货主，可作为企业组织生产和适应市场变化的重要依据。TMIS包括车站管理信息系统、货票系统、确报系统、货运营销与生产管理系统、运输调度信息系统、货车追踪系统、集装箱追踪系统等。TMIS系统采集的主要信息包括：①全路货物运输市场需求动态信息；② 货物运输执行动态信息；③机车、车辆、集装箱、篷布等运力资源的配备和使用动态信息；④ 列车组成动态信息；⑤列车到发和通过信息；⑥装/卸车作业信息；⑦其他运输生产作业与管理信息。TMIS车站系统及信息采集点采集的信息除了在本地建立数据库外，还及时将原始信息通过计算机网络传送至铁路分局、铁路局和铁道部，各级应用部门共享同一信息源，建立本级管辖范围内的、完整的动态信息资源库。

目前，该系统中的确报管理系统已经取代了原电务确报收发系统；货票管理系统实现计算机制票的车站已达2500多个，铁路计算机制票率达98%，货票入库率达99.8%。全路各级月度货运计划及日常货运计划的提报、审批均由计算机系统完成；车站综合管理信息系统取得进展，已在全路49个编组站、80个区段站、20个大型货运站、123个中型区段站、134个中型货运站、83个小型区段站、189个小型货运站投入使用，在运输生产中发挥了重要作用。

2.1.2 调度指挥管理信息系统（DMIS）

该系统的目标是提高铁路运输调度指挥管理效率，充分发挥车站和区间通过能力，提高行车安全度和正点率，减轻调度人员的劳动强度，对列车运行实行透明指挥、实时调整和集中控制，为实现中国铁路调度指挥现代化创造条件。

该系统以实时采集列车动态运行数据为基础，实现列车的调度监督管理，为铁路运行调度提供决策依据。根据线路级别形成不同等级的行车指挥系统，由该系统向TMIS提供车站列车报点信息，通过TMIS生成行车调度和阶段调整计划，由行车指挥系统完成调度命令的下达和车站行车日志的自动生成。

至2000年底，以轨道信号、车站连锁为基础的行车指挥系统一期工程已基本完成。建成了部调度指挥中心和5个铁路局指挥中心；以11个铁路分局为中心建成了京沪全线、京广北段（北京—武昌）、京哈南段（北京—沈阳）、京九北段（北京—南昌）等干线 545 个车站及相关区间的列车运行实时信息采集与监控网络；开通了 17 个局间分界口调度监督系统；完成了部分局间分界口及干线列车运行状态、正晚点统计分析、列车密度、重点列车跟踪等宏观显示功能。目前以列车、货物信息为基础的分局调度系统已在京广、陇海等铁路线正式投入使用，彻底改变了原先调度人员依靠一支笔、一把尺子、一块橡皮的传统作业模式，实现了铁路列车调度工作的革命性变革，在提高铁路运输效率和行车安全方面发挥了重要作用。

2.1.3　车号自动识别系统（ATIS）

在机车车辆管理方面，开发建设了铁路车号自动识别系统。车号自动识别系统是铁路运输信息系统中数据自动采集的基础。该系统在铁路所有货车、固定调机上安装只读标签，在机车（调机除外）上安装可有线改写标签，在铁路所有编组站、区段站、大型货运站的出入口，以及铁路局间分界口、铁路分局间分界口安装地面识别设备，建立铁路车号、车次信息自动化采集报告体系，向 TMIS 实时提供列车、机车、货车的标识、属性和位置信息，提高信息采集的可靠性、实时性、准确性，加速实现对列车、货车、机车的追踪管理。实现铁路货车局级别资产管理，并与运统一相结合，在技术站实现到达列车现车自动核对。在铁道部、铁路局、铁路分局实时显示通过分界口列车的车次、通过时间、列车组成等，并可实时统计出各种报表。目前车号自动识别系统在全路 45 万辆部属货车、12 万辆企业自备车和 15000 台机车的底部安装记载有车辆、机车基本信息的电子标签，在全路 560 多个主要车站（包括路局分界站、分局分界站、编组站、大型区段站、大型货运站等）的进/出站信号机附近，安装自动的机车、车辆标签信息接收设备（AEI），可对全路货车车辆、列车、机车运行位置进行动态追踪管理。

2.1.4　客票发售及预订系统

在客运服务方面，开发建设了铁路客票发售和预订系统。该系统的运用，解决了长期存在的买票难问题，提高了铁路客运经营水平和服务质量。铁路客票发售和预订系统由铁道部客票中心、地区客票中心和车站客票系统三级构成：车站售票系统主要负责售票的实时交易服务；地区客票中心主要负责以坐席为核心的调度控制和客运业务管理；铁道部客票中心主要负责全路客运的协调管理、营销分析，并保障全路的联网售票。目前，全路已建成铁道部客票中心 1 个、地区客票中心 24 个、计算机售票车站 1772 个。计算机售票量达到全路客票销售量的 90％以上，售票收入占全路的 95％以上。自 2000 年 10 月 21 日正式实施联网售票起，共计建设全路联网售票车站 775 个，初步实现了全国范围内的联网发售异地客票的建设目标。自行研制开发这样大规模的实时交易系统，在国内外交通行业是少有的。它的建设应用，为实现资源优化配置、提高服务质量、增强市场竞争力起到了积极的促进作用。

2.1.5 行包管理信息系统

行包管理信息系统的目标是实现全国主要行包办理站行包管理自动化，完成全路直通行包信息的联网追踪。铁路行包信息系统包括：车站行包系统、路局追踪中心、铁道部行包管理中心三层结构。其中，(1) 车站行包系统办理行包的始发、中转、终到业务。(2) 路局行包追踪中心系统负责存储及管理终到站在本局管内的行包数据，根据车站作业实绩完成追踪数据库的更新。与此同时，追踪中心还要接收本局管内行包办理站上传的行包作业实绩信息，并负责与管内车站和其他中心的通信。此外，追踪中心还负责完成数据的汇总统计及上报。(3) 铁道部行包管理中心系统主要负责对影响全路生产的基础数据进行管理及维护，完成全路行包运输生产数据的汇总处理、统计分析等。

2.1.6 铁路办公信息系统

在办公自动化方面，正在建设铁路办公信息系统。其总体目标是建立依托铁路计算机网络的办公业务网和资源网，以铁道部机关办公信息系统为核心，将各业务信息系统集成在同一平台上互通互联，建立面向社会的政府公众信息网和门类齐全、内容丰富、更新及时的政府办公业务信息资源数据库（即三网一库），最大限度地实现信息资源共享，为各级领导指挥运输生产提供参考依据和辅助决策支持，为铁路企业生产经营提供信息支持，为各级机关办公提供组织管理和科学决策的重要手段，实现机关办公业务的电子化、自动化和网络化，提高政府机关行政管理、应急指挥和快速反应的能力。目前，铁路办公信息系统已在铁道部机关和所有铁路局、铁路分局及部分站段开通使用，实现了全路办公信息系统联网运行，并开通了电子邮件系统。铁道部机关已经开始启动网上办公，各类信息简报（除涉密内容外）全部上网实行无纸传输，部内各单位建立了网页，通过办公信息系统传递和查询政务信息、管理信息、运输生产信息。按照国办要求，铁道部办公厅安装和应用了简报管理系统、值班信息管理系统，实现了与国办联网传递政务信息。办公信息系统为铁路发展电子政务提供了良好的基础和条件。

2.1.7 运输客运收入清算系统

建立一个高效、公正的铁路运输企业收入清算系统，是铁路运输市场化的要求，是运输企业作为市场主体按市场经济规律从市场取得收入的实现形式，是实现客、货、网分账核算的重要支持手段，是财务体制改革的基础和前提条件。

该系统以各业务系统集中到铁道部的实际生产数据为主要信息源，建立集中的清算数据库，统一收集并管理所有与企业收入清算有关的运输进款和费用支出信息，根据铁道部制定的清算规则和办法，完成各运输企业间的收入、费用清算和资金结算。根据系统功能需求，运输企业收入清算该系统主要包括旅客运输清算子系统、货物运输清算子系统、行包运输清算子系统、邮运运输清算子系统四大部分。系统第一阶段的目标是建立旅客运输收入清算系统，进行旅客票价收入清算和旅客运输过程中的路网使用费及相关服务费的定期清算，实现旅客运输企业直接从市场取得收入。

2.2 RITS 研究现状

在 RITS 领域，中国铁路也已进行了大量的研发和探索性应用。从 1997 年起，智能化技术的研究和应用是在铁路运输智能自动化的体系框架下开展的。经过 10 多年的研究和发展，目前已初步形成了较为完整的铁路智能自动化和智能控制的理论和方法体系，在此基础上开展的“高速铁路列车运行智能控制”、“高速铁路列车群智能指挥”、“高速铁路行车指挥智能软件的研究”、“高速铁路运营智能仿真系统”以及“广深线运营智能仿真系统”等一系列重大科研项目在国家自然科学基金及铁道部的支持下均已取得突破性进展，其中部分技术已成功应用。这些工作都为智能技术在铁路运输系统中的进一步发展奠定了坚实的理论和技术基础。

在上述工作基础上，国家科技部 2000 年批准组建了国家铁路智能运输系统工程技术研究中心（The Center of National Railway Intelligent Transportation System Engineering and Technology-RITSC），铁道部和铁科院共投资近 5000 万元，用于购置 RITSC 核心研发设备和试验设备及用于 RITS 关键技术研发和示范工程建设。自 2001 年开始，RITSC 主持研究了《铁路智能运输系统体系框架》《铁路智能运输系统（RITS）模拟试验环境总体方案设计》等基础研究项目，首次对铁路智能运输系统的服务领域、逻辑框架、物理框架、通用技术平台、示范环境等进行了详细描述。同时在中国国家铁路智能运输系统工程技术研究中心的主持下展开了中、日、韩三国对 RITS 体系框架及关键技术的联合研究。此外围绕铁路智能运输系统（RITS）“高运营效率、高运输安全、高品质服务”的三大目标，展开了铁路地理信息系统总体设计与开发、RITS 智能建模、控制与优化软件平台的研究等关键技术的研究工作。

2.3 结论

综上所述可以看出，中国铁路信息化和智能化的开发和建设在最近 20 年间已经取得了长足的进展，并为未来的发展打下了较好的基础。但同时也应看到铁路信息化建设是在铁路传统业务划分下，由各个业务部门按照各自的需求独立发展起来的，只起到了推动各个业务部门内部信息化的发展，没有能够在统一的铁路智能运输系统框架指导下形成有机的整体，各个业务系统标准不一，水平不同，不能互联，更难以实现信息共享，这就从总体上削弱了已有信息系统功能的发挥，降低了这些系统在实际应用中的效率和效益，对提高铁路运输产品的市场竞争能力没能显现出信息化和智能化的强大生命力，并在某种程度上造成了信息化和智能化建设的重复投资。而当今铁路信息化发展到高级阶段，要使铁路管理产生实质性的变化，智能化就成为发展目标，只有推动智能化的发展，各系统局部的信息化才能得到整合，才能完成铁路管理系统的全面高水平发展。这已成为中国铁路 RITS 发展过程中一个亟待解决的突出问题。

3 中国铁路运输的环境与需求分析

3.1 国际环境

在国际上，按照同有关国家达成的协议，在中国加入 WTO 后，外商将获准以建立合营企业的方式在中国铁路从事货运业务，2006 年 1 月 1 日起，将允许外商在中国设立独资铁路货运公司，这无疑对中国铁路带来巨大的影响。

在客运方面，入世以后旅游和对外交往的人数将大为增加，客流档次将有所提高。因此对客运服务质量提出了更高的要求。客运服务应将朝着便捷、舒适、优质、正点、服务系列化全方位等方向发展。这就要求铁路不断推出适应市场的新的服务品种，服务质量将不断跃上新的层次和高度。

在货运营销方面，随着运输市场竞争的日益激烈，铁路货运营销部门现有的管理体制和技术手段难以适应市场的变化速度，铁路货运部门更加面临着其他运输方式的激烈竞争，科学的营销手段已成为成功的关键所在，传统的营销管理方法亟待改进。铁路货运部门为适应市场环境和市场需求，必须高度重视货主利益，加快从“以运输生产为中心”到“以货主为中心”转变步伐。对铁路货运营销部门的业务流程进行重组，真正实现以货主为中心的营销理念等等将是铁路营销工作改进的方向。此外，目前中国铁路货运基本上是运输附加值较低的大宗货物，而附加值较高的集装箱运输、特货运输、冷藏运输、快件运输等，无论从运输能力、管理水平、经营规模都与世界先进水平有较大的差距。入世后集装箱运输、特货运输、冷藏运输、快件运输等市场更大了，这就要求优化从根本上铁路货运业的结构。

在多式联运方面，加入 WTO 后，我国进出口商品的数量和品种会有更大的发展，这不仅使我国铁路口岸运输大幅增长，而且，将对我国由内地到沿海港口的货物运输也产生大幅度的带动。因此必须将铁路运输的发展纳入国际运输一体化的大系统中。开辟铁路、海运和公路多式联运，逐步形成集仓储、报关、结单、铁海联运为一体的一票到底的服务体系，使规模经济的优势得到充分地发挥，努力开创铁路集装箱运输的新局面，将是整个交通运输业的发展需求。

在服务方面，加入WTO后铁路面对的是一个竞争服务、竞争诚信的运输市场。旅客货主对铁路客货服务水平要求的不断提高和国内外运输市场的激烈竞争，迫切要求我们提高服务质量，树立铁路良好的信誉。

3.2 国内环境

党的十六大明确确立了本世纪前20年全面建设小康社会的宏伟目标，全国人大十届一次会议对全面建设小康社会作了具体部署。铁路作为国家的重要基础设施、国民经济的大动脉和大众化交通工具，在全面建设小康社会中肩负着运力支持、当好先行的重要历史使命。铁路运输在运输数量和运输质量上面临得更高的要求。

在客运方面，我国作为世界第一人口大国，现有13亿人口，未来还将继续增长，客运潜在需求非常大。其次我国属于大陆型国家，国土面积大，中长途客运比重大。再次随着我国城镇化步伐的加快，到2020年城镇人口比例将达到60%以上，将有4亿农村人口转移到城市，带来客运需求的大量增长。此外随着人民生活水平的不断提高，人们对客运服务质量的要求也大幅上升。国家大力倡导发展旅游产业，旅游客流将大幅增加。因此铁路在旅客运输上承担的任务十分艰巨。

在货运方面，我国资源和工业布局不均衡，能源和原材料主要分布在西部和北部地区，加工业主要集中在东部和南部地区，形成了西部、北部资源向东部、南部流动，东部、南部的工业产品向西部、北部输送的货运格局。而铁路货运在长距离、大运量方面具有其他运输方式无法替代的优势，大宗货物运输主要靠铁路完成。目前，全国煤炭运输量的75%、木材运输量的70%、矿石的66%、钢铁运输量的62%、化肥及农药运输量的59%、水泥运输量的57%、粮食运输量的56%、矿建材料的42%是由铁路完成的。到2020年我国将基本实现工业化，国民经济发展速度平均每年要达到7%以上，这样一个持续的较快的发展速度，将产生大量的货物运输需求。因此铁路承担的货运任务十分繁重。

另一方面，从我国经济发展的走势看，在全面建设小康社会的进程中，我国国民经济将保持持续、快速、健康的发展，这不仅给铁路运输提出巨大的市场需求，而且随着我国经济实力的增长，加快铁路发展的条件将更为成熟。从国家的政策环境看，党中央、国务院高度重视铁路发展，把铁路基础建设摆在重要位置，全国人大十届一次会议确定继续实施积极的财政政策，继续加大基础设施建设的投入，这对铁路的发展是有利的。从我国铁路基础看，经过多年的建设和发展，我国铁路已处于加速发展期，路网初具规模，在5次大规模提速推动下，主要干线基础和机车车辆等设备质量有了较大提高。这为加快发展积累了一定的物质基础和经验。

为配合全面建设小康社会进程中人们对交通出行的需求，我国铁路提出了跨越式发展的总体目标，其中明确指出：以邓小平理论和“三个代表”重要思想为指导，紧紧扭住发展这个第一要务，解放思想，实事求是，与时俱进，以提高运输能力和提升技术装备水平为主线，全面推进技术创新和体制创新，到2020年基本实现中国铁路现代化，运输能力基本适应国民经济发展的要求，主要技术装备达到或接近发达国家水平，服务质量基本满足旅客货主需求，建立适应社会主义市场经济的管理体制和经营机制。并突出以下3个重点目标。

（1）在运输能力上，到2020年路网规模将有一个较大发展，路网结构更加合理，建成京沪高速铁路，形成覆盖全国的快速客运网络和大能力货运网络，运输能力基本适应国民经济和社会发展的需要。

（2）在技术装备上，以客运高速快速、货运快捷重载为重点，使我国机车车辆、线桥隧涵、通信信号技术达到国际先进水平。广泛使用信息网络技术，实现铁路信息化。集中将信息技术应用于运输生产组织、客货营销、营运管理，发展调度集中、电子商务等，强化安全控制，提高铁路运输效率和运营安全性。

（3）在运输服务上，全面改善服务设施，创造良好的服务环境，实现服务创新，为旅客货主提供最大方便和优质服务，基本满足人民群众对铁路运输服务的需求。

4 RITS用户需求分析

随着中国铁路所处的国际、国内环境的变化，铁路的直接用户（旅客、货主等）、相关部门及铁路内部用户本身对铁路运输在服务、安全、效率等方面都提出了更新、更高的要求。

4.1 铁路直接用户对RITS的需求

铁路直接用户对RITS的需求见表4-1。

铁路用户RITS需求信息 表4-1

用户主体	对RITS的需求
旅客	1. 在出行前，需要能够以多种方式得到车站设置、当前车站的状况、列车时刻表、车票预发售情况、售票地点、购票向导、旅行常识、铁路沿线旅游及相关服务信息。并希望系统为旅客的出行方式、路线、车次等提供优化决策； 2. 在出行中，旅客能在车上补票，能得到列车的早晚点情况、到达各站的预定时间和实际时间、在各站的停站时间、沿线车站名称及气候、风景名胜、在主要交通站点的换乘信息、列车的服务设施及综合的社会服务设施信息；在发生紧急事故的情况下，能为旅客提供相关的救援信息； 3. 在车站进行车次票价查询、出行辅助决策支持及自动售票服务，所乘车次的发点、站台及早晚点情况，沿线的天气、线路信息，车站餐饮、娱乐、住宿等综合服务的导航；

续上表

用户主体	对 RITS 的需求
旅客	4. 接站人员需要得到接车的到点、早晚点及停靠站台等方面的信息。 5. 通过互联网实现远程购票及支付，包括在线查询和预订车票、通过电子现金、电子借记卡、银行信用卡、电子钱包等开放的兑付手段完成购票、退票等业务； 6. 提供与其他交通工具联运、住宿、旅游、餐饮、信用卡结算等等提供一条龙的网上预定、支付服务。
货主	1. 在货物托运前，需要得到铁道部关于各类货物运输的规定，关于车源状况、运输费用、货车配载、货车车型等信息、目的地的各类商务信息及托运指南；并希望系统能根据货主所期望的目标，如所需时间最短、所需费用最少等，采用智能决策技术为货物运输方案及运输路径做出辅助优化决策； 2. 在货物托运中，随时得到货物所在列车的装车完成情况、到卸车预报、货物到达信息、在途货物的查询、预报列车到达各站的时间及相应的早晚点信息、改换其他运输方式的信息；在发生紧急事故的情况下，远程为货主提供货物所在列车的安全情况、货物的情况与相关的救援信息。 3. 通过互联网远程为货主提供托运服务，包括在线申报要车计划、签订货运订单、货运费用结算、网上交易等； 4. 建立铁路与其他运输方式的联运措施，使得货主能够利用网络完成合同、订单、发票等票据往来、信息交互和预定、支付、退偿等一系列资金交易，希望提供货物门对门运输服务；

4.2 公路、航空、水运 ITS 相关部门对 RITS 的需求

公路、航空、水运 ITS 相关部门对 RITS 的需求见表 4-2。

其他用户 RITS 需求信息 表 4-2

用户主体	对 RITS 的需求
其他运输方式的 ITS 相关部门	1. 实现信息沟通和数据共享，通过专用接口访问 RITS 通用数据平台的信息，包括动态信息如路网信息、运输信息、车辆信息、客票发售信息等，静态信息如客运站的位置信息、货运仓储站场信息、货车类型和配载信息、货运价格信息、计划时刻表信息、停站信息、票价信息、列车载客量信息等； 2. 建立多式联合运输系统，为旅客及货主提供费用最小、时间最短等方面的智能优化决策支持，实现客货运输的互补及“门到门”的服务。

4.3 铁路内部用户对 RITS 的需求

4.3.1 铁路运营管理部门对 RITS 的需求

铁路运营管理部门对 RITS 的需求见表 4-3。

铁路运营管理部门 RITS 需求信息 表 4-3

用户主体	对 RITS 的需求
客运管理部门	根据旅客的需求及铁路的客运资源，以优化的方式自动编制铁路的客车运输计划，并能根据客流量信息及分布等因素建立高峰期及淡季的铁路客流量分析预测模型，以便实时调整列车时刻表、票价等，做到客票发售、订购、退票的自动化，实现铁路客运的优质服务。
货运管理部门	1. 综合考虑货主的需求及铁路货运运输资源，利用智能优化技术实现最佳运输方案的制定；根据货物性质、重量、数量、体积、到站地点等货票信息等自动编制货运计划表；并根据货流量信息及分布等因素建立高峰期及淡季的铁路货流量分析预测模型，以便及时调整货运运输计划，实现货运运输的高效化和企业经济效益的最大化； 2. 采用智能优化技术，对各种列车在编组站的到、解、编、发等作业过程进行自动控制和集中管理，完成作业计划的自动编制；包括编组站作业的智能控制、驼峰机车推送速度和溜放速度的智能控制、车辆溜放进路及到达、出发、调车作业进路的自动控制；实现调车作业的智能化； 3. 对列车在车站的作业实行计算机连锁控制，实现接发车和进路的自动控制，保证列车在车站的作业安全； 4. 建立货物从作业信源点到调度决策信宿中心的全程信息管理系统，形成标准化、高效率的信息流程，完成货物从起运到接收整个过程中的追踪管理和企业不同时期经济效益的评估。
调度中心	1. 综合考虑铁路的线路、桥梁、隧道、牵引供电、信号制式、车辆动力学特性、列车群运行和运输组织等因素，实现行车、机车、车辆、电务等的综合调度；根据运输状况和设备疲劳情况提供工务维修养护以及行车天窗开放等的优化辅助决策，实现运输中断时间的最小化；根据根据运用车分布、通过能力、机车运用、空重车分布状态等提供车流调整辅助决策；实现全路车流调整的智能化；采用智能优化技术实现列车运行调整计划的自动生成； 2. 采用先进的定位技术，实现列车的实时、准确的定位及追踪，并能及时可靠的发送与位置相关的信息； 3. 对列车在车站的作业实行计算机智能连锁控制，实现接发车和进路的决策和自动控制，保证列车在车站作业的安全、高效。

4.3.2 基础设施管理部门对 RITS 的需求

基础设施管理部门对 RITS 的需求见表 4-4。

基础设施管理部门 RITS 需求信息 表 4-4

用户主体	对 RITS 的需求
固定设施管理部门	1. 建立全路统一的工务、电务等相关的基础数据库，包括建立各车站站场电子地图、站场平面图地理信息数据库、全局客运设施地理信息图文库、全局货运设备地理信息图文库，提供行车、客、货运设备履历簿的编辑、查询、统计及报表管理； 2. 工务方面，通过地图智能生成软件生成电子地图，输入和维护各种工务相关的属性数据；提供工务设备地理信息发布、工务防洪地理信息管理和发布、工务综合信息查询；

续上表

用户主体	对 RITS 的需求
固定设施管理部门	3. 电务方面，建立电务设备配置图、电务综合图（自闭、联锁示意图）、电气化综合图（接触网高、馈电相别、供电范围、供电臂分布等），输入和维护各种电务相关的属性数据，提供电务设备地理信息发布，电务综合信息查询统计等功能； 4. 建立全路固定设备维修数据库，管理电务设备（通信信号设备、数据传输设备）的维修、线路、桥梁、隧道等的养护维修。并建立维修决策知识库及根据铁路运输资源的实时数据制定维修计划，当发生故障时可基于知识库实现远程维修决策支持。
移动设施管理部门	1. 建立和维护各种机务相关的属性数据（包含接触网高、馈电相别、供电范围、供电臂分布等）、各局机务（电气化）设备概况图等，机务设备配置图、机务（水电）设备概况图。提供机务设备地理信息发布，机务综合信息查询统计等功能； 2. 建立各车辆设备概况图等信息，包括：车辆段、客整所、列检所、站修所、红外线探测点等，输入和维护各种车辆相关的属性数据；提供车辆设备地理信息发布，车辆综合信息查询统计等功能； 3. 建立全路移动设备维修数据库，管理机车的一般维修、段修、厂修的纪录及维修质量，车辆的维修信息；并建立维修决策知识库及根据铁路运输资源的实时数据制定维修计划，当发生故障时可基于知识库实现远程维修决策支持。

4.3.3 紧急救援与安全管理部门对 RITS 的需求

紧急救援与安全部门对 RITS 的需求信息见表 4-5。

紧急救援与安全管理部门 RITS 需求信息 表 4-5

用户主体	对 RITS 的需求
紧急救援与安全管理部门	1. 利用 GIS 技术向主管部门传递事故现场动态图像，加强对现场救援情况的实时监控；建立紧急事件信息库和救援知识库，提供紧急事件处理的辅助决策支持，优化调度指挥救援设备，以及进行事后故障原因分析； 2. 定期或实时地对机车、车辆、线路、桥梁、隧道、通信信号、平交道口等与运输安全直接相关的设备状态进行有效的监测，建立全路安全数据库对上述监测信息进行统一管理；制定安全标准，基于全路安全数据库对设备工况进行安全状态评估以掌握全路的安全状况全貌；建立维修决策支持系统，根据评估结果中的危险等级向管理部门提出对移动设备、固定设备的维修决策建议； 3. 基于 GIS 技术建立和维护全路综合防灾数据库，包括各铁路沿线的环境背景图库，沿线的地震、泥石流、滑坡、崩塌、冻土、风沙等灾害的专题地图库，线路工程图，灾害防治工程及防灾物资贮备点分布图，各类预报预警设备分布图。并实时监测各区段的地震、泥石流、风速、滑坡、雨量和水位情况等灾害数据，通过建立应用分析模型（灾害的预测预报模型、灾害的减灾决策模型、灾害的评估模型等），对系统空间数据库进行深度挖掘，提供灾害预报及灾害评估。同时通过对事故进行仿真模拟，为事故预防办法的制定和事故总结分析提供辅助支持，为灾害易发地提供预防灾害发生的决策支持并在灾害发生时也能提供有效的救灾决策支持； 4. 利用（GIS 技术）视频或激光对平交道口的状况进行实时监控及向相应部门传递相关图像和数据，通过图像识别技术判断平交道口的安全状况，以保障平交道口的通行安全。

5 RITS的关键技术分析

5.1 关键技术一览

RITS为实现上述需求所需的关键技术可大致分为以下4大类：列车定位技术、通信技术、数据共享与综合技术、人工智能技术等。其中列车定位技术可分为：轨道电路方式、基于应答器的定位方式、惯性导航方式、全球卫星定位系统GPS、多普勒雷达方式、无线测距定位方式，主要应用于智能化行车控制和调度指挥、列车的实时追踪等。通信技术分为有线通信和无线通信2大类，用于解决车、地之间的数据传输。数据共享与综合技术包括分布式海量数据检索技术、智能空间分析与数据挖掘技术、元数据技术、中间件技术、数据仓库技术等，用于实现RITS通用技术平台、铁路地理信息系统、行车组织决策、客货营销决策等。人工智能技术用于实现列车运行自动控制、行车指挥、安全监控及各类决策等。如表5-1所示。

RITS关键技术一览 表5-1

关键技术	技术分类		应用范围
列车定位技术	1. 轨道电路方式 2. 基于应答器的定位方式 3. 惯性导航方式 4. 全球卫星定位系统GPS 5. 多普勒雷达方式 6. 无线测距定位方式		智能化行车控制和调度指挥、车辆的实时追踪、用户导航；
通信技术	无线通信	1. 全球移动通信系统GSM 2. 蜂窝数字分组数据系统（CDPD） 3. 第三代移动通信系统IMT-2000	列车与列车、列车与地面之间的信息传输
	有限通信	1. 以太网（Ethernet） 2. 光纤分布式接口（FDDI） 3. 异步传输模式（ATM） 4. 综合业务数据网（ISDN） 5. 公用数字数据网（CHINADDN） 6. 公用分组交换网（CHINAPAC）	主要用于实现铁路固定设备之间的通信，如车站、分局、路局、铁道部间的信息传输
数据共享与综合技术	1. 分布式海量数据检索技术 2. 智能空间分析与数据挖掘技术 3. 元数据技术 4. 中间件技术 5. 数据仓库技术		RITS综合数据平台 铁路地理信息系统 行车组织决策 客货营销决策
人工智能技术	1. 模糊控制 2. 神经网络 3. 进化算法等		列车运行自动控制、行车指挥、安全监控及各类决策等

5.2 关键技术的应用现状分析

5.2.1 列车定位技术

在铁路智能运输系统中，列车定位技术是列车运行自动控制、行车指挥与调度等方面的一项关键技术。目前其信息传输介质基本上采用轨道电路，但近年来随着现代通信和计算机技术的日臻成熟，列车定位技术正在取得长足的发展。RITS对列车定位技术的要求如下：

1. 精确性：列车横向定位精度高于1m，纵向定位精度高于10 m；
2. 时间连续性要求；
3. 空间连续性要求；
4. 可靠性及安全性要求。

目前的定位技术主要分为以下几类：轨道电路、电子计轴器法、GPS、查询应答器＋里程计、无线扩频定位等，如表5-2所示。其中查询应答器＋里程计、无线扩频定位等方法已经能满足上述要求，此外还有一些新的定位技术也初现端倪。因此采用先进技术解决列车定位已满足用户导航、列车运行自动控制、行车调度等的需要已成为可能。

列车定位技术　　表5-2

名　称	优　点	缺　点	应用情况
1. 轨道电路	投资少；无需对设备进行大改动；	难以进行大量、高速的信息传输；仅能完成地面-列车之间的单向信息传输；难以实现移动闭塞；	已普遍采用
2. 电子计轴器法	安全性较高	精度较差；	普遍采用
3. GPS	成本低、体积小、设备简单；	精度低；隧道内的信号传输受影响；无法区分并行轨道；	应用到北美的ARES、PTS、PTC系统；
4. 查询应答器＋里程计	精度高；	成本较高；设备维护、保养困难；	欧洲的ETCS、日本的CARAT
5. 无线扩频定位	定位精确	价格较高；	美国的AATCS系统

5.2.2 通信技术

随着固定通信技术的不断成熟和我国铁路信息化建设的不断壮大，我国铁路已经基本实现相关固定设备之间的通信，如TMIS、DMIS、SMARTS等系统中的车站、分局、路局、铁道部间的信息传输。因此铁路智能运输系统中面临的关键通信问题在于实现移动体与固定体间的双向高速移动信息接入。铁路智能运输系统中对移动通信的要求主要存在于以下领域：

(1) 列控方面：列车运行自动控制、行车指挥调度等；

(2) 相关的语音通信：调度员、驾驶员、维修人员等之间的通信；

(3) 旅客服务方面：在线 INTERNET 接入、购票、导航等服务；

(4) 其他应用：紧急救援、安全监控与维修等数据通信，货物与集装箱监控数据传输；

目前我国铁路通信的无线接入部分仅有 400MHz 的传输话音信息的无线列调系统，这已经不能满足铁路智能运输系统对无线通信的需要。铁路智能运输系统既要求实现调度中心与车站值班员、列车驾驶员之间的通话功能，实现线路管理区间的公务移动通信功能，同时还要求能够实现调度中心与列车之间实时的双向数据通信功能。

随着移动通信技术的发展，出现了两种面向铁路移动通信的新技术，即欧洲 ERTMS 上广泛采用的 GSM-R（全球移动通信系统）移动通信方式和面向专用部门的公众专用移动通信系统特 TETRA。

GSM-R 是历时近 12 年专门为欧洲铁路开发的标准，它以成熟的 GSM 技术为基础，并将铁路移动通信所具有的特色（群呼、组呼、优先级别、强插、强拆等功能）加进去，构成 GSM-R（用于铁路的全球移动通信系统）的解决方案。并以欧洲铁路列车控制系统为依托进行了大量实验，目前已发展成为许多国家研究和实验的标准。印度、美国等都在积极进行试验。

TETRA 是欧洲电信标准标准协会制定的数字集群移动通信标准，可以为铁路提供综合数字移动通信服务，近两年来才进入市场。该系统的优点是标准的开放性。但 TETRA 目前的应用主要在地铁中，没有针对铁路用户需求制定相应的标准，也为在干线铁路进行过现场试验。该技术若要应用到铁路上，还要解决以下问题：高速移动时的信号传输可靠性问题、高速越区切换问题等。

5.2.3 数据共享与综合技术

智能空间分析与数据挖掘技术、元数据技术、中间件技术、数据仓库技术等一直是研究热点。其中有些已经非常成熟并在快速的发展中，如数据挖掘技术、中间件技术、数据仓库技术等。

智能空间分析与数据挖掘技术近年来一直备受重视，其主要目的在于构建铁路空间数据仓库、时空一体化数据模型，从多维角度进行分析比较，实现面向数据和面向模型分析方法的统一，充分利用智能技术提取隐藏在数据中的规律和知识，为行车组织、客货营销等业务提供决策支持服务。目前这一方面的研究正在积极进行中。

元数据管理技术实现元数据的维护、查询、提取、交换等功能。元数据是用来描述数据的数据，基于元数据的信息共享机制可以在信息社区内共享分布在各处的有价值的属性数据等数据资源；数据在一个完整的目录服务中有系统管理员统一管理并直接由数据拥有者来维护；能够通过网页进行发布、查询等。随着数据仓库的广泛应用，元数据的重要性越来越被人们所认同。

中间件位于硬件、操作系统平台和应用程序之间，用于实现跨平台、透明的数据库共享和通讯，运行于多种硬件和操作系统平台，支持分布计算，提供跨网络、硬件和操作系统平台透明性的应用和服务的交互，支持标准的接口和协议。

数据仓库技术面向将分散于不同系统的、同构或异构的数据源、不同数据格式的数据有机组织起来，包括空间知识的表示和计算技术、多维时空数据存储和索引的组织技术、多源异构空间数据和业务数据的无缝集成技术、空间元数据技术。

5.2.4 人工智能技术

当前，人工智能理论尤其是智能控制在工程应用领域中取得了丰富的成果加深了人们对智能的理解。模糊控制理论、神经网络理论、专家系统理论、进化计算技术、DNA计算技术正在蓬勃迅速地发展，为研究信息系统的智能提供了大量的理论与技术。近几年来，随着计算机与网络通信技术的迅猛发展，特别是因特网的大规模普及，人工智能的研究再度活跃起来，并正向更为广阔的领域发展。围绕智能化应用系统的研究和开发也迎来一个蓬勃发展的新时期。

铁路智能运输系统作为一个大型的智能信息处理系统，其信息自组织行为必须具备“智能”，它的智能体现应该包括三个方面：子系统（智能体）的智能、各个子系统的集体决策能力（协商/妥协机制）以及智能的进化。目前铁路运输系统中各种信息系统（SMARTS系统，TMIS系统，DMIS系统等）的智能很少被深入地研究，究其原因在于：(1)大量的业务信息分散在各个独立的业务系统中，资源和数据难以共享；(2)铁路运输系统中各种信息系统对智能的需求还没有凸现出来，这些信息系统的生命周期还刚刚开始，对复杂问题的应付能力还未得到检验，人们对这个问题还未真正地开始重视。

因此如何充分利用现有的智能系统理论的成果，提高铁路智能运输系统中各个业务领域的决策支持水平和控制水平，将是铁路智能运输系统面临的主要问题。

6 RITS的总体战略目标和发展模式

如上所述，在党的十六大明确确立的“本世纪前20年全面建设小康社会”的宏伟目标的指引下，作为国民经济的大动脉和国家重要的基础设施，铁路运输在全面建设小康社会中肩负着运力支持、当好先行的重要历史使命。这一形势要求铁路在加大基础设施建设的同时，必须充分挖掘现有基础设施潜力，提供更高效率、更高品质服务、和更安全的运输。

此外，从科学发展观的角度出发，铁路本身作为一个涵盖车、机、工、电、灯等多个专业领域的复杂大系统，其内部各专业间的协调发展、信息共享十分重要。此外铁路作为整个交通运输系统中的一个重要组成部分，它与其他运输方式的均衡发展、有机结合、资源共享也同样重要。

因此，铁路智能运输系统的发展必须以科学发展观为指导，按照国家智能运输系统发展框架和铁路跨越式发展思路，紧密结合铁路运输生产的实际需要，努力推进服务、效率、安全方面的水平，推进铁路的现代化建设。基于此铁路智能运输系统的总体战略目标如下：

紧密围绕“高效率、高安全、高品质服务”目标，以运输组织、客货营销、经营管理为建设重点，加强既有资源的整合管理，到2020年在全路建成技术先进、结构合理、功能完善、管理科学、经济适用、安全可靠、具有中国特色的铁路智能运输系统，其总体水平跃居世界先进行列。实现调度指挥智能化、客货营销社会化、经营管理现代化，在提高运输效率、扩大运输能力、优化资源配置、保障运输安全、改进服务质量、提升管理水平、增加经济效益等方面发挥明显作用。

具体目标如下：

（1）在服务方面

①以电子商务系统为平台，建设若干客户服务中心，向社会提供充分的信息交流和互动式服务，实现客、货运业务的网上办理与支付。

②建成完善的综合服务系统，为旅客提供详尽的信息服务、旅行向导以及相关信息在车站及车上的传输、显示等，为货主提供与货运资源相关的及时的信息和查询服务，以满足货主对货运过程的全程监督。

（2）在安全方面

①实现包括图像识别技术在内的道口监控和车站监控系统，以保障列车运行的安全和防止铁路与其他相关系统的冲突。

②提供完善的状态实时检测系统为基础，以语言、数据、静态及动态图

像传输系统为信息支持，以GPS/GIS为定位手段的具备快速响应能力的铁路防灾、救援、决策与指挥信息系统。

③提供保障运营安全和维修效率的移动体和固定设施状态的实时检测、评估和维修支持的手段，以及在安全数据共享基础上的安全评估决策体系。

④在客运专线、城际铁路和路网干线全面建成行车安全监控系统，实现对机车、车辆、线路、信号、电网和列车运行状态的全面检测、预警和安全管理；

⑤全面实现列车、机车、车辆、货物、集装箱的实时追踪。

(3) 在效率方面

①在繁忙干线、提速线路、客运专线、城际铁路等建成智能化的列车运行控制和智能化检测、诊断和维护系统。

②在客运专线、城际铁路、煤运通道和其他路网干线建成调度集中系统，发展综合调度指挥系统。

③实现机车、车辆修程修制的改革和铁路运力资源管理的科学化，全面建成集成化的列车运营管理系统；

④建成铁路智能决策支持系统，提供面向局部和全国的决策支持体系，实现个性化、专题化、智能化的决策支持，以提高适应市场需求的能力和铁路运营效率和效益的提高。

(4) 在内外部资源共享、协调发展方面

①建立完善的信息资源体系和信息共享平台，实现铁路运输各子系统之间的信息的高度共享，对所有相关信息进行集中管理，以提高整体效率、防止全局性事故以及保障各业务子系统的协调运行，全面实现信息共享和综合利用。

②提供可靠的高带宽的车地高速数据接入手段，以满足铁路移动体和固定设施间的数据获取和共享。

③形成覆盖全路的高速宽带数字通信基础传输网络和业务应用网，全面满足铁路智能运输系统、多媒体通信、综合数字移动通信等所需通道的需求。

④建成支持电子交易与社会化服务的计算机安全网络。

⑤建成铁路地理信息系统，构建数字化铁路。

⑥提供与其他运输方式共享及交互的信息平台，以满足联运的需求。

发展铁路智能运输系统的指导原则是以提高运输效率和改善运输服务、增强运输安全为目的，在追踪和采用现代智能技术的同时，结合国内已有的信息化建设的基础，在统一的框架体系指导下，重点整合信息化建设的资源和优势。与此同时，集中力量进行关键技术的攻关和示范应用，力争实现技术上的跨越，带动我国铁路运输系统整体智能化水平的不断提高，为中国铁路提高市场乃至国际竞争力提供技术保障。

在目前情况下，由于受资金、技术等多种因素的限制，为实现上述战略目标我国RITS可行的发展模式应是研究和发展并举、试验和推广并举、以点带线、以线带面，争取在统一的框架体系的指导下，采用分阶段渐进集成的方式加以推进，如图6-1所示。

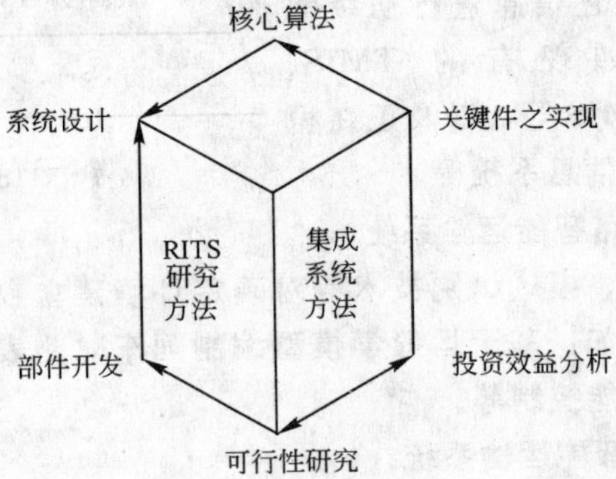

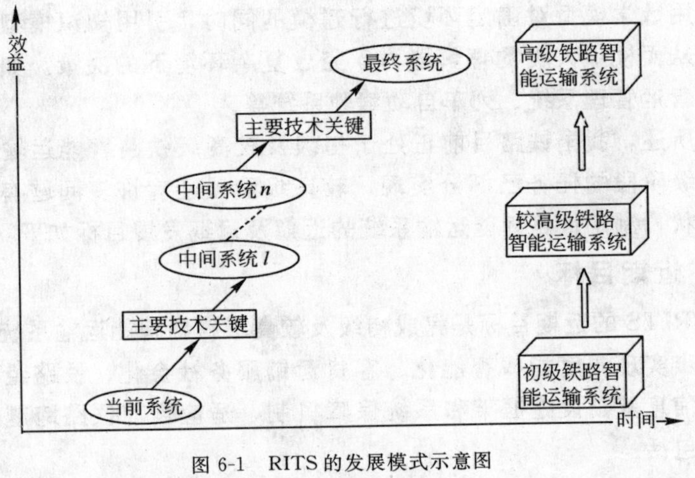

图6-1 RITS的发展模式示意图

7 铁路智能运输系统的各战略阶段及其目标

铁路智能运输系统的核心技术就是智能技术，所谓智能是指能有效地获取、处理、再生和利用信息，从而在任意给定的环境下达到预定目标的能力。同时智能本身也有不同的程度和级别。低级智能表现为感知环境，做出初级的决策控制行为。较高级智能表现为具有判断能力，能识别对象，表达环境模型中的知识，对未来做出规划和推理。高级智能表现为具有理解能力，能在复杂的环境中做出成功决策。与此相应，智能运输系统也分为以下3个层次，如图7-1所示。

(1) 初级铁路智能运输系统

应用计算机技术、信息处理技术、地理信息技术、数据通信技术等采集、传输、共享来自铁路运输环境中的各类信息，并根据上述信息进行初级的决策和控制。如现有的 TMIS、DMIS、ATIS、PMIS 等，以及正在积极研究的铁路地理信息系统等。

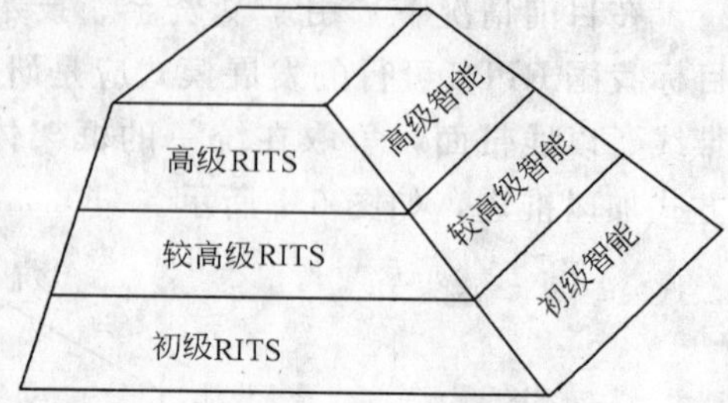

图 7-1　RITS 发展战略阶段划分

(2) 较高级铁路智能运输系统

应用系统辨识、模式识别技术等对确定环境建立数学模型，从而对未来做出规划和推理。如：基于运筹学模型编制列车时刻表、编组站调车自动化系统、列车速度智能控制等。

(3) 高级铁路智能运输系统

在应用数学模型对确定环境进行建模的同时，引用知识模型对非确定对象建模，从而模拟人类的理解能力，完成复杂环境下的决策。如综合调度系统、综合营运管理系统、列车自动驾驶系统等。

如上所述，我国铁路目前正处于初级及较高级铁路智能运输系统的发展阶段，初级阶段的任务已部分实现，较高级阶段还有许多问题有待解决。针对这种现状，制定铁路智能运输系统的近期及远期发展目标如下：

7.1　近期目标

发展 RITS 的近期目标是完成初级及较高级铁路智能运输系统阶段的关键任务，初步实现调度指挥智能化、客货营销服务社会化、铁路经营管理现代化，建立信息基础设施框架和系统保障机制，适应当前铁路跨越式发展的需要。具体包括：

(1) 制定 RITS 发展的总体规划和体系框架，为我国 RITS 的发展提供设计、实施、标准和管理的依据。

(2) 完善和整合已有的信息化建设成果，初步建立基于铁路地理信息系统的全路共享平台，实现对运输资源的统一管理；

(3) 完善铁路通信网络基础设施，实现基础通信网的光缆化、数字化，具备宽带数字化综合接入能力；

(4) 建成高速宽带的车地双向数据接入系统，为车——地之间的数据通讯提供保障；

(5) 建立信息资源体系和信息共享平台，发展列车车载信息传输平台，初步实现信息共享和综合利用；

(6) 制定应用系统整合策略与技术方案，完成主要信息系统的整合；

(7) 初步建成全路6大干线的行车安全监控系统，为铁路的安全运营提供保障；

(8) 建成网上客运信息发布系统，发展自动手检票系统，建成客运服务系统。

(9) 实现货运订单的电子化管理，实现大货主的集中管理，提供网上货运信息服务。

(10) 建成铁路电子商务门户网站，实现网上客票的预约、预定和货运手续办理；

(11) 建成电子数据交换系统，实现与港口、海关、其他行业及相关政府监管部门间的信息交换；

(12) 初步建成智能化列车调度与指挥系统，大力发展适应客运专线模式的综合调度指挥系统；

(13) 实现对列车、机车、车辆、货物、集装箱的实施追踪；

(14) 建成车辆、机务、工务、电务检修、运用与管理信息系统；

(15) 初步建成铁路决策支持系统，提供个性化、专题化、智能化营销分析和决策支持；

7.2 远期目标

发展RITS的远期目标是在全路建成技术先进、结构合理、功能完善、管理科学、经济适用、安全可靠、具有中国特色的铁路智能运输系统，具体如下：

(1) 建成先进的基于地理信息系统的全路共享数据平台，形成全路共享的运输资源管理系统、紧急事件及安全信息系统等；

(2) 建立完善的服务体系和电子商务系统，以多种方式为旅客或者货主提供高质量、全方位的服务；

(3) 建成涵盖客运调度、货运调度、特种调度等各类调度的综合调度系统，提高调度指挥的科学性和合理性。

(4) 建成包括客运、货运、集装箱、调车管理的综合营运管理系统，提高铁路运输的效率。

(5) 建成列车自动驾驶系统，实现列车在无人或很少人工干预下的自动运行。

(6) 提供与其他运输方式的ITS的接口。

(7) 建立与铁路智能化战略相适应的现代管理机制。

参考文献

[1] 卢乃宽．欧洲铁路运输管理系统ERTMS-21世纪的全球解决方案．铁道通信信号，2001，vol.37 (7)：37～39

[2] ALSTOM Transport. ERTMS European Rail Traffic Management System Solutions for Interoperable Train Control. ALSTOM TRANSPORT

INFORMATION SOLUTIONS. 2001：4～10

[3] C. Frerichs，R. Detering，M. Wiemann. The ERTMS/ETCSS pecifications on Interoperablility and their Implementation in the Berlin－Halle/Leipzig Pilot Project. ZEV＋DET Glasers Annalen 124（2000）. 2000（8）：467～473

[4] ASTREE real－time train supervision will complement ETCS development, Railway Gazette International，1994，No. 9

[5] Seki，et al.，Construction of Future Railway System Utilizing Information and Telecommunication Technologies，WCRR2001，Germany

[6] Ogino，et al，CyberRail - the fabric of ITS enhanced by trailway transport，WCRR2001，2001

[7] Tsuchiya，et al，User services of CyberRail - toward system architecture of future railway，WCRR2001，Germany

[8] Masakazu Miyachi & Yuichi Sakuma，Development of low cost，on-board ATS-P technology at the East Japan Railway Company，Computers in railways VI，1998：1037～1046

[9] M. Miyachi，H. Ikeda，H. Tokuhashi，Development of integrated automatic train stop with patterns（ATS-P）on-board system，computers in railways VII：1165～1175

[10] K. Kubota，K. Kumagai，S. Nishida & J. aria，ATP equipment using system administrator，computers in railways VII，2000：1185～1193

[11] T. Ichilawa，J. Ito，H. Sugie，S. Nishida & Y. Yokota，Tokaido shinkansen ATP on-board systems take a lead for 21st century，WCRR2001，Germany

[12] Masayuki Matsumoto，Yosuke Mizukami，Atsuhiko Hashimoto etc.，New ATC system with digital transmission and on-board intelligence，WCRR2001，Germany

[13] kuo WATANABE，Mitsuyoshi FUKUDA，Yasuhiro USHIJIMA，Tetsuo TAKASHIGE，Development of digital ATC system，quarterly report of RTRI，Vol. 40，NO1，1999（3）

[14] Tae-ki Ahn，Seong-ho Han，Su-gil Lee，Jong-duk Chung，Won-kyong Kim，Development of ATO system for Korea standardized EMU，WCRR2001，Germany

[15] Benedetto Allotta，Paolo Toni，Monica Malvezzi，Paolo Presciani，Gianluca Cocci，Valentina Colla，Distance and speed evaluation from odometric measurements，WCRR2001，Germany

[16] M. Mazzarello，R. Copello，Conflict resolution in railway traffic anotrol

by a distributed intelligence approach, Computers in railways VII, 2000, P789-798

[17] ERTMS: experimental results on test track Italy, WCRR2001, Germany, 2001.9

[18] The Euro-Interlocking Project: Status of work on Open Standards for Railway Interlocking Systems in Europe, WCRR2001, Germany, 2001.9

[19] 贾利民，李平，聂阿新．新一代的铁路运输系统—铁路智能运输系统[J]．交通运输工程与信息，2003

[20] 贾利民，李平．铁路智能运输系统，铁道知识，2004. 01

[21] 李平，张莉艳，贾利民，聂阿新，史天运．铁路智能运输系统的研究. 中国铁道科学，2004 年 vol. 25 (1)：62～66

[22] 贾利民，李平. 国外铁路智能运输系统研究现状，铁道知识，2004. 04

[23] 李平，张莉艳，杨峰雁，贾利民．国外铁路智能运输系统研究现状及分析. 中国铁道科学，2003. Vol. 24 (4)：12～18

[24] 贾利民，李平，秦勇，史天运，聂阿新．中国铁路智能运输系统的体系框架．中国铁路，2003. 9：22～26

附件4

水路智能交通系统发展战略研究

费维军 曹文胜 彭传圣 陈 彤等

目 录

1 概述

水路智能交通系统（Waterborne Intelligent Transportation System，简称 WITS），是指在水路运输中通过利用现代信息、网络和通讯等高新技术实现提高运输效率和保障运输安全的各种系统的统称。

WITS 可以按照功能划分为提高运输效率和保障运输安全两部分，即以提高运输效率为主的散货码头自动化管理系统（Bulk Terminal Automatic Management System，简称 BTAMS）、集装箱码头智能管理系统（Container Terminal Intelligence Management System，简称 CTIMS）、船闸自动化管理系统（Ship Lock Automatic Management System，简称 SLAMS）、智能卡系统（Smart Card System，简称 SCS）、电子数据交换系统（Electronic Data Interchange，简称 EDI）等；以保障运输安全为主的全球海上遇险与安全系统（Global Maritime Distress and Safety System，简称 GMDSS）、船舶自动定位识别系统（Universal Shipborne Automatic Identification System，简称 AIS）、船舶交通管理系统（Vessel Traffic management System，简称 VTS）、应急反应系统（Emergency Response System，简称 ERS）等。

本研究范围将 WITS 划分为与航行相关和与运输相关的两部分，不包括运输工具（如船舶）和技术装备（如装卸机械）的智能化，也不包括作为 WITS 基础的管理信息系统、电子政务、电子商务和办公自动化系统。

WITS 与航行相关的系统主要包括全球遇险搜救系统（GMDSS）、船舶自动定位识别系统（AIS）、船舶交通管理系统（VTS）；与运输相关的系统主要包括电子数据交换（EDI）、智能集装箱码头系统（Intelligent Container Terminal System，简称 ICTS）、港口生产计算机模拟系统等。

本战略研究主要从以上两个方面回顾了我国水路智能交通发展的历史，分析了存在的主要问题，研究了发展环境与需求，提出了发展战略目标、“十一五”重点和对策和建议。

2 国外水路智能交通发展

2.1 航行智能化

2.1.1 船舶交通管理系统（VTS）

从某种意义上讲，VTS 的产生可能与助航标志的产生与发展具有密切联系。只是一个是被动，而另一个是主动，且 VTS 的功能较多。船舶交通管理系统是从管理现代运河，如苏伊士运河（1869年）、基尔运河（1895年）和巴拿马运河（1914年）开始建立的。第一代VTS系统是人们将管理运河、江河和港口的船舶交通管理系统，主要是使用引航员、通讯和视觉信号。

从英国利物浦港口管理中心在墨西（Mersey）港务局安装了世界上第一个实施船舶交通管理的岸基雷达站后，从1960年后，安装岸基雷达和VTS无线电话的港口管理中心和引航站的数目大大增加。这种第二代VTS在船舶交通管理中有效地提高了港口、运河及繁忙水道的交通效率和减少了交通事故，提高了船舶航行安全。

随着技术的发展，当前第三代VTS又在实践中得到应用。这种管理中心将计算机的数据采集、处理功能应用于船舶交通管理，有的还附加了如摄像等功能。

当前关于VTS国际海事组织已有了明确的定义，1997年11月27日国际灯塔协会向国际海事组织提交的草案中指出："VTS是主管机关为了促进船舶交通安全和效率及保护水域环境所建立的一种设施。该设施有能力使VTS区域中的船舶相互作用，并对船舶交通的发展做出反应"。近年来，随着计算机技术及数字通信技术等的发展，在世界上几乎所有重要港口都建立了船舶交通管理系统或监视雷达，各国的VTS不断更新，其功能也不断增多。

2.1.2 全球搜救系统（GMDSS）

GMDSS系统是国际海事组织（International Maritime Organization，简称IMO），用于改善旧的海上遇险与安全通信，建立新的搜救程序，并用来进一步完善海上常规通信的一整套综合通信系统。

旧的海上遇险与安全系统受1974年国际海上人命安全公约（Convention on the Safety of Life at Sea，简称SOLAS）的约束，并与国际电信联盟（International Telecommunications Union，简称ITU）制定的无线电规则相一致。

1979年举行的第11次IMO大会考虑到旧的海上遇险和安全系统的现状，决定应建立一个新的全球海上遇险和安全系统，以改进海上遇险和安全通信及其程序。以协调搜救业务为基础，新系统将结合现代通信技术的发展，并明显地改善海上人命安全状况。

1988年11月召开的有关全球海上遇险和安全系统（GMDSS）的1974年SOLAS公约缔约国大会，批准了1974年SOLAS公约有关GMDSS无线电通信的修正案，并做出了相关的几个决议。大会决定这些修正案于1992年2月1日生效，即GMDSS于1992年2月1日开始实施，并于1999年2月1日起完全正式实施。

GMDSS的基本概念是，岸上搜救当局及遇难船或遇难者附近的船只能够迅速地被报警，以便它们能以最短的时间延迟参与协调的搜救活动。该系统还提供紧急与安全通信业务和海上安全信息（Maritime Safety Information，简称 MSI）的播发。换句话说，每条船不管它航行于什么海域，为了它自身和同海域其他船的安全，必须具备进行遇险报警、紧急与安全通信以及进行常规通信的功能。同时各协约国政府应建立适当的岸基设施以提供 IMO 建议的空间（卫星）和地面通信业务。

GMDSS 的功能是通过两大通信分系统完成的，两大通信分系统是地面通信系统和卫星通信系统。凡从事国际航行的 300 总吨以上的货船和一切客轮必须装备 GMDSS 设备，并具有遇险报警、搜救协调通信、现场通信、现场寻位、海上安全信息（MSI）的播发、常规通信和驾驶台对驾驶台通信。GMDSS 的所有功能都是基于航行安全这个角度，其中遇险报警功能是最基本的，只有成功的报警才能提供及时恰当的救助。为此，除了船舶必须具有上述功能外，必须建立一个岸台/站、RCC 和救助机构间通畅的岸基通信网。

2.1.3 船舶自动识别系统（AIS）

AIS（Universal Shipborne Automatic ldentification System）是通用船载自动识别系统的缩写，它是近年来出现的一种辅助海上交通监视的新型船舶助航设备。它的目标是实现船舶的自动识别、跟踪和简化船-船间以及船-岸间的信息交换。

AIS 系统是当代先进的卫星定位与授时技术、VHF 移动通信技术和计算机网络技术相互融合的产物，它的主要功能是将船舶的标识信息、位置信息、运动参数、航行状态以及与船舶航行安全有关的重要数据，通过 VHF 数据链路自动地广播给周围的其他船舶或相关的沿岸设施，以实现对该水域海上交通状况的监视。

通用船载自动识别系统主要包括内置的卫星定位接收机、VHF 数据通信机、通信控制器、船舶运动参数传感器接口和操作终端接口。它的外围设备主要有提供船首航向的电罗经，提供船舶位置以及对地运动参数的船舶主卫星导航定位仪器，提供船舶转向速率的传感器和提供人机界面的操作终端。

通用船载自动识别系统的船舶运动参数传感器接口可以与船桥上安装的 GPS 接收机、电罗经、计程仪和船舶转向速率计相连，收集它们提供的各种船舶运动信息供系统广播和显示使用。该接口具有较强的兼容性，以便适应各种不同的设备类型。AIS 系统的操作终端接口通常与电子海图显示和信息系统相连。它不仅能够输出本船的运动参数和接收到的周围船舶的信息，也能接收来自操作终端的控制指令和发送报文。

通用船载自动识别系统与当前普遍使用的雷达系统相比，具有监视信息量大、抗干扰能力强、作用范围广和能进行目标识别与短消息通信等优点。它不仅能给出周围船舶的位置和运动矢量线，而且还能给出这些船舶的 MMSI 标识码、船名、转向速率和转向点的信息。此外，由于 AIS 系统的工作频率较雷达的低，因而它的传播质量一般比雷达好，在地形不太高的情况下能够“看见”弯曲航道或岛屿背后以及大船背后的船舶；在气象条件不好的情况下，也不会丢失小目标。因此，AIS 系统将是雷达系统的有利补充，是未来海上交通监视领域的发展方向。

AIS 系统的应用领域十分广泛，归纳起来可分为岸基船舶监控、船岸数据交换、船舶间信息交换和海上救助四个方面。以 VTS 中心为节点建立覆盖整个海岸线的 AIS 监控网，可以大大增强一个国家的沿海交通和海洋环境的监管能力。目前海岸监控对船舶的跟踪主要是依靠雷达实现的，由于雷达对目标的探测易受天气、海浪和视距的影响。特别是在恶劣天气情况下，在航道的弯头或遮蔽水域就无法探测到目标，并且雷达对目标的分辨率和定位精度也将会随着目标距离和数量的增加而下降，这将会引起目标的丢失而无法实现跟踪。但随着岸基 AIS 监控网的建立，上述问题将迎刃而解。因为 AIS 系统能自动播发船舶的 GPS 或 DGPS 船位、航向、航速以及航行状态，而这些信息经过处理，显示在监控平台上即可对监视目标进行观测，并满足实时跟踪的需要。不仅如此，AIS 系统提供的船舶识别码、船名、呼号、和船舶类型等静态信息可使监控系统自动、可靠、快速地识别船舶，实现海岸监控的实时跟踪和自动识别。依托岸基 AIS 监控网，船舶的航迹和传输的报文可以被岸上的信息中心存储起来，这样可以实现与飞机的“黑匣子”相似的功能。另外，由于在岸基信息系统中可以很容易地查找船舶纪录和船舶所装载的货物情况。因此可以加强对那些可能造成污染的船舶的监控，以及污染事故发生后的调查和评估。

2.1.4 电子海图系统（ECS）

海图可分为两个部分，一个部分是电子海图数据（Electronic Navigation Chart，简称 ENC），另一部分是各种基于电子海图数据的应用系统，其中最为主要的就是电子海图显示及信息系统（Electronic Chart Display and Information System，简称 ECDIS）。

电子海图数据具有两种形式，即基础数据和更新数据。基础数据和更新数据一起为电子海图显示及信息系统所接收，以形成反映海域内最新信息的系统电子海图（SENC），供 ECDIS 显示和作相应的处理。无论是基础数据还是更新数据，均以标准的格式进行数据的组织和封装，从而使不同国家的海道测量机构制作的电子海图可以在不同的 ECDIS 上准确地使用。

电子海图和电子海图显示及信息系统一起为航海人员提供一个海图信息平台，使用者能够非常直观、方便地了解到所处海域的状况。同时在这个平台上还集成有多种航海设备的信息（如 GPS、雷达等），最终为船舶的航行安全带来更好的保障。

国际上电子海图已有20多年的发展历史，近10年来进入蓬勃发展时期，出现了许多种电子海图显示与信息系统产品，并开始在多国的舰船上试用。随着电子海图的种类和数量不断增加，电子海图的规范化问题成为了国际组织和各国政府部门关注的焦点问题。IMO和IHO（International Hydrographic Organization，国际航道组织）于1986年成立了由多国专家组成的电子海图委员会，着手电子海图世界标准的研究工作，1987年和1989年两次起草了ECDIS规范，1989年IMO通过了ECDIS规范草案（第三稿），1994年IMO的安全委员会批准了ECDIS执行标准草案，1995年IMO第十九届大会正式采纳了该电子海图执行标准，从此ECDIS的IMO性能标准被确定。而IHO先后于1987年和1992发布了专用出版物《ECDIS海图内容和显示规范》（即S-52）和《IHO数字海道测量数据传输标准》（即S-57），而后进行了多次修改完善，到1997年9月正式发行了S-57V3 0格式，使它成为各国相关部门广泛采用的国际民用数字海图数据传输标准。国际电工技术委员会（International Electrotechnical Commission，简称IEC）应IMO的要求也于1996年公布了IEC的ECDIS性能标准，对于按照IMO和IHO的ECDIS技术规范和标准研制的有关设备进行必要的性能测试和评定给予规定和说明，IEC的这个标准已成为ECDIS形式认可技术规范的开发基础。为适应国际海事组织制定的有关ECDIS国际标准的推广应用，美国、加拿大、英国、俄罗斯、挪威、德国、意大利等国的海运、测绘部门也相继开展了ECDIS的技术标准工作，国际电子海图正朝着国际标准化方向迅速发展。

ECDIS被认为是继雷达/ARPA（雷达自动避碰系统）之后在船舶导航方面又一项伟大的技术革命。从最初纸海图的简单电子复制品到过渡性的电子海图系统，ECDIS已发展成为一种新型的船舶导航系统和辅助决策系统，它不仅能连续给出船位，还能提供和综合与航海有关的各种信息，有效地防范各种险情。据不完全统计，目前世界上安装各类电子海图的商船、渔船、客船、游船及军舰在20万条以上。

2.2 港口智能化

应用自动化作业设备以及配套的管理和控制软件系统，形成部分或全部替代通常由人工完成的复杂和非重复性的集装箱搬运和装卸能力，使需配备码头生产人员大量减少的集装箱码头，称为自动化运转的集装箱码头。由于岸边集装箱起重机当前难以实现完全自动化操作，目前所说的自动化运转集装箱码头指堆场作业、水平运输采用自动化作业设备，以及集疏运卡车进出大门的操作自动完成的码头。通常认为自动化运转的集装箱码头的投资较大，但是由于生产人员以及人工操作的减少，营运成本相对降低，能够稳定可靠地提高集装箱码头作业效率、通过能力和服务水平。

早在上个世纪80年代中期，在劳动力成本昂贵和熟练劳动力匮乏的地区，自动化运转集装箱码头首先受到关注，英国泰晤士港、日本川崎港以及荷兰鹿特丹港均规划建设自动化运转的集装箱码头。泰晤士港和川崎港自动化运转集装箱码头均计划采用分阶段建设的方法实施，但是由于后续的自动化设备开发的财政资助发生变化而搁浅。鹿特丹港（Europe Combined Terminals，简称ECT）的建设则按照计划进行，其Delta Sealand集装箱码头作为世界上第一个自动化运转集装箱码头于1993年投产，实践证明其自动化运转集装箱码头建设达到了预期的目标。

随着经济全球化和区域经济一体化进程的加快，全球集装箱运输发展快速发展，各地集装箱码头均面临吞吐量急剧增长的压力；我国大陆由于经济高速增长，集装箱吞吐量的年递增率更是世界平均水平的3倍强，集装箱码头的压力更大。除了大量建设新的集装箱码头外，利用自动化运转集装箱码头技术改造现有码头，提高通过能力是缓解集装箱码头压力的途径之一。此外，为进一步降低运输成本，船公司采用越来越大的集装箱船舶，在一个港口装卸的集装箱量增加，与此同时，却要求船舶在港时间保持不变。集装箱码头为增强竞争力，提高装卸作业效率的压力也越来越大。如果采用通常的方法达到提高装卸作业效率的目标，则需要配置更多的车辆和堆场以保证码头前沿设备的作业效率能够充分发挥，因此，需要配置更多的生产人员，意味着营运成本大量增加。这些因素推动了新的自动化运转集装箱码头的出现。

鹿特丹港在总结Delta Sealand自动化运转集装箱码头建设和使用经验的基础上，相继于1997年建成了Delta Dedicated East（DDE）自动化运转集装箱码头，2000年建成了Delta Dedicated West（DDW）自动化运转集装箱码头，2001年鹿特丹港的通过能力为410万标准箱，实际吞吐量达到330万标准箱。2002年6月，德国汉堡港由Hamburger Hafen-und Lagerhaus-Aktiengesellschaft（HHLA）码头公司经营管理的Altenwerder自动化运转集装箱码头一期工程投产，至2002年底完成吞吐量138000标准箱。

专家预测，为提高码头竞争力，集装箱码头采用自动化或者半自动化运转系统的趋势将会进一步发展，而且这种发展趋势将不仅仅局限在劳动力成本昂贵和熟练劳动力匮乏的国家和地区，也将不仅仅局限在大型的海港码头。

国外航运和港口发达的国家和地区毫不例外地在集装箱港口智能化管理方面十分重视，并取得了快速发展，基本上实现了现代化管理，个别港口在智能化管理方面取得了突破。远程预定、无线识别、车辆定位、自动调度、手持电脑、机载电脑、自动配载、电子数据交换等技术已经基本成熟，并得到了广泛应用。

目前，世界上实现智能化运作的典型码头有4个，包括荷兰鹿特丹港的

European Combined Terminals（ECT）、英国的 Thamesport、日本 Kawasaki 港的 Higashi Ohgishima 自动化集装箱码头以及德国汉堡港的 Container Terminal of Altenwerder（CTA）。

荷兰鹿特丹港是欧洲最大的港口，ECT Delta Sealand 自动化集装箱码头于 1993 年投产，是世界上第一个自动化集装箱码头，1997 年 Delta Dedicated East（DDE）自动化集装箱码头投产，2000 年 Delta Dedicated West（DDW）自动化集装箱码头投产。这 3 个自动化集装箱码头，在码头前沿均采用岸边集装箱起重机进行船舶的装卸作业，可以进行半自动化作业，但是仍然需要驾驶员进行操作。码头前沿由岸边集装箱起重机装上或卸下船舶的集装箱，集装箱与集装箱堆场间的运输由自动导引车（Automatic Guided Vehicle，简称 AGV）完成，作业由码头中央控制室通过指令进行操作，完全实现了自动化。集装箱堆场采用自动化的轨道门式起重机，称为自动堆码起重机（Automatic Stacking Cranes，简称 ASC）进行堆垛作业，作业由码头中央控制室通过指令进行操作，完全实现了自动化。中央控制室和 AGV 之间，采用 RDT（Radio Digital Terminal，无线数据终端）进行数据通讯，每 8 辆 AGV 共用一个特定的频率，另外给定一特定频率备用。码头中央控制室的生产过程控制系统（Process Control System，简称 PCS）规划 AGV 的行驶路线，控制所有 AGV，通过对照所有 AGV 的行驶路线，能够准确确定 AGV 之间的距离，防止 AGV 相互碰撞。沿着码头前沿设有通过岸边集装箱起重机的相对位置进行定位的 AGV 停车车位，当 AGV 位于岸边集装箱起重机下方时，岸边集装箱起重机上的红外检测器测定出 AGV 驶入装卸作业位置，并将有关信息发送到中央控制室的 PCS，由 PCS 向相应的 AGV 发出停车指令，保证 AGV 准确地定位在作业位置上。

2.3 运输智能化

2.3.1 电子数据交换（EDI）

在 20 世纪 60 年代后期，国外为了解决运输业中大量货物运输数据的电子传输问题，提出了电子数据交换的概念，并首先在美国工业交通同盟和美国运输协会内实现电子数据交换，1968 年成立了美国交通运输数据协调委员会，开发了美国运输业的电子数据标准。1984 年美国国家标准局和美国交通运输数据协调委员会成立了联合电子数据委员会，推出了美国 EDI（ELECTRONIC DATAIN TER C 1-1ANGE）国家标准。

1985 年，欧洲和北美代表在纽约成立了联合国电子数据交换小组，合作开发 EDI 国际标准。在实际的应用系统中，EDI 是 EDP（ELECTRONIC DATA PROCESS）电子数据处理的延伸，要求各通信伙伴事先做好本单位的计算机应用开发工作，建立共享数据库，按照 EDI 报文格式标准以非人工干预方式将数据及时准确地录入应用系统的数据库中，并把应用数据库中的数据自动地传送到贸易伙伴的电脑系统。联合国欧洲经济理事会（UN/ECE）经过多年的研究，于 1987 年公布了一套 EDI 国际标准，命名为 UN/EDIFACT。

UN/EDIFACT 是联合国推荐的用于行政、商业和运输业的电子交换标准报文格式。该标准目前占全球 EDI 应用的主导地位。航运业，特别是国际集装箱运输广泛地采用了这个标准进行信息交换。到 20 世纪 80 年代世界上著名的海运公司和港口，相继自行或合作建成 EDI 系统，应用领域扩展到了港口、航运、海关、税收和贸易活动的整个范围。

2.3.2 智能集装箱

集装箱智能运输可以有许多种实现方法，但其中最好的方法是建立使用智能集装箱的运输系统。智能集装箱是可以记录集装箱的运输状态信息，并可与外界进行信息交换的集装箱。智能集装箱可记录集装箱的箱号、开关箱时间、中途是否被开过箱、箱内运输货物的详细内容（包括货主、货物名称、数量起运地、运送目的地等），另外如果是冷藏箱，还应可以记录运输过程中温、湿度的变化。

美国于 2003 年启动了“智能安全交易通道（Smart and Secure Tradelanes，简称 SST）”项目，该项目综合现有技术，例如无线电频率身份标签和“智能”集装箱封条以及全球卫星定位系统和其他跟踪方法，从货物离开工厂的时刻开始，一直到收货人手中，对货物进行全程监视。在开始阶段，“智能安全交易通道”项目的实施需要一个完整的、安全的集装箱安全防范系统，以便登记个人信息，确定个人角色，捕获通过供应链的被跟踪目标结果和安全事件信息。该系统的实施者通过与发货人、运输公司、服务供应商、外国和美国港口终端的操作员合作，从制造厂、装货港、中转港，一直到美国卸货港，全程跟踪和自动验证集装箱。智能安全交易通道将与政府机构密切协同和对话，为维护港口、装运设施和集装箱跟踪的安全性，开发和测试可行的安全审查标准。

智能安全交易通道于2003年底投入使用，利用自动信息技术基础结构将新加坡、鹿特丹和香港与美国主要港口，如西雅图港、塔科马港等第一批美国国内港口链接。这些港口同意共同参与由“安全技术战略理事会”发起的一项货物跟踪项目。安全技术战略理事会属于行业性组织，到目前为止项目未接受任何政府专款。

由于美国宣布实施港口货运安全系统，世界最大的 3 个海港——Hutchison Whampoa 、PSA 公司和 P & O 港将合作展示并实施自动跟踪检测和安全技术，对进入美国港口的集装箱进行跟踪。每天有超过 17，000 个集装箱装载着美国 80%以上的进口货物到达美国靠近主要城市和工业中心的海港。实行这一举措的目的是增强集装箱及其中货物通过全球供应链进入美国港口的安全性和效率。

智能安全交易通道实施的基础系统，基于美国国防部开发的、经过战争考验的、具有实时响应功能的信息技术，称为“资产全面可视”（Total Asset Visibility，简称 TAV）网络。它通过电子驱动事件报警、防窜改系统、虚拟检查和验证监察追踪，改善对进入美国货物的跟踪效果，增加安全性。设计和实施资产全面可视网络的目的在于跟踪通过汽车、火车、轮船运输的，从生产厂到战场，从武器到食品的所有军用物资。

3 国内水路智能交通发展现状

1992 年以来，我国水运进入了高速发展阶段。1992 年我国主要港口吞吐量仅为 8.8 亿，其中集装箱吞吐量 240 万 TEU，到 2005 年，港口吞吐量达到 49 亿吨，其中集装箱吞吐量 7580 万 TEU。与此同时，随着科技进步的突飞猛进，我国水运智能交通也从 10 年前的尝试与起步阶段进入了全面发展阶段，取得了显著的成绩，为提高我国水运行业科技含量、提高运输效率和确保航运安全做出了突出贡献。

3.1 船舶交通管理（VTS）

随着中国对外开放的扩大和海内外交往的日益频繁，我国沿海各大港口的进出港船只迅速增多。为提高船只进出港效率，确保船只航行安全，20 世纪 90 年代以后，为中国 VTS 的全面发展阶段。新建了沿海营口、天津、烟台、成山头、北长山、上海、广州、深圳、湛江、琼州海峡等 10 个港口和水道的 VTS；建成了长江下游南京、镇江、张家港和南通 4 个 VTS；对大连、秦皇岛、青岛、宁波的 VTS 进行了更新或扩展。对内河而言，长江干线南京——浏河口船舶交通管理系统是我国内河港口，也是世界上内河监控水域最长的 VTS 系统，它由南京、镇江、张家港、南通 4 个交管中心、12 个雷达站组成。截至 2002 年，中国沿海（含香港）和内河共有 20 个 VTS，由 17 个 VTS 中心，42 个雷达站组成，覆盖了沿海港口大部分重要水域和长江干线下游的重要航段。

我国重点港口开通 VTS 后，5 年跟踪船舶约 300 万艘次，实施信息服务近 100 万次，实施交通组织 100 余万艘次，纠正违章 6 万艘次，避免险情近万次，协助搜救 1000 余次，挽回直接经济损失超过 2 亿元。

3.2 电子海图显示与信息系统（ECDIS）

我国关注和研究电子海图已有 10 多年的历史，从 1996 年开始电子海图的研究开发工作，于 1998 年 6 月开发完成了国际标准电子海图生成系统，制作了我国第一幅国际标准的电子海图。1998 年 10 月 8 日《国际标准电子海图的研究和开发》项目通过交通部部级鉴定。此后又相继开发了国际标准电子海图更新系统、电子海图导航系统，形成了电子海图基础数据、更新数据制作和电子海图船舶导航应用的技术能力。目前电子海图的制作逐步由科研开发、试生产转向正式生产，现在已经正式制作生产电子海图。

电子海图的研究成果及其生成的电子海图产品，可广泛应用于电子海图显示及信息系统的开发、海上航行、海事处理、海上安全交通管理等诸多领域。目前我局已制作完成中国沿海、大连、天津、青岛、上海、宁波、厦门、广州、成山头等不同比例尺电子海图 60 余幅，分别为中国远洋集装箱运输公司、中国海运集团公司、上海港引航站、宁波海事局、海军上海基地、长江口深水航道建设有限公司以及海事局相关部门提供了电子海图，这些电子海图在船舶导航、船舶交通管理、长江口深水航道建设等方面发挥了很大的作用，在取得一定经济效益的同时获得了巨大的社会效益。

3.3 卫星定位与通讯

1995 年到 2002 年，交通部海事局分三期在我国沿海地区共建设了 20 座 RBN-DGPS 基准站，在我国沿海形成了从鸭绿江到西沙群岛，覆盖所有沿海港口、重要水域和狭窄水道的高精度导航、定位服务网。这一系统的建成和开通，不仅使我国拥有了现代化的海上高精度导航定位系统，还能有效地保障船舶航行安全。

进入九十年代以后，随着通信、电子技术的迅速发展，数字通信、卫星通信技术在海上通信领域中逐步应用和成熟。为了改善海上遇险安全通信，确保海上人命安全，国际海事组织通过了建设全球海上遇险安全系统（GMDSS）的议案，并从 1992 年开始分步实施。对此，我国政府和交通部给予了极大的重视，经原国家计委批准，交通部开始了陆地设施的 GMDSS 建设。1997 年我国搜救卫星终端站和任务控制中心建成，其覆盖半径可达 2000 公里的海域。

在卫星通讯方面，1991 年我国在建成了海事卫星地面站，覆盖太平洋和印度洋两个洋区，为这两个洋区内的海上和陆上用户提供移动卫星通信业务。我国的 INMARSAT-A 标准地球站于 1991 年正式开通，满足 GMDSS 系统的要求；1993 年我国的 INMARSAT-C 标准地面站也正式开通，可以提供双向存储转发电文和数据信息通信业务，成为按 GMDSS 系统要求配备船舶的必备终端设备。1997 年，我国的 INMARSAT-B/M 标准海岸地球站投入了运行，同时满足 GMDSS 系统的要求，服务于我国船舶航行密度大的印度洋和太平洋，可以提供太平洋和印度洋两个洋区内的数字电话、电传、传真、遇险专线、低中高速数据通信业务，实现了全球移动卫星通信服务。2002 年北京海事卫星地面站开始建设符合最新颁布的全球海上遇险与安全系统标准的、最先进的 INMARSAT-F 卫星通信系统。

3.4 海上搜救

为建立、健全海上搜救网络，我国已成立中国海上搜救中心及相关各省的搜救中心、分中心，具体承担海上搜救的组织、指挥、预警、培训等各项职能。由各搜救中心构成的海上搜救网络，现已全面建立“险情报告制度”，进一步完善了搜救工作程序，成为海上搜救的组织保证。数年来，我国投入数亿元资金，建立了数字选择性呼叫系统和船舶雷达监控系统，上海的搜救直升机机场已开工建设，这些设施的投入使用，大大提高了我国海上搜救的效率。

2005 年全年发生水上交通事故 532 起，死亡和失踪人数 479 人，沉船或全损船舶 306 艘，直接经济损失 4.95 亿元，比上年分别下降 5.3%、2.0%、7.3%和增加 34.2%。2005 年交通救助打捞系统共执行了 601 次救助任务，出动救助船舶 580 艘次，出动救助飞机 120 架次，救助遇险人员 3667 人，其中外籍人员 343 人，救助遇险船舶 152 艘，其中外籍船舶 29 艘，完成抢险打捞任务 57 次，其中打捞沉船 10 艘，打捞落（溺）水人员 61 人，获救财产价值约 48.37 亿元。

随着近年来我国海上搜救事业的发展，目前我国已初步具备海上搜救三大手段。一是快速报警。为解决我国海上遇险求救电话号码不统一和未安装 GMDSS（国际遇险求救系统）设备的遇险船舶的报警难问题，交通部、中国海上搜救中心与信息产业部协商，确定“12395”为全国统一的水上遇险求救电话。与此同时，在全国各海岸电台与搜救中心联通的基础上，中国海上搜救中心已在全国开通了 18 个海岸电台的 17 个遇险报告服务业务，初步形成了链状遇险报警监视接收体系。

二是雷达监控。近年来我国先后在大连港、天津港、上海港等 16 个重点港口的海域，建设、开通了船舶交通管理系统（VTS），全面实现了对上述海域的雷达覆盖和导航。船只进入港口雷达的覆盖海域后，须向管理中心申报、登记船名、船号、吨位，在管理中心的雷达显示屏上，将清楚显示出所有进出港船只的航向、航速、位置及相对方位，一旦船舶遇险，便于迅速组织搜救。

三是巡航搜救。目前，我国已经具备了较为完备的巡航，救助打捞系统，为水上快速救助提供了现代化的救助手段。

3.5 海事卫星 F 岸站建成开通

由交通部投资、中国交通通信中心主持建设的海事卫星 F 岸站 10 月 16 日在北京正式开通并提供服务。此举标志着我国已跨入国际移动卫星通信领域先进行列。F岸站是国际移动卫星组织（INMARSAT）推出的最新一代移动数字多媒体海事信息通信系统，北京F站几乎与世界上少数几个发达国家同步推出（世界第六、亚洲第二），我国是发展中国家第一个建设F站的国家。

F岸站的建成，大大增强了我国海上安全通信与救助指挥的协调能力。本次推出的F系统是最新一代海事遇险安全通信支持系统，符合国际海事组织（IMO）关于遇险安全救助的最新条款，增加了陆地发起遇险救助通信的功能，大大提高了岸基协调救助的能力。F系统一方面为海上救助通信提供了宽带多媒体手段，可实时传送海上船舶遇险实际图像，便于陆地指挥机构根据情况组织适当的救助力量，真实了解救助的全过程，实现了全球、全程、全网的船舶安全监控与遇险救助“可视化”。另一方面，通过F系统提供的宽带通道，可实现船舶与陆地发达的信息网络互联，完成船舶信息的全球漫游、覆盖和交换，既可协助救助方迅速掌握涉及船舶的各种综合信息，便于定位、跟踪、联系和施救，也为寻求和组织海难附近船舶进行快速救助提供了可能。

F岸站是现代通信技术、卫星技术与网络信息技术高度发展与融合的产物，它的开通，将全面提高海上运输企业的指挥、调度、生产、运营效率和移动信息化基础水平。F系统开启了船舶和陆地网络间的高速信息通道，使得船舶局域网和办公局域网有机地结合为一体，船舶和陆地公司总部间真正实现自由的Internet信息交换，完成较大信息的传输或非电子格式文件如搜救现场录像、传真件、图片、海上钻井平台的信息交换和传输，完成引入船舶计算机管理，包括证书管理、备品备件管理、机务管理、货运管理、海图管理产生的大量信息交换。

此外，以F系统为平台，通过其全球无所不在的宽带通信能力将船舶信息、气象信息、全球定位信息、船舶维护和设备自动监控信息、安全警告信息、港口航道信息等融合形成全国、全球船舶监控、救助、管理信息网，以信息化手段实现航行环境和通行条件现代化，保障海上运输生命线畅通。

3.6 港口智能化技术发展

10年来，我国港口的智能化程度得到了很大发展，特别是集装箱港口的智能化发展迅速。20世纪90年代初我国只有上海、深圳、天津等少数大型港口使用计算机管理系统。但是随着技术进步的发展和港口规模的扩大，到2002年全国集装箱港口基本上都实现了计算机管理，而且相当一部分大中型港口智能化，智能卡、条码识别、箱号识别、车辆调度、车载终端、车辆定位、手持终端、远程监控等智能技术得到了开发、推广和应用。

2002年，深圳盐田港区“港运通”项目，该卡可以自动读取和打印码头设备交接单，实现交费电子化。“港运通”作为拖车进、出码头的“身份证”，已含有该拖车的各种资料，拖车驾驶员将“港运通”卡在感应器上一刷，即可获取针对该拖车的清晰的操作指引，得到一条写有你所要提取的集装箱的箱号和所在位置，极大地减少了拖车驾驶员办理手续所需，缩短拖车驾驶员在闸口等候时间。

上海港实现了集装箱码头移动机械和车辆的智能调度系统，改变了原有的按照作业线固定配置车辆的工艺，通过无线终端传输，桥吊、拖车的操作都能实现实时控制，拖车根据优先任务和优化路径执行作业任务，提高了装卸效率。上海港还实施了设备远程监控和故障报警系统，装卸设备一旦发生故障，系统就会立即报警，通过办公系统和手机短信等手段通知相关人员排除故障，技术专家可以远程协助值班人员解决技术问题，提高了设备利用率。

青岛港、天津港、宁波港、大连港的集装箱码头目前都配置了世界先进的计算机管理系统，并在机械定位、无线通讯、智能识别等方面实现了局部智能化。

3.7 电子数据交换（EDI）技术

1995年原国家计划委员会立项，交通部组织在上海、天津、青岛、宁波四个港口，以及中国远洋运输（集团）总公司实施了《国际集装箱运输电子信息传输和动作系统及示范工程》的科技攻关项目，实现了国际集装箱运输信息的电子数据交换。这一工程建立了既符合国情又与国际接轨的集装箱EDI标准体系，制定了EDI集装箱运输管理办法，规范了集装箱运输电子信息交换的有序动作，增强了集装箱码头和企业的竞争能力，消除了因单证延迟造成的压港、压舱等问题。

1997年，交通部立项组织实施建设交通运输EDI信息网络（一期工程）。在原上海、天津、青岛、宁波和中远（集团）总公司的“四点一线”国际集装箱EDI示范工程基础上，应用报文交换技术，建设大连、烟台、南京、福州、厦门、广州、深圳港等14个沿海港口以及中国海运（集团）总公司、长江航运（集团）的EDI主节点。主要港航企业EDI网络的建设和开发，使我国国际集装箱运输中近80%的运量实现了电子数据交换，港航EDI用户总数已超过1000个，电子报文的利用与目前西欧国家的水平相当。EDI的应用已收到了明显的经济和社会效益，成为我国港航运输生产中不可缺少的技术手段。

3.8 智能集装箱

中国国际海运集装箱（集团）有限公司（CIMC）和Savi技术公司宣布将建立战略联盟，合作开发新一级的“智能和安全”海运集装箱系统。该系统包括获取、探测第一时间无线传输集装箱内货物信息，可以了解货物的状况、位置和安全情况。智能集装箱系统由CIMC和Savi共同创建，是新的内部货物传输管理系统的一个关键部分，这个传输系统将广泛改善运作效率和存货管理，确保安全和运输的完整。内容包括从外部电子门闩密封系统到工厂安装的内部探测、感应、跟踪系统。

CIMC总公司位于深圳特别经济区，是全球最大的货物集装箱厂商，市场份额占全球的40%多，超过750，000个标准货柜（一个标准货柜相当于一个20英尺的集装箱）。CIMC也是全球市场现代运输装备的主要供应商，可以提供100多种集装箱产品。另外，CIMC同时可生产机场设备、拖车、底盘和提供专业性服务。

Savi公司是在安全和供给资产管理方面提供实时解决方案的国际领先企业，同时也是迅速发展"智能安全贸易航线（SST)"的共同创始者。如今SST有65个合作者，包括20个《财富》杂志全球500强运输公司和十几个世界级的解决方案提供者。这些公司共同将大约1000个集装箱运往美国各个最繁忙的港口。联盟包括3个美国最大的终端运作商Stevedoring Services of America（SSA Marine)、Marine Terminals Corporation（MTC)、和P&O Ports。Savi将会共同分享SST自己的和合作方的共同经验，比如：Qualcomm、Sun Microsystems、Symbol、Manugistics、EXE、RAE Systems、E. J. Brooks、One Seal、SAIC和Transamerica's GreyBox，以创建新一代的最方便的快速安全集装箱系统。

在智能集装箱的开发应用上，Savi主要负责利用EchoPoint技术（具有所有权)，进行快速密封标签的电路板设计与开发工作。CIMC将主要负责集装箱的集成电子密封的构造设计。两个公司将联合开发怎样将电子标签集成到新的集装箱上，并将它们翻新到现有的集装箱上。

4 我国水路智能交通主要问题

过去的10年是我国水运智能交通全面发展的10年，取得了举世瞩目的成绩，为实现交通现代化奠定了坚实的基础。但是与国外发达国家相比还存在很多问题与差距，总体水平低、缺乏系统性、发展不平衡和缺少国内自有技术和产品等。

4.1 总体水平低

我国水路智能交通系统发展还处于初级阶段，总体水平比国外发达国家落后10～20年。这是与我国经济和产业的总体水平密切相关的。我国尚处于工业化发展阶段，带有信息化的特征，信息化的水平较低，缺乏智能化的发展基础。这种问题特别是在内河领域表现的更加突出，内河交通在智能化方面虽然开展了一定的工作，如在船舶定位、智能航标上取得了局部性成绩，但从总体上看，可以认为基本上还是空白。

沿海在海事智能化方面由于国际法规的要求，开展了大量的智能化建设工作，但从水平上和应用效果方面与国外发达国家相比具有较大的差距。

4.2 缺乏系统性

在我国水运领域，很多局部开展了智能化研究、开发和应用，但很不系统，没有充分发挥智能技术的作用。一方面，无论是从航行智能化还是运输智能化，基本上是开展了局部的工作，不成系统。如港口在智能调度、智能闸口、智能管理等领域开展了一定的应用，但没有形成系统，仅仅起到孤立的示范作用。另一方面在应用系统之间缺乏协调，资源不共享，智能化的作用与功能没有得到有效发挥。同时各种运输方式的智能化之间相对独立，没有从整个综合交通系统智能化的角度去规划和建设，组成了子系统之间沟通的障碍，成为综合运输无缝连接的瓶颈。

4.3 发展不平衡

海上与内河不平衡、硬件与软件不平衡。从港口上基本上可以分为4个层次，沿海地区的大型港口（如上海港、深圳港、青岛港、天津港等）可以作为第一层次，有了局部的智能化技术应用。第二层次是沿海的中型港口和内河的大型港口（如营口、烟台、日照、汕头、南京等），具有一定的智能化应用基础。第三层次为沿海的小型港口和内河的中型港口（如武汉、芜湖等），具有了信息化基础，离智能化应用还有较大差距。第四层次为内河小型港口，很多港口甚至不具备机械化作业的基础，没有信息化，更谈不上智能化。

从航道及航行管理上也可以分为四个层次，第一层次为沿海地区和两个三角洲主航道，基本上具备了良好的通信导航以及船舶交通管理系统；第二层次为长江和珠江干线，具备了通信导航的基本条件；第三层次为主要支流航道和运河，具备一定了通信导航条件；第四层次为一些小型通航河流与航道，基本上不具备通信导航条件。

我国水路智能化的另外一个不平衡是硬件与软件的不平衡，即使在第一层次上也存在这样的问题。很多港口拥有国际先进的技术装备，但在管理水平、软件配套和系统的使用上不能使先进设备效率的发挥，造成资源的浪费。

4.4 缺少自有技术与产品

在我国完成的比较好的水路智能化系统中，基本上使用国外的技术与产品，国内的技术相对落后，智能化产品也很有限。如船舶交通管理系统基本上采用德国、荷兰等发达国家的产品。

4.5 标准化问题

水路智能交通系统标准化问题主要是缺乏标准、标准不统一和标准实施难度大。在很多领域，我国还没有标准，开发商或用户根据自己要求和参照相关标准进行建设和发展，存在成本高、效果差、与其他系统不协调等问题；在有些方面，既有国际标准，又有国家标准、行业标准和企业标准，这些标准不统一，有些甚至有冲突，给系统发展带来困难；另外有些方面虽然有标准，但一方面是标准本身存在问题，另外一方面是标准宣贯不够，实施效果差。

5 我国水路智能交通发展环境与需求分析

5.1 发展环境

5.1.1 全面建设小康社会的战略目标

党的十六大提出的全面建设小康社会的目标是：

——在优化结构和提高效益的基础上，国内生产总值到 2020 年力争比 2000 年翻两番，综合国力和国际竞争力明显增强。基本实现工业化，建成完善的社会主义市场经济体制和更具活力、更加开放的经济体系。城镇人口的比重较大幅度提高，工农差别、城乡差别和地区差别扩大的趋势逐步扭转。社会保障体系比较健全，社会就业比较充分，家庭财产普遍增加，人民过上更加富足的生活。

——社会主义民主更加完善，社会主义法制更加完备，依法治国基本方略得到全面落实，人民的政治、经济和文化权益得到切实尊重和保障。基层民主更加健全，社会秩序良好，人民安居乐业。

——全民族的思想道德素质、科学文化素质和健康素质明显提高，形成比较完善的现代国民教育体系、科技和文化创新体系、全民健身和医疗卫生体系。人民享有接受良好教育的机会，基本普及高中阶段教育，消除文盲。形成全民学习、终身学习的学习型社会，促进人的全面发展。

——可持续发展能力不断增强，生态环境得到改善，资源利用效率显著提高，促进人与自然的和谐，推动整个社会走上生产发展、生活富裕、生态良好的文明发展道路。

并提出走新型工业化道路，大力实施科教兴国战略和可持续发展战略。实现工业化仍然是我国现代化进程中艰巨的历史性任务。信息化是我国加快实现工业化和现代化的必然选择。坚持以信息化带动工业化，以工业化促进信息化，走出一条科技含量高、经济效益好、资源消耗低、环境污染少、人力资源优势得到充分发挥的新型工业化路子。

推进产业结构优化升级，形成以高新技术产业为先导、基础产业和制造业为支撑、服务业全面发展的产业格局。优先发展信息产业，在经济和社会领域广泛应用信息技术。积极发展对经济增长有突破性重大带动作用的高新技术产业。用高新技术和先进适用技术改造传统产业，大力振兴装备制造业。

继续加强基础设施建设。加快发展现代服务业，提高第三产业在国民经济中的比重。正确处理发展高新技术产业和传统产业、资金技术密集型产业和劳动密集型产业、虚拟经济和实体经济的关系。

走新型工业化道路，必须发挥科学技术作为第一生产力的重要作用，注重依靠科技进步和提高劳动者素质，改善经济增长质量和效益。加强基础研究和高技术研究，推进关键技术创新和系统集成，实现技术跨越式发展。鼓励科技创新，在关键领域和若干科技发展前沿掌握核心技术和拥有一批自主知识产权。深化科技和教育体制改革，加强科技教育同经济的结合，完善科技服务体系，加速科技成果向现实生产力转化。推进国家创新体系建设。发挥风险投资的作用，形成促进科技创新和创业的资本运作和人才汇集机制。完善知识产权保护制度。必须把可持续发展放在十分突出的地位，坚持计划生育、保护环境和保护资源的基本国策。稳定低生育水平。合理开发和节约使用各种自然资源。抓紧解决部分地区水资源短缺问题，兴建南水北调工程。实施海洋开发，搞好国土资源综合整治。树立全民环保意识，搞好生态保护和建设。

党的十六届三中全会提出了“坚持以人为本，树立全面、协调、可持续的发展观，促进经济社会和人的全面发展”。这些也是水路智能交通战略的根本出发点和指导原则。

5.1.2 水路行业现状

(1) 内河航道

2005 年底，全国内河航道通航里程 12.33 万公里。其中等级航道 6.10 万公里，占总里程的 49.5%；三级及三级以上航道 8631 公里，占总里程的 7.0%；五级及五级以上航道 23659 公里，占总里程的 19.2%。各等级内河航道里程分别为：一级航道 1404 公里、二级航道 2513 公里、三级航道 4714 公里、四级航道 6697 公里、五级航道 8331 公里、六级航道 18771 公里、七级航道 18584 公里。全国通航河流上永久性构筑物中，有船闸 826 座、升船机 42 座。

(2) 港口码头泊位

2005 年底，全国港口拥有生产用码头泊位 35242 个，比上年净增 134 个，其中万吨级及以上泊位 1034 个，比上年净增 90 个。

全国沿海港口拥有生产用码头泊位 4298 个，其中万吨级及以上泊位 847 个；内河港口拥有生产用码头泊位 30944 个，其中万吨级及以上泊位 187 个。内河港口万吨级泊位主要集中在长江干流和珠江水系，长江干支流万吨级泊位 183 个，珠江水系 4 个。专用泊位中原油泊位 55 个、成品油及液化气泊位 97 个、煤炭泊位 119 个、粮食泊位 31 个、集装箱泊位 175 个。

(3) 水路运输船舶

2005年底，全国拥有水上运输船舶20.73万艘，比上年末减少0.34万艘；净载重量10178.64万吨，比上年末增加1561.39万吨；平均净载重量491.02吨，比上年末增加82.04吨；载客量101.13万客位，比上年末增加1.51万客位；集装箱箱位80.72万标准箱，比上年末增加14.76万标准箱；船舶功率3639.93万千瓦，比上年末增加587.2万千瓦。水上运输船舶中，集装箱船1999艘，集装箱箱位75.31万标准箱，分别比上年增加427艘和13.7万标准箱。

2005年底，全国内河运输船舶19.58万艘，比上年末减少4126艘，净载重量4481.49万吨，比上年末增加667.01万吨，载客量86.00万客位，比上年末增加1.15万客位，集装箱箱位5.29万标准箱，比上年末增加2.02万标准箱。全国沿海运输船舶9409艘，比上年末增加709艘，净载重量2047.76万吨，比上年末增加503.97万吨，载客量13.67万客位，比上年末增加0.30万客位，集装箱箱位8.46万标准箱，比上年末增加3.74万标准箱。全国远洋运输船舶2082艘，比上年末增加11艘，净载重量3649.40万吨，比上年末增加390.41万吨，载客量1.47万客位，比上年末增加0.07万客位，集装箱箱位66.97万标准箱，比上年末增加8.99万标准箱。

(4) 水路运输

2005年全社会完成水路货运量21.96亿吨，货物周转量49672.28亿吨公里，分别比上年增加3.23亿吨和8243.59亿吨公里。水路客运继续稳步回升。2005年全社会完成水路客运量2.02亿人，旅客周转量67.77亿人公里，分别比上年增加了0.12亿人和1.52亿人公里。水路客运量、旅客周转量在综合运输体系中所占比重分别为1.1%和0.4%；水路货运量、货物周转量在综合运输中所占比重分别为11.5%和61.4%。

在全社会水路货运中，内河运输完成货运量10.57亿吨、货物周转量2626亿吨公里，分别占全社会水路货运量、货物周转量的48.1%和5.3%；沿海运输完成货运量6.54亿吨、货物周转量8495亿吨公里，分别占29.8%和17.1%；远洋运输完成货运量4.85亿吨、货物周转量38552亿吨公里，分别占22.1%和77.6%。

在内河货物运输中，长江水系完成货运量4.21亿吨，货物周转量1484.54亿吨公里，分别占全国内河货运量和货物周转量的39.9%和56.5%；京杭运河完成货运量2.19亿吨，货物周转量502.29亿吨公里，分别占20.7%和19.1%；珠江水系完成货运量1.47亿吨，货物周转量243.55亿吨公里，分别占13.9%和9.3%；黑龙江水系完成货运量0.13亿吨，货物周转量10.18亿吨公里，分别占1.2%和0.4%。

2005 年全国水路客运平均运距 33.51 公里，比上年减少 1.29 公里；货运平均运距 2261.45 公里，比上年提高 50.7 公里。

5.1.3　公路、水路交通发展三阶段战略目标

交通部在“公路、水路交通发展三阶段战略目标”中明确指出：“科学技术对现代社会生产力的发展越来越具有决定性的作用。21 世纪是人类依靠知识创新和技术创新持续发展的时代，高新技术的发展将改变人们的工作、学习和生活方式，对交通运输这一传统产业将产生广泛而深刻的影响。因此必须利用电子信息等高新技术对传统的交通运输业进行改造，实现公路、水路交通跨越式发展，提升交通行业可持续发展能力和竞争能力。”

第一阶段，到 2010 年公路、水路交通紧张和制约状况要实现全面改善，其主要标志是：主要运输通道和港站枢纽的综合服务能力有较大幅度提高，结构调整的主要任务基本完成。在量的方面，主要通道和港站枢纽的能力基本满足需要，但基础设施的总体能力仍不能适应经济快速发展的需要。在质的方面，安全、快速、舒适和便捷的服务水平有较大幅度提高，但仍不能满足社会生产力和人民生活水平提高后的发展要求。

第二阶段，到 2020 年公路、水路交通达到基本适应，其主要标志是：公路、水路交通基础设施能够满足社会经济发展的需要，不会对社会经济的加快发展构成新的制约，储备能力和应变能力全面提高。在量的方面，运输供给总体上与经济社会需求基本保持平衡。在质的方面，服务水平得到很大提高，能够基本满足当时社会生产力和人民生活水平对质量方面的要求，实现“货畅其流、人便于行”。

第三阶段，到 2040 年公路、水路交通基本实现现代化，其主要标志是：基础设施网络已经全面建成，技术等级与构成已经充分满足运输发展的需要，量与质达到优化。公路交通基础设施网络层次分明、布局合理、结构优化、功能完善。沿海主要港口成为重要的区域性或国际性物流中心。内河航运优势充分发挥，建成干支相通、水陆联运、区域成网、通江达海的现代化水运体系。大幅度扩充基础设施已无必要，运输与经济均衡发展，重点转向维护系统的安全性、高效性和衔接性。构筑起客运快速化，货运物流化，运营智能化，安全与环境最优化的综合交通运输体系。

5.1.4　交通部“公路、水运结构调整意见”

从新世纪开始，我国将进入全面建设小康社会、加快推进社会主义现代化的新的发展阶段。今后 5～10 年，是我国经济和社会发展的重要时期，是进行经济结构战略性调整的重要时期。为适应国民经济发展和经济结构战略性调整的要求，必须对公路、水路交通结构进行调整，实现资源优化配置，提高效益与质量，全面提升公路、水路交通行业整体素质，加快公路、水路

交通现代化进程。

公路、水路交通结构调整的指导思想是：以党的十五届五中全会精神为指针，以经济效益为中心，以提高行业的整体素质、服务水平和竞争能力为目标。从交通行业的实际出发，把发展作为主题，把结构调整作为主线，在发展中调整，在调整中实现快速发展。要坚持结构调整的市场化取向，充分发挥市场机制和政府调控的双重作用。依靠科技进步和技术创新，促进交通产业升级。坚持综合运输体系协调发展和可持续发展道路，满足国民经济、社会发展和国家安全的需要。

水路结构调整的目标是：到2010年，基本建成上海国际航运中心，集装箱和大型专业化矿石、原油接卸码头基本适应需要，建成长江、珠江三角洲高等级航道网；调整船队结构，实现船舶大型化、专业化、标准化，船舶平均吨位、技术水平普遍提高，平均船龄有所降低，建成具有较强国际竞争力的海运商船队；在调控内河运力总量稳中有降的基础上，提高内河船舶船型标准化程度；调整港航企业所有制结构、组织结构和运输结构，实施企业规模经营和集约化战略，形成多种所有制并存，适应市场需求和市场竞争要求的企业结构，港航企业的市场竞争力普通增强，把海运大国建成海运强国。

5.1.5 水路运输发展战略

我国水路未来20年发展的战略目标是建立起世界先进装备的、保障客货运输和国家安全、便捷、高效、环境友好的具有国际竞争力的水路运输系统，满足社会进步、经贸发展、人民生活水平提高和国家安全不断提高的对水运的需求。积极实施“海运强国”和“内河优势”战略，海运将用20年左右的时间实现由世界海运大国向世界海运强国的转变，为我国建设成为现代化强国提供安全、便捷、高效的海运通道，对世界海运发展的贡献明显增加。内河要紧密结合地区自然条件、经济发展水平和水系综合开发，利用20年左右的时间，实现内河航道高等级化、船舶标准化、码头专业化、水资源综合利用最优化，发挥内河运输占地少、运能大、能耗低、污染小的比较优势，实现交通可持续发展。

5.1.6 交通科学发展观

党的十六届三中全会提出“以人为本，全面、协调、可持续”的科学发展观，交通行业的科学发展观就是要坚持把以“用户为本”作为整个交通行业的核心价值，全面提升交通供给能力和服务品质，走运输安全型、质量效益型、资源节约型、环境友好型的交通可持续发展之路。要在现有资源与环境约束条件下，以多层次、多样化的交通产品以及安全、便捷、可靠、经济的运输服务，公平地满足交通设施使用者和运输服务消费者的需求，依靠创新，实现交通更快更好地发展。

5.1.7 运输安全与环境

可持续发展成为全球社会经济发展的主题，运输安全和环境保护得到了越来越多国家和地区的高度重视。近年来水路运输安全问题日益突出，特别是在内河运输方面。危险品运输事故、溢油事故、客轮、轮渡运输事故，四区一线（渤海湾海域、舟山群岛海域、琼州海峡海域、西南通航水域和长江干线）安全问题突出。

2003 年全年发生水上交通事故 633 起，死亡失踪人数 498 人，沉船艘数 343 艘，直接经济损失 3.8 亿元，与 2002 年相比，事故起数和沉船艘数分别下降了 6.8%和 10.7%。加强管理仍是降低水上安全事故的关键途径。

5.1.8 公共安全需求

美国 911 恐怖事件发生后，世界各国，特别是美国在公共安全上给予了极大关注，并提出了一系列反恐措施，其中包括加强对水上进出口船舶和货物（集装箱）的监控，而这种监控要求不但在美国港口和船舶上安装智能设备，而且要求出口到美国货物的港口需要采取同样的措施来确保安全。

在美国大力推动下，国际海运反恐立法活动进展迅速，不但国际海事组织（IMO）已于 2002 年 12 月 12 日海上保安外交大会上通过了涉及海上保安内容的《1974 年国际人命安全公约》修正案和《国际船舶和港口设施保安规则》(International Ship and Port Facility Security Code，ISPS Code)，美国通过国内立法或规范也已对国际集装箱运输实施了一系列海运反恐措施，有的国家如加拿大、澳大利亚、日本等也正在考虑制定海运反恐措施。

美国已采取的国际海运反恐措施，可以分为两个方面，一是自愿协作承担义务或通过国际协作在美国进口货物的出口国装运港口对集装箱进行监测，前者为 C-TPAT（Customs Trade Partnership Against Terrorism），即参照美国反对毒品时民间企事业自愿承担反毒任务的办法，进口商、海运承运人、货运代理、海关经纪人及参与供应链的其他企业同意参与反恐任务。目前据说已有 1100 余家企业自愿承担海运反恐任务；后者为通过国际协商，使美国海关官员能对出口到美国的集装箱货物在外国集装箱海运枢纽港口，会同出口国海关人员共同监测要海运到美国的集装箱，即所谓 CSI（Container Security Initiative)。现在已有包括我国香港、深圳、上海等港口在内的世界很多港口加入了这一项目。其二，是美国已通过修改海关规章 19 CFR 第四部分，即制定所谓在外国港口装船前 24 小时申报进口货物信息规则，在 2002 年 12 月 2 日实施，进口舱单必须提前在货物出口港装船前 24 小时申报。

5.1.9 现代物流技术发展

现代物流需要现代信息与智能技术的支撑，将原本分离的商流、物流、信息流、资金流和采购、运输、仓储、代理、配送等环节紧密联系起来，形成了完整的供应链。物流信息化表现为物流信息的商品化、数据库化和条码化，物流信息处理的电子化。

物流技术包括硬技术和软技术。硬技术指组织物资实物流动所涉及的各种机械设备、运输工具、仓储建筑、站场、计算机、通讯网络设备等。软技术则指组成高效率的物流系统而使用的系统工程技术、价值工程技术、信息技术，软技术可以在物流硬技术没有改变的条件下，最合理最充分地调配和使用现有物流技术装备，从而获取最佳经济效益。

物流技术并非独立的、全新的技术，而物流科学的出现从理论上更深刻地凸现出其意义。物流技术发展的特点是将各个物流环节的物流技术进行综合、复合化，形成最优系统技术。如以运输设备高速化、大型化、专业化为中心的集装系统机械的开发；以计算机和通讯网络为中心的情报信息处理技术与运输、仓储、配送中的物流技术在软件技术方面的结合等。

我国的物流信息化建设还很不完善，与发达国家之间存在着10～20年的差距，每年我国在物流费用上的经济损失就达数百亿元，尽早实现我国物流的信息化既是现代物流发展的必然趋势，也是电子商务发展的必然需求。物流供应链的一体化、物流信息化、网络化、智能化已成为现代物流发展的方向和趋势。

5.2 WITS 发展需求分析

按照全面建设小康社会的总体发展目标，为了实现一个更好的水路交通系统，即：

更安全：可信赖的水上交通安全；全方位覆盖、全天候运行、具备快速反应能力的现代化水上交通安全保障系统；保障国家安全。

更便捷：更完善的集装箱运输系统；高效的内河航运；舒适、休闲的水上客运；更普遍的一体化运输系统。

更可靠：更稳定的服务；专业化的海运系统；海运强国；完善的应急反应体系；

更经济：完善的运输市场体系；合理的价值费用比；现代化的沿海港口；单位运输成本相对下降的货物运输。

更智能：电子化的装备设施；数字化的行业管理；人性化的公众信息服务；信息化的企业管理；其他令人激动地产品与服务。

可持续：集约化的国土资源利用；环境友善的设施；低污染的运输工具；更高的能源利用效率。

在这个构想下，按照用户群体对 WITS 的需求分别为：

5.2.1 基本需求

基本需求，见表 5-1。

基本需求表 表 5-1

需求方	安全	便捷	经济	可靠	控制	信息	效率
货主/旅客	* * *	*	* * *	*	*	*	* * *
航运企业	* *	*	* * *	*	*	*	* * *
港口当局	* *			*	* *	* *	
码头企业	*	*	* * *	* *	* * *	* *	* * *
运营管理					* *	* *	*
行业管理	*		*	*	* * *	* * *	
安全与救助	* * *	* *	*	*	* * *	*	
相关部门	*	* *			* * *	* *	
综合运输	*	* *	* * *	*	*	* * *	* *
国防	* * *	*		* *	* *	*	

注：* 代表需求方对需求的重视程度。

货主、旅客：安全、便捷、经济、可靠、控制、信息、效率

航运企业：安全、便捷、经济、可靠、控制、信息、控制、效率

港口当局：安全、可靠、控制、信息

码头企业：安全、便捷、经济、可靠、控制、信息、控制、效率

运营管理：信息、控制、效率

行业管理：安全、经济、可靠、控制、信息

安全管理与救助：安全、控制

相关部门：信息、控制

综合运输：经济、信息、效率

国防：安全、便捷、可靠、控制、信息

5.2.2 技术需求

技术需求，见表 5-2。

货主、旅客：EDI、智能集装箱、远程监控

航运企业：EDI、智能集装箱、智能码头、VTS、AIS、远程监控

港口当局：EDI、智能码头、智能集装箱、VTS、远程监控

运营管理：EDI、远程监控

码头公司：EDI、智能港口、智能集装箱、远程监控

行业管理：EDI、VTS、AIS、智能码头、智能集装箱、远程监控

安全管理与救助：VTS、AIS、EDI、远程监控

相关部门：EDI、智能集装箱、智能码头、远程监控

综合运输：EDI、智能集装箱、智能码头、远程监控

技术需求表 表 5-2

需求方	VTS	AIS	EDI	智能集装箱	智能码头	远程监控
货主/旅客			* * *	*		* *
航运企业	* * *	*	* * *	* *	* * *	* *
港口当局	* *		* *	* *	* * *	*
运营管理			* *			* *
码头公司			* * *	* *	* * *	* * *
行业管理	*	*	* * *	*	*	*
安全与救助	* * *	* * *	*			* *
其他部门			* * *	* *	* *	* * *
综合运输			* * *	* *	* * *	* *
国防	* *	* * *	*			*

注：* 代表需求方对需求的重视程度。

国防：VTS、AIS、EDI、远程监控

6　水路智能交通发展战略目标与重点

6.1　发展定位

沿海航运与港口智能化实现跨越式发展战略，采用先进的技术，适度超前发展，与国际接轨，缩小与发达国家差距，保障安全和提高效率并重；内河航运与港口智能化采用务实性发展战略，发展经济、简单、实用的成熟技术，以保障安全为主，提高效率为辅。

6.2　发展目标

利用现代计算机、通讯和网络技术，为实现安全、高效、快速、环境友好的水路运输服务提供技术支持，建设我国具有有效控制、良好集成、快捷方便和安全经济的现代化、数字化水路运输系统。利用科学技术实现水路运输系统中的实时信息交换、跟踪货物信息、提高运输效率、与其他运输方式无缝连接、加快货物和人员周转、减少交通拥挤和交通事故、保证运输安全和公共安全、建设能源消耗、改善环境、增强国防实力。具体体现在如下5个方面：

（1）安全

通过WITS的研究、开发和推广应用减少交通事故和事故的危害程度，如

①通过改善交通环境和设施条件防止船舶碰撞；

②通过预警和应急反应和救助系统减少事故造成的人员伤亡和财产损失；

③加强危险品运输的管理及降低其事故发生的概率；

④通过船-船和船-岸通讯设施的改善加强运输工具之间、运输工具与管理之间的联系与沟通，保障安全信息的畅通；

⑤通过综合的信息系统，使政府、安全部门、航运企业、船舶、港口、货主可以有机地联系在一起，从而加强了各方面安全管理的工作和事故发生后各有关方面的协调与通讯；

⑥通过对运输工具和货物的监控，加强货物本身在运输途中的安全，减少被盗的可能性。

（2）保安/国防

通过 WITS 的研究、开发和推广应用，加强我国的公共安全和社会治安，防止恐怖事件和人为灾难，并在战争中成为国防的辅助工具。如：

①提供对进入我国海域和港口的船舶监控；

②提供对货物的监控（通过实体监控和核对仓单、报关单等手段）；

③提供在港口前沿、堆场和仓库对货物和人员的监控；

④帮助分析确定风险；

⑤协助监督法规实施；

⑥战争是协助控制与指挥。

（3）效率/经济

通过 WITS 的研究、开发和推广，提高水路交通系统效率和能力，加快船舶与货物周转，降低运输成本，提高经济效益。如：

①通过实施集装箱码头智能化，可以使码头效率和能力提高 30%以上；

②通过效率和能力的提高，减少对基础设施投资的需求，如我国在 2010 前要建设至少 6000 万 TEU 码头能力，按照非智能化码头需要 150 个专用泊位，如果采用智能化码头，则仅需要 100 个泊位左右，仅此就可以减少 300 亿左右的投资；

③通过效率和能力的提高降低运输成本，如通过智能系统的应用可以使每个集装箱运输的成本降低 5%，平均每个集装箱运输的成本约为 4000 元，到 2010 年每年可节约运输成本 200 亿左右；

④及时提供给航运公司、港口、货主必要的信息，加强对货物运输和作业的管理、提高效率；

⑤提供完善的信息，加强对基础设施的管理、计划；

⑥实现货物、车辆、船舶的跟踪，保障运输方式之间的无缝连接，使物流更加快速、通畅；

⑦减少政府、航运企业、港口、货主的管理成本；

（4）机动性/可达性

通过 WITS 的研究、开发和推广应用，使旅客和货主掌握更完善的信息，具有更多的选择。如：

①为水路运输的使用者和经营者提供更加及时完整的信息，使得他们在经营和交通上更加灵活，更加有效；

②提供及时的信息使他们在发生事故时能选择航行和运输方向；

③为管理者提供及时的事故信息，是管理者及时解决交通问题，保持运输通畅；

④协助满足用户和经营者的需求和希望。

（5）能源/环境

通过WITS的研究、开发和推广应用可以优化航线、减少不必要的运输时间，降低事故和事故造成的危害，从而节约能源，减少环境污染。如：

①运输时间的节约，减少了能源消耗和消耗能源所造成的污染；

②运输组织的更加有效，减少了完成单位任务所消耗的能源和能源消耗所造成的污染；

③运输事故的减少和事故危害程度的降低，减少的环境污染（如水上溢油应急处理和危险品事故处理等）。

总之，到2010年，我国水路交通智能化技术水平达到国外发达国家2000年整体水平，基本适应行业发展对智能化系统建设的需要，初步起到促进交通运输发展的核心驱动力。

在航道与航行方面，实现沿海地区港口水域与航道全部采用具有国际先进水平的船舶交通管理系统，所有船舶使用AIS系统，建立面向全国海域的搜救系统，全面提高管理水平和运输效率，海上交通事故数量比2003年降低30％，人员伤亡和经济损失降低50％；内河主干线航道和航行方面上建立完善的数字通信系统，重要港点建设船舶交通管理系统，300吨以上船舶使用AIS系统，建立完善的航标遥控遥测系统，使内河交通事故降低50％，人员伤亡和经济损失降低80％；在沿海港口与运输方面，实现所有集装箱码头采用集装箱管理系统，智能集装箱码头和智能集装箱技术得到广泛应用，散货和危险品码头实现监控与管理一体化，港口生产效率和生产能力提高30％。

到2020年，我国水路交通智能化技术水平基本接近国外发达国家整体水平，适应行业发展对智能化系统建设的需要，成为促进交通运输发展的核心驱动力。

6.3 发展重点

6.3.1 航道与航行方面

沿海地区：建立符合国际标准的电子海图，实现在所有海区和港口航道对船舶的实时监控，建立可靠、通畅、经济的船-船和船-岸通讯和导航系统，实现船舶在港区交通作业的高效控制和指挥系统，减少船舶交通事故，建立船舶事故的高效应急反应和救助系统，减少事故损失和环境污染。

内河地区：建立数字化航道地图，建立资源共享的内河综合服务系统，建立可靠、稳定、经济的船-船和船-岸通讯系统，内河船闸实现管理与自动控制一体化，在重点区域实现船舶交通的高效控制和指挥系统，减少船舶交通事故，建立船舶事故应急反应和救助系统，减少事故损失和环境污染。

6.3.2 港口与运输方面

沿海地区港口发展先进的自动化和数字监控技术，发展集装箱码头的智能大门、智能堆场、远程数字监控、智能调度、智能识别等技术，在散货、危险品等码头发展自动控制、远程数字监控、控制与管理一体化等技术，提高效率与能力，保障作业安全和公共安全。建立港口事故的智能化应急反应和处理系统，减少事故损失和环境污染。

内河地区港口发展成熟、经济的自动化和远程技术，发展集装箱码头的计算机控制系统，适当开展智能大门、智能堆场和智能调度等技术，在散货和危险品码头发展自动控制、远程监控、控制与管理一体化技术，提高效率和能力，保障职业安全。建立基于计算机和网络管理的事故应急反应和处理系统，减少事故损失和环境污染。

在综合运输方面发展智能集装箱运输技术，建立全国水路运输数据交换平台，实现资源共享，发展基于互联网的安全的电子数据交换技术，实现与其他运输方式系统的有机联系。

6.3.3 管理与决策方面

建立全国水运信息资源平台，协同电子政务实现行业的智能化管理；建立全国统一的海事管理系统和船舶安全救助指挥中心，协同电子政务实现行业的智能化管理和事故的智能化指挥和救助。

7 水路智能交通技术发展规划

7.1 航道与航行

7.1.1 必要性

我国是一个海运大国，90%以上的对外贸易运输任务由海上交通运输承担，但是我国还不是一个海运强国，特别是在航运信息化方面与世界发达国家相比还有较大差距，尤其内河航运信息化尚处于低水平的起步阶段，使我国丰富的航运资源不能得到高效利用，不解决这些问题必将会对我国海上交通运输业产生严重的制约，进而也必将对我国21世纪中叶实现现代化强国的目标产生严重的制约。

航道与航行智能系统是水路交通智能化的基础设施和信息源头，也是水路运输进入信息时代的主要标志之一。航道与航行信息，诸如船位、船舶状况及运动姿态、海况及气象、航路及港口、货物及物流等信息，为航道与航行智能系统提供了信息基础；先进的数据传输技术、接收技术、通信技术及网络技术、交通运输工程学、人工智能学等有效地综合运用，为航道与航行智能化的实现提供了保证。

7.1.2 预期目标

到2020年，在统一信息平台的基础上，各种航行信息以数字形式实现无距离、空间约束的快捷、准确及便利的传输，信息可以集成与共享。

7.1.3 主要研究内容

(1) 航行电子信息标准与航海知识库

标准化是信息共享的前提，建立以数据元素标准、信息分类编码标准、逻辑数据库标准、用户视图标准、业务的规范标准及信息传输标准等为基础的航行电子信息标准，并以此为基础开发各种用户操作标准界面，为航行信息的集成与共享奠定基础。

运用人工智能技术，对各门类的航海知识进行规范化和形式化的描述，通过对航海实务与各门类航海知识的相互关系的研究，建立集各种知识于一体、能够根据具体操作实务有效提供各方面相关资料的知识库，为船舶、航运公司、港口和运输管理部门管理和决策提供依据。

(2) 航行信息系统

航海信息系统包括船岸信息系统、港口海洋物理实时系统。

船岸信息系统是运用先进的电子海图显示和信息系统（ECDIS)、全球海上遇险与安全系统（GMDSS)、智能型船舶自动识别（AIS）技术、互联网(Internet）技术，实现海上航行的船舶之间、船舶与港口交通管理中心之间、船舶与公司之间以及船舶内部的交通信息处理、控制及沟通。

港口海洋物理实时系统（PORTS）能够实时提供准确的航道水深和水流数据，有效提高航行效率和航行安全。

(3) 沿岸、内陆水域AIS监控网、增强型VTS及联网管理系统

基于STDMA技术的AIS系统与传统的雷达系统相比具有信息量大、抗天气干扰强、能越障传输和显示近距离目标等优点。船载自动识别系统(AIS）能提供客观真实的船舶数据，该数据是提高船舶间会遇安全性、增强VTS功能所必需的重要信息。我国是一个海域宽阔、内陆水域深入的海运大国，而AIS系统作用距离较近，难以对我国沿岸、内河航行的船舶的AIS信息进行监控管理。因此，有必要建立我国沿岸、内陆水域AIS监控网。

(4) 船舶避碰智能系统

对实时采集的信息通过专家系统进行信息处理，形成量化的船舶运动要素、安全距离和碰撞危险度的判断，并自动生成船舶避碰决策，以及船舶避碰的自动实施。

(5) 全国内河数字化航道图

我国内河航运的飞速发展、航道通航条件的改善，使内河港口和航道船舶通航密度和船舶吨位不断增大，采用卫星定位测量等高精度测量技术，开发全国内河数字化航道图，为实现船舶操作自动化、水上交通管理现代化奠定基础。

(6) 智能船舶交通管理系统

研究适应船舶交通发展趋势和中国船舶交通管理模式，建立具有信息采集、信息处理、目标跟踪与识别、船舶航行危险判断、交通组织计划、信息航标、航行协助、事故应急反应等功能的智能化船舶交通管制系统。

(7) 三峡库区智能航运系统

研究和开发适应三峡库区自然条件的坝区船舶综合调度与监控技术、船舶定位与数据传输技术、高清晰船舶交通管理系统技术、大水位差航道智能航标技术和航运安全预警与应急处理技术，保障航运安全，提高航行效率。

(8) 梯级河流船闸智能化控制管理系统

集计算机管理、自动控制、数字化视频系统、故障诊断系统、远程实时监控、流域联网调度系统于一体的梯级船闸智能控制管理系统，提高船闸运行效率和船舶航行速度、保障船闸可靠性和航行安全。

(9) DGPS台链组网实现广域差分GPS系统

通过主差分站接收来自各检测站的差分GPS改正信息，将其组合，形成在扩展区域内的有效差分GPS改正电文，进一步减少卫星的星历误差、电离层折射误差及对流层折射误差。该系统不仅加大了差分GPS的有效工作范围，而且保证了在该区域的定位精度。

7.2 港口与运输

7.2.1 必要性

水路运输具有很强的国际性，港口作为物流和信息流的重要节点，已经成为国民经济发展，特别是对外贸易发展的重要支撑。随着我国经济和对外贸易的持续增长，国际航运市场持续繁荣，我国港口吞吐量和水路货运量将继续保持高速增长。在加强水路基础设施建设的同时，运用先进技术提高港口的通过能力、运输系统的效率、降低营运成本、节约能源是十分必要的。

信息化与智能化对提高水路运输效率、优化资源配置、改善交通环境、提升服务水平、增强运输企业的竞争力具有重要意义，是水路交通系统发展的必然选择和根本目标。当前，我国水路运输自身的信息化基础仍很薄弱，管理信息系统的综合性差，服务理念有待强化，各种运输方式之间的信息化建设更是缺乏协调和综合；智能交通技术的研究刚刚起步，与实施和应用差距甚远。信息系统建设的落后也影响我国在世界上的地位，对与国际接轨造成巨大障碍。

7.2.2 预期目标

到2020年，建成完善的水路运输信息网络，智能化的集装箱和大宗散货运输系统，与其他运输方式之间形成信息的无缝衔接，人性化的社会服务。

7.2.3 主要研究内容

（1）口岸信息综合管理系统

研究开发包括港航运输信息服务系统、船舶箱货跟踪信息服务系统、箱货报关与报检信息服务、远程预约信息服务系统、货物运输信息服务系统、仓储信息管理系统、WEB/EDI以及XML/EDI系统的口岸综合管理系统，最大限度地发挥水路交通的运输服务功能，实现便捷、快速、安全地运输。实现港口装卸能力、堆场数据、调度、引航、代理、物料供应、船舶修理、船舶检验、海关、移民局、海事局等信息资源的集成和共享，有效地提高港口安全管理水平和资源利用率。

（2）智能集装箱码头管理与调度系统

研究开发集装箱智能闸口系统、码头机械装备精确定位与控制系统、堆场与装备计划优化技术，实现堆场集装箱计划、船舶集装箱装卸计划以及码头内集装箱水平运输车辆的优化调度，充分发挥码头设备的效能，最大限度地提高船舶装卸作业效率。

（3）智能安全集装箱开发

应用安全、定位、监控、智能芯片等先进技术，开发具有先进电子封箱系统、自动感应传感系统、实时状态自动监控系统、定位与跟踪系统、自动应答系统、的智能集装箱产品，使其适应未来对集装箱运输安全性、高效性、智能化的要求。

（4）码头设施与设备健康状态检测、诊断及维护系统

通过开发该系统，对码头设施和设备生命周期中的运行状况进行跟踪，从而实现最优化的码头设施和设备管理，使港口管理层实时掌握码头设施和设备（码头、装卸设备、工具、设施、车辆、相关备件等）状况，提高设施与设备的完好率，延长使用寿命，保障作业安全。

(5) 散货码头智能管理系统

研究开发集流程自动控制、计算机管理、实时监控、计量、故障检测一体化的散货码头智能操作系统，提高码头的作业效率和安全性。

(6) 口岸安全管理与事故应急反应系统

研究建立针对油品、化学品、危险品运输以及恐怖活动实时监控报警系统、保安设备自动控制系统、爆炸品毒品探测系统以及事故应急反应系统，有效保障海域及口岸的安全。

(7) 全国水路运输电子数据交换网络平台

通过全国水运电子数据交换共享服务网络平台的建设和共享技术研究开发与应用，形成跨行业管理职能部门、跨局或省多层次、分布式的水运行业数据共享服务平台。大幅度提高水运行业电子数据交换、共享信息的管理与信息服务水平，增强水运管理决策能力，为国家水运发展，提供可靠的科学数据资源保障。

(8) 现代物流智能管理系统

研究开发以港口、场站等物流节点为中心，满足国家、行业和地区物流信息服务需求，覆盖供应链各个环节的综合物流信息系统，实现物流信息的无缝衔接、实时跟踪。

7.3 管理与决策

7.3.1 必要性

未来20年水路交通发展在受到岸线资源，环境保护、资金等方面的制约的同时，又受到国民经济不断发展、对外贸易量持续增加，要求水路运输继续提高能力的压力，水路运输从以基础设施建设为主的阶段进入到建设与管理并重的发展阶段，运输服务的需求不断提升，对行业管理与决策提出了更高的要求，传统的计划经济管理和决策模式越来越不能适应科学发展的需求。必须运用先进的理念和现代化的手段，提高管理和决策的能力，提高资源的使用效率，减少建设对环境生态的影响。

7.3.2 预期目标

为行业管理和决策提供科学的依据，实现管理和决策的数字化、可视化和协调化。

7.3.3 主要研究内容

(1) 全国水运信息资源平台

在IT时代，各级交通水运行政主管部门是我国水运行业信息的最大拥有者和使用者，是水路运输行业信息化的枢纽。要保证行业管理高效率、高质量，必须要进行水运信息资源的整合，建设全国水运信息平台，保障各种信息及时、准确地传输。

(2) 全国水路地理信息系统建设

我国海运和内河航运比较发达，运用 GIS、GPS 技术开发全国水运地理信息系统，能够准确地提供航道水深、水流数据、生态环境资源信息，满足行业管理和水运发展的需要。

(3) 水路智能交通电子数据交换标准的研究和制定

研究制订行业信息化建设和发展的网络通信标准、电子数据交换标准和统计报文交换标准，是实现信息资源共享的根本，也是解决了行业辅助决策数据统计、汇总的需要。

(4) 全国海事救助指挥系统

研究开发建立在全国水路地理信息系统上、具有海事救助资源数据库、事故应急反应专家系统的海事救助指挥系统，实现水上管制的可视化的实时监控及有效地事故处理。

(5) 水运安全管理及突发事件应急反应系统

8 发展政策与建议

(1) 加快建设水路交通信息网络基础设施

信息网络是实现水路交通智能化信息化的前提和基础，特别是在我国内河整体信息网络还未建成、信息化相对滞后的情况下，当务之急就是加大投资力度，进一步完善内河网络基础设施的建设。

(2) 加强水路交通信息资源的开发、应用和整合

建立规范的信息采集渠道、完善的水路交通信息指标体系，开发统一信息采集软件，建立标准统一的数据库，完善与水路交通相关部门的信息共享机制，形成一套完善的信息资源交流与共享系统。

(3) 坚持技术引进和自主开发相结合

中国的水路运输有自身的特色，水路交通智能化信息化也要有自己的模式、地区特点，要坚持技术引进和自主开发的原则，在积极学习国际先进的科技成果的同时，加大对于核心技术的自主研发投入，确保我国在国际上的竞争力。

(4) 抓好应用试点，发挥示范效用

实现水路交通智能化信息化的关键技术是以高新技术的研究成果在交通领域的应用为主，政府结合地区特点，以示范工程建设为龙头，指导和引导行业的智能化信息化建设，提高建设水平，避免低水平重复的建设，通过认真总结和大力推广先进经验和做法，以点带面，加快水路交通智能化信息化建设步伐。

参考文献

[1] 沈志云．交通运输工程学．北京：人民交通出版社，2003
[2] 贾大山．中国水运发展战略．大连：大连海事大学出版社，2003.10
[3] 于胜英，张培林．中国水运交通发展战略探讨．交通科技，2002.5
[4] 教材编写委员会．国际航运实务．北京：人民交通出版社，2004.6
[5] 赵刚．国际航运管理．大连：大连海事大学出版社 2006.1
[6] 陈家源．港口企业管理学．大连：大连海事大学出版社，1998
[7] 真虹．集装箱运输学．大连：大连海事大学出版社，1999.5
[8] 中国交通研究与探索—第六届全国交通运输领域青年学术会议论文（上下册）．大连：大连海事大学出版社，2005.8
[9] 中国智能交通系统文集：北京：中国铁道工业出版社，2005
[10] 罗俊仪．智能交通产业化基地发展模式研究．北京：社会科学文献出版社，2005.12
[11] 吴兆麟．海上交通工程（第二版）．大连：大连海事大学出版社，2004.11
[12] 袁安存．全球定位系统（GPS）原理与应用．大连：大连海事大学出版社，1999.11
[13] 王贤惠，陆祥润．船舶自控理论及应用．北京：科学技术文献出版社，1992.12
[14] 中国交通年鉴．北京：中国交通年鉴社，1985～2006
[15] 中国统计年鉴．北京：中国统计出版社，1985～2006
[16] 2005 年公路水路交通行业发展统计公报．交通部
[17] 李振华．船舶信号与 VHF 通信．大连：大连海事大学出版社，1998.1
[18] 刘智勇．智能交通控制理论及其应用．北京：科学出版社，2003.12
[19] 杨琪．智能交通系统标准体系原理与方法．北京：中国铁道出版社，2003.5
[20] 张国伍．智能交通系统工程导论．北京：电子工业出版社，2003
[21] 黄卫，陈里德．智能运输系统［ITS］概论．北京：人民交通出版社，2003.10
[22] 欧阳文霞．物流信息技术．北京：人民交通出版社，2002.6
[23] ESCAP，'Review of Developments in Transport and Communications in the ESCAP Region，1996-2001 - Asia and the Pacific.' 2001

附件5

民航智能交通系统发展战略研究

陶亦渊　高正连　胡　君

目　录

1 中国民航的发展趋势分析

1.1 中国民航运输业的发展现状

航空运输业是我国改革开放20多年中成长最快的行业之一。2004年，全行业共完成运输总周转量达230亿吨公里（不包括香港、澳门特别行政区及台湾省），是1978年的55.2倍。航空运输总周转量在国际民航组织188个缔约国中的排名已从1978年的第37位，上升至第3位。

1978年中国民航有航线162条，其中国际航线只有12条。至2004年底，中国民航航线达1279条。其中国内航线1035条，定期航班通航城市130个；国际航线244条，国际定期航班通航38个国家的80个城市。

1978年，中国民航运输飞机只有144架，绝大多数都是前苏联生产的小型飞机。2004年民航全行拥有运输飞机达754架，其中大中型飞机675架，基本上都是欧美生产的先进飞机，飞机技术性能好，安全性、舒适性及经济性均得到很大提高。

1978年，我国运输机场数量很少，而且机场等级低，保障能力差。“八五”“九五”期间，国家重点建设了40个城市的41个干线机场，“十五”期间，又重点建设了一批支线机场。截止2004年底，我国内地通航机场共142个。

从交通运输总量上看，从1980年至2004年，全社会客运总量由34亿人次增加到176亿人次，增长了5.17倍；客运总周转量由2281亿人公里增加到16309亿人公里，增长了7.14倍。

在信息化建设方面也取得突破性的成果。最具代表性的空中交通管理技术向信息化、智能化迈出了一大步，空中交通服务手段由全面的程序管制向雷达管制服务过渡。在通信保障方面，正进入网络信息综合服务阶段。导航服务正由传统的陆基导航步入陆基导航与星基导航相结合的阶段，智能化程度显著提高。机场建设技术有很大提高。近10年来建成了一批具有国际先进水平的大型机场，如上海浦东机场、北京首都机场、广州新白云机场等。机场的信息化、智能化首次被作为机场规划、设计和建设的重要考核内容。民航订座系统、离港系统、货运系统、收入管理系统、全球分销系统等象征现代化行业的大型信息系统均已投入使用。各航空公司围绕企业管理和市场营销建立了飞行运行管理、收益管理、财务管理、机务航材管理和常旅客等信息系统，提高了企业管理水平和市场竞争能力。政府信息化稳步推进，“电子政府”框架基本形成。

尽管成绩是显著的，但在发展过程中也存在许多问题和差距。其主要表现为：

（1）总体规模小，基础设施建设不足。在机队规模上，整个中国民航的全部运输飞机仅相当于发达国家一个航空公司；主要基础设施机场的密度低于巴西、印度等发展中国家。同时大多数机场，特别是西部地区机场普遍存在信息化水平低等问题。

（2）安全水平有待提高。尽管近几年我国航空运输安全取得明显进步，但过去10年我国民航每百万飞行小时的事故率还高于航空发达国家。安全管理手段的现代化程度尚需提高。

（3）服务水平有待提高。服务理念的落后以及智能化程度的偏低，使得航空运输服务的质量、效率尚不能满足广大消费者的要求。

（4）整体经济效益低。表现为企业盈利能力较弱，自我积累和发展能力差等。受体制以及企业管理人员观念和水平的局限，航空公司所引进的现代化收益系统不能充分地发挥作用。

（5）国际竞争能力不强。在规模、机制、技术、人才等方面缺乏国际竞争实力，无论是运输装备及重要的信息系统均依赖于进口，自我研发能力差。

1.2 未来十年中国民航发展环境分析

1.2.1 国际发展的大环境

世界经济的全球化、一体化，使自由贸易成为世界贸易的发展方向，加强了各国之间的互相依赖，全球性或地区性经济整体正在形成，从而进一步打破了国家的壁垒，加剧了国际竞争，使得强者更强，弱者难以生存。发达国家凭借雄厚的经济实力和对高新技术核心的掌握，不断向外实行经济扩张，一大批跨国公司成为经济全球化的核心，左右着世界经济的发展趋向。经济全球化对发展中国家的影响已远远超出了经济领域，跨入了政治、道德、文化等领域。在当前的国际竞争中，以信息化、智能化为代表的高新技术已成为发达国家实施扩张和渗透的重要手段，因此也成为发展中国家维护国家主权和经济安全的命脉。

1.2.2 国际航空运输业发展现状与趋势

经济全球化、一体化进程的加快，使得航空运输全球化的特征愈加明显。航空运输全球化是适应经济全球化的需要，以全球信息化为条件，以世界范围内航空运输业的结构性调整和航空公司间相互依存、联系及合作关系为基础的。不管我们是否愿意，航空运输全球化已成为国际航空运输发展的趋势，突出表现在如下三个方面。

（1）航空公司集团化、联盟化。过去航空运输业的结构性调整大多在一个国家内部进行，而信息技术的发展使结构性调整得以在更广大的世界范围内的进行。各国航空公司间采取跨国投资、交叉参股、企业兼并、代码共享等手段直接或间接扩大航空公司规模，结成航空联盟，抢占和重组航空运输市场。其结果是少数公司占据了航空市场的大部分份额，垄断力量增强。有资料统计，目前排名前三家的航空联盟公司占有47.07%的市场份额，市场集中度非常高。

(2) 航空运输自由化。航空运输自由化趋向主要体现在政府对航空运输企业实施放松管制政策，以及天空开放政策等。从20世纪80年代开始，以美国为首的航空发达国家就积极推行一系列自由化政策，其目的为了实现美国航空运输业和其他行业的全球利益。但是客观上，航空运输自由化对于鼓励竞争，促进发展具有一定的积极义。目前，我国已在海南省等地试行开放航权政策，以此达到繁荣海南航空运输市场，促进海南经济发展，以及总结航空运输自由化政策实施经验的目的。但是伴随着自由化，围绕有限航空市场的竞争必将更加激烈。目前发达国家凭借先进的技术以及先发优势，操纵着市场规则。因此自由化对于垄断问题的激化，以及后发国家应如何采取对策保护本国航空业的发展，并且励精图治，在竞争中求生存、求发展，是值得认真研究的。

(3) 空域一体化。国际民航组织基于对未来航空运输量增长和应用需求的预测，为解决现行航行系统在安全、容量和效率方面的不足，提出了"新航行系统（CNS/ATM)"的概念。新航行系统中的功能具有全球覆盖特点，要求以无缝隙的空域管理为用户提供连贯和一致性的服务。新航行系统的信息化和智能化程度将进入一个更高的发展阶段。国际民航组织于2003年9月召开的第11次世界航行年会上，已经对新航行系统的实施制定了"路线图"。新航行系统的应用，以及由此带来的空域一体化将对全球航空运输的安全性、有效性、灵活性带来巨大的变革。因此加快我国空管系统向全球一体化空管体系转变，加速我国空中交通管理系统的建设将成为使我国民航业全面加入国际大环境的必然趋势。

1.2.3 我国航空运输业发展趋势分析

影响我国航空运输市场发展的主要因素有：全面建设小康社会目标的实现，以及公众对运输服务要求的提高；国际环境变化，以及经济全球化、一体化进程的加快；我国扩大对外开放战略的进一步实施；中国将成为世界上第一位旅游大国等等。根据发达国家的经验，在人均GDP值为1000～3000美元期间，交通运输业将保持相当高的发展速度，其中尤以航空运输业的发展速度最快。因此预计未来15年，航空运输在整个交通运输中的份额将会有较大幅度的提高，我国航空运输业将继续保持持续、高速、健康的发展。主要表现在：

(1) 航空运输总量将继续保持快速增长，国际竞争力进一步加强

预计未来15年，我国航空运输平均增长速度将保持在10%左右，继续高

于GDP的增长速度及其他运输方式的增长速度。预计到2020年我国航空运输总周转量在世界排名将上升至前3位。航空运输的各项指标是：

运输总周转量　　659～1028亿吨公里

旅客运输量　　3～5亿人

旅客周转量　　4 586～7908亿人公里

货物运输量　　863～1 259万吨

与此同时，我国航空运输企业的国际竞争力也将大幅度提升，有3～4家航空公司营业收入将争取进入世界排名前20位，航空运输企业劳动生产要争取超过世界平均水平。

(2) 基本形成布局合理、发展平衡的航空运输网络体系

在总量增加的同时，航空运输的发展将进一步趋于平衡，西部地区航空运输落后于东中部地区、支线落后于干线、货运落后于客运、国际航空落后于国内航空的状况将得到明显扭转。并基本建立起以轮辐式结构为主，轮辐式结构与城市对式结构并存互补的航线网络。

(3) 大型机场将向国际化、现代化方向建设发展，地区及支线机场数量将不断增加

随着国家发展中西部战略目标的实施，城市化进程的加快，以及产业结构的调整，预计未来15年，国家将加强对我国支线机场的建设力度，支线机场的布局和建设规模将逐步趋于合理。此外经济全球化、扩大对外开放等大环境将促使北京、上海、广州等主要城市和对外口岸的大型机场加快向现代化航空港发展的步伐。预计到2020年，全国运输机场将达到300个左右，并将有1个以上的机场成为亚太地区的航空枢纽。

(4) 以信息化、智能化技术改造航空运输业，将成为促进我国航空企业腾飞、直面国际竞争的重要手段

预计到2020年，我国民航运输机将超过2000架，处理空中交通活动超过2万架次。面对如此的发展速度，以及航空自由化的发展趋势，最大化的利用现有空域资源、保证空中交通的安全与畅通就显得尤为重要。因此以卫星技术、信息化和智能化技术为主线的新航行系统的研究与建设，将成为保证我国民用航空事业腾飞的当务之急。

加入WTO后，我国政府将逐步开放国内旅游服务市场，国外成熟的全球分销系统若迅速占领中国市场，将彻底打垮或兼并中国民航的旅客服务系统，控制中国旅客的出行信息，严重危及国内各运输企业的利益。为此，建立基于先进信息网络技术，面向对象、面向应用、面向未来的，与各种交通运输方式及城市发展高度融合的，智能化的航空运输服务系统，是改造我国运输业传统的服务模式，提高服务能力、质量和效益之必须，是提升我国航

空运输应对国际竞争之必须，是我国交通运输信息技术发展的重要战略目标。

2 中国民航信息化、智能化发展战略

信息化、智能化渗透在民航运输从地面到空中的各个环节，并正在潜移默化地改变民航传统的运行和管理方式，推动民航的发展。鉴于机场、空中交通管理、航空公司等三大领域是民航业的主体，我们也主要从这三个领域分析民航信息化、智能化的发展现状、趋势、及发展战略。

2.1 机场智能化发展战略

2.1.1 国外大型国际机场的智能化现状

二十世纪末期世界航空发展迅速，机场建设也掀起了新的高潮，特别是在航空增长速度最快的亚洲，新兴建设的机场智能化程度高，系统集成程度高。如香港新机场、马来西亚吉隆坡机场、韩国仁川机场、日本关西机场等，都是新建的机场，有条件充分利用成熟的信息技术和通信技术，全面系统地规划机场智能化发展的整体战略。这些机场的智能化战略除支持机场日常运行外，还逐步向现代化的“空港城”发展，充分考虑了城市和地区未来发展，以及城市举办大型国际活动对信息化、智能化的需求。

与此同时，在欧美的建设起步较早的老机场，由于原有的系统功能和技术难以适应日益增长的旅客服务需求，因此加紧了对许多应用系统的升级换代。新老系统并存的状态在欧美国家的机场比较普遍，如巴黎戴高乐机场的候机楼新单元，尽管受到机场整体规划和现有设施的制约，但是通过合理地规划布局及技术改造，仍然使新候机楼可以采用全新的信息化、智能化技术，使机场重新焕发青春。

目前在国外机场智能化的新发展主要有：

(1) 电子客票——在美国普及率已经达到了60%以上，旅客只需在互联网上订票后，就可以直接到机场办理乘机手续；

(2) 旅客自助办票——对商务旅客，机场设置了特殊的柜台供旅客自助办票，大大节约了这部分常旅客的旅行时间；

(3) 公共交通智能卡在机场的应用——少数航空公司推出一种智能卡可以代替传统的登机牌，直接在登机门刷卡登机；

(4) 多元通信服务——许多机场提供有线和无线上网和数据传输功能，还可以提供多媒体电话会议等服务；

(5) 货物通关智能化——经济全球化和信息网络化推动了航空货运物流的速度，货物在机场的检查和报关，改变了传统的手工单据方式，发展成为电子数据报关，更加便利和快捷；

(6) 机场智能化管理中心——9.11 事件使机场更加重视采用先进的、智能化的安全检查手段，加强对机场全方位的安全管理、监控和救援。同时该中心还有效地担负起对进出机场地区车辆（包括汽车、地铁等）的调度和指挥。

2.1.2 国外大型国际机场的“智能化航空城”概念

国外一些机场结合机场地区发展提出了“航空城”新概念，航空城在智能化概念上主要有以下 5 个方面的功能和设施群：

(1) 作为国内外经济交流的核心地区；

(2) 作为本地区的高新技术开发区；

(3) 作为城市周末产业开发区；

(4) 作为国际会展中心；

(5) 作为高度信息化的城区；

智能化将使城市的各种功能有机地结合起来，更大限度地发挥城市综合功能的作用。也就是说，智能化使城市和信息通信结为一体，大大加强人与人之间、人与物之间的交流，使城市在高度信息化的基础上协调发展。

因此，航空城主要的智能化目标为建立并完善以下功能：

(1) 国际经济交流中心的强大信息支援功能　主要是为航空城内的企业与外部交流提供多媒体通信网络以及各种多媒体的信息传输服务，特别是与航空货物运输有关的各种信息及物流服务。

(2) 人性化和综合性的商业旅客信息服务功能　航空城还为商业活动提供多功能的场所和所需的展览、会议、交通、翻译等服务，并使做短暂停留的旅客（主要是商务人员）可以利用这些场所提供的人性化的旅游资源渡过一个愉快的休假。

(3) 航空高新技术产业开发功能　空港地区将是航空高新技术产品开发加工业、仓储业、培训业等航空工业和商业服务机构的首选集中地，为加快该类商业流通的速度提供综合服务。

(4) 高度的城市管理功能　作为智能化的航空城，能够对供电、供热、煤气、给排水等城市基础设施以及保安等提供高效、可靠的服务，如图 1-1。

2.1.3 国外大型国际机场的智能化的成功经验

大型国际机场就如同一个小的城市，每天有成千上万的旅客穿梭而过，机场的智能化水平决定了机场的管理水平、服务水平和运行的顺畅程度。国外机场的智能化建设成功经验非常值得我们认真研讨和学习借鉴，无论是历史悠久的，还是新建的机场，总结他们的成功做法，有以下几个方面：

①统筹规划

要发挥机场各种智能化应用系统的作用，协调好系统之间的关系，最重要的是要事先有一个科学合理的统一规划。

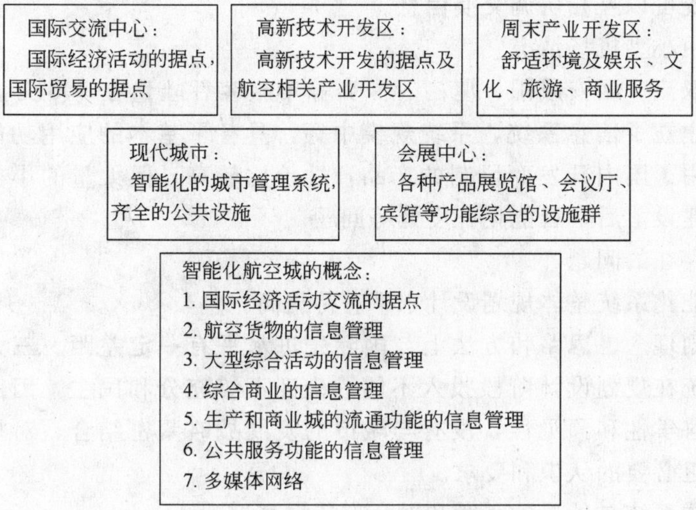

图 1-1　国外智能化航空城的概念

②适当超前

由于系统建设周期较长，智能系统发展战略既要考虑选用成熟稳定的应用产品，又要保持适当超前，适应建成后一段时期内的使用发展要求。

③实用性强

与机场服务业务和管理业务密切结合，不好高骛远，实用性强是很多国外机场的成功之处。

④互联功能

国外机场智能化往往建立在与航空公司及城市交通体系互相连通、协调发展的基础上。

此外，国外机场的管理和技术人员普遍素质和水平较高，对发挥智能化系统的作用也有很大影响。因此，做好机场的智能化发展战略还必须同步考虑相关人员的培训和提高。

2.1.4　中国民用机场智能化程度和现状

（1）国内大型国际机场总体情况

国内新建的大型机场在智能化建设方面有如下特点：

①新建机场普遍重视机场智能化建设，投资规模比重较大，就北京、上海、广州三大机场而言，智能化相关投资占到机场建设总投资的5%～10%，达到几个亿的规模；

②在智能化建设中均通过国际招标，选用国际上先进成熟的系统和设备，基本实现与国际接轨；

③系统在机场内部集成化程度较高，采用中央数据库等先进技术，分散

的应用系统可以互相协调交换信息。

（2）中小型机场情况

成都双流、西安咸阳、厦门、深圳等年旅客吞吐量在500万人次以上的机场，均建立了信息系统，系统规模中等，具备了基本的应用功能。这些系统一般选用了国内开发商研制的产品，性价比较高。但大量的小机场普遍存在信息化建设落后，智能化程度低等问题。

（3）存在的问题

①智能化系统整体规划设计水平有待提高。

在规划理念、思路和方法上与国际先进水平有一定差距。三大机场共同之处是系统在规划设计阶段投入不够，论证不够充分和民主，因此使机场的规划缺乏科学性和预见性，没有与城市的发展战略紧密结合，对机场的智能化建设缺乏必要的认识和要求。

②整体系统与外界的互联和融合有待提高。

机场智能化必须与航空公司、空中交通管理以及城市交通的智能化系统互相连通、交换信息，达到智能化在不同领域的平滑过渡和有效衔接。目前三大机场在这方面还有很多不顺畅之处，因此不能有效发挥机场现有的信息化智能化功能。

③政府对机场的智能化、信息化建设缺乏规范指导。

要尽快制定修改我国的机场建设规范，并重新明确各类机场在信息化方面的建设标准。目前我们国家中小机场的信息化智能化建设存在盲目追求规模的现象。务必要从自身业务需求出发，制定可靠、实用、技术经济的信息化发展规划。

2.1.5　制定中国民用机场智能化发展战略考虑的因素

（1）我国民用机场未来发展趋势对智能化建设的影响

首先，如何制定机场的智能化战略与机场所在国家的机场运营管理体制相关。我国民航体制改革后，大多数机场归属地方政府管理，机场有更多的自主权和灵活性。机场管理体制的重大变革，有利于发挥地方政府的积极性，促进机场管理当局结合地方经济发展需求，制定更加合理的机场智能化发展战略。

其次，随着我国民航中枢-辐射航线网络的建设进程，机场正处于细分市场的过渡发展阶段，未来将逐步发展并划分成为大型枢纽机场、中型枢纽机场和小型支线机场、通用机场等。不同类型的机场将担负功能重点不同的运输集散任务，机场的业务复杂度和相应的业务流程也不同，因此机场智能化发展战略必须要结合本机场的性质和类型，切不可盲目攀比或简单借用不同类型机场的经验。

第三，机场的投资体制未来向自筹经费、政府扶持、引进外资等方面发展，制定机场智能化战略的出发点也必须考虑便于机场的管理和服务于地区经济。

最后，机场的传统业务正在发生变化，全球物流业的发展，使机场的业务中心正在从传统的客运服务，转向货运物流服务，因此机场智能化的一个重要新内容就是机场货运物流信息智能化。

(2) 按照国际标准建立我国民航机场智能化的行业规范和标准

在制定我国民航智能化发展战略时，不仅要参照已有的国际民航相关技术和服务标准，还要密切关注国际民航对未来新标准的研究趋势和智能化发展战略，并根据我国的情况制定相应的规范和标准。机场建设是百年大计，因此在新起点规划时必须适当超前。同时还要使机场智能化系统保持开放性，不断符合国际民航的相关技术标准和服务标准要求，满足未来扩充的需求。

(3) 与国家和城市智能化交通战略整体的融合性

在考虑大型机场的智能化发展特点时，应从综合交通系统整体来看。大型国际机场既是国际航空网络的一个主要节点，同时又是所在城市和地区交通网络的重要枢纽，因此大型国际机场智能化发展特点决定了在研究和制定其发展战略时，必须结合以上两个方面考虑与整体智能化交通战略的融合性。

(4) 有利于我国信息化产业的发展

中国民用机场的信息化和智能化建设是一项巨大的工程，也是一个具有相当规模的市场，对民航乃至我国信息产业的发展具有重要的拉动作用。因此在考虑民航智能化发展战略时，一定要利用国内及民航信息化方面的综合优势，扶持一些科研单位，抓住时机，培养中国民航的自主研发力量，培育具有自主知识产权的智能化产品。

(5) 兼顾目前我国机场管理人员和国民的整体素质

在借鉴国外先进经验的同时，必须要兼顾目前我国民航管理人员以及国民的整体素质。一个成功的智能化系统离不开高素质的管理人员。不可否认，目前我国机场管理人员的整体水平还不够高，机场使用者的整体素质还比不上国外发达国家。因此一味追求性能的先进性将造成规划脱离实际以及巨大的投资浪费。因此在建设机场的智能化系统时还必须兼顾各方面人员的现实情况。

2.1.6 机场智能化系统的规划设计目标和原则

(1) 智能化系统建设目标

①为机场安全高效的生产运行和经营管理提供现代化手段，最大限度地提高生产营运数据的采集、处理、发布的自动化程度，提高航班运作的效率；

②通过提供及时、准确、系统、完整的信息，提高航班正点率，减少航班延误，提高对旅客和中外航空公司及各驻场单位的服务质量；

③为整个机场业务的计划、营运、统计、分析、决策等各个环节提供坚实的依据和强大的手段，有效管理大型国际机场各项资产，提高管理水平，降低营运成本，最大限度增加商业利润；

④对重要运行设备进行安全可靠的监测与控制，对机场运营环境实施严密监控，确保机场各项业务的安全正常进行；

⑤提高我国民用机场在国际民航中的竞争力等。

(2) 智能化系统规划原则

机场智能化发展是一项持续建设的系统工程，优秀的战略规划和严谨的设计原则决定了智能化发展的成败。所以，从一开始就应当合理规划机场信息和弱电系统的设计原则，以机场运营服务为主体，以旅客、航空公司、各驻场单位为服务对象，建设一个集运营管理、设备监测与控制、行政财务管理等为一体的多功能、开放性系统。各个系统的设计均应遵循以下原则：

①先进性：采用先进的概念、技术、方法和设备。既要反映当今的先进水平，又要具有发展潜力，同时要求各个系统涉及的数据库技术、网络技术、开发方法等必须是相对成熟可靠的，以及计算机设备是最先进的。

②开放性：机场智能化工程包含多个系统，由不同厂商提供。为了保证不同产品的协同运行、信息交换、信息共享以及以后扩充的需要，各个系统必须具有开放性，符合相应的国际标准和协议。

③可扩充性：机场智能化系统建设遵循“一次规划、分期建设、滚动发展”原则，因此各个系统必须在系统结构、系统容量、通信能力、产品系列和处理能力等方面具有扩充性和产品升级换代的可能，不仅要保护业主已有的投资，而且具有较高的综合性能价格比。

④可靠性：各个系统投入使用后，必须可靠地连续运行，必须从系统结构、设计方案、设备选择、厂商技术服务能力等方面考虑，保证大型国际机场安全高效的生产运行和经营管理，保证不会因局部故障而引起整个系统瘫痪。

⑤实用性：必须提供友好的中文用户界面和规范的行业用语，具有易管理和易维护等特点，便于业务人员进行业务处理，便于管理人员进行维护管理，便于领导层及时了解各类统计分析信息，同时还应考虑到实际业务操作的响应速度及实时性等因素。

⑥安全性：由于系统具有开放性，在系统内信息具有分布性和流动性，因此系统必须具有高度的安全性和保密性。通过对系统分层次的保护、数据

存取的控制保护等手段，来防治各种形式的非法侵入。同时各个系统还应具备出错处理、容错及冗余备份等功能。

2.1.7 大型机场智能化系统分类和框架

系统工作范围的合理划分是各个系统协作、总体完成机场各种业务活动与设备监控的保证。工作范围划分原则主要考虑两个方面：一是适应业务的划分；二是适合信息技术的处理特点。

（1）从适应业务的划分角度来看，对应用系统进行划分时应注意以下几点：

①要适用于相应业务本身的功能要求和特性；

②既要保证相应业务相对完整性和连续性，又要注意提取业务之间共性；

③要能够保证今后业务的扩充；

④要与相应业务的职能部门的划分相协调；

（2）从适合信息技术处理特点的角度看，应用系统的划分应当注意以下几点：

①要尽量减少各个应用子系统之间的信息交互；

②要尽量减少各个系统之间接口的复杂性；

③要避免整个系统信息的采集、存储、处理、发布的重复性，提高处理效率，保障信息的一致性和完整性；

④要保障信息的安全，特别是关系到机场营运的信息的安全；

⑤要有利于信息和弱电系统的扩展。

根据上述分析，我国机场智能化发展框架如图 2-1。

2.2 空中交通管理智能化系统发展战略

2.2.1 国内外空中交通管理智能化现状及发展趋势

空中交通管理是整个航空业中技术密集度较高的领域。在实施空中交通管理中，直接相关的单位有航空公司、机场当局、军方管制部门、气象部门等。这些部门相互协调合作，通过必要的通信、导航、监视系统和设备，共同完成对飞机的飞行管制和服务。空中交通管理主要任务分为三个方面：

（1）空中交通服务（ATC）：

主要目的是防止机动飞行区内飞机与飞机、飞机与障碍物之间发生碰撞，加速空中交通流动速度，维持空中交通秩序。为飞机提供用于飞行安全和效率的信息和咨询的飞行情报服务（FIS），如机场状况、导航设备服务能力、有关危险区及飞行限制的情况、机场和航路气象，以及有关飞机搜寻与援救的协助。

（2）空中交通流量管理（ATFM）

目的是当某个时间空中交通管制系统的飞行流量超出或者将要超出其能

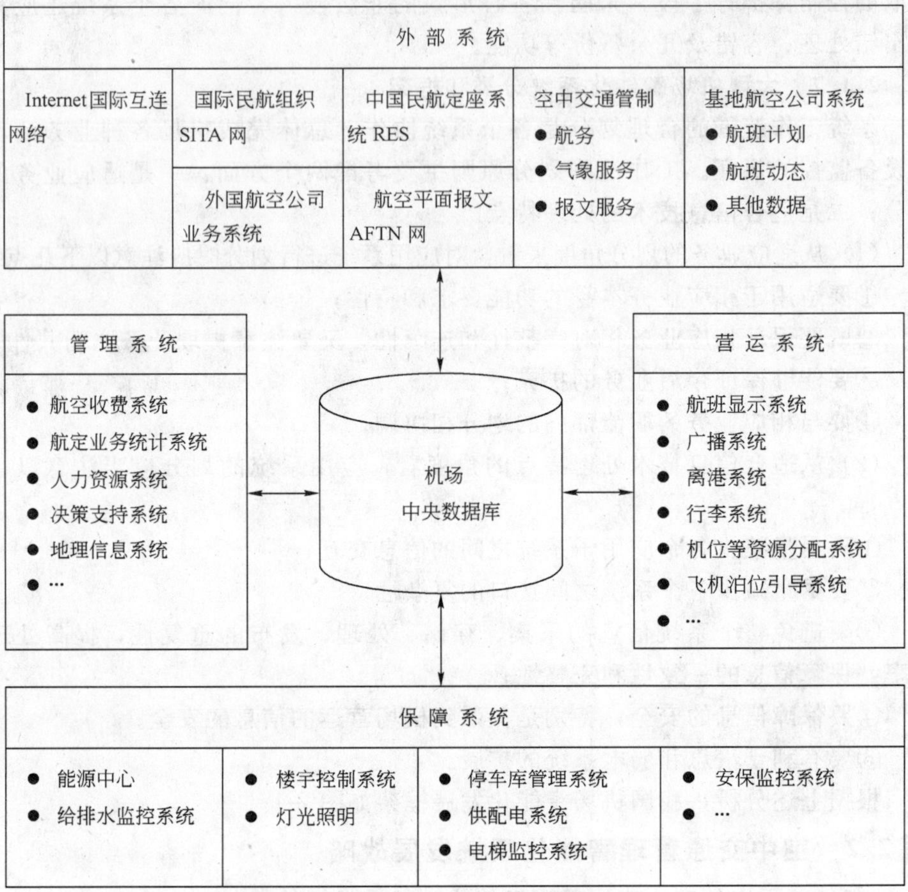

图 2-1　机场智能信息服务系统结构框图

力时，采取必要的措施，进行调节，保证空中交通量最佳的流入或通过相应的空域，达到对机场和空域容量的最大利用率。

(3) 空域管理（ASM）

通过对空域的共享，或按照各种不同飞行的需要灵活地划分空域，来满足不同类型飞机飞行的需要，达到在既定的空域结构下对空域资源的充分利用的目的。

为了确保空中交通安全、经济、高效、有序，世界各国都建立有自己的空中交通管制（ATC）系统。传统的ATC系统是依靠建立在地面上的一次、二次监视雷达（SSR）来监视空中飞行动态的航管系统。该系统依靠地面短波、超短波电台，实现飞行员与地面指挥之间的话音通信。随着世界航空事业的迅速发展，传统的ATC系统存在的覆盖范围有限、受气候等自然环境影响较大、缺乏空——地数据通信等主要问题逐渐显露出来，越来越难以满足航空运输发展的需要。

随着全球经济一体化的发展，“自由飞行”、“天空开放”政策的逐步推进，为了满足日益增长的航空交通事业的发展需要，有效地保证空中交通安全、减轻管制人员和驾驶员的工作负担，国际民航组织（ICAO）成立了未来空中航行系统委员会（FANS），并提出了一种基于卫星技术、数据通信技术和网络技术的通信、导航、监视和空中交通管理系统，又称新航行系统。1992 年，新航行系统获 ICAO 第 29 届大会批准。近期，国际民航组织又进一步提出了《新航行系统全球航行计划》，向世界各国推荐使用。

(4) 新航行系统（CNS/ATM）

是一个高度自动化、智能化的系统，由通信（COMMUNICATION）、导航（NAVIGATION）、监视（SURVEILANCE）和空中交通管理（AIR TRAFFIC MANGAGEMENT）四个子系统构成。其中，CNS 是基础设施，ATM 是管理体制、配套设施及其应用软件组合。从技术上说，新航行系统主要是“卫星技术＋数据链技术＋计算机网络技术”的应用。主要采用的新技术有：

①卫星技术：从现行的陆基通信、导航、监视系统逐步向星基通信、导航、监视系统过渡，进而以星基系统全面替代；

②数据链技术：跨平台、分布式、异构空天地立体网络互联技术，实现空——地、地——地可靠的数据交换，并进一步实现空——空数据交换；

③系统的数字化及计算机处理技术：浩繁的全球气象、电磁、地理等战略信息和航空信息的高速采集、处理、传输、交换技术；信息安全及访问控制技术；空天地一体化综合信息网络协议体系和技术标准等。

目前，欧美等航空发达国家借助其在卫星技术、计算机信息技术、电子技术等方面的优势，均在加强新一代空管系统技术的开发和应用，不惜代价占据此领域的战略制高点，已经初步形成技术垄断和壁垒；日本也在努力获取该领域的竞争优势，试图成为区域强国。美国 GPS 卫星导航定位系统已经投入使用，欧洲“伽利略”卫星导航计划正在实施之中，欧美都建有各自统一的空中交通流量管理中心。这些系统的研制，对欧美等发达国家的科技带动作用巨大。

我国民用航空飞行量以每年将近 20%左右的速度迅速增长。以 2002 年最近的统计为例，北京首都机场在国庆繁忙期间日起降飞机已经达到 870 余架次，广州高空管制区目前高峰日飞行架次达到 1170 架，已接近满负荷运转。我国现行的空中交通管理系统无论在管理体制，以及智能化、数字化方面都与航空发达国家存在较大差距，主要表现在以下几个方面：

①空中交通信息资源分散管理和使用，综合信息集成处理和共享能力较

差，各类数据和信息尚未形成综合产品，信息网络的智能化、自动化程度较低，管理系统不能为用户提供全面、准确、灵活的综合信息服务；

②空中交通管理所需的通信、导航、监视等基础设施的系统规模、覆盖能力、信息化和自动化水平与空中交通的发展需要存在较大的差距，空中交通流量管理系统尚未建立，系统监控能力严重不足；

③设施和设备种类繁多，运行维护水平较低，陆空无线电频率资源使用效率不高，航空无线电受到极大干扰；

④在技术上与国际民航组织的标准不兼容等。

上述问题已经影响了我国航空运输安全、正常、高效的运行，并成为中国民用航空高速发展的瓶颈。

2.2.2 我国空中交通管理智能化发展趋势

为适应我国民用航空飞行发展和保证安全的需要，经国家批准在北京、上海、广州建设三座大型现代化、国际水平、统一标准的空中交通管制中心。新三大区域管制中心采用了高度自动化的处理设备，引入了先进的地空数据处理和监视技术，它的建成和投产将标志着我国空中交通管制的系统设备进入了国际先进行列。

随着三大新管制中心的使用，中西部地区的空中交通管理部门技术改造和升级工作也将进行。技术的发展将出现以下几种趋向：

①系统自动化——以计算机技术全面取代人工；

②处理智能化——以智能技术、动态优化技术、专家诊断技术等，提高系统的处理能力；

③空地一体化——飞机系统与地面系统的有机结合；

④地面整合化——地面各系统互联和共同运作；

⑤技术综合化——各类技术综合使用。

当前，随着IT技术迅速发展，新技术不断的涌现，国际民航组织正在全球范围内大力推广新航行系统，我国民航也在不同层面上研究、开发、实施新的通信、导航、监视技术。涉及今后空中交通管理的具体技术及内容十分广泛，包括各种航空专用路由器、传输技术、数据库技术、机载设施等，每项技术的研究和应用都是专门的课题，需要发扬创新精神，结合我国的具体情况制定我们的发展方向和规划，组织力量跟踪和开发，使我国空中交通管理事业不断发展，为保证飞行安全和提高经济效益做出贡献。

2.2.3 我国空中交通管理智能化发展战略

（1）指导原则

①满足我国经济高速发展的需要，为我国有一、二个机场能够成为亚太地区航空枢纽奠定坚实基础。

②以实现全球空管一体化为目标，紧跟国际空管技术发展的趋势和方向，实现我国民航空管领域的跨越式发展，并带动其他行业的发展。

③引进国外先进经验和技术，立足我国民航的具体情况，努力进行技术创新，完善我国空管体系的智能化系统，大力提高空管智能化水平。

（2）战略目标

在未来 15 到 20 年，我国空中交通管理信息化、智能化发展的战略目标是：在全国范围内进行空中交通管制设备和技术改造和更新的同时，建立完整的管制模式，更有效地利用空域和机场的能力，实现一体化的空中交通管理，增加我国空域的容量和能力，有效减少航班延误。同时要建立完善统一的流量管理系统，研究智能化流量管理辅助决策工具。力争通过合理的空域及航路规划，实现技术改造，提升空中交通管理信息化、自动化、智能化的程度，达到保证安全、提高效益和服务能力的目标，如图 2-2。

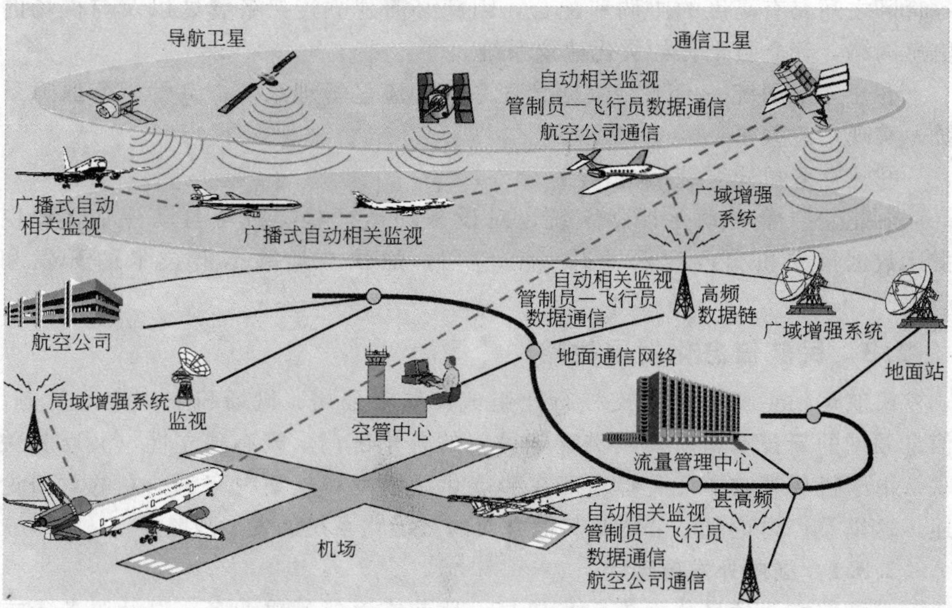

实线相关部分为陆基系统，虚线相关部分为天基和空基系统，共同构成天空地一体化的新一代空管系统

图 2-2　新一代天空地一体化国家空中交通管理系统

（3）发展战略

①推进新航行系统 CNS/ATM 在我国的使用进程。CNS/ATM 由空间、机载、地面三大部分组成。空间部分包括全球导航卫星系统的空间卫星和通信卫星；机载部分包括全球卫星导航接收机，数据话音通信设备和通信管理器；地面部分包括数据，话音通信设施，通信管理系统和数据处理，显示以

及 ATM 工作站等。CNS/ATM 的使用将从本质上改善我国空中交通管理信息化和自动化的程度。

②形成飞行数据处理管理系统，建成空管飞行数据交换网，统一飞行数据处理，实现飞行员和管制员的协同决策。

③建立空管安全事件分析系统，提高空管安全水平。

④发展空管自动化辅助决策系统，减轻空管员工作负荷、提高效率、预防差错、优化决策。

⑤提高流量管理水平，建立智能化的流量管理系统，以提高航空公司的运营效率。

⑥建立空管服务信息（包括航空气象和情报）发布与协同决策系统，使航空公司和机场及时掌握信息，参与决策。

⑦为了提高空管运行效率，实现空域使用者的按需线路，要求空管系统各管区之间具有高度的协调和配合，因此必需建立连接各管区以及与机场的信息网络，建立自动化的优化建议系统。

⑧建立全国统一的飞行数据管理系统、流量管理系统、空管运行保障系统，实现信息共享。

⑨建立开放式系统结构。

⑩建立空管自动化评估系统，对设备的运行状况进行自动评估。加快雷达数据集成和交换技术的开发和应用，加快空地数据链技术的开发和应用。

2.3 民航信息化发展战略

民航运输主要由三大支柱行业组成：航空公司、机场和空中交通管制。信息领域的新技术和新发展贯穿于民航的各个部门，既有独立性，又互相关联。由于机场和空中交通管理都在智能化系统发展规划中有了独立的章节论述，这里重点讨论航空公司和其他方面的智能化系统的发展战略。

2.3.1 国内外发展现状

国外航空业信息化发展起步较早。目前在客货运输业务，以及服务等方面都已经建立了较为完善的系统。航空公司信息化、智能化的程度已经成为决胜市场的重要武器。归纳起来，国外航空公司信息化、智能化建设在客运方面主要有以下特点：

(1) 作为近 10 年来世界航空公司联盟高潮迭起的结果，目前几乎有接近半数的航空公司在与他们的联盟伙伴共享 IT 的应用及系统；

(2) 部分航空公司的大部分应用功能、网络及桌面管理系统已经进行了资源的外包，有更多的航空公司的资源外包方案正在计划当中；

(3) CRM（客户关系管理）已经成为收益管理最重要的数据源及解决途径；

(4) 商务运作系统由封闭向开放转移；

(5) 80%的航空公司通过互联网销售他们的机票。受航空公司降低成本压力的驱动，通过网上销售的机票数量在总票量中的比例连年上升，发展速度很快；

(6) 航空公司已经在机场安装了办理离港手续的自助服务机，以改善旅行者的旅行经历；

(7) 设计了为旅客整个旅途提供全方位服务的、一站式购物的站点。如：Orbitz、Travellocity 等。虚拟超市站点如 Cordiem；

(8) 在物流方面的现状和特点是：航空公司以及机场的用于货物运输管理的货运系统已经普及；已经与货物相关的其他航空公司、机场、仓库、代理人海关、商检、地面运输的系统实现了信息衔接，构成了综合物流信息平台。

与航空发达国家相比，我国航空运输业的信息化、智能化建设尚处于起步阶段。目前大多数航空公司或企业已经建立了以商务及旅客服务为中心的信息系统。相比航空发达国家，我们存在的主要差距表现在：

(1) 基础信息系统的差距

代理人订座系统的信息还不够丰富；运价系统还未具备运价计算以及能够按照各种方式进行的运价搜索功能；收益管理、航班运营管理等系统还处于刚刚起步状态，还未完全发挥系统的效率；CRM 系统还未建立；机场信息系统平台在绝大部分机场还不具备；货运系统的使用覆盖率较低。

(2) 电子商务的差距

没有具有市场竞争力的销售产品，这是电子商务发展较慢的根本原因，缺乏个性化管理与服务，即缺乏电子商务领域的 CRM 系统。

(3) 信息整合方面的差距

物流平台在行业内都还没有得到整合；与其他交通工具信息系统的信息交流还未开展。

2.3.2 发展趋势分析

总的说来，在航空公司方面，围绕实现旅客价值链的信息系统平台是国内外共同的技术发展目标；在机场方面，发展目标是实现综合的机场信息系统平台；在物流领域，发展目标是实现货物信息流的无缝连接，即物流信息平台。具体情况是：

(1) 航空运输业一个主要的发展趋势就是联合，包括行业内外相关企业的联合。

(2) 国际互联网以及相关服务已经变成了决定竞争胜败的战略性武器。

(3) 在分销市场上，航空公司继续努力通过对最终消费者的直接服务来降低成本。

(4) 收益管理模式将集成航班计划、定价、收入核算、市场等诸多方面因素来拓展航空公司展品的销售渠道。

(5) 航空旅行分销从以前的以航班、旅行产品为中心向以旅客为中心的模式转变，中国现有的订座系统尚不能满足这种以旅客为中心的管理模式。

(6) 定价系统的功能将转化成为包含了运价显示、航程运价计算、航程定价、改程建议等综合性的、大型的实时事务处理系统。

(7) 建立物流信息交换平台、制定统一的物流信息交换标准已经成为实现货物运输链的标准做法。

(8) 大量新技术投入使用。如国际互联网 、呼叫中心、web 接入、高速网络、虚拟专用网络、数据仓库、生物检测技术等。

2.3.3 民航信息化、智能化需求分析

(1) 随着我国市场经济体制的成熟和民航改革的深入，民航运输量继续呈现高速发展势态。民航的信息化发展必须与行业的高速发展相适应，并起到推动作用。

(2) 由于国内外航空市场的激烈竞争和我国加入 WTO，航空公司提高收益、降低成本的压力加大，迫使我国航空业必须对以下问题进行深入思考：

如何保持住客户：在网络经济中，保住客户最重要的因素取决于客户服务水平。

如何评价客户关系给公司带来的回报：评估一个客户可以为航空公司带来的价值是一个公司预测未来的增长、开拓更多目标市场及开发更多运输服务的最为关键的依据。

服务的传送及客户的管理：国际互联网提供的在线服务可以成为传统服务提供商与航空旅客的一个接口，这种专门的旅行服务接口由于可以提供低成本的在线服务而对传统提供商的服务方式提出了挑战。

价值的保护：客户可以通过今天的在线销售得到事实上的、在所有运输服务中的最低的价格。

(3) 航空公司对技术产品的需求要能够满足以下的功能需求：

①客货运一条龙的旅行过程；

②实现 1 对 1 的客户服务；

③电子分销渠道；

④自助式服务；

⑤语音识别技术的应用；

⑥价格管理方面，根据客户的预算来为客户提供航空旅行及相关服务；

⑦机场安全，将生物检测技术引入到机场的安全检查中来；

⑧航空联盟，联盟公司需要在系统间更深层次的数据共享，以便可以在联盟的航空公司间提供更加一致的服务，其中包括统一的服务内容与服务水平；

⑨大公司销售支持，与大的商业公司直接签署销售协议是当今航空公司非常倾向的销售途径之一；

⑩要进行机场的信息平台建设，在旅客信息平台的支持下，机场不再成为一个信息孤岛、功能孤岛，可以确保旅行价值链各环节信息的数据传递与数据共享，保证相关信息数据是客户整体数据信息的一个具备当地特征的映射。

（4）根据以上航空公司的需求以及国内外严峻的竞争形势，民航领域除了要建立上述提到的应用信息系统之外，重点要满足以下几大技术需求：

①技术上要与国际接轨，要有超前意识；

②信息共享、技术平台统一，实现无缝的信息交流；

③建立面向旅客、面向收益的信息模型；

④要具有管理因需求带来的超大规模系统与超大规模数据库的能力；

⑤确保网络安全与信息安全。

2.3.4 民航信息化发展战略

（1）发展思路

遵照国家有关信息化发展的方针、政策，紧密围绕民航发展的总目标，认真学习和引进国外航空业信息化发展的先进经验和技术，立足我国民航的具体现状，面向企业用户和旅客，大力发展民航的信息化产业，使信息化真正成为企业扩大收益、提高效率、降低成本的工具，为公众提供更方便快捷的旅行服务，推动民航的发展。

（2）发展目标和战略

战略目标：建设数字化民航。数字化民航包括了数字化机场、数字化航空公司、数字化空管、数字化物流管理等多个领域。具体发展战略是：

①建立综合交通体系下的全球旅行服务系统

目标是：集国内外民航、铁路、船运以及公路运输等多种旅行服务于一体，辅助以旅客需要的、非交通行业的相关旅游服务行业信息产品，满足旅客从出行前的计划到旅行产品的购买到旅行过程实现以及旅行后的延伸服务等方面的需求，为广大国内外旅客提供基于旅行价值链的一站式出行服务。

系统将包括：综合信息平台、航空公司旅行服务系统、铁路旅行服务系统、船运旅行服务系统、公路旅行服务系统、数据统计服务系统、旅游销售系统、会议安排系统、酒店预订系统、租车预订系统、旅行保险销售系统、支付系统、体育比赛及文艺演出场馆门票销售系统、综合前端系统、电子商务系统等。

②建立交通运输场站运营管理信息系统

目标是：以研制、开发机场运营管理信息系统为突破口，逐步建立智能化的面向综合交通运输场站的运营管理信息系统，为今后建设全局范围的信息系统奠定基础。

系统将包括：场站数据信息平台、中间件平台、集成运营平台、决策支持平台等4个平台，每个平台还包括若干子系统。

③建立在综合交通体系下的航空物流信息平台

目标：建立民航物流系统信息平台，实现物流业务协助国际化，实现多种运输方式联运的无缝高效衔接，为货主提供基于时间最优或价格最优等多种模式的门到门服务。

系统包括：航空物流信息平台、航空公司物流信息管理系统、机场物流信息管理系统、代理人航空物流信息管理系统、航空物流综合分销系统、综合物流信息查询与跟踪系统、航空物流电子商务系统、航空物流结算系统等。

3 政策和措施

国家的信息化、智能化工作的发展除了需要广大科技人员艰苦努力，在科学技术水平上尽快达到世界先进水平之外，还需要国家以及行业主管部门在政策及法律法规等诸多方面给予支持，解决由新的技术、新的应用带来的新的问题，对那些在行业内甚至在整个国家都有较大影响的科技成果、大规模应用系统、及其相关单位给予必要的政策支持，必将为科技发展以及国民经济的发展起到积极地推动作用。

3.1 国家级政策支持

(1) 在遵循WTO准则的前提下，政府应考虑相应政策，对国家重大信息化系统给予市场保护。毕竟我们的信息系统起步晚了几十年，对那些支撑参与国际竞争行业如航空公司主要业务的信息化产品给予必要的保护，除了可以为国家节省大量的外汇之外，还可以依靠自己的力量，更好地投入到国际竞争市场之中。

(2) 研究并建立对物流、信息流、资金流的法律支持体系。电子商务的发展，使得许多传统的业务模式发生了重大变革，与之相对应的法律、法规、政策、体制等方面都需要做出及时的调整，以满足技术发展需要。

(3) 政府应出台相关的经济和政策措施，引导在具有技术实力和发展潜力的部门建立国家级综合交通信息化基础平台，鼓励各种交通方式对公共信息的交换和共享。

（4）研究出台全国范围内的面向信息服务的市场化的商业模式。

3.2 行业级政策支持

（1）集中民航、铁路、公路等全行业的资源，重点扶持重大应用性科技项目建设，使得行业关键技术水平能够迅速达到国际先进水平。

（2）扶植重点行业内信息服务企业，保证信息建设的可持续性发展。

（3）从政策上鼓励突破行业内外的技术壁垒与商务壁垒。

（4）制定跨企业、跨行业的结算、清算政策和实施办法。

（5）建立企业参与重大基础信息技术研究的机制，充分发挥企业的资源优势。

参考文献

中华人民共和国国家统计局．2005 中国统计年鉴．北京：中国统计出版社，2005.9

附件6

智能交通系统标准化发展战略研究

杨 琪 齐彤岩 柏 青

目 录

1 ITS 标准化领域界定

1.1 智能交通系统的概念

要清晰地确定智能交通系统（ITS：Intelligent Transport Systems）标准化的概念，首先必须明确智能交通系统的概念。

根据我国国家标准《智能运输系统 通用术语》报批稿（国标计划号：20020247-T-348）对智能交通系统的定义是：在较完善的交通基础设施之上，在先进的信息、通信、计算机、自动控制和系统集成等技术前提下，通过先进的交通信息采集与融合技术、交通对象交互以及智能化交通控制与管理等专有技术，加强载运工具、载体和用户之间的联系，提高交通系统的运行效率，减少交通事故，降低环境污染，从而建立一个高效、便捷、安全、环保、舒适的综合交通运输体系。

从上述定义我们可以看出，智能交通系统的内涵和外延有以下几个特点：

（1）智能交通系统不是交通基础设施，涉及道路、桥梁等大规模的土建设施不属智能交通系统范畴；

（2）智能交通系统以交通基础设施为根本，其目的是为了发挥基础设施最大的使用效率；

（3）智能交通系统是信息技术、通信技术、自动控制技术和系统集成技术活跃的舞台。

智能交通系统的应用范围是地面运输系统，主要是道路交通及铁路交通。从美国、欧洲及日本对 ITS 的定义来看，ITS 的应用范围也主要是指道路交通运输，只有在客、货的综合运输方面会涉及铁路、航空及水路运输。

1.2 ITS 标准化的概念

国际标准化组织（ISO）第二号工作指南（第四版）中对“标准”概念的定义是：由有关各方根据科学技术成就与先进经验，共同合作起草、一致或基本上同意的技术规范或其他公开文件，其目的在于促进最佳的公众利益，并由标准化团体批准。我国颁布的国家标准 GB39351《标准化基本术语 第一部分》，对“标准”定义为：标准是对重复性的事物和概念所做的统一规定，它以科学、技术和实践经验的综合成果为基础，经有关方面协调一致，由主管机构批准，以特定形式发布，作为共同遵守的准则和依据。

ITS 标准化是围绕 ITS 技术开发、产品研制和系统建设与管理而进行的一系列标准化工作的总称，它包括各种 ITS 标准规范的制定、复审、修订、宣传、贯彻实施等环节。

1.3 什么是 ITS 标准化

具体说来，ITS 标准化工作主要包括以下内容。

（1）标准规范的制定

根据实际技术发展对标准的需求及国家及行业有关智能交通系统制、修订标准规范规划和年度计划，制定 ITS 标准规范。

ITS 标准规范可分为国际标准和国内标准。国际标准规范是指由国际标准化组织（ISO）、国际电工委员会（IEC）、国际电信联盟（ITU）及国际标准化组织认可的制定国际标准的其他国际组织制定的标准、技术规范和技术报告。

ITS 标准可分为国家标准、行业标准、地方标准和企业标准。国家级的标准规范分为两类，即国家标准和国家标准化指导性技术文件。指导性技术文件适用于两种情况，一种为技术尚在发展中，需要有相应的标准文件引导其发展或具有标准化价值、尚不能制定为标准的项目；另一种为采用国际标准化组织、国际电工委员会及其他国际组织（包括区域性国际组织）的技术报告的项目。

（2）标准规范的复审、修订

国家及行业标准实施后，应当根据科学技术的发展和经济建设的需要，由该标准的主管部门组织有关单位适时进行复审，复审周期一般不超过 5 年。不需要修改的标准确认继续有效；需作修改的标准作为修订项目，列入国家或行业标准修订计划；已无存在必要的标准予以废止。

（3）标准规范贯彻实施

制定、修订标准的目的是为了其能够得到广泛实施，然而标准规范的实施往往会遇到用户不了解有相关标准规范，以及标准规范应如何应用于生产及管理中等问题。推进标准规范的贯彻实施有多种途径，如标准规范的宣传、宣讲、解释，建立标准应用的辅助手段，产品质量标准水平评价，引进项目的标准化审查及检测相关产品技术是否符合标准的手段等。

（4）标准化的组织管理

加强标准化管理，统一标准化工作的方针、政策，对于保证标准化工作的统一和协调，充分发挥各方面的积极性，促进标准化事业的发展是十分必要的。

标准化的组织管理包括 ITS 标准化管理机构的建立，标准计划管理，标准制定、复审、修订的管理，标准实施的管理等。

1.4 ITS与其他领域标准化的界面

根据《中国智能交通系统标准体系表》，我国智能交通系统所涉及的领域包括通用标准层包括术语及定义、基础信息分类编码及表述、智能交通数字地图及定位、交通专用通信、信息服务、交通与紧急事件管理、电子收费、综合运输及运输管理、车辆辅助驾驶与自动公路。

智能交通系统领域是通信技术、传感器技术和信息技术活跃的舞台，它们的很多领域都已标准化，另外，智能交通系统与传统的交通工程也存在着一定的交叉关系，明确智能交通系统与相关专业领域标准化的界面，是保障智能交通系统标准化不做重复性工作，抓住重点，有的放矢的关键之一。

就智能交通系统目前技术发展的状况来看，与ITS标准化密切相关的行业或专业领域如下。

(1) 交通工程
(2) 铁路运输
(3) 水路运输
(4) 航空运输
(5) 物流
(6) 车辆工程
(7) 通信工程
(8) 电子技术
(9) 自动识别和数据获取技术
(10) 地理信息
(11) 其他

对于掌握上述领域已有的标准不仅能获得很好的实际效果，也减轻了智能交通系统标准化的负担，便于集中精力制定一些急需的边缘标准。况且不采纳既有的标准而另立相似的新标准，不符合国家标准体系的建立，不符合制定标准的科学方法，最终将形同虚设，造成极大的浪费。

根据国家对综合标准体系表的有关要求，智能交通系统标准化工作重点应在行业、专业间的配套标准，凡已纳入其他产品、过程、服务、管理所属的行业、专业标准体系内的通用标准，在智能交通系统标准体系中不再涉及。

智能交通系统中某一对象的安全、卫生、环境，以及试验方法、检验方法、计算方法等，已有国家或行业标准的，采用国家或行业标准。对已有的相关术语及定义、符号、代号等国家通用性基础标准，为保持基本概念的统一，采用国家标准。

2 ITS标准化对产业发展的影响

2.1 标准化对我国ITS发展的促进作用

智能交通系统将在我国形成一个新兴的产业，产业的出现必定带来标准化问题，智能交通系统大范围应用的基础是标准化，标准化工作的开展又将大大促进智能交通系统的实施，具体表现在如下几方面。

（1）标准化可保障全国范围内的兼容性

智能交通系统体系结构物理层中的物理实体存在许多接口，接口的标准化可保证接口的互联性，从而实现全国范围内的兼容性。譬如，车辆与道路之间的短程通信接口一旦标准化，符合此接口标准的终端将能在全国范围内轻松接收路边设施所发出的信息。

（2）标准化有助于拓展ITS相关产品的提供渠道，创造更大的市场空间

在生产领域，标准的制定无疑能刺激生产的发展，根据制定的标准设备生产厂商更易于组织科研和生产，也促使更多的厂商加入到产品提供者行列中来，因此使得智能交通系统产品更丰富，解决方案更多样化，服务功能更完善。缺乏标准的产品通常被局限在国内市场的狭小空间，更不用说开拓国际市场。

（3）标准化有利于系统集成

标准化使得智能交通系统相关产品接口规范性好，互联性强，更易于系统集成。智能交通系统是一项庞大的系统工程，通常其每项服务功能都不是单个设备所能完成的，接口设备的互联性对系统集成至关重要，在实际工程中，对缩短工期，降低造价、提高系统的可靠性相当重要。

（4）标准化有利于减轻风险，保护投资

标准化对产品的提供者和消费者都有益。企业按照标准生产的产品不会由于接口不匹配的原因受消费者冷落。消费者也不会因购买的产品不符合或无标准而无法在系统中使用，根据标准提供某种产品或服务的企业不会独此一家，消费者有选择的余地，不会由于某种产品的特殊性而不得不终生依赖该产品的生产商。

总之，标准化是全国范围内兼容性的保证，是实施智能交通系统项目的基础。标准化有利于建立局部和全国范围内可靠、稳定的系统。开放式的标准鼓励为提供更好的智能交通系统服务功能而竞争，从而使用户最终获益。标准化开辟出更大的规范化产品市场，使生产者易于规模经营，从而降低成本和经营风险。

2.2 不恰当标准化潜在的风险

标准化工作并非有百利而无一弊。在市场混乱的情况下过度促进标准化，

给本不需要统一的接口制定标准，以及不顾市场调节作用而过分强制执行标准等行为都会带来负面影响。

标准化工作可能带来以下潜在的风险。

（1）阻碍技术革新和新技术的发展

一旦制定和实行了某种标准，与标准相悖的更好技术的开发和市场化就难以得到发展，当有关生产建设资金及法规与现有标准联系紧密时，这个问题就更为突出。

（2）浪费与标准不符的早期投资

在标准制定之前，某些智能交通系统设备就已经投入生产，例如目前交通监控、公路收费等系统已经大量投入使用，标准实行后，常常需要更新和替换与标准不符的产品，对与标准不符的系统进行改建或改造，从而造成投资的浪费。

（3）抑制市场竞争

市场竞争是推动人们寻找各种技术解决方案的强大动力，过于超前的标准不利于企业发展技术以取得更多的市场份额。

3 我国 ITS 标准化背景及现状

3.1 国际及国外 ITS 标准化状况

由于组成智能交通系统的各子系统是以分布式的体系结构相互协作，因此标准化工作成为国际及世界各国在智能交通系统方面主要的工作之一。

3.1.1 国际标准化发展状况

关于智能交通系统的国际标准化，1992 年由国际标准化组织 ISO 设置了 TC204，即“交通信息与控制系统（TICS）技术委员会”，全面负责智能交通系统领域的标准化工作。2001 年 4 月在夏威夷召开的 ISO/TC204 全体会议上，一致通过将 TC204 的名称更改为“智能交通系统（ITS）技术委员会”。

ISO/TC204（国际标准化组织智能交通系统技术委员会）的工作主要围绕着城乡陆地运输中信息、通信和控制系统的标准化进行，其中包括多式联运、出行者信息、交通管理、公交运输、商业运输、紧急事件服务、商业服务，还包括城市间铁路的以下方面：客货多式联运、与客货铁路运输相关的信息系统、公路铁路交叉口 ITS 技术的使用，但不包括城市间铁路的其他方面的内容。

其他与 ITS 相关的 ISO 技术委员会包括：

ISO INFCO	信息系统和服务委员会
ISO TC22	道路车辆

ISO TC211　　地理信息

ISO/IEC JTC1/SC31　　信息技术/自动识别和数据获取技术

ISO TC154　　工商行政管理中的过程、数据资料和文件

ISO/TC204 在组织形式上设秘书处、16 个工作组和参加成员国。各工作组分别设置了主席国，负责整理汇总标准方案。工作组情况如表 3-1 所示。

ISO/TC204 参加成员国分为 P 成员国和 O 成员国，即参加国和观察国。参加国具有投票资格，观察国不具有投票资格。目前 P 成员国包括：澳大利亚、奥地利、中国、捷克共和国、丹麦、德国、爱尔兰、以色列、意大利、日本、韩国、马来西亚、荷兰、挪威、俄罗斯联邦、瑞典、英国和美国，（见表 3-1）。

ISO/TC204 工作组情况　　表 3-1

工作组	工作组名称	主席国	备注
WG1	体系结构	英国	
WG 2	质量和可靠性要求	美国	
WG 3	数据库技术	日本	
WG 4	车辆自动识别		合并到 WG1
WG 5	收费	荷兰	
WG 6	一般车队管理		合并到 WG7
WG 7	商业车辆管理	加拿大	
WG 8	公共交通/紧急事件处理	美国	
WG 9	交通信息管理与控制	澳大利亚	
WG 10	出行者信息系统	英国	
WG 11	路线引导和导航系统	德国	
WG 12	停车场管理		已停止工作
WG 13	人为因素和人机接口		已停止工作
WG 14	车辆/路面报警和控制系统	日本	
WG 15	专用短程通信	德国	
WG 16	广域通信/接口和协议	美国	

ISO/TC204 各工作组的工作范围具体如下：

（1）WG1（体系结构）　提出体系结构的概念性参考模型，指出 ITS 领域的体系结构和内部关系。用术语汇编和字典来提供 ITS 领域术语的确切定义，用清楚平易的语言解释 ITS 领域的术语。制定 ITS 领域通用体系结构方面的标准。

（2）WG3（数据库技术）　地理数据文档方面：ITS 数据库互换的独立

应用性标准的定义，ITS数据库的物理性存储，用地理数据文档编辑的、用于车辆导航和出行者信息系统数据库存储的数据模型标准。定位程序方面：为地理数据库确定定位程序。地理数据库新情况发布方面：确定ITS领域地理数据库新情况发布的格式和程序。

（3）WG5（收费） 城市、城市间道路运输包括联运和多式联运收费系统领域中的信息、通信和控制系统的标准化。

（4）WG7（车队管理及商用车辆/货运） 车队管理和商用车辆/货运系统领域的标准化工作，目的是提高车队的管理水平和安全性，便于联运、多式联运环境中的国际性、国家性和地方管理机构与货运运营商之间的相互作用。

（5）WG9（集成的交通运输信息、管理与控制） 确定向终端用户提供集成交通信息、管理和控制的系统，终端用户系统之间的数据流和它们之间的接口，与数据提供者联系，确定这些终端用户系统的数据需求和提供系统和使用系统之间的接口，确定终端用户系统的最终输出及形式，确定系统合格的鉴定方法。

（6）WG10（出行者信息系统） 在城市运输、城市间运输和郊区运输中，向出行者及时提供准确的、便于使用的出行信息，使出行者方便地访问目前和预计交通状况的准确信息和替换方案，以提高其机动性。

（7）WG11（路线诱导和导航系统） 向驾驶员指引方向，提供通向目的地的路线建议。根据实际交通状况提出路线建议和替换的出行方式。在局部确定的路径诱导方面，用局部储存的地图在车辆上进行路线搜寻并形成路线建议。在中心确定的路径诱导方面，在交通控制中心产生并向司机发布进行路线搜寻和形成路线建议所需的必要信息。

（8）WG14（车辆/车道警示和控制系统） 进行系统和设备的标准化，以达到下列目的：防撞、增加道路有效性、向驾驶员提供方便，减少驾驶员工作负荷。用下列功能提高出行者的安全性：监控驾驶状况、警告即将发生的危险、提出相关行动建议、部分或全部自动驾驶、在紧急情况下向出行者报告发生的情况并请求所需的紧急服务。

（9）WG15（应用于ITS的专用短程通信） 描述路旁设施（如信标、询问器）和装有车载单元的车辆之间的数据交换，提供TC204已确定的诸多应用功能。

（10）WG16（广域通信/协议和接口） 支持控制中心和用户装置之间的广域数据交换，重点是与通信媒体相独立的报文结构和协议规定。协调应用性工作组提供的报文列表，促进应用报文数据元素结构的使用协调性。确定适合于ITS领域广域通信媒体的通用报文结构。

截止到2003年10月，ISO/TC204标准化工作的主要领域见表3-2。

ISO/TC204 标准化工作的主要领域 表 3-2

工作组	工作组名称	主要工作领域
WG1	体系结构	• ITS 术语 • 中央数据登记簿及数据字典要求 • 用 UML 定义 ITS 接口和编制文件 • CORBA 在 ITS 中的应用
WG 3	数据库技术	• 地理数据文档数据总体规范（GDF） • 定位
WG 4	车辆自动识别	• 机动车和设备的识别中货物多式联运：编号和数据结构、系统参数
WG 5	电子收费	• 系统构成—用于运输服务相关车辆 • 运营商之间结算的接口规范 • 专用短程通信应用接口定义 • 应用接口一致性测试规范 • 安全性保护 • 电子收费用全球导航卫星系统和蜂窝网络的应用接口定义
WG 7	货运和车队管理	• 危险货物运输电子识别和监控的数据字典和报文集 • 货运及其联运转运的数据字典和报文集
WG 8	公共交通/紧急事件处理	• 紧急事件和公共交通车辆优先及优先次序信号系统数据字典和报文集 • 公共运输通信接口配置
WG 9	交通信息管理与控制	• 涉及路侧通信的数据交换 • 中心间数据交换
WG 10	出行者信息系统	• 经交通消息编码的交通和出行者信息信息：事件、定位等 • 用运输协议专家组的 XML：公用数据、定位、道路交通报文、公交信息等
WG 11	路线引导和导航系统	• 交互式集中确定的路线诱导
WG 14	车辆/路面报警和控制系统	• 自适应巡航控制 • 前方车辆防撞警告 • 侧向障碍物警告系统 • 低速运行的辅助操纵 • 车道偏离警告
WG 15	专用短程通信	• 应用层
WG 16	广域通信/接口和协议	• 协议管理信息

ISO/TC204 与 ISO 的其他组织如：TC22（道路车辆委员会）、TC211（地理信息委员会），以及工程师 IEC（国际电工委员会）、APEC（亚太经合组织）、ITU（国际电讯联盟）等组织密切合作，共同促进智能交通系统的标准化工作。

3.1.2 美国标准化发展状况

美国的相关标准化组织主要有：AASHTO（美国国家公路和交通管理者协会）、ANSI（美国标准委员会）、ASTM（美国测试和材料协会）、IEEE（电子电气工程师协会）、ITE（交通工程师协会）、SAE（汽车工程师协会）等。

其中，AASHTO致力于美国智能交通系统通信协议（NTCIP）标准的制定。该协议在简单网络管理协议（SNMP）的基础上，对管理信息库（MIB）进行扩展而形成简单运输管理协议（STMP）。目前NTCIP已形成3类通信协议集：Class A为外场控制系统之间、外场控制系统与外场设备之间的非实时性数据传输通信标准；Class B为外场控制系统与外场控制设备之间仅用于设备轮询、发布指令和响应等消息传输的通信标准；Class C为外场控制系统之间、外场控制系统与外场设备之间面向连接的数据传输通信标准。

1994年美国成立了ITS美国（ITS America），为促进智能交通系统事业的发展，ITS美国组织大量专家进行国家智能交通系统体系框架的研究。在制定体系框架时，逐步发现标准化在智能交通系统中的重要性，于1995成立了标准化促进工作组，致力于智能交通系统领域标准的制定和实施。

美国在制定智能交通系统标准时，非常重视智能交通系统体系框架的作用。体系框架中的逻辑框架和物理框架定义了用户需要、接口及数据流，是制定智能交通系统标准的依据。为了从体系框架重叠的数据流中简化接口，标准发展组织制定了11个标准需求包（表3-3），根据需求包来制定标准。每个标准需求包的内容包括：本包的范围和目的、信息交换、接口分解、有关限制、数据词典要素定义和类型。

美国ITS标准需求包 表3-3

序号	标准需求包
1	专用短程通信
2	数字地图数据及位置说明
3	信息服务提供者的无线接口
4	用于商业车辆运营的中心间数据交换
5	个人、运输和紧急求救信号
6	交通管理中心到其他中心（除了紧急事件管理）
7	交通管理中心与路侧设备和排放监控/管理
8	运输和紧急车辆的信号优先
9	紧急事件管理中心与其他中心
10	信息服务提供者与其他中心（除了紧急事件和交通管理系统）
11	运输管理中心与运输车辆

美国非常重视关键标准的制定。1999 年 6 月美国续茶法案（NEXTTEA）通过了 17 条关键标准，这 17 条标准是：

（1）先进的旅行者信息系统数据字典；

（2）先进的旅行者信息系统信息集；

（3）先进的交通管理系统数据字典；

（4）商业车辆的证件；

（5）商业车辆间安全与证件的信息交换；

（6）商业车辆安全报告；

（7）高速调频副载波波形；

（8）信息服务提供商与车辆间的参考位图；

（9）专用短程数据通信、电子收费和交通管理、商业车辆操作的信息集；

（10）车载无线呼救信号报告的接口设定；

（11）事故管理中心所用的普通事故处理信息集；

（12）智能交通系统的数据字典；

（13）智能交通系统的信息集模板；

（14）专用短程数据通信数据链路层；

（15）专用短程数据通信物理层；

（16）5.89 千兆赫专用短程数据通信；

（17）先进旅行者信息系统在宽带受限媒体上传递的信息集。

3.1.3 日本标准化发展状况

日本在日本工业标准调查会之下，新设置了 TC204 国内对策委员会，该委员会下设多个分委会，汇总有关团体、企业、学会等的意见。全体会议设在日本汽车学会，在各专业团体与 TC204 的各 WG 对口设置了分委会秘书处，见表 3-4。

日本看到了国际标准带来的市场利益，积极参与国际标准的制定。

3.1.4 欧洲标准化发展状况

由于欧盟各国有着不同的文化背景和法律，在智能交通系统实施方面要求更高，它们认为美国的智能交通系统体系结构太简单，不符合欧洲要求，而复杂的体系和复杂的国情均使欧洲智能交通系统中的标准化问题尤为突出。

尽管欧洲的智能交通系统相关标准制定存在较大困难，但标准的制定是促进智能交通系统在欧洲繁荣的重要手段之一。欧洲标准化委员会（CEN）负责并积极推进欧洲智能交通系统的标准化工作。欧洲标准化委员会于 1990 年设立了 CEN/TC278 技术委员会，负责道路交通和运输的信息化（Road Traffic and Transport Telematics），分 14 个工作组进行以下 4 个大项的研究：

日本 **TC204** 工作组受理团体　　表 3-4

序　号	TC204/工作组	日本受理团体名称
1	结构	汽车行驶电子技术协会
2	质量和可靠性要求	日本汽车工程学会
3	数据库技术	日本数字道路地图协会
4	车辆自动识别	新交通管理系统协会
5	收费	道路新产业开发机构
6	一般车队管理	道路新产业开发机构
7	商业车辆管理	道路保全技术中心
8	公共交通/紧急事件处理	国土开发技术研究中心
9	交通信息管理与控制	新交通管理系统协会
10	出行者信息系统	新交通管理系统协会
11	路线引导和导航系统	新交通管理系统协会
12	停车场管理	日本汽车工程学会
13	人为因素和人机接口	日本汽车工程学会
14	车辆/路面报警和控制系统	日本汽车工程学会
15	专用短程通信	日本电子机械工业协会
16	广域通信/接口和协议	日本电子机械工业协会

(1) 技术规范及术语；

(2) 具体应用领域；

(3) 数据交换及参照定位；

(4) 通讯技术及接口。

CEN/TC278 与 ISO 签订了 Vienna 协议，进行与 TC204 内容大致相同的标准制定工作。

3.2 国外标准化发展战略

跨入 21 世纪，WTO、ISO 等国际组织纷纷加强了标准化发展战略的研究，美国、加拿大、日本及欧洲等发达国家和地区均把确保标准的市场适应性、国际标准化战略、标准化政策和研究开发政策的协调、实施，作为标准化战略的重点，这是由于在经济全球化的进程不断加快的今天，标准的地位和作用越来越重要所致。

ISO 于 2001 年 9 月发布了“ISO2002～2004 年战略”，提出“价值、伙伴关系、最佳化”的运作理念，提出新的发展策略：提高 ISO 标准的市场适应性，吸引民间企业、消费者、残疾人、环保人员等参加标准化活动；切实加强国际标准制定过程的管理；提高 ISO 的国际影响，最大限度地确保国际标准的透明度、开放性、公平性，使其能切实反映各区域和国家的情况。

欧洲标准化委员会（CEN）发布了“CEN2010年战略”，欧洲电工委员会（CENELEC）也发布了“CENELEC 2010年战略”。在上述两个战略中确立至2010年的标准发展战略包括：支持欧洲单一市场的形成，加强欧洲产品在世界市场的竞争力，统一标准化提案以便在国际标准化活动中形成欧洲统一地位等。EU标准化战略强调要进一步扩大欧洲标准化体系的参加国（现有19个国家，预计到2010年发展到25个国家），要统一在国际标准化组织中进行标准化提案，要在国际标准化活动中形成欧洲地位，加强欧洲产业在世界市场上的竞争力。

日本政府投入1.3亿日元进行标准化战略研究，此项目由日本工业标准调查会（JISC）承担和组织，项目研究历时两年多。内容主要包括加强国际化标准的战略和环境、资源、信息、运输、电气等27个领域的标准化发展战略，重点包括信息技术标准、环保标准、反映消费者（尤其是老人、残疾人观点）的标准以及制造和产业基础技术的标准。日本在2000年4月制定的“国家产业技术战略（总体战略）”中提出，要最大限度地普及和应用技术开发成果，把标准化作为通向新技术与市场的工具，深刻认识以标准化为目的研究开发的重要性。日本还规定要将科研人员参加标准化活动的水平作为个人业绩进行具体考核。目前，日本产业技术研究所、产品评价技术基础机构等科研专家分别参加了日本工业标准调查会标准分会的各个专业委员会的标准化活动。

美国国际标准化战略的核心是人才战略，促进科研人员参加标准化研究开发是主要手段之一。美国将部分计量测试领域的专家参加国内、国际标准化活动，科研人员参加标准化活动和参加标准制定情况作为业绩考核的一个指标。联邦政府为NIST（美国标准化协会）提供的研究经费达每年7亿美元。美国通过技术管理（MOT）硕士教育和研究等途径，来造就和培养熟悉ISO/IEC国际标准审议规则并具有专业知识的国际标准化人才，目前能够通过MOT硕士学位教育的学校已超过100所。NIST的300名计量测试专家参加过1200多个标准的制订工作。1999年度美国联邦政府机构有2832人参加了标准化机构的活动，利用标准2669个。

总体上来说，国际标准化机构及西方发达国家标准化发展战略有如下共同点。

（1）将国际标准化战略放在整个国家标准化发展战略的突出位置。例如欧盟把国际标准化战略作为重点，要在国际标准化组织中统一进行标准化提案，要在国际标准化中形成欧洲的地位。

（2）将信息技术、健康、安全、环保、贸易、产业等作为标准化战略的重点领域。

(3) 进一步强调科技开发政策和标准化政策的协调统一，促进科研人员参加标准化研究开发活动。

(4) 标准模式创新，提出了采用事实标准、论坛标准与合作体标准的战略。

(5) 各国在研究制定标准化发展战略的同时，将科技开发与标准化政策统一协调。

(6) 事实、论坛、协商三类标准共进。在信息通信和信息处理标准化领域，论坛或协商活动非常活跃，论坛联合企业迅速开展标准化工作的组织，制定处于事实标准和公共标准之间标准。

3.3 加入 WTO 后我国 ITS 面临的挑战与机遇

我国加入世贸组织，原有的贸易壁垒将逐步消除，作为世贸组织的新成员，按照世贸组织的基本规则，中国的市场将对外全面开放，这必将使我国的一些产业受到冲击。面对这种形势，我国应当利用世贸组织贸易技术壁垒协定（即 TBT 协定）所确定的有关技术标准原则，在促进技术进步的前提下，有效保护自己，发展民族产业，抵御国外产品和技术的进入。

3.3.1 WTO 对标准的有关规定

1980 年生效的“关于贸易中技术壁垒协定（英文缩写为 GATT/TBT 协定，现称为 WTO/TBT）”也称为“标准守则”，规定了各国标准化工作的基本原则。

(1) 有限干预原则。政府对市场流通的商品从技术角度只能进行有限干预，即凡涉及到人、动物安全健康、环境保护、防止欺诈行为、国家安全以及为保证出口产品质量时，政府才应干预。

(2) 非歧视原则。本国的技术法规、标准和合格评定程序的要求对所有缔约方没有高低、亲疏、宽严之分；对本国商品和外国商品进入本国的要求和待遇应是平等一致的。

(3) 透明度原则。所有的法规、标准和合格评定程序都应公开、透明，让所有需要知道的企业和个人都能了解，不能黑箱作业。为此，各缔约方均应按 TBT 的要求建立通报和咨询的程序及 TBT 咨询点。

(4) 采用国际标准和国际准则的原则。各缔约方在制定技术法规、标准和合格评定程序时，必须遵守和履行国际标准和国际准则，并以此为基础。除非由于本国的地理、气候因素或技术基础原因，才允许与国际标准、准则有差异或不采用。

(5) 争端磋商机制原则。一旦某缔约国违反了 TBT 协定，有意无意地制造技术壁垒时，其他受损方可以向 WTO 投诉，一旦投诉有效，就启动争端磋商机制，当磋商失效时，WTO 可决定使用贸易制裁手段。

(6) 给发展中国家以优惠、给最不发达国家以帮助的原则。某些政策可向发展中国家放宽，允许有一定缓冲期逐步达到要求，同时发达国家要向最不发达国家在建立技术法规、标准和合格评定程序方面提供援助。

(7) 整齐划一原则。中央政府、地方政府以及非政府组织在技术法规、标准、合格评定程序制定、批准、实施方面均应遵守 TBT 协定的原则，而不能各行其是、不受约束。

在执行协议条款上我国已经作出了具体承诺：入世后，不仅要对其他成员国的技术法规、标准提出我们的意见，充分享受我国在 WTO 的权利和履行应尽的义务，而且要确保我国的技术法规（强制性国家标准）、标准的制定和实施要符合 TBT 协议的要求。

WTO 技术性贸易壁垒协议中谈到的“合格评定程序”包括：抽样程序，测试和检验；评估、验证和合格保证；注册认可和核准。

3.3.2 发达国家技术壁垒的特点

发达国家加入 WTO 后，利用技术标准、法规而设置技术壁垒的方法很多，归纳起来主要有以下手段。

(1) 技术法规和标准繁多，让出口国防不胜防。为保护本国市场，阻止外来产品进口，一些发达国家制定了繁多严格的标准、法规。如目前欧盟拥有的技术标准就有 10 多万个，美国的技术标准和法规更多。

(2) 技术标准要求非常严格，不少标准是发展中国家根本难以达到的。

(3) 部分技术标准经过精心设计和研究，形成技术壁垒。

(4) 利用各国标准的不一致性，灵活机动地选择对自己有利的标准。

(5) 技术标准、法规不仅在条文上可以限制外国产品的销售，而且在实施过程中也可以对外国产品的销售设置重重障碍。

3.3.3 我国 ITS 面临的机遇与挑战

据有关数据表明，我国有 60%的出口企业遭遇过国外技术壁垒，发达国家利用技术壁垒使我国出口额每年损失约 500 亿美元。我国不少的传统产业，长期以来标准化工作滞后，对进口产品基本上无法形成技术壁垒。加入世贸组织后，市场的全面开放，这些传统产业没有有效措施来保护自己，对我国经济发展产生了一定的不利影响。

中国加入信息技术协议和 WTO，在世界信息技术产品市场上，中国 IT 企业直接面临的将是全球 IT 产业巨大跨国公司和各国大公司，目前我国大多数企业的规模难以应对这些国际企业竞争的冲击。

中国 ITS 发展及巨大的市场潜力吸引了众多国外公司在华投资办厂，国际跨国公司也纷纷进入中国市场。这些企业往往拥有先进的技术，具有整机配套能力和纵深的技术储备，加上雄厚的资金和国际经营经验，它们的介入一方面促进了我国ITS产业的发展，但同时也使我国市场竞争更为激烈。

随着经济全球化和中国加入WTO，外国企业涌入对国内ITS产业发展造成的影响主要如下。

(1) 许多企业将把中国ITS市场作为争夺的重点，中国ITS技术产品市场的竞争将更加激烈；

(2) 发达国家为占据中国ITS产品市场，将在信息技术方面对我国实行严密封锁和控制，使得技术转让更加困难；

(3) 随着我国对ITS产品需求量增加，我国对境外ITS产品的进口可能大量增加，信息技术产品零关税的实施可能造成对我国ITS产品市场的较大冲击；

(4) 境外工厂企业对中国信息技术产品市场的争夺方式多样化，除投资外，收购兼并等开始出现。

智能交通系统是一个新兴产业。作为高新技术产业，其技术标准争夺尤为激烈。在国际及国外发达国家，ITS的许多标准领域目前尚是空白，在ITS领域可以避免像某些传统产业那样失去参与制定国际标准的机会。谁掌握了技术标准的制定权，谁就掌握了市场的主动权。中国拥有巨大的ITS市场，为我们的标准成为国际标准或事实标准提供了得天独厚的条件。

我国作为发展中国家加入WTO，根据TBT协定：发展中国家在技术方面有一定的困难，在实施协议、技术转让和适应发达国家制定的标准方面应给予特殊考虑。即：即使已有国际标准、指南和建议，我国仍可采用某些技术法规（强制性标准）、标准或合格评定程序，以保持与其发展相适应的当地技术、生产方法和加工工艺。这为我国利用标准规范，形成有中国特色的、国外企业难以达到而国内企业能达到的技术壁垒体系，保护国内市场提供了良好的环境。

3.4 我国现有ITS标准化的状况

3.4.1 中国ITS标准化组织

中国智能交通系统领域标准化组织的建设工作一直在稳步进行中。1995年，国家技术监督局确定交通工程设施标准化技术委员会的依托部门为交通部，委员会秘书处设在交通部公路科学研究所。同年，国家技术监督局批准ISO/TC204在中国的归口部门为交通部，技术依托部门为交通部公路科学研究所。从这一年开始，在有关部门的指导下，交通部公路科学研究所开始参与TC204活动。

1996年7月，中国交通工程设施标准化技术委员会正式成立。

1998年在国家质量技术监督局的指导下，交通部正式批准成立ISO/

TC204 中国秘书处，设在交通部智能交通系统工程研究中心。ISO/TC204 中国委员会由政府有关部门的官员、企业界和学术界的专家组成，在有关部门的指导下开展中国智能交通系统标准化工作并代表中国参加国际智能交通系统标准化活动。

此外，我国与国外标准组织积极进行交流与合作。1999 年 2 月，智能交通系统工程研究中心受交通部委托，对亚太经济组织（APEC）提出的关于“制定智能交通系统标准体系以推进在 APEC 区域内的智能交通系统更有效发展的议定书”提出了意见和建议，对在 APEC 区域内开展智能交通系统标准体系研究表示支持并希望参与这一工作。智能交通系统工程研究中心还与美国、加拿大、日本等标准研究组织进行交流座谈，共同商讨可推进智能交通系统未来发展的标准研究计划。

为了更好地开展智能交通系统标准化工作，充分发挥在生产、使用、科研、管理、设计、教育、监督及检验方面专家的作用，2003 年初，经国家标准化管理委员会批准，由交通部牵头成立“全国智能运输系统标准化技术委员会”（下简称 ITS 标委会），秘书处设在交通部公路科学研究所。目前，秘书处已经完成了委员的征集和委员会建立的筹备工作。ITS 标委会的组织结构如图 3-1 所示。

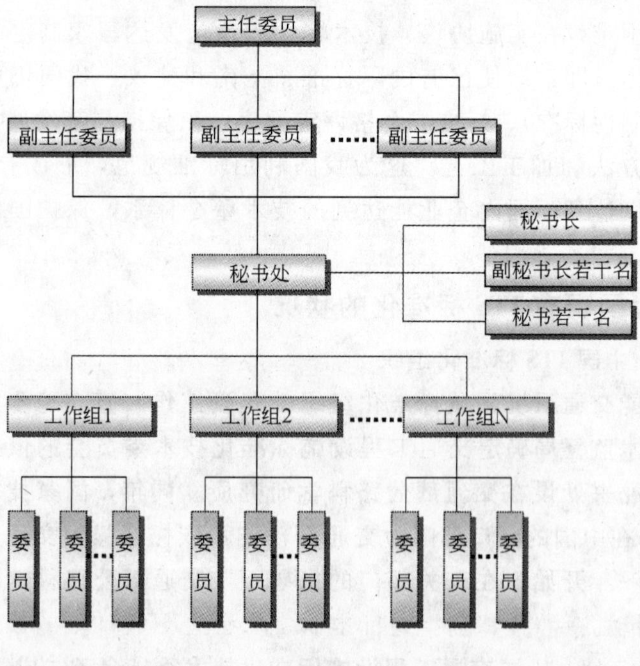

图 3-1　ITS 标委会组织结构图

ITS标委会主任委员由交通部科教司司长担任，副主任委员由与智能交通领域密切相关的公安、建设、信息产业、科技部等政府部门主管专业司的司局级领导担任，标委会秘书处由依托单位主管领导和国内智能交通系统领域有影响的大企业的领导组成。

ITS标委会的主要工作内容如下：

• 向国务院标准化行政主管部门和有关行政主管部门提出智能运输系统标准化工作的方针、政策和技术措施的建议；

• 负责组织制定智能运输系统标准体系表；

• 提出智能运输系统制定、修订国家标准和行业标准的规划和年度计划的建议；

• 协助组织智能运输系统国家标准和行业标准的制定、修订和复审工作；

• 组织智能运输系统国家标准和行业标准送审稿的审查工作；

• 受标准制定部门的委托，负责组织智能运输系统的国家标准和行业标准的宣讲、解释工作；对智能运输系统已颁布标准的实施情况进行调查和分析，做出书面报告；

• 承担国际标准化组织（ISO）和国际电工委员会（IEC）等相应技术委员会对口的标准化技术业务工作；

• 受委托承担智能运输系统标准化范围内产品质量标准水平评价工作；

• 受国务院有关行政主管部门委托，承担智能运输系统引进项目的标准化审查工作；

• 接受有关省、市和企业的委托，承担智能运输系统地方标准、企业标准的制定、审查和宣讲、咨询等技术服务工作；

• 加强与国际标准化组织的联系与信息交流，广泛开展技术交流活动，跟踪国际标准化发展。

3.4.2 标准体系

近年来，我国ITS标准化问题受到国家标准化管理委员会、科技部、交通部等政府主管部门的重视，也得到了有关科研院所及企业的支持。尽管我国ITS标准化发展起步较晚，但发展的速度很快。智能交通系统标准体系是为实现智能交通系统整体领域的标准化而形成的体系，凡与此目的有关的智能交通系统领域标准之间都存在着相互依存、相互衔接、相互补充、相互制约的内在联系，最终形成科学的有机整体。

ITS标准体系表是编制相关标准制、修订规划和计划的依据之一；是促进智能交通标准化工作范围内的标准组成达到科学合理化的基础；是包括智能交通领域现有、应有和预计发展的标准的全面蓝图，它将随着智能交通系统技术的发展而不断地得到更新和充实。

智能交通系统标准体系表重点突出行业、专业间的配套标准，凡已纳入产品、过程、服务、管理所属的行业、专业标准体系表内的通用标准，在智能交通系统标准体系表中不再或从简标出。

目前智能交通系统标准体系已由交通部公路科学研究所完成。

标准体系主要结构分为两层（如图3-2所示），上层为智能交通系统通用标准，下层为分系统标准。通用标准标准层包括术语及定义、基础信息分类编码及表述、数字地图及定位3部分。分系统标准包括六部分，即：专用通信、信息服务、交通与紧急事件管理、电子收费、综合运输及运输管理、车辆辅助驾驶与自动公路。

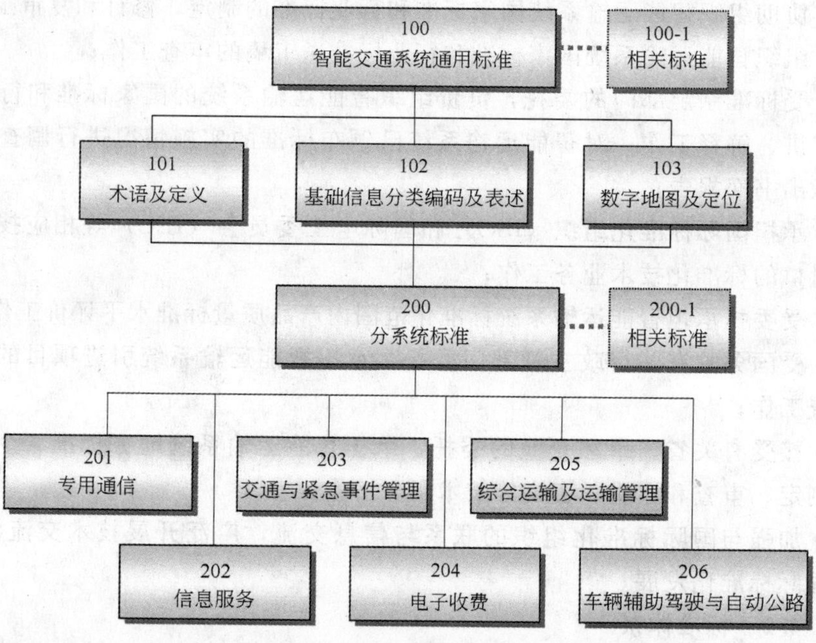

图3-2　智能交通系统标准体系结构

智能交通系统标准体系总体结构及标准要素集群见表3-5。

智能交通系统标准体系明细表包括序号、标准名称、标准代号和编号、宜定级别、采用国际国外标准的程度、采用的或相应的国际国外标准号等内容。目前，我国ITS标准体系明细表共包括标准326项。

ITS标准体系与其他众多标准体系的形成环境方面有较大差异，如交通行业标准体系、集装箱标准体系等是在行业发展较为成熟、有关既定标准已经积累到一定程度的情况下形成的，而智能交通系统标准体系中的绝大部分标准都无既定标准。ITS标准体系表中现有标准约占10%左右，目前正在制定的标准也约占10%，与其他行业标准体系现有标准占到50%以上相比还有很大的差距。

智能交通系统标准体系总体结构及标准要素集群　　表3-5

层次	分类代码	分体系名称	标准要素集群
第一层次	100	智能交通系统通用标准	报告编制方法，审查规程，通用方法
	101	术语及定义	术语，缩略语，符号，标志
	102	基础信息分类编码及表述	分类，代码，编码规则，数据字典
	103	数字地图及定位	数字地图信息分类、编码、数据格式，定位信息交换、设备技术条件
第二层次	200	分系统标准	
	201	专用通信	电子收费，停车，优先控制，车辆间、车内显示设备，短程通信，运输信息，交通控制，专用集群系统通信
	202	信息服务	信息服务定义、编码、数据词典、数据格式、设备技术要求，线路诱导信息规范及物理接口
	203	交通与紧急事件管理	交通管理外场设备，交通管理中心，交通事故，紧急事件，停车管理
	204	电子收费	电子收费信息交换，设备技术条件、测试及管理规程，电子收费清算
	205	综合运输及运输管理	通用信息交换，电子数据交换，停车管理，客运，货运，危险品运输
	206	车辆辅助驾驶与自动公路	辅助驾驶，自动驾驶，安全及警告，车辆被盗后系统

3.4.3　专项ITS领域技术应用现状及标准需求研究

智能交通系统作为一个新兴的产业，在中国的发展表现出明显的不均衡性。智能交通系统各子系统的发展情况主要可分为以下4类。

- 投入使用时间长，规模大；
- 小规模使用；
- 处于研究开发及试验阶段的技术；
- 尚待发展的技术及系统。

针对智能交通系统不平衡发展的特点，对目前大量应用的领域进行专项的技术应用及标准化需求研究。现已开展及拟开展的研究的领域如下：

- 电子收费系统技术应用现状及标准需求研究；
- 公交管理系统技术应用现状及标准需求研究；
- 城市交通共用信息服务平台技术应用现状及标准需求研究；
- 道路交通控制技术应用现状及标准需求研究；
- 交通运输业GPS、GIS技术应用现状及标准需求研究；
- 道路的综合管理与设施信息化技术应用现状及标准需求研究；

• 道路运输安全技术应用现状及标准需求研究。

3.4.4 标准规范制定

目前，我国已经开展及列入标准规范制定计划的ITS标准规范有近50项，具体如下。

(1) 基础类

①智能交通系统 通用术语；

②智能交通系统 体系结构服务；

③智能运输系统 信息集模板；

④智能交通系统 中央数据登记簿和数据字典要求；

⑤智能交通系统 数据字典要求；

⑥交通管理地理信息 分类与代码；

⑦交通管理地理信息 实体标识码编码规则；

⑧道路交通管理数据字典 交通网络；

⑨道路交通管理数据字典 交通数据；

⑩道路交通管理数据字典 交通信号控制；

⑪道路交通管理数据字典 交通检测器。

(2) 交通专用短程通信

①交通专用短程通信 微波物理层；

②交通专用短程通信 数据链路层；

③交通专用短程通信 应用层；

④交通专用短程通信 配置；

⑤交通专用短程通信 设备通用可靠性大纲；

⑥DSRC设备主要参数测试方法。

(3) 电子收费

①智能交通系统 电子收费 基于专用短程通信的应用接口框架；

②智能交通系统 电子收费 数据结构及属性寻址；

③智能交通系统 电子收费 服务原语；

④智能交通系统 电子收费 交易模型；

⑤智能交通系统 电子收费 联网ETC系统应用框架模型；

⑥道路运输与交通信息技术 自动收费系统（AFC）操作员之间票据结算接口的规范；

⑦电子不停车收费 电子标签读写器技术条件；

⑧电子不停车收费 电子标签技术条件；

⑨电子不停车收费 车道系统设计 土木工程要求；

⑩电子不停车收费　车道系统设计　技术要求；

⑪电子不停车收费　双片装标签 IC 卡数据格式规范。

(4) 交通信息服务

①交通信息服务　信息分类与编码；

②交通及出行者信息（TTI）经交通信息编码的 TTI 信息 第一部分：无线数据通信系统编码协议 使用 ALERT-C 的交通信息频道（RDS-TMC）；

③交通及出行者信息（TTI）经过交通信息编码的 TTI 信息 第二部分：用于无线数据通信系统的事件和信息编码 交通信息频道（RDS-TMC）；

④交通及出行者信息（TTI）经过交通信息编码的 TTI 信息 第三部分：ALERT-C 的定位。

(5) 交通与紧急事件管理

①交通信息采集　信息分类与编码；

②交通信息采集　事件信息集；

③交通信息采集　视频交通流检测器技术条件；

④交通信息采集　微波交通流检测器技术条件；

⑤交通电视监控系统图例及符号规范；

⑥道路交通违章信息规范；

⑦交通信号控制机与上位机间的数据通信协议；

⑧公路交通紧急事件　分类；

⑨公路交通紧急事件　救援资源；

⑩公路交通紧急事件　管理预案。

(6) 综合运输及运输管理

①客运站队结算数据交换标准；

②船用自动识别系统技术要求；

③水上移动业务电台识别。

(7) 车辆辅助驾驶与自动公路

①汽车自适应巡航控制系统的性能要求和检测规程；

②车道偏离报警系统。

3.4.5　标准检测技术

标准的贯彻和实施需要有一定的环境和手段，为此，我国选择涉及信息交换、接口、产品技术条件的标准，研究和开发自动化程度较高的检测技术和检测方法，建立必要的检测或试验平台，根据标准规定的内容进行实际检测试验，保障相关标准的可检测性和可执行性。

目前进行的检测技术研究涉及如下方面：

①专用短程通信物理层指标；

②微波交通流检测器；

③视频交通流检测器；

④交通专用短程通信设备可靠性；

⑤汽车自适应巡航控制系统性能。

3.4.6 参加国际标准的制定

从1995年起，在ISO/TC204中国秘书处的组织下，我国作为P成员国参与了部分国际标准规范的投票工作，和部分标准规范的制定工作。

4 我国ITS标准化需求和存在的问题

4.1 我国ITS标准化需求分析

4.1.1 我国ITS标准化需求调查

对ITS标准需求进行广泛的调查。调查范围包括相关政府主管部门、事业单位、企业、科研院所、国家“十五”ITS示范点等，对调查反馈意见进行统计分析，作为确定我国ITS标准化发展战略的主要参考。

4.1.2 我国ITS标准化需求分析

根据全国智能运输系统标准化技术委员会相关调查的反馈意见和建议，以及有关专家的建议，我国ITS标准化的需求主要有以下特点。

(1) 对ITS领域的基础性标准需求强烈，其中主要集中在通用信息的分类、编码，交通运输用地理信息的标准化。

(2) 对交通管理标准化需求强烈。

(3) 对电子收费及专用短程通信的标准需求强烈。

(4) 对综合运输信息交换标准需求强烈。

(5) 需求不明确。

4.2 我国ITS标准化存在的主要问题

4.2.1 标准化工作机制亟待完善

目前，我国ITS标准化工作还未建立起一套完善的机制，具体表现如下。

(1) 标准化管理存在问题

智能交通系统涉及公安、交通（含多种运输方式）、建设及信息产业等部门，国家的标准管理实行国家、行业、地方及企业四级管理模式，国家标准主体地位不突出，行业标准目前占主导地位，由于行业标准也由政府部门制定，行业标准与国家标准间、不同行业的标准间存在矛盾、重复制定等现象。

(2) 尚未建立起能够协同工作的技术标准化组织网络。

(3) 存在标准工作与科研工作“两张皮”。

由于管理体制和运行机制等方面的原因，使我国目前标准的制定与相关技术的研究严重脱节，尤其是在高新技术领域，标准制定不能及时适应市场及技术快速变化和发展的需求。标准并不是坐在办公室里就能写出来的，而是要进行大量的科学研究、生产实验和分析测试，所以这种脱节不仅造成标准水平低，而且导致标准滞后，已严重影响我国产业特别是高技术产业的国际竞争力。

(4) 充分调动和发挥企业对标准化的积极性不够。

(5) ITS标准化工作的各个环节发展不均衡。

(6) 管理法规不够完善。

(7) 存在重理论、轻实践，重制定、轻实施，重发布、轻修订的现象。

4.2.2 经费来源不稳定，资金投入不足

我国标准化工作经费投入严重不足。美国政府每年仅对美国标准科学技术研究院一个单位的拨款就达7亿美元。相比之下，我国对标准制、修订经费的投入少得可怜。2000年以前，财政部每年只安排标准补助费2400万元。2001年，财政部标准补助费虽然增加到6600多万元，但与实际需要还有很大差距。在不包括前期研究、验证等工作的前提下，起草一项标准所需的经费为3～100万元，而国家给予的标准补助金为1～3万元，根本不能支持标准的制定工作。基础性、公益性标准不能直接给企业带来利益，企业往往不愿意介入这部分标准的制定工作，而国家投入的资金不足致使基础性标准欠缺。

国内及部分发达国家标准化经费来源主要有两条途径。一条途径是有关学会、协会和专业团体制定的标准为自愿性标准，其编制经费和标准管理经费来源于出版、培训、团体组织的会员费及企业赞助等；另一条途径是由政府补贴，如日本的JIS，美国的ANSI等组织。

“九五”末期，科技部将“智能交通系统标准体系及关键标准的制定”列入了科技基础工作项目，“十五”期间，将“ITS标准及检测技术”列入了2001年度及2002年度的科技基础工作专项，给予经费支持，有力地推动了ITS标准化。

ITS标准化工作应该可持续发展，这就需要对ITS标准化工作有持续稳定的经费投入。目前，ITS标准化工作经费来源不稳定，经费不足，尤其是技术性强、公益性强的标准研制费用不足。随着ITS产业的发展，对标准化工作的要求会越来越高，政府管理经济需要标准，企业的产品进入市场需要标准，用户和消费者也需要用标准来保护自己的经济利益和合法权益。随着ITS标准化的发展，制定出来的ITS标准会越来越多，在今后大量标准的修订费用没有保障，按照国家的现行标准修订补助经费是远远不够的，主编单位需要自己承担大部分的修订费用。另外，参与国际标准化活动、采用国际标准和国外先进标准的工作以及部分标准所必须进行的试验、测试等工作所需经费更是缺少稳定充足的来源。

4.2.3 标准制定与实施中存在不足

(1) 标准需求不明确;

(2) 参与国际标准制定不积极。

国际标准化组织举办的各种会议，由于缺乏标准化意识及经费等原因，中国代表参加的远不如外国的多。有时国内派人去，但由于语言原因或不熟悉国际标准化规则，也只能当配角。这种情况严重影响对技术信息、标准信息和市场前景的了解与掌握。

(3) 企业标准化意识淡薄

标准化意识淡薄，尤其以中小企业更为突出，没有把标准化工作作为企业参与市场竞争的手段，国家标准没有很好地贯彻实施，没有建立企业标准体系，有的甚至无标生产。

(4) 标准宣贯力度不够

目前我国技术法规的强化监督作用不够，标准与合格评定制度、表示制度脱节，未能形成契约合同、法律法规、市场准入、认证认可、自愿性协议、贸易仲裁等社会综合有效的激励机制。由于国家投入不够，检测设备和检测技术落后，实验仪器、基础设施等资源不足。

(5) 具有自主知识产权的产品研发与标准化工作脱节

4.2.4 标准化工作信息不畅

标准化工作是一项需要持之以恒的系统工程，它贯穿于标准的计划、研究、制修订、宣传、实施、检测监督等过程，每个环节都必须协调发展才能充分发挥标准的应有作用。由于已经发布和实施的标准存在获取信息难、执行的统一度差等问题，标准的用户难以参与标准制定工作，也难以及时得到标准化信息，造成标准的制（修）订与使用脱节。

4.2.5 标准化人才队伍有待培养

标准制定等工作是一项严谨而技术性强的工作，要求参与人员有比较高的技术业务知识和较高的文字水平。在我国多年的计划经济体制下，培养和建立了一支标准化工作队伍。由于体制原因，标准化工作和各专业领域的技术研发工作脱节。随着向市场经济体制的转变，旧的思路、工作方式、管理模式及标准化工作人员知识结构没有进行及时调整，又由于机构撤并、人员精简，从事标准化工作的专业队伍萎缩。

目前，ITS 领域的标准化工作队伍不能满足日益增长的标准化工作任务的需求，急需培养一批具有标准化意识，熟悉国内、国际标准化工作规则，技术业务强，外语好的复合型人才的标准化工作队伍。

4.2.6 国际标准转化及应用缺乏基础

国外发达国家及地区 ITS 领域的标准已经基本形成了一定的体系，他们的国际标准化发展战略使得他们将许多国家或地区的标准作为重点推向国际。据不完全统计，现有 ISO 标准规范工作项中有 80%以上都有原国家、地区或企业标准。我国作为在 ITS 标准化领域刚起步的发展中国家，ITS 标准及相关领域的基础性标准制定方面还有较大的缺口，因此将部分国际标准转化为国家标准后，由于与之配套的基础标准体系尚未完善，致使转化的部分标准无法马上在国内使用。

4.2.7 参与国际标准工作存在困难

我国目前参与国际标准规范的制定还存在一定的困难，主要表现在以下几个方面：

①缺乏高素质的人才；

②缺乏相关企业及科研院所提供相应的技术支撑；

③缺乏足够的经费支持。

如：2001 年有一个标准化意识比较强的企业承担了 ISO/TC204 中第 16 工作组的一个标准规范提案的制定工作，但由于企业缺乏相应的人才梯队，一年几十万的人员及会议费用使企业不堪重负，最后只能放弃承担此项工作，由日本某企业接手。

5 我国 ITS 标准化战略及实施目标

智能交通系统涵盖了多种运输方式，从目前来看其建设将是长期的。智能交通系统的标准化工作不但涉及到建设，还涉及到 ITS 各个子系统的管理和运营，因此 ITS 标准化工作也将是一个长期的、复杂的工作。

影响 ITS 标准化发展的因素多如牛毛，这些众多因素或变量同时交互作用，在 ITS 标准化发展战略研究中试图运用系统论的方法对相关的影响因素进行梳理，将众多的因素分出层次，高层次的因素数量少，但却分别能控制和牵动下一层次的大量因素。在战略研究中把握影响发展全局的主要因素，通过对各高层次因素施加作用力，由高层次因素按内在逻辑将作用力传导到大量低层次因素，即所谓牵一发而动全身，在 ITS 标准化发展战略研究的同时，注重 ITS 标准化工作的基础以及与国内外环境的适应性。

智能交通系统标准化的实施目标是指从物理结构的角度出发，到某一个目标年，整个系统中各个子系统应建设的内容和达到的水平。实施目标实际上就是技术预测，也就是到特定的目标年，智能交通系统标准化工作所达到的水平。由于目前技术及其他影响因素变化非常快，要详细地把握其走向比较困难，所以在制定智能交通系统标准化战略的实施目标时，选取了3个目标，一个是2004～2005年，这二年是我国智能交通系统标准化工作的起步阶段，另一个是2010年，作为中期目标，最后一个是远期目标，定在2020年左右。中远期目标可能要在将来实际实施的过程中不断调整，以满足实际的需要。

5.1 我国ITS标准化发展战略指导思想及原则

智能交通系统标准化发展战略主要通过确定影响全局性的、重大的相关目标及实施方案，推动智能交通系统在我国快速、健康和可持续地发展。在制定我国ITS标准化发展战略时，主要遵循以下指导思想及原则。

（1）未来导向性与适时调整并重。

ITS标准化发展战略应是在分析ITS标准化及其社会经济环境的现状和未来发展趋势，对主要影响因素进行分析后制定出来的。发展战略除了综合考虑国家总体经济发展、交通运输、国家标准化工作机制、信息技术进步、经济市场因素及国际大环境等因素目前对ITS标准化的影响，还应该预测和分析这些因素未来的发展趋势及对我国ITS产业产生的影响，从而提出相对应的策略。ITS目前处于发展初期，其各领域的实用技术、产品市场规模以及对经济和社会发展的影响还未完全显露出来，上述因素的发展趋势难以准确预测，因此制定ITS标准发展战略应根据相关因素的变化进行适时调整。

（2）把握好标准化工作与ITS建设的时序。

在我国的传统产业中，往往是先有产业后有标准，然而以信息技术为代表的高新技术产业的发展需要产品尚未商业化，标准已先行。在ITS领域中，尤其在涉及通信、数据元、信息分类编码、数据交换协议等方面的标准化工作如果不能走在系统大规模建设之前，必定会给系统间的兼容、数据的共享带来极大的困难，造成很大的损失。

（3）突出重点，区分轻重缓急，有所为有所不为。

既要遵循国际技术标准，又要注意在主流技术和标准规范方面掌握主动，在一些优势领域内建立以自主知识产权为基础的技术标准体系。按照有所为有所不为的原则，选择我国具有特色和优势的产业和企业进行重点培育，争取在这些领域有所突破，做大做强，在这些领域形成支撑产业的标准群，做有中国特色的产业，选择我们能做到而国外难以做到的技术指标，建立以自主知识产权为基础的技术标准体系。

（4）分步实施ITS标准化发展战略。

通过以上对层次结构的研究以及我们当前的国情，智能交通系统标准化发展战略的实施必须分步骤进行，在做好总体规划的前提条件下，根据实际的需要和资金的可能，从最急需最基础的部分做起。

（5）注意标准需求及其实施效果。

ITS采用的技术涉及领域非常广，新技术的出现和发展层出不穷，在标准化工作中应随时发现新的标准化需求，及时制定相应的标准规范，同时对标准规范的贯彻和实施提供必要的条件，以保障和促进其使用。

5.2 我国ITS标准化发展总体战略目标

我国“国民经济和社会发展第十个五年计划纲要”提出：交通建设要统筹规划，合理安排，扩大网络，优化结构，完善系统，推进改革，建立健全畅通、安全、便捷的现代综合运输体系。充分发挥各种运输方式的优势，发展和完善城市间旅客快速运输、大城市旅客运输、集装箱运输、大宗物资运输和特种货物运输5大系统。以信息化、网络化为基础，加快智能型交通的发展。

我国ITS标准化发展战略必须与国家的指定的交通发展的方针、政策和重点相结合，为国家交通运输系统建设的整体思路服务。根据我国未来交通运输发展的特点，并充分考虑智能交通系统发展的趋势和特点，我国ITS标准化发展战略的总体目标是：以适应全面建设小康社会和推动智能交通系统发展战略为宗旨，建立适应市场经济规律的标准化运行机制，在国家主管部门的指导下，充分发挥产、学、研和用户在标准化工作中的作用；积极采用先进的国际标准及国外标准，坚持以自主创新为主；主动参与国际标准化活动；建立系统的、科学的标准体系；建立完善的标准宣传、培训、检测和监督体系；实现我国ITS标准化的可持续发展。

5.3 ITS标准化发展分阶段战略目标

（1）近期发展战略目标（至2005年）

初步建立在国家标准化管理委员会领导下的，在各相关行业主管部门支持下的，以ITS标委会为核心的标准化工作群体；采用已发布的国际标准；以与基础设施建设相关的标准化工作作为重点领域，初步建立ITS标准的宣传、培训、检测体系；基本形成术语及定义、基础信息分类编码及表述、5.8MHz的专用短程通信、基于专用短程通信的不停车收费及联网收费标准群；开始数字地图及定位、客运信息交换标准、车辆辅助驾驶与自动公路标准规范的制定工作；制定交通管理与紧急事件框架、中心与外场设备间信息交换协议标准。

（2）中期发展战略目标（至2010年）

完善以ITS标委会为核心的标准化工作群体，建立与国内外相关标准化组织的联系；根据我国国情，有选择地采用国外先进标准；完善ITS标准的宣传、培训、检测体系，初步建立标准实施的监督体系；完善术语及定义标准群，完善基础信息分类编码及表述群，基本形成数字地图及定位标准群，完善 5.8MHz 的专用短程通信标准群，进行其他专用通信标准的制定工作，初步形成信息服务标准群，完善交通与紧急事件管理的框架、中心与外场设备间信息交换协议标准群，制定专用产品标准，完善基于专用短程通信的不停车收费标准群，制定涉及其他方式（如 GPS 等）的标准，初步形成综合客货运信息交换标准群，进一步进行车辆辅助驾驶与自动公路标准制定工作。

（3）远期发展战略目标（至 2020 年）

进一步发展以 ITS 标委会为核心的标准化工作群体；积极参与国际标准的制定工作；争取在我国具有自主知识产权的某些领域形成相应的国际标准；完善 ITS 标准的宣传、培训、检测体系，完善标准实施的监督体系；完善术语及定义标准群，完善基础信息分类编码及表述群，完善形成数字地图及定位标准群，建立专用通信标准群，形成信息服务标准群，形成交通与紧急事件管理标准群，形成电子收费标准群，形成综合运输及运输管理标准群，形成车辆辅助驾驶与自动公路标准群。

5.4 ITS 标准化发展战略重点

5.4.1 建立智能交通系统标准规范体系

智能交通系统标准体系是为实现智能交通系统整体领域的标准化而形成的体系，凡与此目的有关的智能交通系统领域标准之间都存在着相互依存、相互衔接、相互补充、相互制约的内在联系，最终形成科学的有机整体。因此，要求建立的标准体系具有先进性，在应用系统科学理论和方法的基础上，运用标准化的工作原理，着眼于寻找整套标准的内容，基于这些内容，在标准体系的内在联系上进行统一、简化、协调、优化等处理，力求体现出系统内标准的最佳秩序，防止在标准之间存在不配套、不协调、互相矛盾及组成不合理等问题。

标准规范体系除标准以外，还应包括指导性文件、技术规范、技术报告、技术协议及案例等，尽可能为用户自由选择和采用新技术、新工艺提供便利。

5.4.2 建立 ITS 标准化经费保障体系

我国 ITS 标准的数量偏少，远不能满足 ITS 建设及发展的需求。要想改善目前的状况，足够的、稳定投入的经费来源是保障 ITS 标准化工作持续发展的关键因素之一。ITS 标准化工作的经费来源主要可以有如下几个渠道：

①国家投入；

②行业投入；

③地方投入；

④标准化技术委员会、标准研究机构投入；

⑤企业赞助等。

可以通过建立稳定的融资渠道以及重点支持的方式建立标准化工作经费保障体系。

稳定的融资渠道主要包括两个方面，一个是国家加大对ITS标准化工作的投入力度，目前标准研发经费的很大一部分是来源于国家及各级标准主管部门、科研管理部门等单位划拨的经费，2001及2002年度科技部对ITS标准化工作的经费投入使我国ITS标准有了突飞猛进的发展，并吸引了大量人才从事标准化活动，证明了国家支持的重要性。第二个方面可以通过标准化技术委员会等专业机构融资，技术委员会秘书处的挂靠单位选择有技术实力和能进行部分经费支持的单位，另外委员会收取一定的会费、有偿服务费、企业对标准制定工作的临时性赞助等支持标准化工作。

国家应重点支持基础性标准，以及涉及安全、环保及建设等方面的标准化研究。此外还应加强对技术标准内容验证的投入，如目前对国际标准的转化工作采用简化和快速程序，常常由于经费不足而稍作验证，这种做法不科学。吸引企业赞助标准化工作，应当采用适当的方式给予资助标准化工作的企业一定的回报，如允许在标准文本上列出所用设备样品的提供单位目录等。另外，国家几个部门应拿出一定比例的科研经费支持标准的研究开发，重点放在具有前沿的、能形成一定创新的高科技项目，从标准政策的角度鼓励这些科研项目迅速转化为标准。

近期应由国家加大投入，有效改善目前标准严重短缺的现象，初步建立人才、组织机构、机制等方面的良好开端。然而国家大力度的投入不可能是长期的、全方位的，在远期随着标准化工作的日益进步和我国总体经济实力的增强，会有越来越多的企业意识到占领标准在市场方面的重要性，企业将逐步成为标准经费投入的主体。

5.4.3 充分发挥政府、标准化团体和企业的作用

智能交通系统涉及多个行业，由于国家行业标准备案管理制度不完善，行业部门间不协调，各自为政，往往同一对象有多个重复的、矛盾的行业标准。要大力发展智能交通系统标准化，就必须打破原有的政府行政管理的界限，以标准化技术委员会为标准的组织机构，行业标准向标委会标准转化，行业、政府管理部门不再直接制定标准。由标委会制定也是我国标准化机制改革的一个大趋势。

国家及各行业政府主管部门在ITS标准化方面的重点可集中在以下领域：

①涉及安全、卫生和环境保护等方面的标准规范；

②技术性贸易措施；

③重点领域的技术法规；

④标准基础研究；

⑤标准化战略研究；

⑥标准信息服务体系建设；

⑦标准化工作管理；

⑧合格评定、检验检测制度的制定及管理。

在具体标准制定时，产品的国家标准内容应以性能要求为主，不宜过多涉及具体的加工工艺及加工细则，这部分的内容由企业标准去规定。

企业应是ITS标准化的主力军，没有企业的支持，标准化工作就会成为无源之水、无本之木，尤其是大中型企业应成为标准化工作的骨干力量。其次企业要善于向标准化组织提出自己的要求，尤其是中小企业容易处于行业竞争中的弱势地位，更应积极参加标准化制定工作，并积极参加各类标准化培训活动，广泛开展信息交流，扩大企业的知名度，了解行业需求和发展趋势。

5.4.4 标准化ITS技术协调发展

标准是科技创新转化为有竞争优势产品而形成优势产业的桥梁。科技创新转化为优势产品的过程，就是科技优势转化为经济优势的过程。科技成果是否能转化为技术标准，取决于科技成果是否具有实用性、市场的广泛性及先进性。在科技成果通过标准化转化为生产力的过程中，可以通过专利权的方式保护科技成果提供者的知识产权。

对标准化机构，从科技成果到标准之间可建立有合理机制的一个快速转换渠道，使科技成果能最大限度和最快速度地进入技术标准的制定程序。

由此促使企业从被动参与科技研发转化为主动参与，并逐步形成企业研发的主导科研模式，形成企业科技研发——专利——标准——市场——收益——科技研发的良性循环。

5.4.5 自主创新与采用国际国外标准并重

国际标准是指国际标准化组织（ISO）和国际电工委员会（IEC）所制定的标准，以及ISO确认并公布的其他国际组织制定的标准。国外先进标准是指未经ISO确认并公布的其他国际组织的标准、发达国家的国家标准、区域性组织的标准、国际上有权威的团体标准和企业（公司）标准中的先进标准。

国际和国外先进标准一般都反映了世界上较先进的技术水平，采用国际标准和国外先进标准，从某种意义来说是一种既经济又实用的技术引进方法。

采用国际标准和国外先进标准，是我国一项重要的技术经济政策，是技术引进的重要组成部分。为保障智能交通系统的健康发展，提高我国有关产品质量和技术水平，适应发展社会主义市场经济和国际贸易的需要，本标准体系对国际标准或国外先进标准的内容，经过分析研究，不同程度地转化为我国的国家和行业标准。

5.4.6 标准的宣传及贯彻实施

国家标准化法第三条规定，标准化工作的任务是制定标准、组织实施标准和对标准实施进行监督。仅仅只是出版了标准，如果不实施，标准就没有任何的价值。ITS标准的实施体系主要可包括企业自律机制、技术法规强化、市场准入、合格评定和检验检测等，形成一个分工协作、成龙配套、完善的社会化的标准实施体系。政府的主要职责是监督执法。

合格评定分为两种，一种为强制性的，有法律法规规定的认证，另一种为自愿性认证，用于产品表示符合有关的产品标准。

5.4.7 培养高素质的人才队伍

国家标准的制定及参与国际标准化工作需要有一批既有专业知识，业务强，又熟悉国家标准及国际标准规则，外语好的复合型人才。人才队伍的造就主要可通过两条途径，一条是人才的培养，另一条是人才的引进。

在人才的培养方面，可建立标准化国际交流基金，利用标准化组织的交流与合作项目，对我国标准化工作人员进行专业化培训；制定政策鼓励科技专家参加具体的标准化工作，在科技人员绩效考核指标及科研项目考核指标中增加对参加标准化工作的要求；通过在高等院校的学科建设设立相应的专业及课程，以及对现有技术标准工作人员进行培训等方式，提高标准从业人员的素质。

加大人才引进力度，不拘一格地引进国内外优秀人才。

培养和引进人才、留住人才、充分发挥人才的聪明才智，还应建立和完善相应的激励机制和竞争机制，优胜劣汰，奖优罚劣，始终保持技术标准工作队伍的活力。

参考文献

[1] 杨琪，王笑京，齐彤岩．智能交通系统标准体系原理与方法．北京：铁道出版社，2003

[2] Yangqi. ITS standardization development strategy of China，10th ITS World Congress

[3]《全国智能运输系统标准化2005年年度报告》．全国智能运输系统标准化技术委员会秘书处，2006年6月．

[4] 洪生伟．标准化工作者常用手册．北京：中国计量出版社，1998

[5] 赵全仁．标准化科学研究导论．北京：中国标准出版社，1996

附件7

中国交通运输系统的发展对智能交通系统的需求分析

史其信　吴世江　吕　剑

目　录

1 研究背景和研究领域现状综述

1.1 研究背景

2001 年 3 月召开的第九届全国人民代表大会第四次会议通过的《国民经济和社会发展第十个五年规划纲要》中明确提出了我国交通运输系统的发展目标：以信息化、网络化为基础，加快智能型交通运输的发展，建立健全的综合的现代交通运输体系。

2002 年 11 月召开的党的十六大明确提出了全面建设小康社会的伟大目标，描绘了 21 世纪前 20 年我国现代化建设的宏伟蓝图，明确了我国未来 20 年现代化进程的伟大任务。这一目标的实现必须要以社会各行业的进步发展作支撑，对于交通运输业来说，如何认识全面建设小康社会与现代交通运输系统的发展之间的关系成为很多人关注的问题。

2003 年 10 月党的十六届三中全会通过了《中共中央关于完善社会主义市场经济体制若干问题的决定》，其中明确提出要坚持科学发展观，"坚持以人为本，树立全面、协调、可持续的发展观，促进经济社会和人的全面发展。"科学发展观要求发展不光是追求 GDP 的指标，它还应包括社会的发展、环境的改善、文化生活和精神道德水平的提高，推动物质文明、精神文明和政治文明的全面发展，追求经济发展与资源、环境和人口的协调，追求人与自然的和谐发展。交通运输系统的占用大量的土地资源，消耗大量的能源，同时会产生环境污染，这就要求我们要基于科学发展观重新审视交通系统的发展。

在 21 世纪前 20 年我国全面建设小康社会的历史进程中，我国交通运输系统所面临的社会经济环境如下：

首先，我国经济将继续保持持续、快速、健康增长，进入一个逐步工业化的高速发展阶段，并向中等发达水平迈进。我国的交通运输需求必将与经济高速增长趋势同步，处于快速增长阶段，保持旺盛的交通需求。

其次，我国的经济战略布局和产业结构将有所变化。交通运输作为长期之后发展的"瓶颈"产业，必将在未来产业结构调整中得到较快发展，其运输量在从"制约"到"诱发"的转变中将会有较大幅度的增长。

第三，随着我国经济的发展，经济结构进一步调整，第一产业所占国民经济的比重持续降低，第三产业迅速发展。相应的，我国的产业特点会逐渐由资源密集型产业向资金密集型产业和技术密集型产业转变。这将对我国的货运需求产生深远的影响。同时在我国市场经济体制逐步完善的过程中，随着现代企业制度的建立，政府职能的转变，各经济主体之间关系的重新调整，各种生产要素（资本、劳动力、技术、信息等）的优化和重组，将不仅给我国经济增加新的活力，使人们的工作方式和生活方式产生诸多变化，也将为旅客运输的发展提供新的压力和动力。

第四，随着我国居民收入水平的逐步提高，消费结构和消费观念的变化，城乡居民人均交通费用占生活费用的比重将大幅度提高，这必将对我国的旅客运输在数量上和质量上都提出更高的要求。

第五，我国人口数量进一步增加，区域间发展的不平衡，必然加剧人口流动趋势的新变化：劳动力人口的增加特别是剩余劳动力增加将导致劳动力向高收入地区流动，农村人口向城镇流动，经济落后地区人口向发达地区流动，各经济中心之间劳动力相互移动等，人口流量将会有较大幅度增加。

第六，随着我国对外开放格局的进一步形成和完善，中国经济日益与世界经济融为一体。我国现实和潜在的巨大市场、充满活力的经济发展、特别是成功加入 WTO，这些为我国积极参与国际分工和交换，密切与国际经济互接互补关系提供了日益坚实的基础和可靠保障，也必然促进国际间和国内区域间的物资流通和人员流通。

第七，基于我国人均耕地少、人均能源缺乏的国情，并结合环境保护等可持续发展的战略要求，今后我国必须确立耗能低、效率高、容量大、污染少的交通运输系统发展原则。

第八，交通运输系统的发展离不开科技进步，新的运输方式的出现，运输技术装备的改善和运输结构的演变，科学技术起着决定性作用。智能交通系统（ITS）的发展正是在吸收相关学科先进科学技术的基础上发展起来的。

1.2 全面建设小康社会的社会经济指标

1.2.1 我国小康社会的发展历程

“小康社会”出自战国时期的《礼记》，是邓小平首先用小康来重新诠释中国四个现代化的。1979 年 12 月 6 日，邓小平在会见日本首相大平正芳时说：“我们的四个现代化的概念，不是像你们那样的现代化的概念，而是‘小康之家’”。

1982 年，中共十二大设计了中国今后 20 年的发展轨迹，确定“从 1981 年到本世纪末的 20 年，我国经济建设总的奋斗目标是，在不断提高经济效益的前提下，力争使全国工农业总产值翻两番。实现这个目标，城乡人民的收入将成倍增长，人民物质生活可以达到小康水平”。这是党的全国代表大会首次使用“小康”概念，并把它作为主要奋斗目标和我国国民经济和社会发展的阶段性标志。

2002 年 11 月，党的十六大明确提出了全面建设小康社会的伟大目标，确定了我国由总体小康向全面小康迈进的总体方向。

1.2.2 国际上常用的全面小康的评价指标

从经济学的角度讲，对小康的评价国际上通常采用三个重要指标。第一个是恩格尔系数，即家庭食品支出占消费支出的比重，由联合国粮农组织规定。第二个是为人均 GDP，由世界银行规定。第三个是为人类发展指数（HDI）。联合国发展计划署用来衡量一个国家（地区）在人类发展的三个基本方面的平均成就：

（1）健康长寿的生活，用出生时预期寿命来表示；

（2）知识，用成人识字率（占 2/3 的权重）以及小学、中学和大学综合毛入学率（占 1/3 的权重）来表示；

（3）体面的生活水平，用人均 GDP 国际美元值来表示。

具体标准如下：

①按照恩格尔系数指标分类，见表 1-1。

按照恩格尔系数指标分类 表 1-1

恩格尔系数取值	60%以上	50%～60%	40%～50%	20%～40%	20%以下
水平分类	贫困	温饱	小康	富裕	极富

②按照人均 GDP 指标分类，见表 1-2。

按照人均 GDP 指标分类 表 1-2

人均 GDP 取值	545 美元以下	545～2200 美元	2200～5999 美元	6000 美元以上
水平分类	低收入	中下收入	中上收入	高收入

③按照人类发展指标分类，见表 1-3。

按照人类发展指标分类 表 1-3

人类发展指数取值	0～0.5（包含）	0.5～0.8	0.8 以上（包含）
水平分类	低人类发展水平	中等人类发展水平	高人类发展水平

1978 年我国城乡居民的恩格尔系数分别为 57.5%和 67.7%，这说明了农村家庭属于贫困阶段，城镇居民属于温饱阶段；1995 年，农村居民家庭恩格尔系数仍高达 58.6%，属于勉温饱阶段，而城镇居民家庭恩格尔系数已降至 50%以下，进入小康阶段；2001 年，农村居民家庭恩格尔系数降至 47.7%，开始跨入小康阶段；而城镇居民家庭恩格尔系数降至 37.9%，开始跨入富裕阶段。

根据美国经济学家估算，1950 年的时候，中国是世界上人类发展指标最低的国家，就是 0.159，还略低于印度 0.160 的水平。过去 20 年，中国人类发展指标迅速上升，已超过世界水平，并已缩小与发达国家的差距。1980 年中国为 0.554，1990 年为 0.625，2000 年为 0.726，在 174 个国家和地区，排第96位。

1.2.3 我国全面小康社会的评价指标体系

国家计委（现为发展与改革委员会）、中国21世纪议程管理中心等有关部门参照国际上常用的衡量现代化的指标体系，结合我国国情，认为全面建设小康社会的基本标准包括以下几个方面：

(1) 人均国内生产总值超过3000美元。这是建成全面小康社会的根本标志。2000年，我国人均国内生产总值为854美元。按照国内生产总值翻两番的发展速度测算，到2020年，我国人均国内生产总值将超过3000美元，达到当时中等收入国家的平均水平。

(2) 城镇居民人均可支配收入1.8万元（2000年不变价，下同）。过去20年，我国城镇居民人均可支配收入增长了3倍。预计今后20年，我国经济将继续快速发展，城镇居民收入水平能够保持过去20年的增长势头，到2020年达到18840元，可以稍微超过小康指标。

(3) 农村居民家庭人均纯收入8000元。过去20年我国农村居民家庭人均收入增长了3.5倍，其中近10年增长1.6倍，到2000年为2253元。可以预计，今后20年，随着农村改革的深入和农业现代化水平的提高，农民收入有可能增长3.2倍，农村居民家庭人均收入达到7210元，基本实现小康目标，城乡居民收入差距也有所缩小。

(4) 恩格尔系数低于40%。近10年，城镇居民消费的恩格尔系数下降了15个百分点，农村居民消费正处于新的升级过程。2000年，全国恩格尔系数为46%。预计到2010年下降到40%，2020年前后下降到35%左右。

(5) 城镇人均住房建筑面积30平方米。近10年每人年均增加0.5平方米，2000年达到19平方米。预计2020年可以超过30平方米。

(6) 城镇化率达到50%以上。我国近10年城镇化率年均提高1个百分点，2000年为36.2%。今后20年，我国将坚持城镇化战略，工业化也进入加速发展阶段，城镇化率每年可以提高1个百分点，到2020年达到56%。

(7) 居民家庭计算机普及率20%。到2000年，我国城乡居民家庭计算机普及率约为4.2%左右，其中城镇居民家庭计算机普及率为9.7%。这几年，计算机普及率呈现加快提高的趋势，到2020年可以基本实现计算机普及率20%的目标。

(8) 大学入学率20%。目前，我国大学入学率为11%。随着科教兴国战略力度的加大，社会力量参与办学，我国大学入学率到2005年可以达到15%，到2020年有可能超过20%，达到25%。

(9) 每千人医生数2.8人。到2000年，我国达到每千人为2人，高于世界平均水平，到2020年预计每千人超过3人。

(10) 城镇居民最低生活保障率95%以上。2001年，城镇居民最低生活保障率达到71.6%，预计到2010年就可以达到小康水平的95%。

全面小康社会的社会经济指标体系，见表1-4。

全面小康社会的社会经济指标体系　　表1-4

指标名称	单位	基本标准	2000年	2010年	2020年
人均国内生产总值	美元	3000以上	854	1600	＞3000
城镇居民人均可支配收入	人民币元	18000	6280	12000	18864
农村居民家庭人均纯收入	人民币元	8000	2253	4000	7210
恩格尔系数（城镇）	%	＜40	39.2	30	25
恩格尔系数（乡村）	%		49.1	40	35
城镇人均住房建筑面积	平方米	30	19	25	30
城镇化比例	%	50	36.2	46	56
居民家庭计算机普及率	%	20	4.2	10	20
千人医生数	人	2.8	2	—	＞3
大学入学率	%	20	11	15（2005）	20以上
城镇居民最低生活保障率	%	95%	71.6（2001）	95%	95%以上

1.2.4 全面建设小康社会进程的经济结构预测

根据国务院发展研究中心的预测，今后50年我国国民经济三次产业的结构组成变化情况，见表1-5。

我国今后50年国民经济结构预测　　表1-5

年份 / 产业划分	2001	2010	2020	2030	2040	2050
第一产业比重	15.2	14.1	11.5	9.4	7.7	6.2
第二产业比重	51.1	51.5	50.2	48.0	45.3	42.1
第三产业比重	33.6	34.4	38.3	42.6	46.9	51.7

从表1-5可知，今后50年左右的时间内，我国国民经济三次产业的结构组成变化呈现如下规律：

(1) 第一产业所占国民经济的比重逐渐减少。从2001年的15.2%减少到2020年的11.5%，到2050年，第一产业占国民经济的比重减少为6.2%。

(2) 第二产业所占国民经济的比重先增加而后减少。根据发达国家的发展经验，都存在以工业为主体的第二产业占国民经济的比重从小到大、到极值点后从大到小的发展规律，我国也不例外。2001年第二产业所占比重为51.1%，预测到2010年为51.5%，到2020年为50.2%，2050年的时候为42.1%，第二产业比重极值点出现在2010年前后。

(3) 第三产业所占国民经济比重逐渐增加。根据发达国家的发展经验，第三产业从在国民经济中所占的比重由小到大，最终会取代第二产业而占据国民经济的绝对比重。我国第三产业目前所占国民经济的比重还比较低，2001 年为 33.6%，根据预测结果，2020 年增长到 38.3%，2050 年增长到 51.7%。

1.3 我国交通预测的文献分析

交通运输需求预测一直是交通运输领域里的重要课题，因为交通运输需求是导致交通运输系统发展的直接动力，科学的交通运输需求预测对于交通运输系统正常的发展具有重要的指导意义。我国长期以来处于交通需求大于交通供给的状态，这就决定了对于我国来说，科学的交通需求预测具有更加重要的意义。

客运需求方面，1995 年国家科委立项《中国旅客运输发展战略研究》，由中国交通运输协会牵头负责。从 1995 年下半年到 1997 年历时两年半，在借鉴国内外研究和实践的基础上，重点分析我国旅客运输的现状、主要问题和造成我国旅客运输严重不适应需要的原因，分析我国旅客运输系统面临的社会经济环境和未来旅客运输的变化特点，运用多种预测方法，预测了我国 2000 年、2010 年两个目标年和 2020 年展望年度的客运量和客运周转量，并对我国的客运结构变化趋势进行了预测，具体的预测结果为客运量和客运周转量预测见表 1-6，各种运输方式客运量和客运周转量比重预测见表 1-7。

客运量和客运周转量预测　　表 1-6

客运情况＼年份	2000 年	2010 年	2020 年
客运量（亿人）	162～170	322	530
客运周转量（亿人公里）	12900～14100	27100	44500

各种运输方式客运量和客运周转量比重预测　　表 1-7

年份＼运量＼运输方式		铁路	公路	水运	航空
2000	客运量	8.30%	89.40%	1.60%	0.60%
	客运周转量	39.10%	50.00%	1.30%	9.60%
2010	客运量	8.20%	90.10%	0.90%	0.80%
	客运周转量	36.70%	49.40%	0.70%	13.30%
2020	客运量	8.10%	90.60%	0.50%	0.81%
	客运周转量	35.20%	50.30%	0.40%	14.10%

我国近几年的发展证明，《中国旅客运输发展战略研究》对我国的旅客运输预测存在一定的偏差。首先，从旅客运输需求总量的角度上看，预测结果比实际值偏大，比如2000年实际客运量为148亿人，预测值162～170亿人的预测误差为＋9.5％～＋14.9％；2000年实际客运周转量12261亿人公里，预测值12900～14100亿人公里的预测误差为＋5.2％～＋15.0％。其次，从旅客运输结构组成的角度上看，对于铁路客运量和铁路客运周转量的比重预测值偏高，铁路客运量比重预测值误差为＋16.9％，铁路客运周转量比重预测值误差为5.8％；公路客运量比重预测值误差为－0.9％，公路客运周转量比重预测值误差为－8.8％；水运客运量比重预测值误差为＋22.1％，水运客运周转量比重预测值误差为＋49.4％；民航客运量比重预测值误差为＋33.3％,民航客运周转量比重预测值误差为＋21.2％。

预测是利用事物的历史规律性去解决事物未来的确定性，利用事物发展状态的历史惯性去外推事物在制定预测期的发展趋势和发展状态。根据系统论的观点，系统中子系统的特性和各个子系统之间的联系决定了系统的内部结构，而系统的发展趋势正是由系统的内部结构决定的；各个子系统的内扰动和外部环境产生的外扰动构成了系统的波动部分；只有系统的内在结构决定的趋势强度大于系统的波动强度时，才能保证系统不失效。所以要保证系统预测的科学性，就必须要求预测对象在统计期内与预测期中的结构是同构的。

基于上述认识，经过分析研究认为，《中国旅客运输发展战略研究》的预测分析是建立在我国1995年的交通发展统计数据之上的，1995年以后，我国对公路运输系统进行了大量的投资，使得我国的公路基础设施建设的步伐大大加快，其中最具有代表性的是我国高速公路网的建设。与1995年以前相比，我国的交通运输系统内部结构发生了一定程度上的变化，公路运输完成的需求量比预测结果有一定程度的提高。

2 发达国家经济发展与交通发展特征分析

发达国家的经济发展和交通发展都远远地走在我国的前面，通过研究发达国家经济发展和交通发展的相关性特征，总结出经济发展和交通发展的相关规律，使得我国在规划交通发展战略时借鉴发达国家的发展经验，避开发达国家所走过的弯路。

2.1 典型发达国家经济发展与交通发展数据分析

2.1.1 美国经济发展与交通发展特征分析

(1) 美国1960～2000年经济发展变化。

①按当年价格计算的人均GDP变化情况，如图2-1。

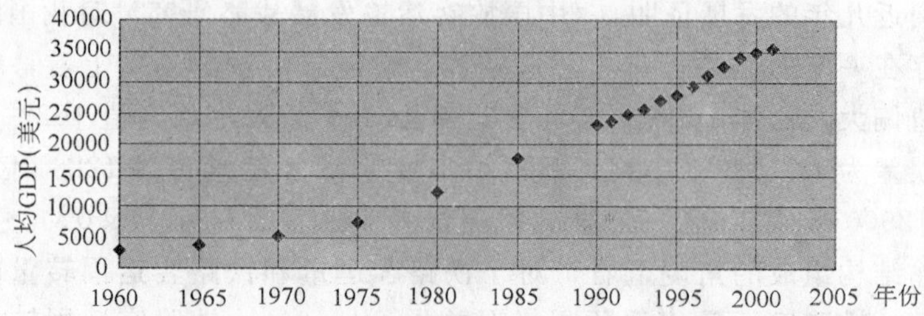

图 2-1　美国 1960～2001 年人均 GDP 变化情况图

②按 1996 年价格计算的人均 GDP 变化情况，如图 2-2。

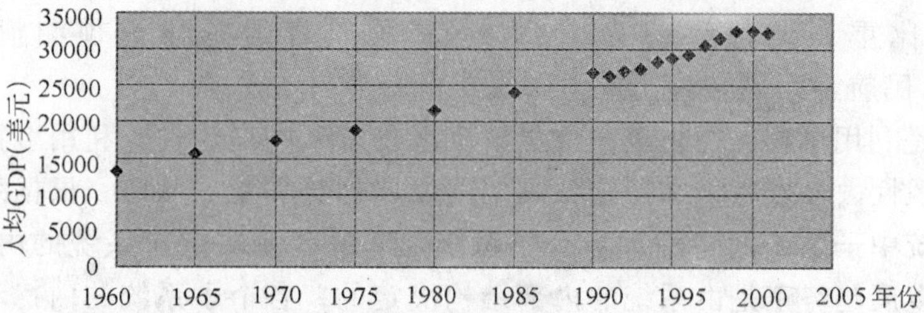

图 2-2　美国 1960～2001 年人均 GDP 变化情况

(2) 美国 1960～1999 年交通发展变化。

①1960～1999 年人均客运周转量变化，如图 2-3。

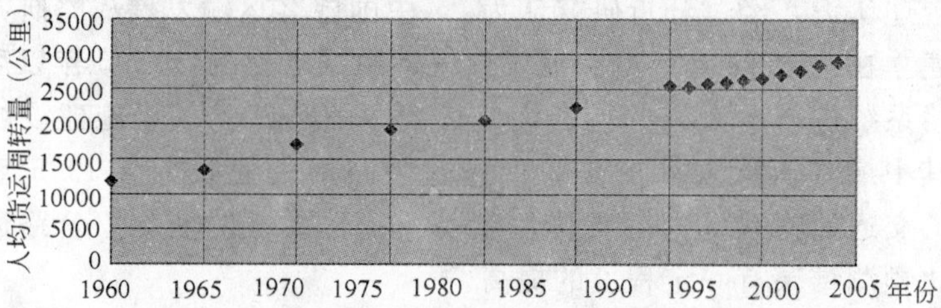

图 2-3　1960～1999 年美国人均客运周转量变化情况

②1960～1999 年人均货运周转量变化，如图 2-4。

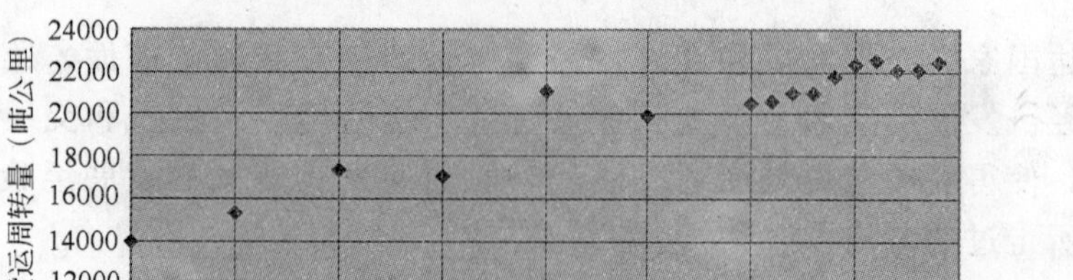

图 2-4　1960～1999 年美国人均货运周转量变化

（3）美国 1960～1999 年经济发展与交通发展关系。

①1960～1999 年按 1996 年价格计算的人均 GDP 与人均客运周转量变化关系，如图 2-5。

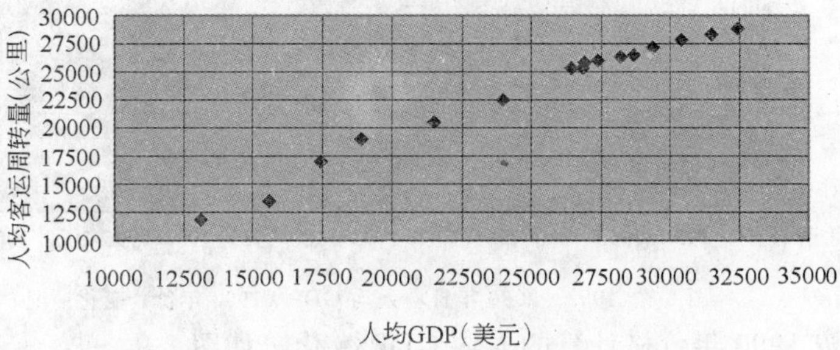

图 2-5　1960～1999 年美国人均 GDP（1996 年价）与人均客运周转量变化关系

②1960～1999 年，按 1996 年价格计算的人均 GDP 与人均货运周转量变化关系，如图 2-6。

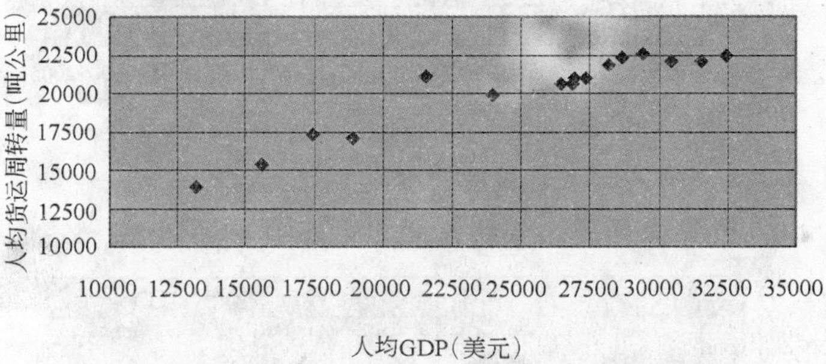

图 2-6　1960～1999 年美国人均 GDP 与人均货运周转量变化关系

③1960～1999 年人均客运周转量与人均货运周转量变化关系，如图 2-7。

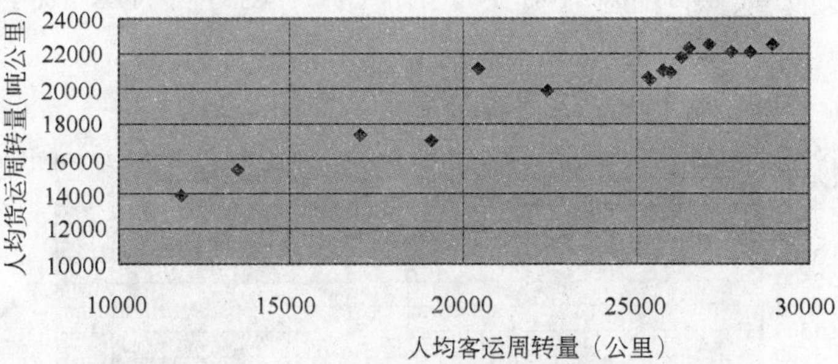

图 2-7　1960～1999 年美国人均客货周转量变化关系

2.1.2 日本经济发展与交通发展特征分析

(1) 日本 1960～2000 年经济发展变化。

①按当年价格计算的人均 GDP 变化，如图 2-8。

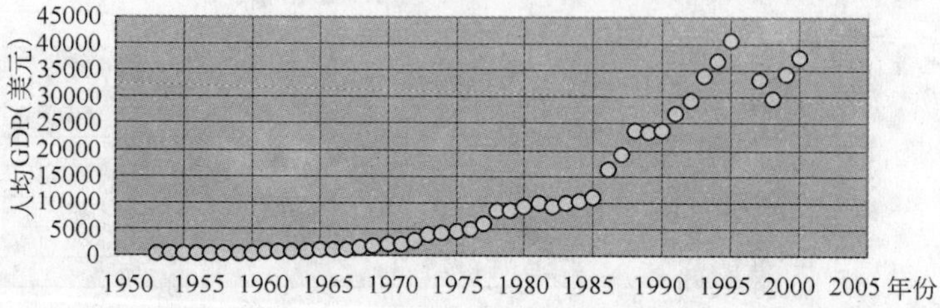

图 2-8 1953～2000 年日本人均 GDP（1990 年价）变化情况

②按 1990 年价格计算的人均 GDP 变化，如图 2-9。

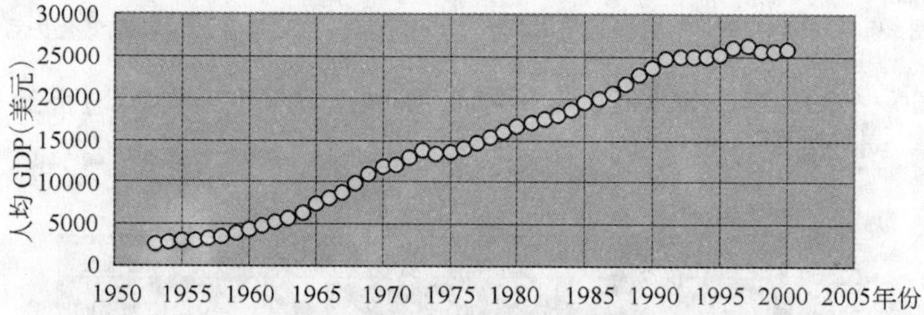

图 2-9 1953～2000 年日本人均 GDP 变化（1996 年基准价格）

(2) 日本 1955～1999 年交通发展变化

①1960～1999 年人均客运周转量变化，如图 2-10。

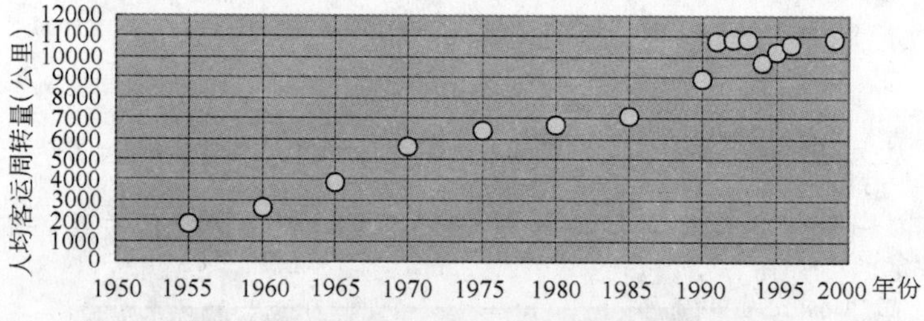

图 2-10 1955～1999 年日本人均客运周转量变化

②1960～1999 年人均货运周转量变化，如图 2-11。

图 2-11 1955～1999 年日本人均货运周转量变化

(3) 日本 1960～1999 年经济发展与交通发展关系

①1955～1999 年按 1990 年价格计算的人均 GDP 与人均客运周转量变化关系，如图 2-12。

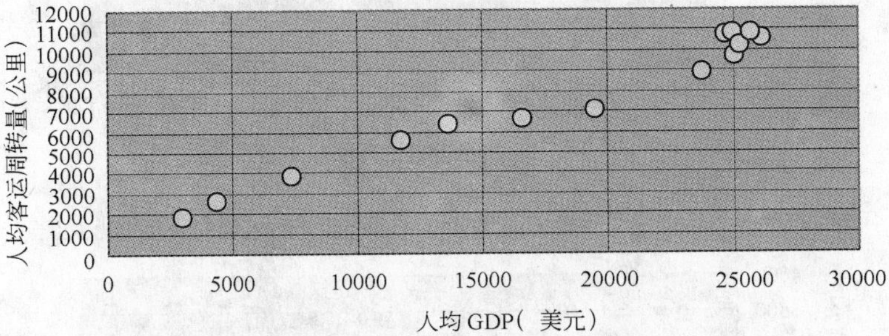

图 2-12　1955～1999 年日本人均 GDP（1990 年价）与人均客运周转量变化关系

②1960～1999 年按 1996 年价格计算的人均 GDP 与人均货运周转量变化关系，如图 2-13。

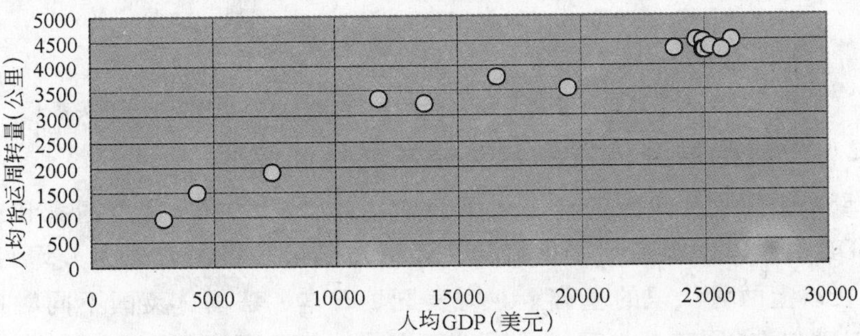

图 2-13　1955～1999 年日本人均 GDP（1990 年价）与人均货运周转量变化关系

③1960～1999 年人均客运周转量与人均货运周转量变化关系，如图 2-14。

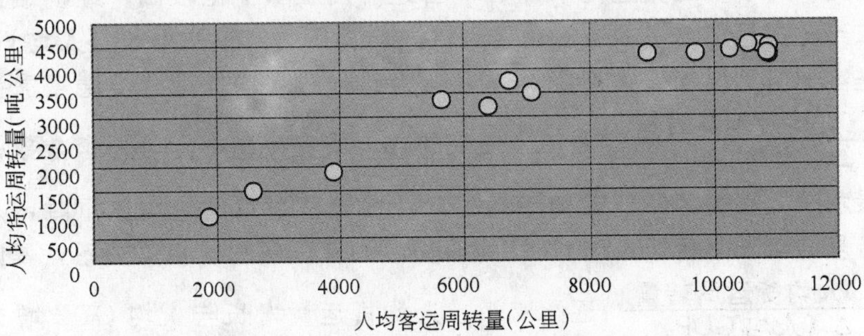

图 2-14　1955～1999 年日本人均客运周转量与人均货运周转量变化关系

2.1.3　英国和法国经济发展与交通发展特征分析

(1) 英国 1953～1979 年人均 GDP 与人均货运量变化关系，如图 2-15。

(2) 法国 1952～1972 年人均 GDP 与人均货运量变化关系，如图 2-16。

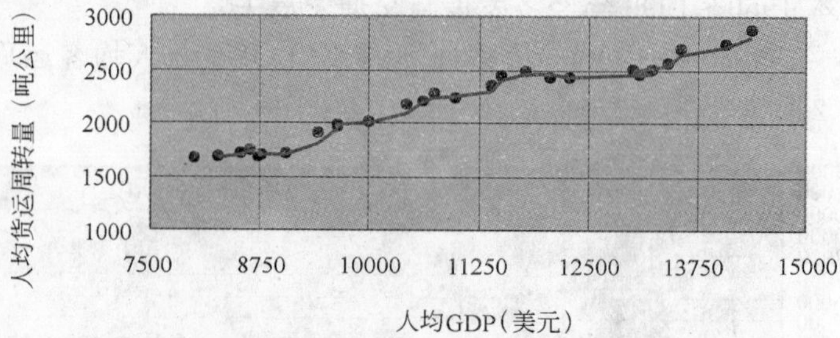

图 2-15　1953～1979 年英国人均 GDP（1990 年价）与人均货运量变化关系

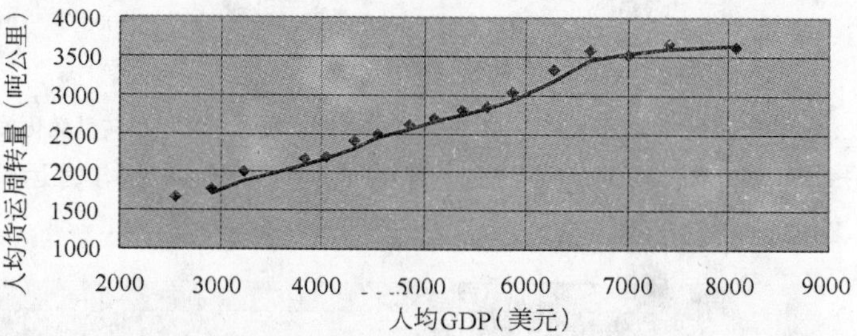

图 2-16　1952～1972 年法国人均 GDP（1990 年价）与人均货运量变化关系

2.2　发达国家经济发展与交通发展特征综述

衡量一个国家和地区的经济水平最常用的工具之一是这个国家和地区的人均 GDP 的数量以及逐年变化情况。经济增长最直观的表现为人均 GDP 的增长。在以上两种认识的基础上，对美国、日本、法国、英国不同时期人均 GDP 与人均客货周转量之间的关系进行定量分析，研究得到发达国家经济发展与交通发展之间存在着如下所示的关系：

首先，对于货运交通需求而言，当经济发展水平比较低，经济结构中第一、二产业占经济总量的绝对比重时，人均货运周转量的增长与人均 GDP 的增长基本上呈直线相关关系，具体表现为此时的人均货运量交通需求弹性系数$\left(\frac{\Delta\text{（人均货运周转量）}}{\Delta\text{（人均 GDP）}}\right)$是一个慢变的数，或者说基本上是一个常数；当经济发展水平比较高，经济结构中第三产业占经济总量的绝对比重时，人均货运周转量的增长落后于人均 GDP 的增长，二者呈现曲线相关关系，具体表现为$\left(\frac{\Delta\text{（人均货运周转量）}}{\Delta\text{（人均 GDP）}}\right)$逐渐变小。人均货运量增长与人均 GDP 增长的关系同人均货运周转量增长与人均 GDP 增长的关系相似，只不过人均货运量增长稍微落后于人均货运周转量的增长，起作用的因素是随着经济的增长平均货运距离不断增大。

其次，对于客运交通需求而言，贯穿经济发展水平由高到低、经济结构由第一、二产业为主到第三产业为主的整个发展过程中，人均客运周转量的增长与人均GDP的增长基本上总是呈现直线相关关系，具体表现为客运交通需求弹性系数$\left(\frac{\Delta（人均客运周转量）}{\Delta（人均GDP）}\right)$是一个慢变的数，或者说基本上是一个常数。人均客运量增长与人均GDP的增长的关系同人均客运周转量的增长与人均GDP的增长的关系类似，只不过人均客运量的增长落后于人均客运周转量的增长。

第三，对于经济发展的不同阶段而言，客运交通需求的增长总是高于货运交通需求的增长，具体的表现就是人均客运周转量交通需求弹性系数$\left(\frac{\Delta（人均客运周转量）}{\Delta（人均GDP）}\right)$总是高于人均货运周转量交通需求弹性系数$\left(\frac{\Delta（人均货运周转量）}{\Delta（人均GDP）}\right)$，并且在经济发展水平比较低、第一、二产业占国民经济绝对比重的时候，人均货运周转量的变化与人均客运周转量的变化基本上呈直线相关关系，具体表现为$\left(\frac{\Delta（人均货运周转量）}{\Delta（人均客运周转量）}\right)$基本上是一个常数。当经济发展水平比较高、第三产业占国民经济绝对比重的时候，人均货运周转量的变化落后于人均客运周转量的变化，具体表现为$\left(\frac{\Delta（人均货运周转量）}{\Delta（人均客运周转量）}\right)$越来越小。按照交通需求的特点分类，交通需求可以分为本源性需求和派生性需求，其中货运需求只包含派生性需求，而客运需求即包含本源性需求又包含派生性需求。随着经济的发展和人民生活水平的提高，本源性交通需求会越来越多，这就从某种程度上解释了随着经济的发展，当第三产业占国民经济绝对比重的时候，$\left(\frac{\Delta（人均货运周转量）}{\Delta（人均客运周转量）}\right)$越来越小的原因。

2.3 发达国家经济发展与交通发展阶段特征分析

根据对所选典型发达国家的经济发展与交通发展相关关系的分析研究可知，当这些发达国家的经济发展处于我国全面小康社会阶段时，其经济发展与交通运输需求的相关关系有如下的特点：

首先，世界典型国家在经济上达到“全面小康社会”之前，即由人均GDP 1000美元发展到3000美元之时，都是国民经济持续高速发展时期，同时也是客货运输总需求增长非常迅速的时期。

其次，这一时期各国的客货周转量弹性系数普遍大于1，少数国家小于但是接近于1。同时伴随着以下特征：国土面积大的国家客货周转量弹性系数大于1，反之则接近于1；经济稳步增长的国家弹性系数大于1，而经济高速增长的国家弹性系数小于1但接近于1。

第三，在这个时期，运输结构变化较大。在人均GDP 1000美元之前，铁路各项指标比重都比较大。在人均 GDP 1000～4000 美元期间，公路开始在某些指标上超过铁路。同时各国运输结构的变化与各自的国情密切相关。如国土面积大的美国直到 1965 年人均 GDP 4000 美元时公路所完成的公共旅客周转量才超过铁路，而货物周转量比重则始终是铁路最大。对于国土面积小的日本，其公路货运周转量比重在人均 GDP 1000 美元时就已经超过铁路。

第四，在这一时期内，各典型发达国家的交通运输系统结构的转变基本完成，并且在接下来的发展中逐步稳定下来。

3　我国交通发展与经济发展特征分析

经济发展与交通发展相关关系不但具有普遍的宏观规律，同时也会因不同国家的具体国情的不同而有所不同。前文通过对发达国家经济发展与交通发展相关性研究的基础上，得出了经济发展与交通发展的普遍遵循的宏观规律，本章主要研究我国经济发展和交通发展相关关系，分析基于我国国情限制的经济发展与交通发展的相关特征。

3.1　1953～2001 年国民经济核算人均 GDP 变化分析

1. 1953～2001 年按当年价计算的人均 GDP 变化图，如图 3-1。

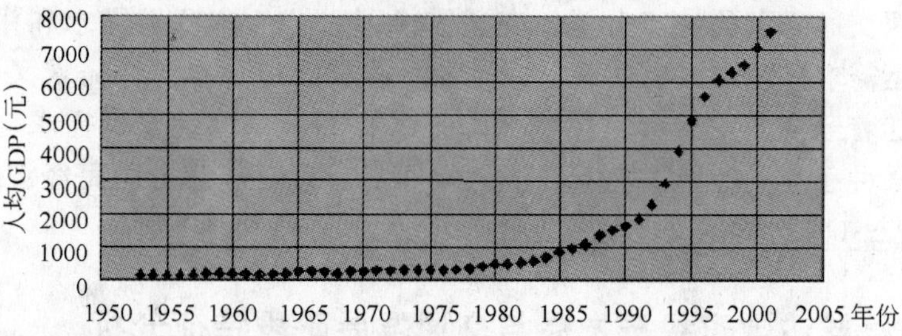

图 3-1　按照当年价格计算的人均 GDP 变化图

2. 1953～2001 年按可比价计算（1978＝100）的人均 GDP 变化图，如图 3-2。

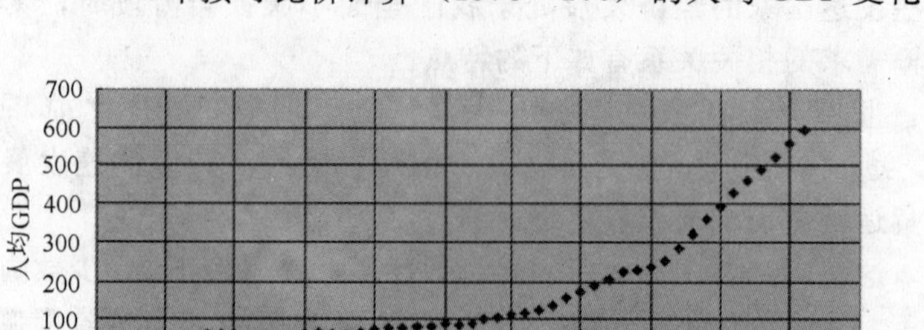

图 3-2　1953～2001 年按可比价计算的人均 GDP（1978＝100）变化图

图 3-1 表征的是按照当年价格计算的人均 GDP，由于不同年份之间存在着通货膨胀的因素，因此不同年份之间没有可比性。图 3-2 按照可比价计算的人均 GDP，消除了通货膨胀因素的影响，不同年份之间就具有可比性。从图 3-2 中可以看出，按照人均 GDP 指标核算，1953 年以来我国的经济发展可分为三个阶段。

第一个阶段建国到 1978 年，由于受当时中国社会环境的影响，这段时间内按可比价计算的人均 GDP 时涨时落，波动性比较大，按照 1978 年为可比基年，即是 1978 年人均 GDP 为 100，折算出 1953 年的可比人均 GDP 为 40.5。总体上说，1953 年到 1978 年的 25 年时间里，中国的人均 GDP 虽然是波动比较大，但还是呈现上升的趋势。

第二个阶段为 1979 年到 1991 年。结束了文化大革命以后，中国推行了改革开放政策，把重心转移到经济建设上来，中国的人均 GDP 有了大幅度的增加。但是不得不承认，当时的改革开放还是一个新事物，我们是在摸索中前进的，受到长时间的计划经济禁锢的，中国大地上的改革开放步伐还比较小，人们思想的变化滞后与时代要求的变化，导致我国那段时间的人均 GDP 变化在呈现总体快速增加趋势的同时，也有一定的波动，特别是 1989～1991 年这段时间波动的比较厉害。

第三个阶段 1992～2001 年，邓小平同志南巡讲话，进一步明确了我国改革开放的大政方针，再加上我们已经积累了一定的改革开放的经验，是我们的改革开放步入快速稳定发展的阶段，与之相适应的是我国的人均 GDP 快速稳定的增加。

3.2　1953～2001 年按可比价计算人均 GDP 与人均货运量关系分析

（1）1953～2001 年人均货运量变化图，如图 3-3。

从图 3-3 中可以明显的看出，人均货运量变化总体上呈现上升的趋势，并且以改革开放为分界点，存在两部明显不同的部分，改革开放以前的 1953～1978 年，人均货运量在总量很低并且总体趋势略微增加的情况下，出现比较大的相对波动性。1979 年以后，人均货运量的增加强度明显增大，但是也有一定的波动性影响，其波动变化规律是每 5～6 年的增长之后，总会有 3 年左右的停滞期。从中可以看出，改革开放以来，人均货运量的变化周期性更加明显，大约 8～9 年为一个变化周期。

（2）按可比价计算的人均 GDP（1978＝100）与人均货运量关系图，如图 3-4。

从图 3-4 可以看出，人均货运量总体上随着按可比价计算的人均 GDP 的增加而增加，但是有两个明星不同的阶段。并且可以知道，这个阶段发生的时间转折点在改革开放之际。原本预期在消除了人口因素和消除了通货膨胀

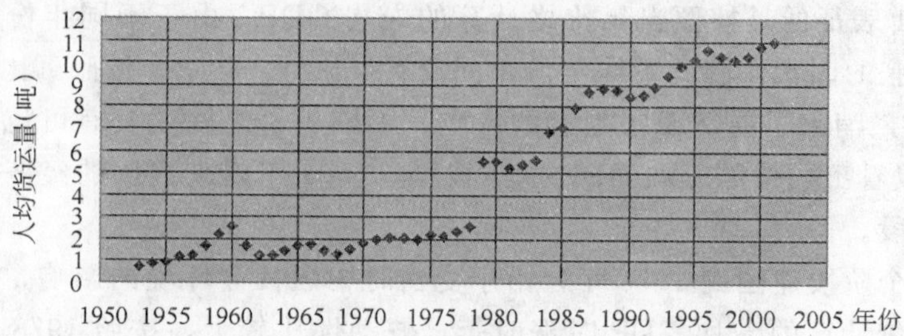

图 3-3 1953～2001 年人均货运量变化图

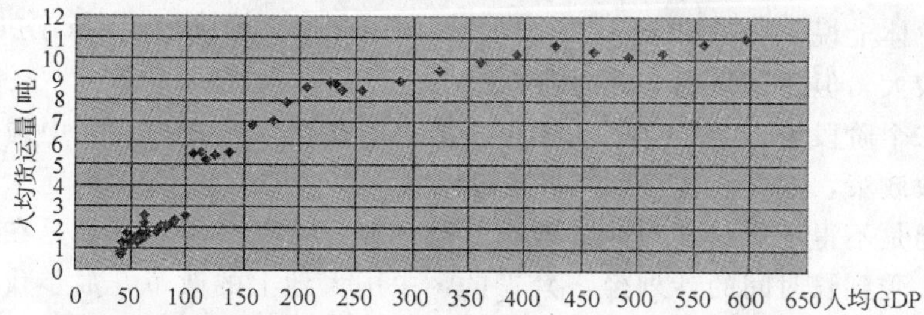

图 3-4 按可比价计算的人均 GDP（1978＝100）与人均货运量关系图

因素之后，人均货运量与按可比价计算的人均 GDP 的关系应该不会出现如图 3-4 所示的那种变化剧烈转折点。但是统计结果却与预测的不一样，为什么会出现这种情况呢？

众所周知，交通运输系统的中心功能是实现人和物的位移，它是国民经济系统的一个不可或缺的子系统。按照系统论的观点，子系统与母系统的同构性越高，那么子系统的运作耗散水平越低，子系统的发展越稳定，运动规律性越强。反之，则会出现大的不可预期的波动。可以知道，发生剧烈转折点所对应的时间恰恰是改革开放之际，改革开放前后我国的经济系统的运行规律发生了很大的变化，也就是说母系统发生了很大的变化，但是很显然，由于惯性的作用交通运输系统这一子系统却并没有完全随着母系统的变化而变化，也就是说，改革开放前后，子系统与母系统之间的同构性能发生了很大的变化，这将必然会导致反映两个系统各自特征的指标之间的关系发生突变。

3.3 1953～2001 年按可比价计算的人均 GDP 与人均货运周转量关系分析

（1）1953～2001 年人均货运周转量变化图，如图 3-5。

从图 3-5 可知总体上说，人均货物周转量呈上升的趋势，且以 1980 年为界分为两部分，1980 年以前上升的幅度比较小，而且中间有比较大的波动。1980 年以后上升的幅度比较大，并且波动比较小。

（2）1953～2001 年按可比价计算的人均 GDP 与人均货运周转量变化图，如图 3-6。

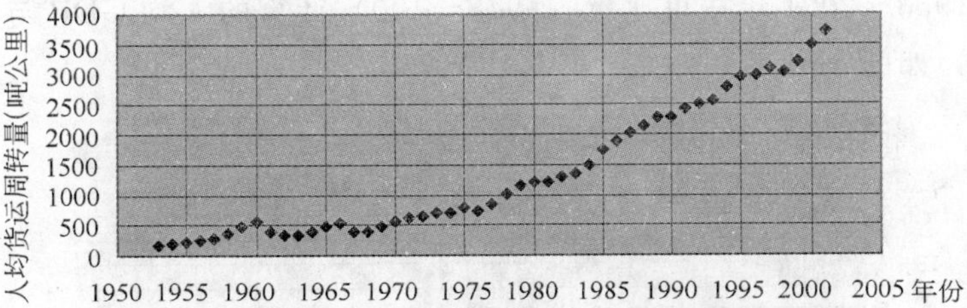

图 3-5 1953～2001 年人均货运周转量变化图

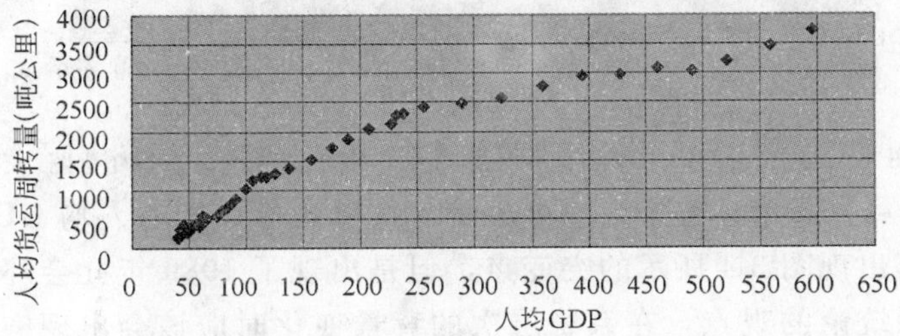

图 3-6 1953～2001 年按可比价计算的人均 GDP 与人均货运周转量变化图

从图 3-6 可以看出，整个人均货运周转量与按可比价计算的人均 GDP 的变化关系中并没有出现图 3-4 所示的突变点，按照系统论的观点，在系统层次的背景变化时应该会出现突变点。这样就有一个悖论，也就是图 3-4 和图 3-6 所体现出来的一个悖论。或者可以这样解释，这里的突变只不过由于量比较小而导致并不容易观察出来。

3.4 1953～2001 年按可比价计算的人均 GDP 与人均客运量关系分析

（1）1953～2001 年人均客运量变化图，如图 3-7。

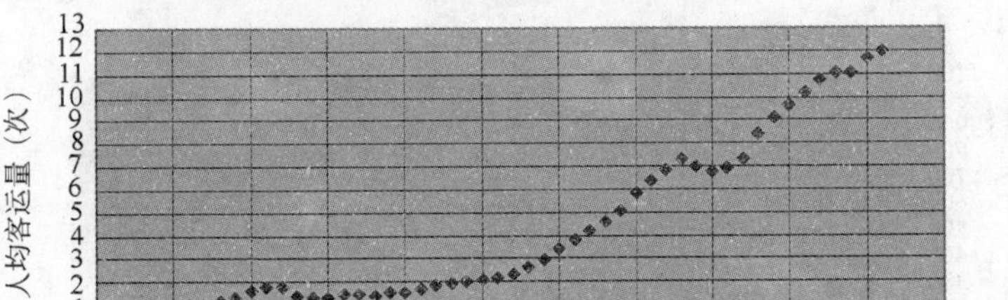

图 3-7 1953～2001 年人均客运量（出行次数）变化图

人均客运量的变化也可以分为三个阶段，第一个阶段为 1953～1978 年，其特征是总量比较小，上升的趋势比较小，相对波动比较大。第二个阶段为 1979～1989，其特征是上升强度加大，但是最后出现停滞甚至回落的现象。第三个阶段为 1990～2001 年，其特征是从 1990 年的低谷中走出来后持续攀升，上升的强度略微大于第二个阶段。

（2）1953～2001 年按可比价（1978＝100）计算的人均 GDP 与人均客运量变化图，如图 3-8。

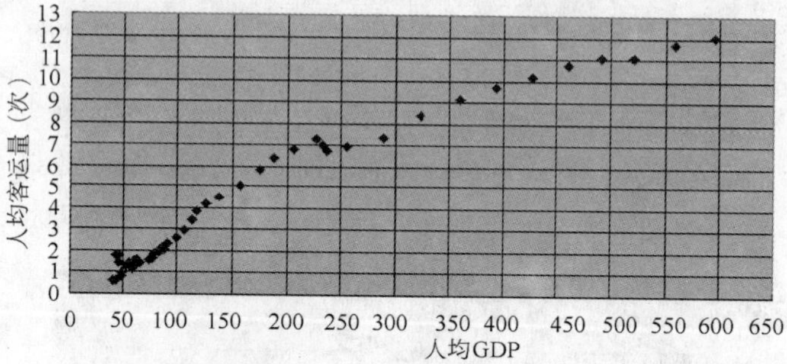

图 3-8　1953～2001 年按可比价计算的人均 GDP 与人均客运量变化图

从图 3-8 可以看出，整个人均可运量与按可比价计算的人均 GDP 的变化关系中也没有出现图 3-4 所示的突变点，但是出现了 1989 年社会环境影响的变化，按照系统论的观点，在系统层次的背景变化时应该会出现突变点。这就从一个侧面支持了系统观点解释的还是比较符合实际的。

3.5　1953～2001 年按可比价计算人均 GDP 与人均客运周转量关系分析

（1）1953～2001 年人均客运周转量变化图，如图 3-9。

从图 3-9 可以看出，统计期间旅客周转量和客运量的变化规律是相近的，也分为三个阶段。第一个阶段为 1953～1978 年，其特征是总量比较小，上升的趋势比较小，相对波动比较大。第二个阶段为 1979～1989，其特征是上升强度加大，但是最后出现停滞甚至回落的现象。第三个阶段为 1990～2001 年，其特征是从 1990 年的低谷中走出来后持续攀升，上升的强度略微大于第二个阶段。

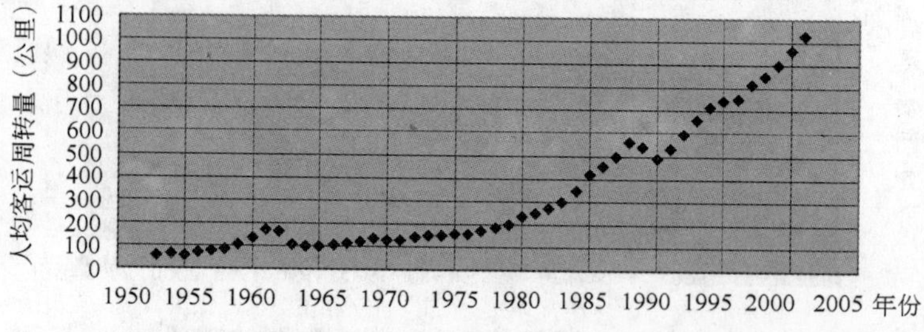

图 3-9　1953～2001 年人均客运周转量变化图

（2）1953～2001 年按可比价计算的人均 GDP 与人均客运周转量变化图，如图 3-10。

从图 3-10 可以看出，整个人均客运周转量与按可比价计算的人均 GDP 的变化关系中也没有出现图 3-4 所示的突变点，但是出现了 1989 年社会环境影响的变化，按照系统论的观点，在系统层次的背景变化时应该会出现突变点。

这就从一个侧面支持了系统观点的解释还是比较符合实际的。

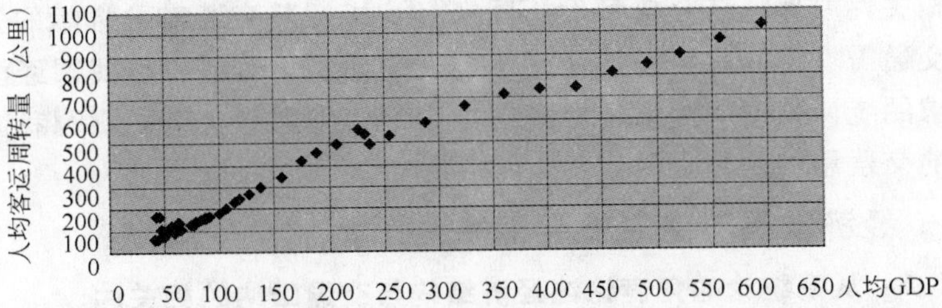

图 3-10　1953～2001 年按可比价计算的人均 GDP 与人均旅客周转量变化图

3.6　我国同发达国家经济发展与交通发展相关特征比较分析

由于我国基本国情的约束与限制，并受到同期发达国家交通系统发展经验与教训的影响，我国经济发展与交通发展相关特征同发达国家经济发展与交通发展相关特征之间存在着一定程度上的差异，具体表现在以下几个方面：

首先，长期以来我国经济发展与交通发展之间存在的基本矛盾是交通供给滞后于交通需求，从而使得交通问题某种程度上成为经济发展的瓶颈问题。在这种情况下本论文对国内的交通需求的分析所采用的数据是交通需求中得到交通供给满足的那一部分数据，把这一部分交通需求视为总交通需求是有一定偏差的，我国的客运量需求的增长明显滞后于经济的增长在很大程度上就是受这个因素的影响。

其次，与发达国家处于我国相同经济发展阶段时相比，我国交通运输结构中公路运输的客运量和货运量比重明显偏大。主要是由于我国整体上发展水平比较低，当发达国家处于我国相同经济发展阶段时，铁路运输正处于黄金大发展阶段，相应的基础设施比较齐全、技术比较成熟；而同期的全社会公路发展处于早期阶段，相对应的诸如基础设施和交通工具等都还没有达到和铁路相竞争的地步。

第三，基于我国能源短缺的特点，与经济发展同期的发达国家相比，我国铁路运输和水路运输将占重要的比重，特别是对于货运周转量指标来说，公路货运周转量始终不会占绝对比重。我国基于石油能源的公路运输系统在交通运输系统结构中的比重将远远低于发达国家的公路运输系统在交通运输系统结构中的比重。

4　我国全面小康社会交通需求特征预测

上一章在对发达国家经济发展与交通发展的定量数据直观分析的基础上，得到了经济发展与交通发展存在相关性的论断，本章首先从系统论的角度和发展历程的角度，从理论上阐述经济发展与交通发展存在相关性的原理。根据这一相关性原理，结合典型发达国家经济指标与交通需求指标的关系，可以确定交通需求指标与经济发展指标之间的模型，然后根据我国经济发展与交通需求的统计数据，标定适合我国国情的模型系数，进而预测我国全面小康社会的交通需求。

4.1 经济发展与交通发展相关性分析

4.1.1 从系统论的角度论述经济结构与交通结构的相关性

整体上说，一个国家的国民经济可以视为一个复杂的巨系统，而其中的各个产业可以视为国民经济复杂巨系统的子系统，交通运输系统便是其中之一。根据系统论的相关性原理可知，系统的各个组成部分之间是相互联系，相互制约的，也就是说系统的各个子系统之间是相关的。同样，由全部子系统组成的整体系统与各个子系统之间也是相关的，而且这种相关具有一定的规律。

把这种原理应用到国民经济复杂巨系统里可知，作为整体系统的国民经济系统和作为子系统的交通运输系统同样必然存在相关性，而且这种相关性有一定的规律可循。宏观上看，在国民经济系统和交通运输系统之间存在着以下双重关系：一方面交通运输系统是国民经济系统的子系统，是国民经济系统赖以运转的动脉，为整个国民经济的正常运行提供流通平台支持；另一方面国民经济系统是交通运输系统存在的基础，为交通运输系统的自身发展提供需求压力和发展动力。

国民经济系统的结构组成通常给分为第一产业农业、第二产业工业和第三产业服务业。交通运输系统的结构组成可以分为铁路运输、公路运输、航空运输、内河及远洋运输和管道运输。任何不同的时期，总会有一定结构组成的交通运输系统来支撑特定结构的经济系统的运转。总体上说，不同结构组成的经济系统所需要的最佳组成结构的交通运输系统通常不同。按照经济系统和交通运输系统结构的对应关系，可以把任何特定条件下的经济结构和交通结构的相关性分为如下三个层次：交通结构滞后于经济结构，交通结构同构于经济结构，交通结构超前于经济结构。

根据对我国交通基础设施、交通工具、交通管理、国民经济发展对交通的需求可知，我国属于典型的交通结构滞后于经济结构型。具体表现为：一方面交通系统的交通供给总量满足不了国民经济系统的交通需求，另一方面交通供给的结构组成与经济结构特征所决定的交通需求结构组成之间存在着较大的偏差。尽管经过近几年的发展，这种状况有所改变，但是在这两方面原因共同作用下，交通问题在很大程度上成了制约经济发展的瓶颈。

与此相反，发达国家在其发展历程中大都出现了交通结构一定程度上超前于经济结构的现象。比如美国早在19世纪末就建立了遍布全国的铁路网，德国在二战之前就已经建立了联系全国的高速公路网。这种交通结构一定程度上超前经济结构的现实，一方面具有前瞻性的指明了经济的发展方向，另一方面也为经济的快速发展提供了强有力的交通支持。

4.1.2 从经济发展与交通发展宏观历程的角度论述经济结构与交通结构的相关性

工业革命以前，在整个国民经济系统中，广义的农业占绝大部分的比重。此时的交通需求主要集中在粮食等物资运输以及总量很小的商业运输。此时陆路交通方式主要是徒步或者借助畜力运输，地理条件许可的情况下，采用水路运输。整体上而言，此时运输的特点是运量小、速度慢、周期长。

随着社会经济的发展，由于手工业的聚集而产生了一定程度上的规模效应，进而第二产业开始飞速发展，在国民经济中所占比重日益提高。此时的工场（工厂）生产需要大量的原材料，产生大量的产品，这些都需要通过流通来实现，就产生了大量的交通需求。一方面传统的陆路运输方式不管是在运输量上还是在运输速度上都远远不能满足交通需求，另一方面由于水运具有可以实现大宗运输的特点，一些水运发达的地方开始迅速发展，比如英国的利物浦就是由一个海边小镇发展为英国重要的海港港口城市的。总体上此时传统的陆路交通结构已经滞后于经济结构，交通供给在总量上和在结构组成上都不能满足交通需求。在巨大的需求压力和滞后压力的作用下，一方面水运船舶的动力发生了改变，另一方面陆路运输出现了一个新的运输方式——铁路运输。由于铁路运输具有速度快和运量大的特点，所以铁路运输的普及，一方面很好地满足了工厂原材料及产品流通的交通需求，极大的促进了第二产业的发展，第二产业占据国民经济的绝对比重。总体上，这一时期的主要特点就是国民经济组成中第一产业比重大幅缩小，第二产业比重最大，与之相适应的是交通结构组成中，铁路运输方式占运输总量的比重最大。1950年日、美、法三国货运周转量结构情况：

①1950年日本货运周转量结构组成图，如图4-1。

②美国1950年货运周转量组成结构图，如图4-2。

③法国1950年货运周转量组成结构图，如图4-3。

铁路运输的显著不足之处在于运输服务的灵活性差，一般情况下在车站处需要运输中转，除非把车站建立在工厂内，但是这种情况是很少见的。随着经济的发展，第三产业服务业飞速发展，大量短途、灵活、机动的运输需求逐渐产生，此时交通运输系统的结构组成显然满足不了经济结构所产生的交通需求，交通结构滞后于经济结构。

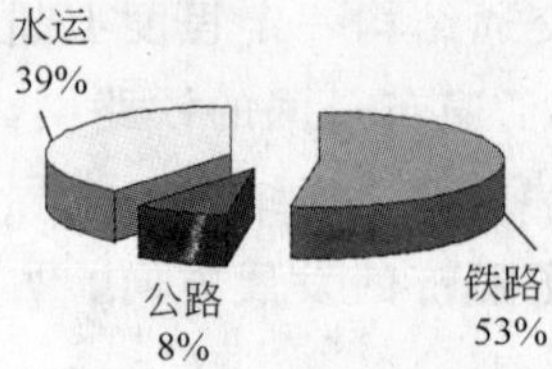

图 4-1　1950 年日本货运周转量结构组成图

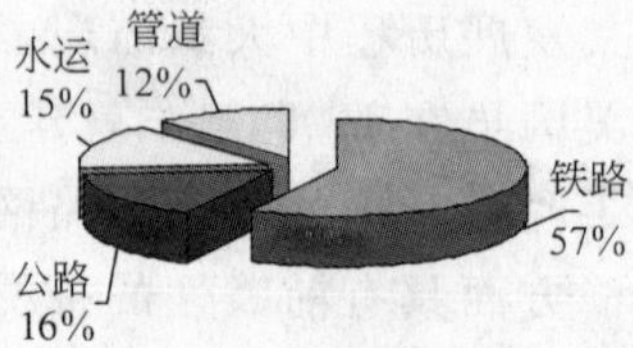

图 4-2　1950 年美国货运周转量组成结构图

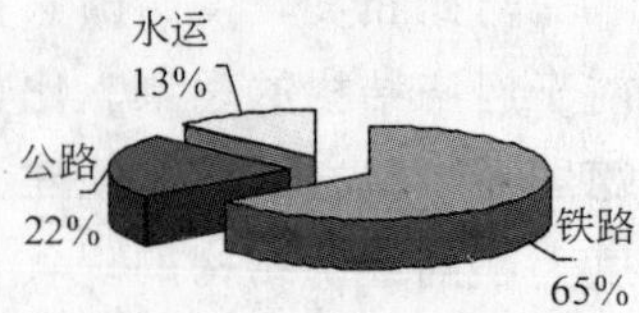

图 4-3　1950 年法国货运周转量组成结构图

同样是在需求压力和滞后压力的作用下，公路运输因为其固有的灵活性，可以实现门到门服务等特征而得到了飞速的发展，逐渐取代了铁路运输的地位，在交通运输总量中占绝对比重。总体上说，在这个时期的国民经济组成中，第一产业所占的比重很少，通常在 10%以内，第二产业和第三产业占国民经济的比重相当。与之相适应的是，交通运输结构组成中，公路运输取代铁路运输，占运输总量的比重最大，同时，基于不同需求的管道运输和航空运输也得到一定程度的发展。法国 1975 年国民经济构成和货运周转量组成分别如图 4-4 和图 4-5 所示，英国 1960 年国民经济构成和货运周转量组成分别如图 4-6 和图 4-7 所示，联邦德国 1975 年国民经济构成和货运周转量组成分别如图 4-8 和图 4-9 所示。

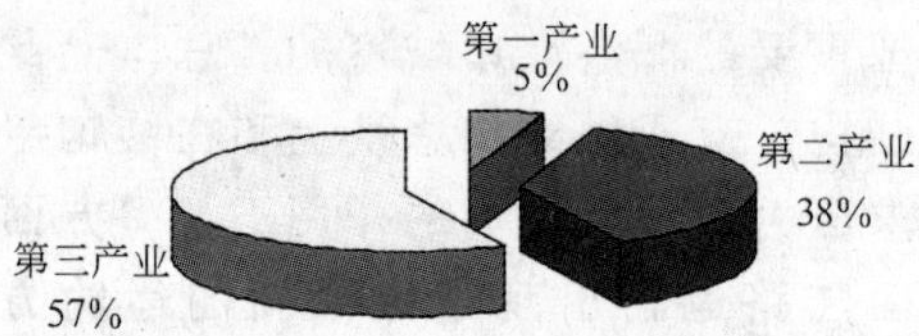

图 4-4　1975 年法国国民经济组成结构图

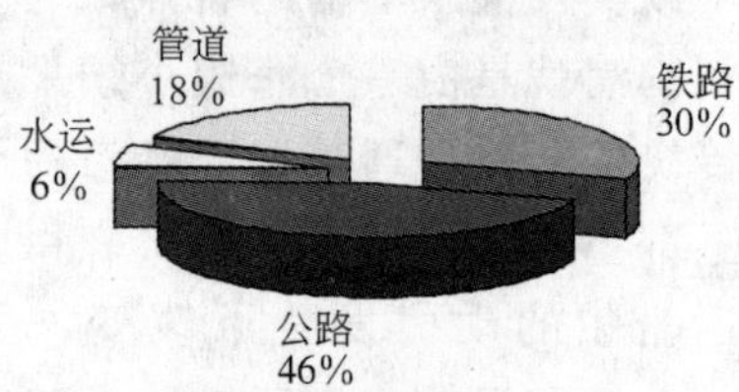

图 4-5　1975 年法国货运周转量组成结构图

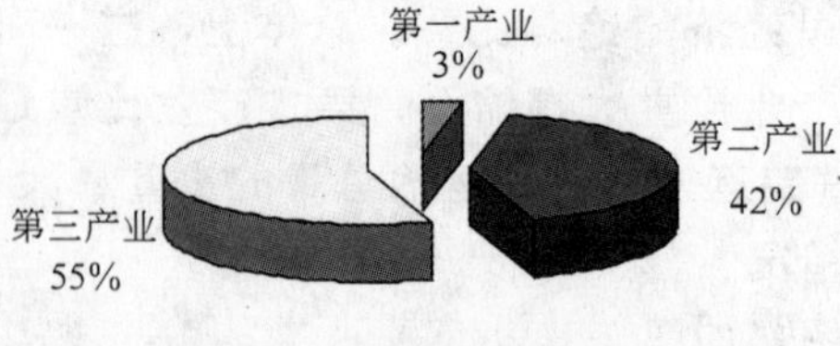

图 4-6　1960 年英国国民经济组成结构图

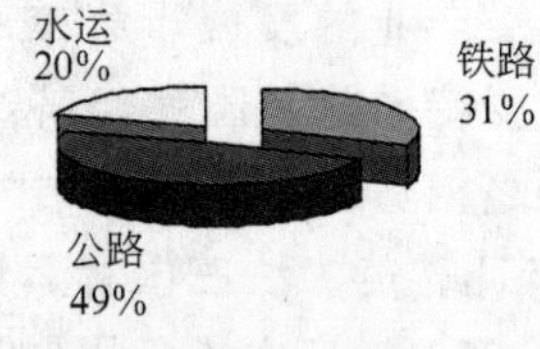

图 4-7　1960 年英国货运周转量组成结构图

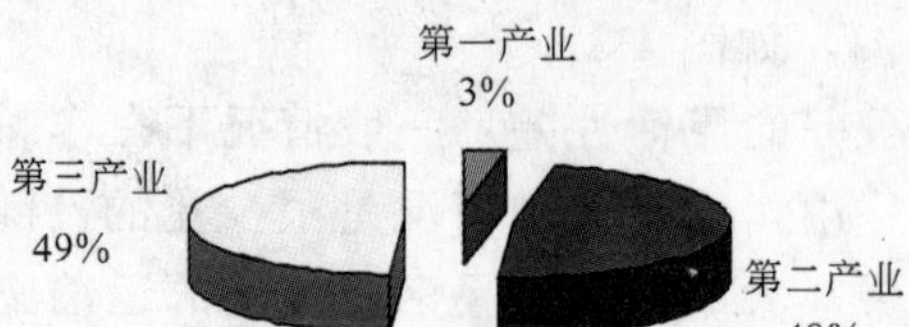

图 4-8　1975 年联邦德国国民经济组成结构图

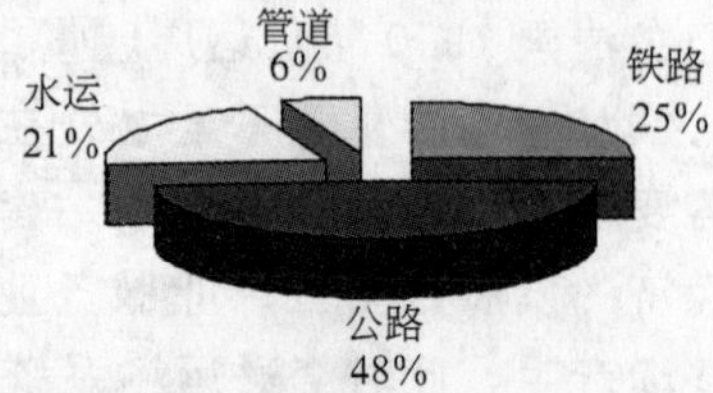

图 4-9　1975 年联邦德国货运周转量组成结构图

随着社会经济的进一步发展，第三产业服务业在国民经济中所占的比重开始远远超过第一和第二产业之和，占据国民经济的绝对比重。此种情况下，具有服务灵活特征的公路运输得到进一步发展，铁路运输所占比重继续减少，同时超远距离、快速、贵重、鲜活等货物运输的需求越来越大，导致航空运输飞速发展，虽然航空运输总体上所占的比重不大，但是航空运输的发展速度远远超过同期其余运输方式的发展速度。

总体上说，在这个时期的国民经济组成中，第一产业所占的比重进一步缩小，通常在5%以内，第二产业所占比重在30%以内，第三产业占国民经济的绝对比重，通常在70%以上。与之相适应的是，交通运输结构组成中，公路运输占运输总量的绝对比重，航空运输发展迅速。日本1999年国民经济构成和货运周转量构成分别如图4-10和图4-11所示。

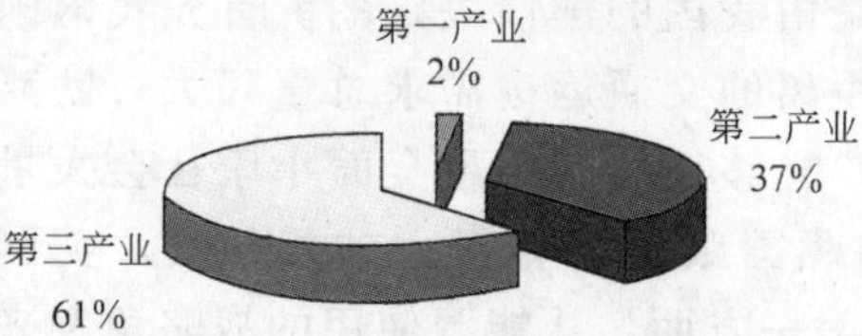

图4-10　1999年日本国民经济组成结构图

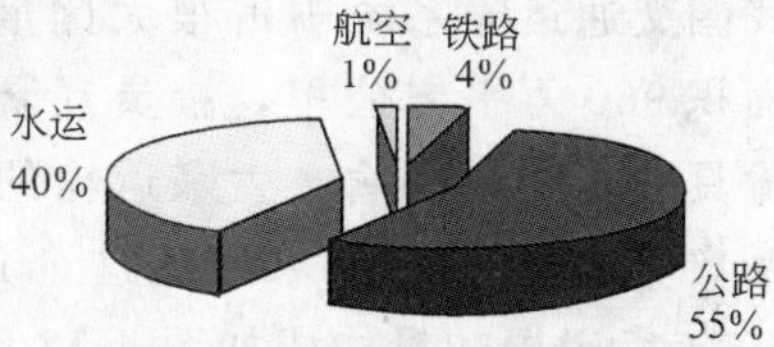

图4-11　1999年日本货运周转量组成结构图

从经济与交通发展的宏观历程可知，经济结构与交通结构存在着很强的相关性。总体上体现的趋势是经济结构的变化给交通结构的变化提供了需求压力和发展动力，交通结构总是围绕着经济结构的变化而变化，在变化方向明确的情况下，交通结构的快变化不仅可以适应经济结构的变化，而且还可以在一定程度上推动经济结构的变化。资源密集型产业以降低生产成本为指向，企业需要降低生产时的运输成本，方法是采用规模运输。

所以这种经济结构的产业形态下的交通必然是以火车轮船这些大型的运输方式为主。对应的交通建设主调，则是铁路、码头和运河的建设。资金密集型产业以降低资金成本为指向，企业需要产品加速流通，方法是实现门到门运输，这种经济结构的产业形态下，需要以公路运输为主的运输。

当社会经济在发展到下一个阶段——信息密集型产业时，它的生产以降低信息成本为主，信息最大的生成源、存储器是人的大脑，因此此时生产要素要从世界范围内去聚集，需求综合交通运输，重点是全球范围内的航空运输和通信。

4.1.3　运用经济结构与交通结构相关性原理分析我国全面小康社会交通需求宏观特点

由上述分析可知，经济结构和交通结构在发展过程中存在着很强的相关性，恰当的运用这种相关性，可以科学的预测一定经济结构情况下交通需求的组成结构，进而一方面把握交通运输系统的发展方向，另一方面运用交通运输系统对经济系统的反作用原理，建立具有适当程度上前瞻性的交通运输系统，促进经济系统的快速发展。根据对 2020 年全面小康社会经济结构特征的预测，结合我国国情和现有交通运输系统的发展历史以及发展现状，可以预测 2020 年全面小康社会交通需求具有如下宏观特点：

第一、交通运输系统的发展方向是智能型综合运输系统，智能化与综合化是交通运输系统的特点，高新科学技术将会在交通运输系统中得到更加广泛的应用。

第二、交通需求总量将会持续增加，客运量会达到现在的 4 倍左右，货运量将会达到现在的 2 倍左右。

第三、在交通运输系统里，铁路运输方式将占有很大的比重。铁路运输在我国交通运输系统中占很大比重，这是由我国的国情决定的。首先我国国土面积 960 万平方公里，幅员辽阔，长距离的交通运输需求总量很大。铁路运输具有长距离运输、大宗运输的特点，能够很好的满足全面小康社会大量长距离交通需求的要求。从这个角度讲我国跟美国有很大的相似性，美国 1999 年货运周转量构成如图 4-12 所示。另一方面，从能源使用的战略角度来看，与公路运输相比，实现单位运输铁路运输的耗能更低，而我国石油资源又相对缺乏，铁路运输却不受此限制，特别是现代电气化铁路运输。

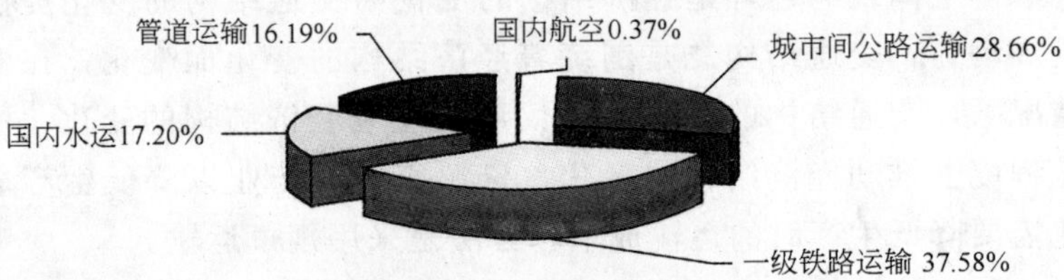

图 4-12　美国 1999 年货运周转量组成结构《美国交通统计 2002》

第四、公路运输将会持续发展，并在客运方面超过铁路运输。由于公路运输服务灵活的特点，与经济结构相同构，特别是在客运方面，公路运输表现出比铁路运输更大的需求空间。

第五、航空运输将得到快速发展，成为发展速度最快的运输方式，但是由于航空运输的运量限制，航空运输总量在客货运输总量中所占的比重仍然会很小。

按照预测，今后不到 20 年的时间内，我国的经济发展速度将达到年平均 7.2%的增长率。到 2020 年经济总量翻两番，实现全面小康社会，人均 GDP 将达到 3000 美元，与日本 20 世纪 50 年代末的经济发展水平相当。根据经济总量与经济结构的宏观发展规律，在接下来的发展历程中，第一产业所占的比重将逐渐降低；第二产业所占的比重会有一定幅度的升高，然后降低，第三产业所占的比重持续升高。

4.2 基于经济发展特征的交通需求总量预测

根据发达国家经济发展与交通需求发展的相互关系，可以从总体上确定不同交通需求计算指标相对于按照可比价计算的人均 GDP 的函数模型，然后再根据我国经济发展与交通发展的相关数据，对模型进行标定，确定模型的系数。

4.2.1 人均客运交通需求预测

（1）人均客运周转量分析

由发达国家的分析结果可知，人均客运周转量与人均 GDP 的发展变化规律呈现明显的线性关系，可以建立人均客运周转量与按照可比价计算的人均 GDP 的线性模型。我国 1953～2001 年按可比价计算的人均 GDP 与人均客运周转量的变化关系图，如图 4-13：

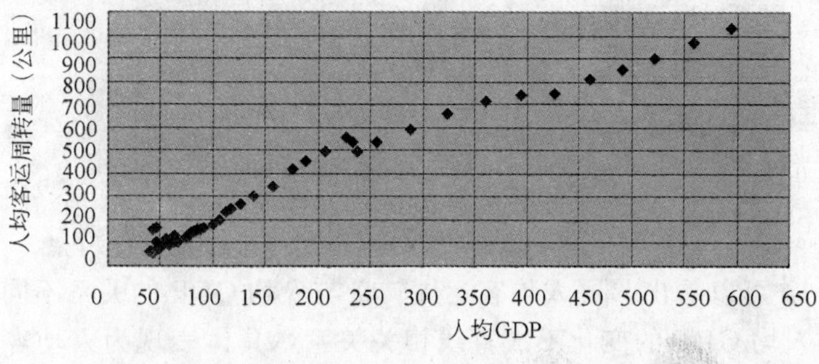

图 4-13　1953～2001 年按可比价计算的人均 GDP 与人均客运周转量变化图

由图 4-13 可知，我国人均 GDP 与人均客运周转量之间同样存在非常明显的线性关系，线性关系的转折点发生在出现社会动荡、社会经济结构调整等不确定不可预知而又影响很大的非经济事件之时，这样的不确定事件的影响结果是在不确定事件发生的那个时间点使得关系直线整体向下平移一段距离。不确定事件结束以后，社会经济持续进入正常的运行阶段，人们的社会经济活动也进入正常的发展阶段，人均 GDP 与人均客运周转量之间的变化关系仍然表现出非常明显的线性关系。

在上述认识的基础上，分析我国 1953～2001 年人均 GDP 与人均客运周转量的变化关系曲线，结合对我国 2020 实现全面小康社会的进程预测，我们选用人均 GDP 与人均客运周转量的变化关系曲线中的 1990～2001 年部分的变化关系趋势进行分析，按照线性回归的结果，得到的回归函数如下：

$$y=1.393x+184.07$$

$$R^2=0.9862$$

我国 2020 年实现全面小康社会的一个重要的指标就是人均 GDP 为 3000

美元。为了与文中的数据分析相结合，按照 1978 人均 GDP＝100 的可比价计算，2020 年人均 GDP 3000 美元换算结果是人均 GDP 为 2400。将 $x=2400$ 带入上式，可以求得人均客运周转量 $y=3527.3$ 公里。

我国 2001 年人均客运周转量为 1030.7 公里，按照上述预测结果，2020 年人均客运周转量为 3527.3 公里，是 2001 年的 3.42 倍，平均年增长率为 6.7%。

（2）人均客运量预测

由发达国家的分析结果可知，人均客运量与人均 GDP 的发展变化规律不像人均客运周转量与人均 GDP 那样呈现明显的线性关系，可以建立人均客运周转量与按照可比价计算的人均 GDP 的对数模型或者指数为 0～1 之间的幂函数模型，如图 4-14。

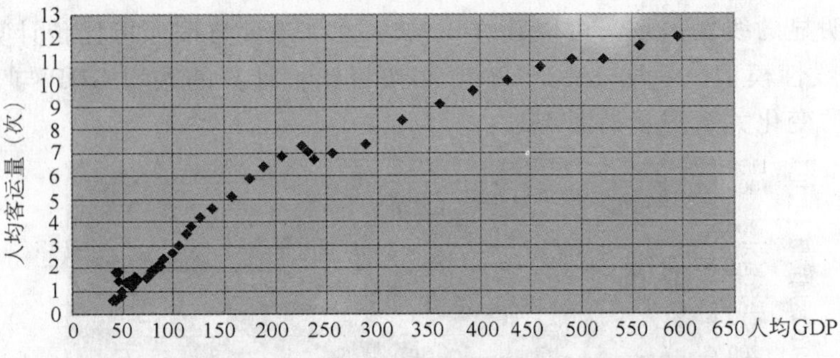

图 4-14　1953～2001 年按可比价计算的人均 GDP 与人均客运量变化图

从图 4-14 可以看出，同人均客运周转量与人均 GDP 的关系不同，我国人均客运量与人均 GDP 的变化不成直线相关关系，具体表现为人均客运量的增长稍稍滞后与人均 GDP 的增长。可以从人均客运周转量与人均客运量的具体含义去解释这一现象。人均客运周转量表示的是在一年的统计时间内，平均每个人的旅行距离总和。人均客运量表示的是在一年的统计时间内，平均每个人的旅行次数。人均客运周转量/人均客运量表示的是在一年的统计时间内，平均每个人的出行距离。随着人均 GDP 的增加，居民的出行需求总量增加，并且平均出行距离也将增加。这样人均客运周转量/人均客运量所表示的基于统计规律的平均出行距离也将增加，则人均客运量的变化滞后与人均客运周转量的变化。由于人均客运周转量与人均 GDP 的变化呈线性关系，则人均客运量与人均 GDP 的变化不成线性关系，表现为人均客运量的增长稍稍滞后与人均 GDP 的增长。

分析我国 1953～2001 年人均 GDP 与人均客运量的变化关系曲线，结合对我国 2020 实现全面小康社会的进程预测，与分析人均客运周转量与人均 GDP 关系相同，我们选用人均 GDP 与人均客运量的变化关系曲线中的 1990～2001 年部分的变化关系趋势进行分析，按照对数回归的结果，得到的回归函数如下：

$$y=4.2417\ln(x)-15.962$$

$$k^2=0.965$$

在上述认识的基础上，分析我国 1953～2001 年人均 GDP 与人均客运周转量的变化关系曲线，结合对我国 2020 实现全面小康社会的进程预测，我们选用人均 GDP 与人均客运周转量的变化关系曲线中的 1990～2001 年部分的变化关系趋势进行分析，按照对数回归的结果，得到的回归函数如下：

$$y=6.006\ln(x)-26.291$$

$$R^2=0.992$$

按照幂函数回归的结果，得到的回归函数如下：

$$y=48.899\times x^{0.07753}-68.136$$

$$R^2=0.992$$

按照 1978 人均 GDP＝100 的可比价计算，2020 年人均 GDP3000 美元换算结果是人均 GDP 为 2400，即 2020 年 $x=2400$。把 $x=2400$ 代入回归所得的对数函数，可得人均客运量 $y=20.5$ 次。代入回归所得的幂函数，可得人均客运量 $y=21.3$ 次。根据发达国家的经验，采用对数预测结果偏小，又因为人均客运周转量与人均 GDP 直线关系，客运量滞后于周转量，所以选用 0—1次之间的函数回归结果。

我国 2001 年人均客运量为 12.02 次，根据预测结果 2020 年人均客运量为 21.3 次，2020 年人均客运量是2001 年的 1.77 倍，平均年增长率为 3.1%。

4.2.2 人均货运交通需求预测

(1) 人均货周转量预测

由发达国家的分析结果可知，人均货运周转量与人均 GDP 的发展变化规律不像人均客运周转量与人均 GDP 那样呈现明显的线性关系，可以建立人均货运周转量与按照可比价计算的人均 GDP 的对数模型，如图 4-15。

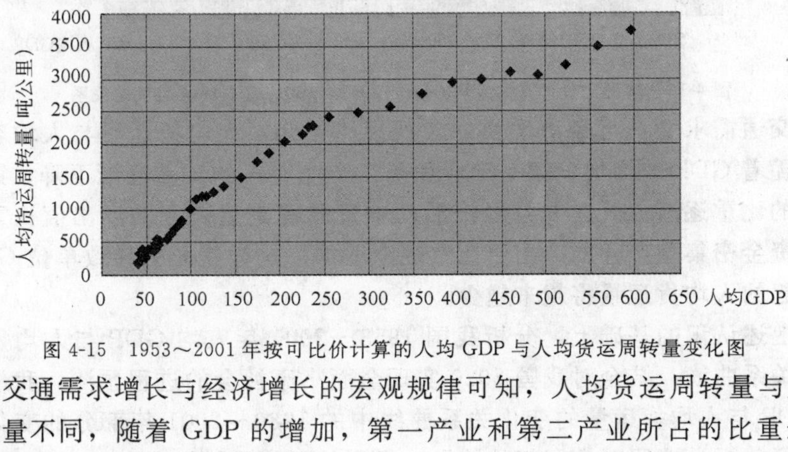

图 4-15 1953～2001 年按可比价计算的人均 GDP 与人均货运周转量变化图

由交通需求增长与经济增长的宏观规律可知，人均货运周转量与人均客运周转量不同，随着 GDP 的增加，第一产业和第二产业所占的比重逐渐下降，第三产业所占的比重逐渐上升。并且经济活动中资源密集型产业的产出值比重逐渐降低，资金密集型产业的产出值比重逐渐增加。这样就必然导致单位 GDP 的增长引起的人均货运周转量的将越来越少。

在上述认识的基础上，分析我国 1953～2001 年人均 GDP 与人均客运周转量的变化关系曲线，结合对我国 2020 实现全面小康社会的进程预测，我们选用人均 GDP 与人均客运周转量的变化关系曲线中的 1990～2001 年部分的变化关系趋势进行分析，按照对数回归的结果，得到的回归函数如下：

$$y=7934.812\times Ln\ (x+1812.197)\ -58212.120$$

$$R^2=0.963$$

按照 1978 人均 GDP＝100 的可比价计算，2020 年人均 GDP 3000 美元换算结果是人均 GDP 为 2400，即 2020 年 $x=2400$。把 $x=2400$ 代入回归所得的对数函数，可得人均货运周转量 $y=8009.8$ 吨公里。

我国 2001 年人均货运周转量为 3728.91 吨公里，根据预测结果 2020 年人均货运周转量为 8009.8 吨公里，2020 年人均客运量是 2001 年的 2.15 倍，平均年增长率为 4.1％。

（2）人均货运量预测

由发达国家的分析结果可知，人均货运量与人均 GDP 的发展变化规律也不像人均客运周转量与人均 GDP 那样呈现明显的线性关系，可以建立人均货运量与按照可比价计算的人均 GDP 的对数模型，如图 4-16。

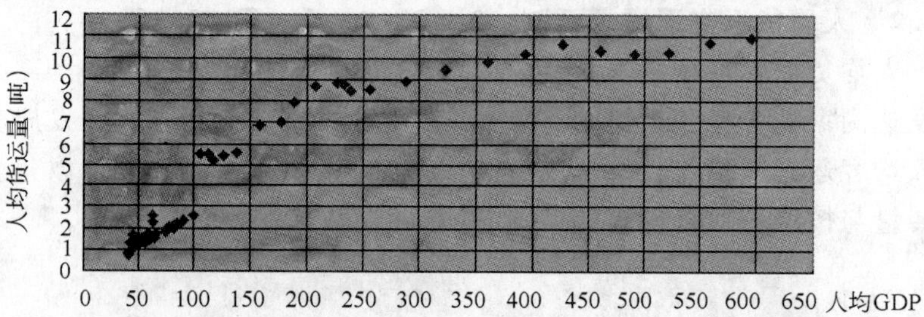

图 4-16　按可比价计算的人均 GDP（1978＝100）与人均货运量的关系

由交通需求增长与经济增长的宏观规律可知，人均货运量与人均客运量不同，随着 GDP 的增加，第一产业和第二产业所占的比重逐渐下降，第三产业所占的比重逐渐上升。并且经济活动中资源密集型产业的产出值比重逐渐降低，资金密集型产业的产出值比重逐渐增加。这样就必然导致单位 GDP 的增长引起的人均货运量将越来越少。

在上述认识的基础上，分析我国 1953～2001 年人均 GDP 与人均货运量的变化关系曲线，结合对我国 2020 实现全面小康社会的进程预测，我们选用人均 GDP 与人均货运量的变化关系曲线中的 1980～2001 年部分的变化关系趋势进行分析，按照对数回归的结果，得到的回归函数如下：

$$y=1.891\times Ln\ (x-97.286)\ -0.791$$

$$R^2=0.969$$

按照1978人均GDP=100的可比价计算，2020年人均GDP3000美元换算结果是人均GDP为2400，即2020年$x=2400$。把$x=2400$代入回归所得的对数函数，可得人均货运周转量$y=13.9$吨。

我国2001年人均货运周转量为10.98吨，预测显示2020年人均货运周转量为13.85吨，2020年人均客运量是2001年的1.26倍，平均年增长率为1.2%。

4.2.3 客货需求总量预测

(1) 今后20年人口发展规模预测

新中国成立后，我国人口总体上呈现快速增长的趋势，1950～2001年我国人口变化情况如图4-17所示。

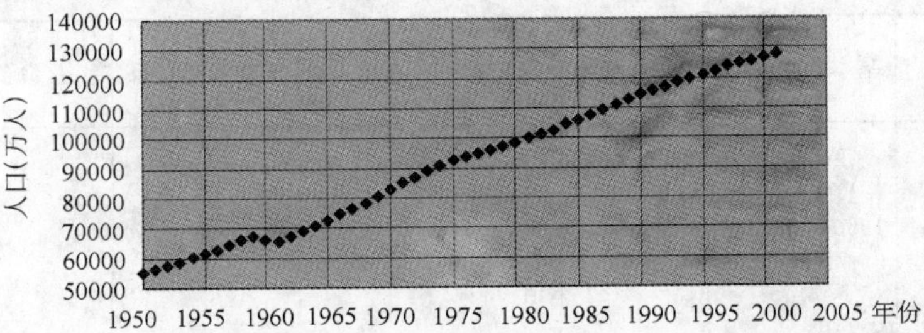

图4-17 1950～2001年我国人口变化图

中国目前是世界上人口最多的国家，2001年人口数为12.76亿，占世界总人口的1/5强。随着我国经济社会的快速发展和人民生活水平的不断提高，同时政府也加强了计划生育政策的指导，人民群众的生育观念逐步发生了变化，人口出生率有了大幅度的下降，从20世纪70年代初的2%以上下降到了目前的1%左右，但是由于巨大的人口基数，中国每年新增加的人口数仍然在1000万以上（参见图4-17），实现零增长还需要在相当长的一段时间。根据国务院发展研究中心的预测，2010年会超过14亿，2020年将达到15亿左右，一直到2038年左右才会出现人口的负增长。其中今后20年中国人口的具体预测结果，见表4-1。

我国今后20年人口预测 表4-1

年 份	2005	2010	2015	2020
人口数（万人）	13.60	14.23	14.76	15.18

(2) 基于人均客运需求预测和人口发展规模预测的客运需求总量预测

按照以上预测可知，我国2020年的总人口将达到15.18亿，人均客运周转量将达到 3527.3 公里，人均客运量将达到 21.3 次。根据这些预测结果，可以得到我国 2020 年的总客运周转量将达到 53544 亿人公里，是 2001 年总客运周转量 13155 亿人公里的 4.1 倍；我国 2020 年总客运量将达到 323.3 亿人次，是 2001 年总客运量 153.4 亿人次的 2.1 倍。

（3）基于人均货运需求预测和人口发展规模预测的货运需求总量预测

按照以上预测可知，我国 2020 年的总人口将达到 15.18 亿，人均货运周转量将达到 8009.8 吨公里，人均货运量将达到 13.9 吨。根据这些预测结果，可以得到我国 2020 年的总货运周转量将达到 121589 亿吨公里，是 2001 年总货运周转量 47591 亿吨公里的 2.6 倍；我国 2020 年的总货运量将达到 211.0 亿吨，是 2001 年总货运量 140.1 亿吨的 1.5 倍。

客货运预测的详细信息，见表 4-2。

我国 2020 年交通需求预测结果 表 4-2

类别	基本数据样本	人均预测回归公式	R^2	人均预测结果	总量预测结果
客运量	1990～2001 年	$y=6.006\ln(x)-26.291$ $R^2=0.992$ $y=48.899\times x^{0.07753}-68.136$ $R^2=0.992$		$y=20.5$ 次 $y=21.3$ 次	323.3 亿人
客运周转量	1990～2001 年	$y=1.393x+184.07$ $R^2=0.9862$		$y=3527.3$ 公里	53544 亿人公里
货运量	1990～2001 年	$y=1.891\times Ln(x-97.286)-0.791$ $R^2=0.969$		$y=13.9$ 吨	211.0 亿吨
货运周转量	1990～2001 年	$y=7934.812\times Ln(x+1812.197)-58212.120$ $R^2=0.963$		$y=8009.8$ 吨公里	121589 亿吨公里

4.3 其他预测方法预测我国全面小康社会交通需求

4.3.1 灰色预测法

根据我国经济发展与交通需求的统计数据，运用灰色预测的方法，确定我国 2020 年全面小康社会的交通需求。预测模型及参数如下：

预测数列的生成数列为：$A^1=(A^0\cdot(1)-b/a)\cdot e^{-at}+b/a$

（1）客运量预测参数：$a=-0.0497843988$，$b=7.13658042$。

（2）客运周转量预测参数：$a=-0.0586706096$，$b=553.65471640$。

(3) 货运量预测参数：$a=-0.0281181064$，$b=6.48013548$。

(4) 货运周转量预测参数：$a=-0.0468344675$，$b=1493.2339$。

预测结果，见表 4-3。

灰色预测法预测结果　　表 4-3

类　别	基本数据样本	人均预测结果	总量预测结果
客运量	1990～2001 年	32.5 次	493.4 亿人
客运周转量	1990～2001 年	3288.9 公里	49925.5 亿人公里
货运量	1981～2001 年	19.6 吨	297.5 亿吨
货运周转量	1981～2001 年	9407.6 吨公里	142807.4 亿吨公里

4.3.2　移动平均法

根据我国经济发展与交通需求发展的统计数据，采用移动平均法选取移动平均项数为 3，对我国 2020 年全面小康社会的交通需求进行预测，预测结果见表 4-4。

移动平均法预测结果　　表 4-4

类　别	基本数据样本	人均预测结果	总量预测结果
客运量	1990～2001 年	18.0 次	273.2 亿人
客运周转量	1990～2001 年	2099.4 公里	31868.9 亿人公里
货运量	1981～2001 年	15.2 吨	230.7 亿吨
货运周转量	1981～2001 年	7353.5 吨公里	111626.1 亿吨公里

4.3.3　几种预测方法的预测结果分析

本研究的预测属于长期预测，采用了三种不同的预测方法进行研究，从预测结果可知，除了货运周转量的预测结果三种方法相差不大之外，其余三个指标的预测结果差别较大。

不同的预测方法都有不同的适用范围和限制条件，对于同一个预测课题来说，所提供的基本数据的环境背景不一定完全适合于所选择的几种预测方法的范围和限制条件，所以预测结果必然会出现一定的偏差。本研究所采用的第三种方法移动平均法一般适合于短期预测，而且预测年的预测结果主要受距离预测年比较近的年份的数据影响，具体到本研究所采用的移动平均预测法，其预测结果主要受最后五年数据的影响。所以不同方法的预测结果会有一定的偏差。

通过对第一种预测方法的分析可知，本方法是在对发达国家经济发展和交通发展宏观规律把握的基础上，确定不同交通需求指标和国民经济指标之间的相关模型，然后根据我国交通需求指标和国民经济指标的统计数据，标定适合我国发展特点的模型参数，然后预测我国相关年份的交通需求结果。这种方法表面上看是仅仅利用了我国10多年和20多年的数据进行近20年的长期预测，其实由于在确定模型类型的过程中，我们是根据发达国家40多年的发展来确定的，而发达国家这40多年的发展正是我国经济发展即将步入的阶段，所以从这个角度来说，第一种方法进行长期预测是比较科学的。

根据以上的分析，我们建议采用第一种方法的预测结果。

4.4 基于经济发展特征的交通需求组成结构分担预测

4.4.1 铁路运输的需求发展方向

我国的基本国情是人口众多，幅员辽阔，资源分布不均匀，地区间经济发展不平衡，耕地匮乏，人均资源短缺，生态环境先天性脆弱。这就决定了中国必须建立资源节约型的交通运输体系。铁路所具有的技术经济优势符合我国的国情需要。铁路将始终是我国交通运输体系中的骨干。

(1) 铁路客运的需求发展方向

我国1950～2001年的铁路客运量和客运周转量分别如图4-18和4-19所示。

由图4-18和图4-19可以看出，我国1950～2001年的铁路旅客运输的变化趋势如下：首先，从总量上说，铁路运输方式完成的客运量和客运周转量整体上呈现上升的趋势，并且铁路客运周转量的增长速度明显高于铁路客运量的增长速度。其中铁路客运量由1980年的92204万人增加到2001年的105155万人，铁路客运周转量由1980年的1383亿人公里增加到2001年的4767亿人公里。其次，从比重上说，铁路运输方式完成的客运量比重和客运周转量比重整体上呈现下降的趋势，并且铁路客运周转量比重的下降速度明显低于铁路客运量比重的下降速度。其中铁路客运量所占比重由1980年的27.0%下降到2001年的6.9%，铁路客运周转量所占比重由1980年的60.6%下降到2001年的36.2%。

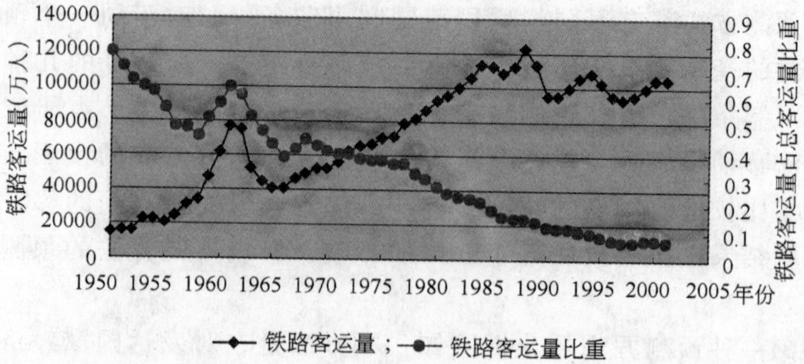

图4-18 我国1950～2001年铁路客运量变化图

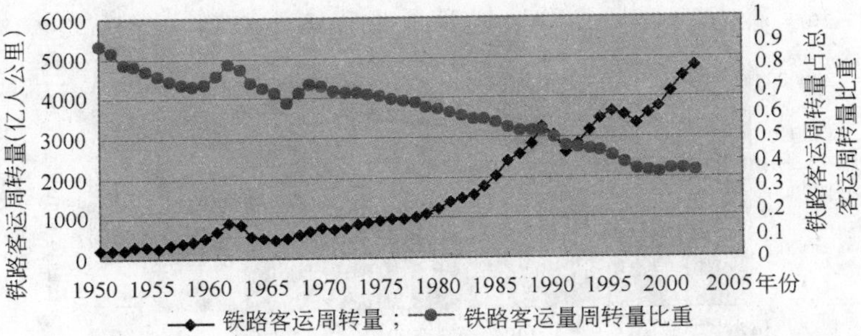

图 4-19　我国 1950～2001 年铁路客运周转量变化图

根据铁路运输的特点和发达国家的发展经验，结合我国国民经济发展预测分析，预测我国铁路客运需求有以下几个方面特点：

首先，从铁路客运量和铁路客运周转量的需求数量上分析，随着国民经济的发展和人均 GDP 的增加，铁路客运量和铁路客运周转量的需求总量都呈上升趋势，其中铁路客运周转量的增加速度会明显高于铁路客运量的增加速度，这是由铁路运输主要是中长距离运输的特点所决定的。特别是我国铁路运输的服务水平相对还比较低，与发达国家相比，还有很大的发展潜力。

其次，从铁路客运量和铁路客运周转量的占总量的比重上分析，根据发达国家的发展经验和我国交通运输系统的发展规律可知，铁路客运量和铁路客运周转量占各自的总比重将会逐渐降低。但是基于我国土地面积大的特点和铁路运输系统适合中长距离运输的特点，铁路运输客运所占的比重下降的速度将会逐渐降低，并越来越趋于一个相对比较稳定的值，其中铁路客运量稳定在 5%左右，铁路客运周转量稳定在 35%左右。

第三，根据发达国家的铁路发展经验和近些年我国铁路需求发展状况，接下来我国铁路客运需求的发展趋势为高质量的铁路客运服务需求大大增加，随着人均 GDP 的增加和人民生活水平的提高，人们对交通出行的质量要求越来越高，具体表现为客运需求的安全性、快速性和舒适性，特别是对于中长距离的铁路客运需求来说更是如此。这就要求铁路客运系统必须加快铁路运输系统的改造，加快提高铁路运输系统的科技含量，引进并大力推行铁路运输系统的智能化管理系统，才能满足铁路客运需求的要求。

(2) 铁路货运的需求发展方向

我国 1950～2001 年的铁路货运量和货运周转量分别如图 4-20 和 4-21 所示。

由图 4-20 和图 4-21 可以看出，我国 1950～2001 年的铁路货物运输的变化趋势如下：首先，从总量上说，铁路运输方式完成的货运量和货运周转量整体上呈现上升的趋势，并且铁路货运周转量的增长速度明显高于铁路货运

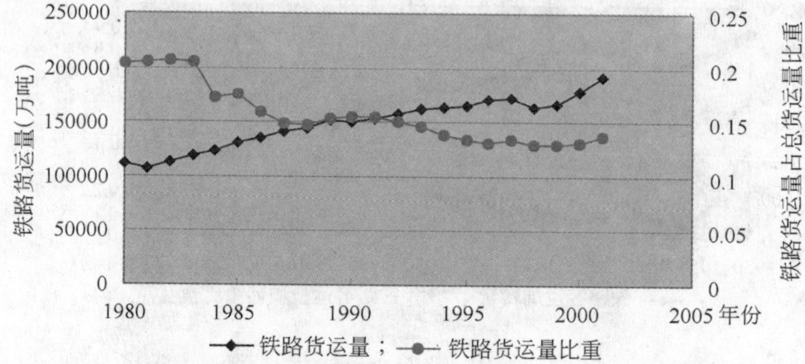

图 4-20 我国 1980～2001 年铁路货运量变化图

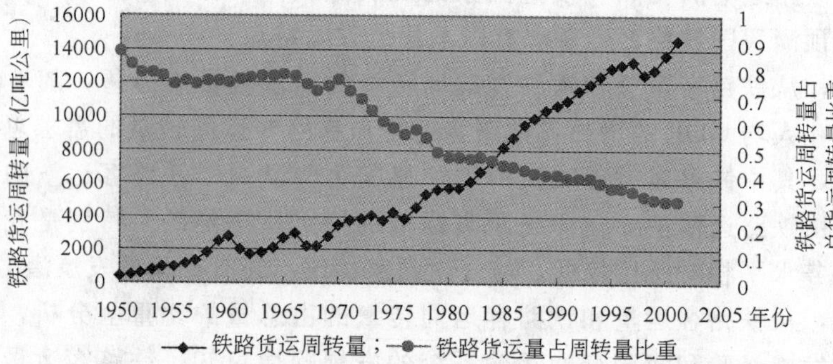

图 4-21 我国 1950～2001 年铁路货运周转量变化图

量的增长速度。其中铁路货运量由 1980 年的 111279 万吨增加到 2001 年的 192580 万吨，铁路货运周转量由 1980 年的 5717 亿吨公里增加到 2001 年的 14575 亿吨公里。其次，从比重上说，铁路运输方式完成的货运量比重和货运周转量比重整体上呈现下降的趋势。其中铁路货运量所占比重由 1980 年的 20.4%下降到 2001 年的 13.7%，铁路货运周转量所占比重由 1980 年的 47.5%下降到 2001 年的 30.6%。

我国铁路货运列车的平均技术速度为 45 公里/小时，在某些区段上最高技术速度也不超过 65 公里/小时，一般为 40～50 公里/小时。载货物列车平均旅行速度为 30 公里/小时，在某些区段最高旅行速度也不超过 52 公里/小时，一般为 30～40 公里/小时。这种速度显然不能够满足我国全面小康社会的货运交通需求。根据铁路运输的特点和发达国家的发展经验，结合我国国民经济发展预测分析，预测我国铁路客运需求有以下几个方面特点：

首先，从铁路货运量和铁路货运周转量的需求数量上分析，随着国民经济的发展，铁路货运量和铁路货运周转量的需求总量都呈上升趋势，其中铁路客运周转量的增加速度会高于铁路货运量的增加速度，这是由铁路运输主要是中长距离运输的特点所决定的。

其次，从铁路客运量和铁路客运周转量占总量的比重上分析，根据发达国家的发展经验和我国交通运输系统的发展规律可知，接下来我国铁路货物运输经历如下两个过程，第一铁路货运量和铁路客运周转量占各自的总比重将会逐渐降低；第二，基于我国土地面积大的特点和铁路运输系统适合中长距离运输的特点，铁路运输货运所占的比重下降的速度将会逐渐降低，并越来越趋于一个相对比较稳定的值。

第三，根据发达国家的铁路发展经验和近些年我国铁路需求发展状况，接下来我国铁路货运需求的发展趋势为逐步实现货物运输的物流化，实施集中化运输和自动化管理。货物运输集中化是当前世界各国铁路货运发展的共同趋势，是适应市场经济高度发展而采用的一种有效的组织方式。对铁路网上的货运站或者部分线路的布局进行调整，停办或者部分停办运量小的车站的货运业务，将货运业务集中在大站办理，以利于组织直达列车，加速货物运送。比如美国 20 世纪 70 年代中期已封闭货运站 8000 多个，并封闭了许多运量在 9000 吨以下的专用线。法国 1980 年将客货共用站由原来的 4549 个减少到 2930 个。日本国营铁路在 1980～1995 年期间，将原有的 3515 个车站减少到 1000 个，平均站间距由 7 公里增加到 20 公里。货运管理自动化是世界铁路货物运输发展的又一个必然趋势。它能够大大提高运输质量和效率，降低运输成本。发达国家都已经开发使用了铁路货运集中控制的管理系统。

为了满足具有以上特点的铁路客运需求，铁路客运系统必须加快铁路运输系统的改造，加快提高铁路运输系统的科技含量，引进并大力推行铁路运输系统的智能化管理系统。

(3) 铁路运输需求发展的总体分析

第一，我国的铁路运输需求将保持增长的势头

客运方面，随着我国全面建设小康战略目标的一步步实现，人们的消费结构将发生很大变化。尽管发达国家的铁路客运已经不占主导地位，但是 1993 年人均铁路旅行公里数，日本为我国的 11 倍，法国为 2.5 倍，俄罗斯为 5.8 倍，人均乘火车出行次数也远高于我国。这就预示着我国铁路客运需求的潜力很大。高强度客流必须由有轨交通承担是世界各国在交通发展中的经验。货运方面，我国经济发达地区都是资源短缺地区，1998 年铁路货物运输总量中的 60%是煤炭和冶炼物资，全路货物平均运程在 800 公里左右，显示了在远距离大宗物资运输方面的不可替代性。

第二，我国的具体国情决定必须建立资源节约型的交通运输体系

我国的基本国情是人口众多，幅员辽阔，资源分布不均匀，地区间经济发展不平衡，耕地匮乏，人均资源短缺，生态环境先天性脆弱。这就决定了中国必须建立资源节约型的交通运输体系。为适应可持续发展战略的要求，

铁路在运输效率、资源保护、能源消耗以及减少环境污染等方面的优势被重新然认识，发达国家纷纷采取行动，通过对铁路乘客补贴、提高汽油税、大力发展高速铁路等手段，提高铁路的市场份额。比如日本，虽然国土面积小，小汽车运输发达，但是 1999 年铁路承担的客运周转量为 28.0%。

第三，客货运输需求集中在主要运输通道的趋势将继续加剧

随着我国各大区域间交通量的增加，且物流的热点热线同时也是人流的热点热线，使我国主要运输通道的需求压力加重。京广、京沪、陇海、进出关、进出川等通道是客货共同繁忙的干线。并且随着城市化进程的加快，地区间分工与协作的加强，东南地区的煤炭消费越来越依赖于“三西”等煤炭基地，可以预见，大区间的交流必然增加，并必然部分或者全部地经过这些主要的运输通道。因此，客货流量集中于主要运输通道的趋势还将加剧。

4.4.2　公路运输的需求发展方向

(1) 公路客运的需求发展方向

我国 1950～2001 年的公路客运量和客运周转量分别如图 4-22 和 4-23 所示。

由图 4-22 和图 4-23 可以看出，我国 1950～2001 年的公路旅客运输的变化趋势如下：首先，从总量上说，公路运输方式完成的客运量和客运周转量整体上呈现迅速上升趋势。其中公路客运量由 1980 年的 222799 万人增加到 2001 年的 1402798 万人，2001 年比 1980 年增加了 5.3 倍；公路客运周转量由 1980 年的 729.5 亿人公里增加到 2001 年的 7207 亿人公里，增加了 8.9 倍。

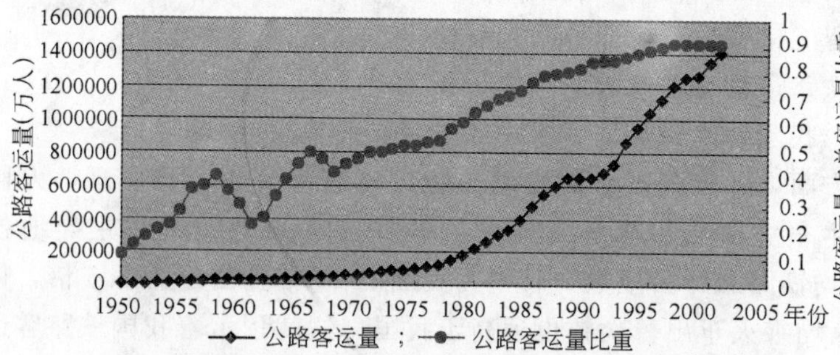

图 4-22　我国 1950～2001 年公路客运量变化图

其次，从比重上说，公路运输方式完成的客运量比重和客运周转量比重整体上呈现上升的趋势，并且公路客运周转量比重的上升速度低于公路客运量比重的上升速度，这是由公路运输的适合中短距离的特点所决定的。其中公路客运量所占比重由 1980 年的 65.2%上升到 2001 年的 91.4%，公路客运周转量所占比重由 1980 年的 32.0%上升到 2001 年的 54.8%。

根据公路运输的经济技术特点和发达国家的发展经验，结合我国国民经

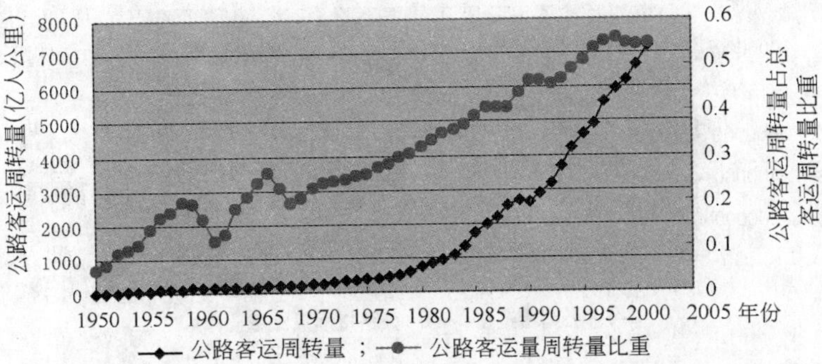

图 4-23　我国 1950～2001 年公路客运周转量变化图

济发展预测分析，预测我国在全面建设小康社会进程中，公路客运需求有以下几个方面特点：

首先，从公路客运量和公路客运周转量的需求数量上分析，随着国民经济的发展和人均 GDP 的增加，公路客运量和公路客运周转量的需求总量都呈明显的直线上升趋势。

其次，从公路客运量和公路客运周转量占各自总量的比重上分析，根据发达国家的发展经验和我国交通运输系统的发展规律可知，公路客运量和公路客运周转量各自的比重将会缓慢上升。但是基于我国土地面积大的特点和铁路运输系统适合中长距离运输的特点，以及来自航空长距离运输的影响，公路运输客运所占的比重上升的速度将会逐渐降低，并且会出现上升和下降的波动现象，最后会越来越趋于一个相对比较稳定的值，其中公路客运量稳定在 93％左右，公路客运周转量稳定在 55％左右。

为了满足具有以上特点的公路客运需求，公路客运系统必须加快公路网的改造、加快公路客运车辆的更新换代，提高公路运输系统的科技含量，积极推进公路交通领域智能交通系统（ITS）建立和完善，实现公路交通的智能化管理。

（2）公路货运的需求发展方向

我国 1950～2001 年的公路货运量和货运周转量分别如图 4-24 和 4-25 所示。

由图 4-24 和图 4-25 可以看出，我国 1950～2001 年的公路货物运输的变化趋势如下：首先，从总量上说，公路运输方式完成的货运量和货运周转量整体上呈现迅速上升趋势。其中公路货运量由 1980 年的 382，048 万吨增加到 2001 年的 1，056，312 万吨，2001 年比 1980 年增加了 1.8 倍；公路货运周转量由 1980 年的 764 亿吨公里增加到 2001 年的 6330 亿吨公里，增加了 7.3 倍。其次，从比重上说，公路运输方式完成的货运量比重和货运周转量比

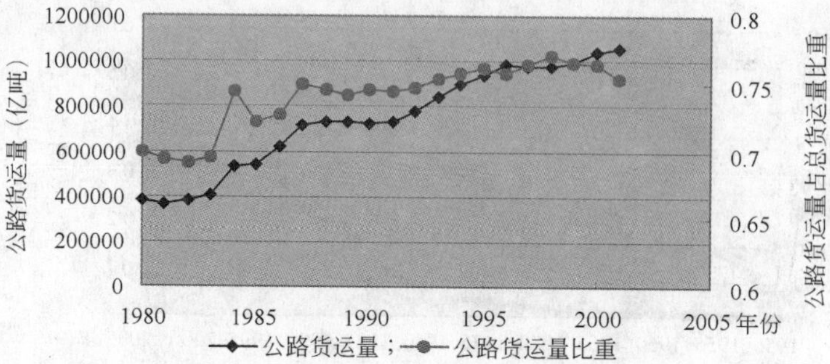

图 4-24　我国 1980～2001 年公路货运量变化图

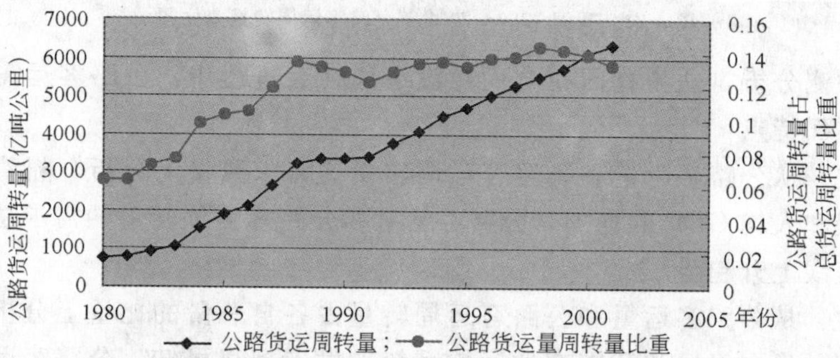

图 4-25　我国 1980～2001 年公路货运周转量变化图

重整体上呈现上升的趋势，并且公路货运周转量占总货运量的比重远高于公路货运量占总货运量的比重，这是由公路运输的适合中短距离的特点所决定的。其中公路货运量所占比重由 1980 年的 70.0％上升到 2001 年的 75.4％，公路货运周转量所占比重由 1980 年的 6.4％上升到 2001 年的 13.3％。

根据公路运输的经济技术特点和发达国家的发展经验，结合我国国民经济发展预测分析，预测我国在全面建设小康社会进程中，公路货运需求有以下几个方面特点：

首先，从公路货运量和公路货运周转量的需求数量上分析，随着国民经济的发展和人均 GDP 的增加，公路货运量和公路货运周转量的需求总量都呈明显的上升趋势。

其次，从公路货运量和公路货运周转量占各自总量的比重上分析，根据发达国家的发展经验和我国交通运输系统的发展规律可知，公路货运量和公路货运周转量各自的比重将会缓慢上升。但是基于我国土地面积大的特点和铁路运输系统适合中长距离运输的特点，并且结合我国水运自然条件好的特点，公路运输货运所占的比重上升的速度将会逐渐降低，并且会出现上升和下降的波动现象，最后会越来越趋于一个相对比较稳定的值，其中公路货运量稳定在 75％～80％，公路货运周转量稳定在 15％左右。

再次，根据发达国家的公路发展经验和近些年我国公路需求发展状况，我国公路货运的平均运距不断增加。比如美国一级长途货运企业的汽车平均运距1950年为378公里，1965年增加到417公里，1971年又增加到446公里。1975年美国最大的100家营运企业中，有一半企业的货物平均运距超过800公里。到1995年，美国汽车货运的经济运距已提高到640公里。根据我国高速公路建设的规划，连接我国各地区主要中心城市的高速公路网络的建设日益加快，我国公路货运的平均运距将会逐渐增加。

为了满足具有以上特点的公路货运需求，公路货运系统必须加快公路网的改造、加快公路货运车辆的更新换代，提高公路运输系统的科技含量，积极推进公路交通领域智能交通系统（ITS）建立和完善，实现公路交通的智能化管理。

4.4.3 民航运输的需求发展方向

(1) 民航客运的需求发展方向

我国1950～2001年的民航客运量和客运周转量分别如图4-26和4-27所示。

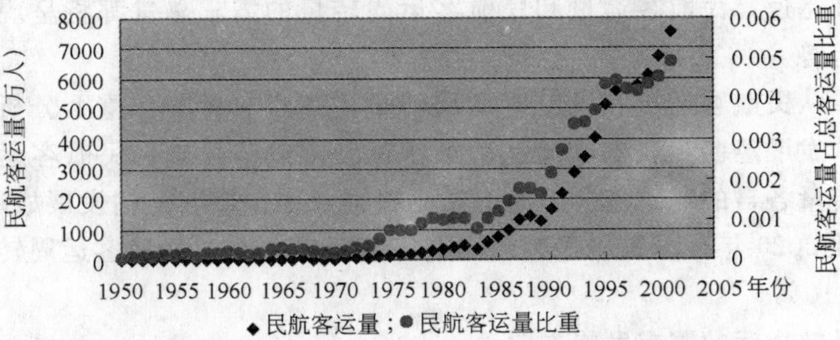

图4-26 我国1950～2001年民航客运量变化图

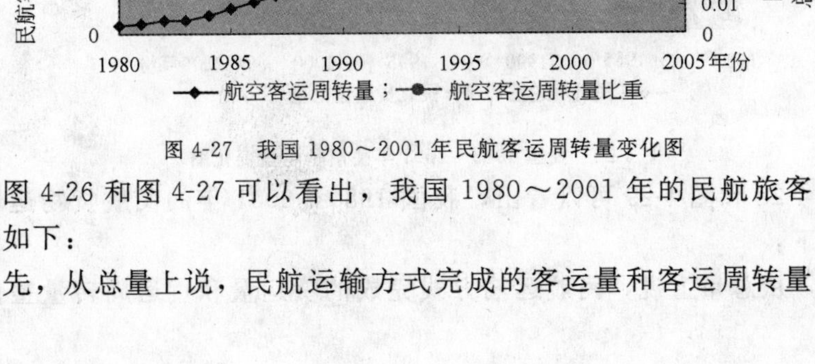

图4-27 我国1980～2001年民航客运周转量变化图

由图4-26和图4-27可以看出，我国1980～2001年的民航旅客运输的变化趋势如下：

首先，从总量上说，民航运输方式完成的客运量和客运周转量整体上呈现迅速上升的趋势。其中民航客运量由 1980 年的 343 万人增加到 2001 年的 7524 万人，2001 年比 1980 年增加了 20.9 倍，年平均增长率为 15.8%；民航客运周转量由 1980 年的 40 亿人公里增加到 2001 年的 1091 亿人公里，2001 年比 1980 年增加了 26.3 倍，年平均增长率为 17.0%。

其次，从比重上说，民航运输方式完成的客运量比重和客运周转量比重整体上呈现上升的趋势，并且民航经济技术特征决定了民航适合远距离运输的特点，这就使得民航的客运量的比重远远低于同期民航客运周转量的比重。其中民航客运量所占比重由 1980 年的 0.10%上升到 2001 年的 0.49%，民航客运周转量所占比重由 1980 年的 1.75%上升到 2001 年的 8.29%。

根据民航运输的经济技术特点和发达国家的发展经验，结合我国国民经济发展预测分析，预测我国在全面建设小康社会进程中，民航客运需求有以下几个方面特点：

首先，从民航客运量和民航客运周转量的需求数量上分析，随着国民经济的发展、人均 GDP 以及人们消费观念的转变，民航客运的快捷性将使得民航客运发展迅速，民航客运量和民航客运周转量的需求总量都将呈现明显的直线上升趋势。

其次，从民航客运量和民航客运周转量占各自总量的比重上分析，根据发达国家的发展经验和我国交通运输系统的发展趋势可知，民航客运量和民航客运周转量各自的比重将会迅速上升。根据《中国旅客运输发展战略研究》的预测，到 2020 年我国民航客运量比重将达到 0.81%，民航客运周转量比重将达到 14.10%。

（2）民航货运的需求发展方向

我国 1950～2001 年的民航货运量和货运周转量分别如图 4-28 和 4-29 所示。

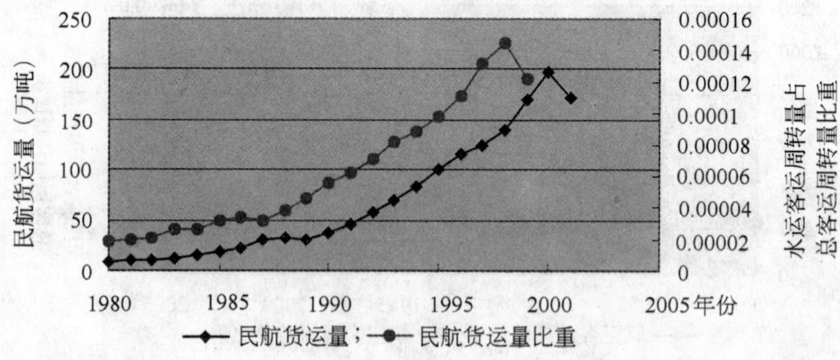

图 4-28　我国 1980～2001 年民航货运量变化图

由图 4-28 和图 4-29 可以看出，我国 1980～2001 年的民航货物运输的变化趋势如下：

首先，从总量上说，民航运输方式完成的货运量和货运周转量整体上呈

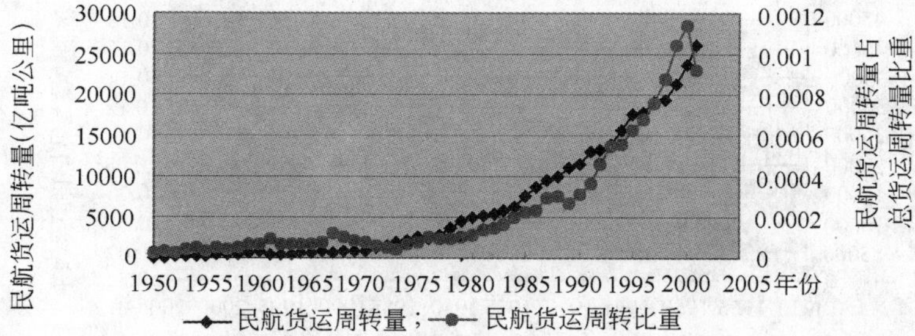

图 4-29 我国 1950～2001 年民航货运周转量变化图

现上升的趋势。其中民航货运量由 1980 年的 8.9 万吨增加到 2001 年的 171 万吨，2001 年比 1980 年增加了 18.2 倍，年平均增长率为 15.1%；民航货运周转量由 1980 年的 1.4 亿吨公里增加到 2001 年的 43.7 亿吨公里，2001 年比 1980 年增加了 30.2 倍，年平均增长率为 17.8%。

其次，从比重上说，民航运输方式完成的货运量比重和客运周转量比重整体上呈现上升的趋势，并且民航经济技术特征决定了民航适合小运量、远距离运输的特点，这就使得一方面民航货运完成的货运量和货运周转量各自的比重非常小，另一方面民航的货运量的比重远远低于同期民航货运周转量的比重。其中民航货运量所占比重由 1980 年的 0.002%上升到 2001 年的 0.012%，民航货运周转量所占比重由 1980 年的 0.012%上升到 2001 年的 0.092%。

根据民航运输的经济技术特点和发达国家的发展经验，结合我国国民经济发展预测分析，预测我国在全面建设小康社会进程中，民航货运需求有以下几个方面特点：

首先，民航货运的快捷性使得民航适合于小批量、鲜活、紧急货物的运输，随着国民经济的发展，适合民航运输特点的货运需求会迅速提高，这就决定了在全面建设小康社会的进程中，我国民航货运量和民航货运周转量的总量将会迅速提高，呈现明显的直线上升趋势。

其次，从民航客运量和民航客运周转量占各自总量的比重上分析，根据发达国家的发展经验和我国交通运输系统的发展趋势可知，民航货运量和民航货运周转量的比重将呈现迅速提高的趋势，但是由于民航货运的经济技术特征决定了民航货运适合于小批量、鲜活、紧急货物的运输运量，这就决定了民航货运量和民航货运周转量的比重都非常小。

4.4.4 水路运输的需求发展方向

(1) 水路客运的需求发展方向

我国 1950～2001 年的水路客运量和客运周转量分别如图 4-30 和 4-31 所示。

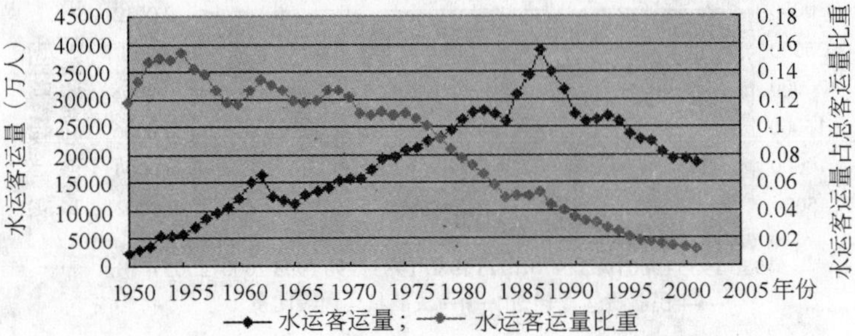

图 4-30　我国 1950～2001 年水运客运量变化图

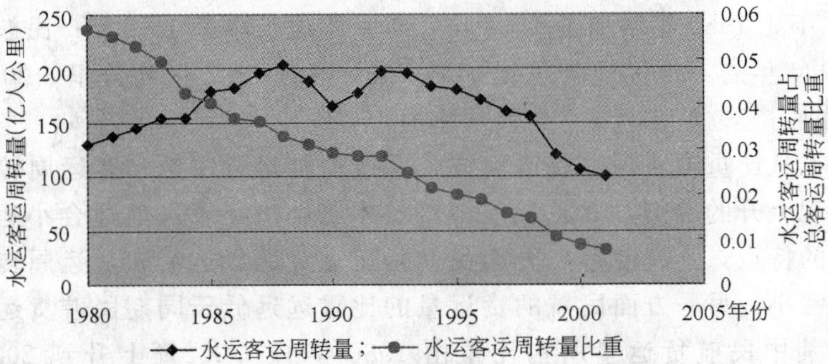

图 4-31　我国 1980～2001 年水运客运周转量变化图

由图 4-30 和图 4-31 可以看出，我国 1980～2001 年的水运客运的变化趋势如下：首先，从总量上说，水运方式完成的客运量和客运周转量数量上呈现明显的上升和下降交替出现的波动趋势。其中水运客运量由 1980 年的 26439 万人波动增加到 1987 年的 38951 万人，而后又波动下降到 2001 年的 18645 万人；水运客运周转量由 1980 年的 129 亿人公里波动下降到 2001 年的 101 亿人公里。

其次，从比重上说，水运方式完成的客运量比重和客运周转量比重整体上均呈现下降的趋势。其中水运客运量所占比重由 1980 年的 7.7%下降到 2001 年的 1.2%，水运客运周转量所占比重由 1980 年的 5.7%下降到 2001 年的 0.8%。

由于水运速度慢的特点，使得水运不能适应旅客对缩短旅途时间的需求，这就决定了在追求快速的客运交通领域水运存在着天然的缺陷，再加上公路、铁路、民航等运输方式的冲击，使得我国的常规水路旅客运输处于萎缩状态。同时由于我国的幅员辽阔，长江流域、珠江流域、沿海地区等存在着发展水运有利的天然条件，本着“宜水则水、宜陆则陆、宜空则空”的原则，实现我国水路旅客运输的方式由常规运输向高速化、旅游化、客/车渡船运输车辆滚装化方向发展。

在自然条件适合发展水运的地方，因地制宜地建立供需平衡而又高效舒适的水路旅客运输系统，并与其他运输方式相配合而协调发展，具有以下发展方向：以区域经济发展与旅游资源开发为依托，以水域交通资源为基础，通过与其他旅客运输方式相衔接配合，逐步建立区域性水路旅客运输系统；建立与水运航线特征相适应的由各类运输船舶、港口码头、客运站以及后方集疏等设施设备所组成的硬件系统，提高水运服务水平，满足旅客的出行要求；开发并应用运输管理为中心的软件系统，实现科学调度和优质服务；随着高性能船舶技术的发展，逐步开辟国内与国际中长途水路高速旅客运输航线和高速客/车渡船运输航线，旅游船应进入海上国际旅游市场。

（2）水运货运的需求发展方向

我国1950～2001年的水路货运量和货运周转量分别如图4-32和图4-33所示。

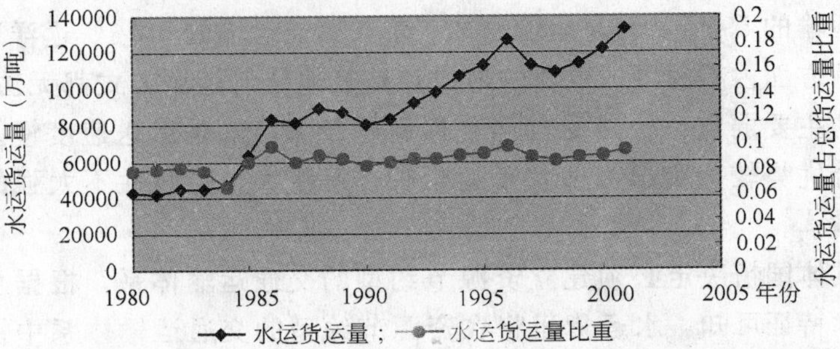

图4-32　我国1980～2001年水运货运量变化图

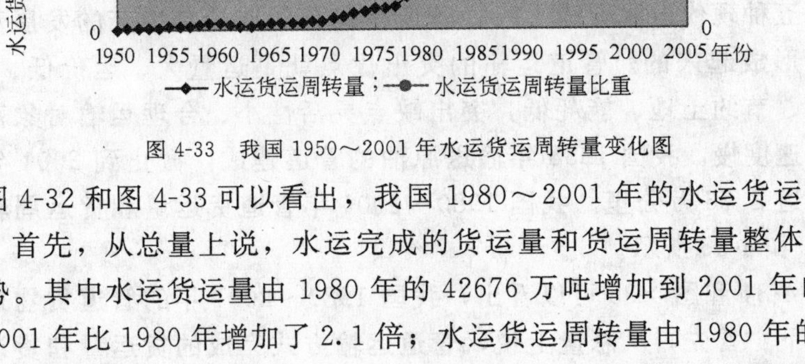

图4-33　我国1950～2001年水运货运周转量变化图

由图4-32和图4-33可以看出，我国1980～2001年的水运货运的变化趋势如下：首先，从总量上说，水运完成的货运量和货运周转量整体上呈现上升的趋势。其中水运货运量由1980年的42676万吨增加到2001年的132675万吨，2001年比1980年增加了2.1倍；水运货运周转量由1980年的5053亿吨公里增加到2001年的25989亿吨公里，增加了4.1倍。其次，从比重上说，水运货运量比重自1986年以来一直在9.0%上下波动；水运货运周转量比重整体上呈现上升的趋势，水运货运量所占比重由1980年的42.0%上升到2001年的54.6%。

从经济技术指标上看，水路货运具有的特征如下：

首先，水运货运建设投资省。水路运输只需利用江河湖海等自然水力资源，除必须投资购置船舶建设港口之外，沿海航道几乎不需要投资，整治航道也仅仅只有铁路建设投资的1/5到1/3。

其次，水运货运运输成本低。在中国，沿海运输成本只为铁路的40%，而在美国，沿海运输成本只有铁路运输的1/8。中国长江干线运输成本只有铁路运输成本的84%，而美国密西西比河的货运运输成本只有铁路运输的1/3～1/4。

再次，水运货运的平均运距长。水运运输的平均分别为铁路运输的2.3倍，公路运输的59倍，管道运输的2.7倍，民航运输的68%。远洋运输在国际经济贸易方面占有独特、重要的地位，是其他任何运输方式都无法代替的。水路运输的主要弱点：一是受自然条件影响较大，二是运送速度慢。总之水路运输综合优势较为突出，适宜于运距长、运量大、时间性不太强的各种大宗物资运输。

我国具体国情决定必须建立资源节约型的交通运输体系，根据水运货运的经济技术特征可知，水运货运将在资源节约型的交通运输体系中占据非常重要的位置，水运低成本、低能耗、低污染的货物运输将使水运货运有巨大的市场需求。我国有水运货运的天然有利条件——长江水系、珠江水系、18000多公里的沿海线，并且这些水运资源丰富的地方又是我国经济发达，物资流通频繁的地方。根据我国水运货运的发展趋势，结合国外水运货运的发展规律，预测我国的水运货运量将会一直在9%左右波动，水运货运周转量将会持续上升，并会稳定在65%左右。

4.4.5 管道运输的需求发展方向

作为五种现代运输方式之一，管道运输是随着社会生产的发展和科学进步而逐渐形成起来的。管道运输的突出优点就是运量大、运价低、污染少、可靠性高、节约土地、能耗低，突出缺点灵活性小、合理运输对象范围比较窄、运送速度慢。我国1958年输送原油的管道建成，截止到2001年我国已经建成管道2.76万公里。我国1980～2001年管道货运量和货运周转量分别如图4-34和4-35所示。

由图4-34和图4-35可以看出，我国1980～2001年的管道货物运输的变化趋势如下：首先，从总量上说，管道运输方式完成的货运量和货运周转量整体上呈现缓慢上升的趋势。其中管道货运量由1980年的10525万吨增加到

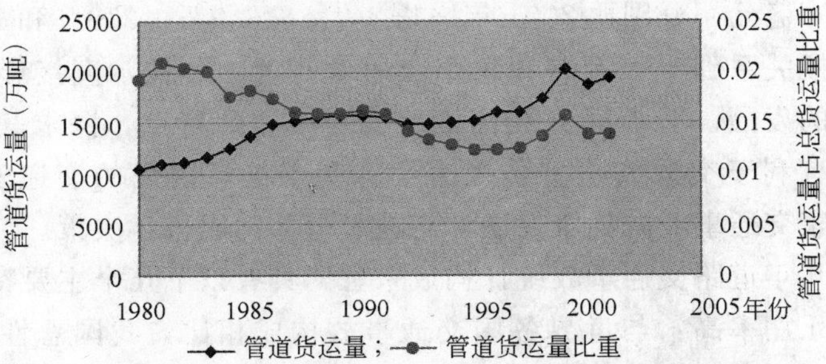

图 4-34　我国 1980～2001 年管道货运量变化图

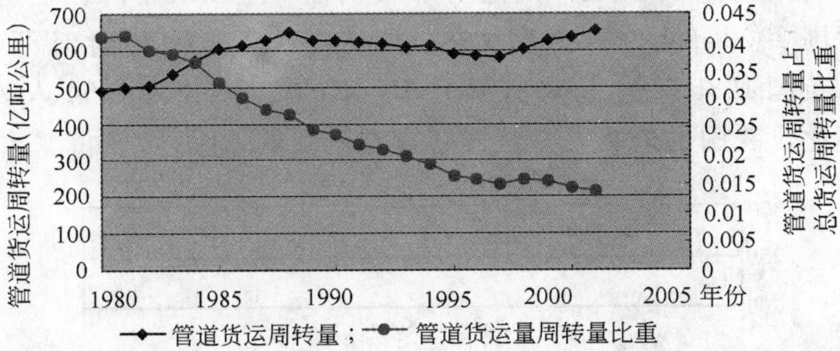

图 4-35　我国 1980～2001 年管道货运周转量变化图

2001 年的 19439 万吨，2001 年比 1980 年增加了 0.85 倍；管道货运周转量由 1980 年的 491 亿吨公里增加到 2001 年的 653 亿吨公里，增加了 0.33 倍。其次，从比重上说，管道运输方式完成的货运量比重和货运周转量比重整体上呈现下降的趋势，并且管道货运周转量比重下降的速度高于管道货运量比重下降的速度。其中管道货运量所占比重由 1980 年的 0.19％下降到 2001 年的 0.14％，管道货运周转量所占比重由 1980 年的 0.41％下降到 2001 年的 0.14％。

根据发达国家的管道发展经验和我国管道需求发展状况可知，我国管道运输的完成的货运量和货运周转量都会呈现缓慢增长的趋势，货运量比重和货运周转量比重呈现缓慢下降的趋势。并且总体上说，不管从货运量的角度来看还是从货运周转量的角度上来看，管道运输完成的货物运输的比重都是非常小的，都会在 0.1％左右甚至更小。除非有大规模的管道运输管线建设完成，管道运输完成的货物运输任务不会有大的变化。

4.5　交通安全相关指标的分析预测

4.5.1　交通事故规律分析

现代交通的发展促进了经济的发展、社会的进步，同时也带来了交通事故的增加。道路交通事故已经成为社会的公害。据最近统计资料显示，2002 年我国共发生道路交通事故 77.3 万起，死亡 10.9 万人，伤 56.2 万人，经济损失达到33.24亿元，分别比2001年增长2.4%、3.3%、2.9%和7.7%。道路交通安全直接关系到千家万户和每个交通参与者的利益，直接影响到社会的安定和经济的发展。分析研究我国道路交通事故的特点，探求其发生、发展的趋势，将有利于交通安全宣传教育，有利于提高国民的交通安全意识，同时有利于国家交通事业的健康发展和交通管理部门的科学决策。

从我国近几年道路交通事故统计构成来看，具有以下几个主要特点：

交通事故死亡率高：与世界各国交通事故构成相比，我国恶性事故的各项指标均居于前列。图4-36为我国1951年至1999年的万车死亡率散点图，尽管在1975年以后万车死亡率的趋势非常明显，呈曲线下降。但绝对数值仍然很高。我国2002年万车死亡率为13.71人/万车，而美国1987年为2.62人/万车，英国1985年为2.62人/万车，日本1986年为1.94人/万车。同欧美国家相比，我国的道路安全状况还存在巨大的差距。

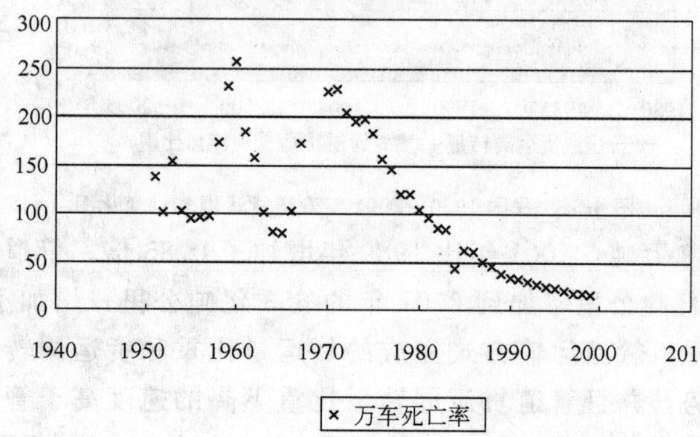

图4-36 1951～1999年我国万车死亡率

经济发达地区交通事故次数多：据统计（1998年数据），交通事故发生最多的省市分别为广东、北京、浙江、江苏、上海5个经济发达的地区，交通事故占全部的43.9%，但从死亡人数看，广东、山东、江苏、浙江、河南列前五位。占全部的38.5%。经济快速发展，客货运量增加，交通密度大，是这些地区交通事故量大的主要原因。

非机动车事故占重要地位：非机动车在我国城市交通中是重要的交通工具，原因是非机动车准时准点，相对于公共交通自由度大，并且价格低廉。我国部分城市客运交通中自行车比例很大，由于自行车流比机动车流更紊乱，因此在交叉路口、机非混行的道路上更容易发生交通事故。

驾驶员违章操作、行为规范差是交通事故的主要原因。

交通事故产生的原因是多方面的，在目前的道路条件以及管理水平下，认为轻而易举地消灭交通事故是不合实际的。但是可以通过对事故原因的分析，改善驾驶员的行车条件以及提高交通管理水平，交通事故的数量会得到大大的控制。道路交通事故的发生不仅与交通管理水平以及车辆有关，而且受道路条件、交通组成、人的交通行为、社会经济以及政策等因素的影响，很多因素是无法确切描述的。

4.5.2 交通事故预测方法与指标

对交通事故的预测，常规的做法是用回归分析的方法对原始数据进行拟合，但由于该方法是在样本长度范围内的有效的静态模型，其外延性能较差，因而仅用回归模型外推得到的预测结论往往不能尽如人意。而且交通安全是一个社会性问题，与社会制度、经济水平、组织管理水平等均有重要的关系。从交通事故原始数据定性分析可以看出，由于交通安全管理的行政干预大，交通事故数据所体现的“惯性”不是很强。这里采用灰色系统理论建立我国交通事故预测模型。

灰色模型是最常用的一种预测模型，它是由一个只包含单变量的一阶微分方程构成的模型。该模型认为某一地区在某一时间区间内的交通事故指标值是在一定范围变化且是与时间坐标有关的灰色量，对灰色量采用累加生成的方式处理。将交通事故原始数据的随机性加以弱化，整理成较有规律的生成数列，在此基础上建立模型，计算出预测生成数列，经还原处理后得到实际预测值。

根据公安部关于交通事故死亡率计算方法的通知，借鉴国际上对交通事故的计算方法，同时考虑到我国自行车交通流量大，因自行车引发的事故占很大比例的特点，确定我国的交通事故死亡率，分别计算机动车万车死亡率，人口十万人死亡率和自行车十万车死亡率。考虑到我国人口基数较大，同时考虑和国外统计数据相比较，这里选用机动车万车死亡率作为交通安全的指标。

4.5.3 交通安全指标的预测

如果采用1980～1999年的万车死亡率数据建立模型，建模的过程略去，得到的结果为：

$$y_{(1)}\ (t+1)=92.3080\times e^{-0.10403t}$$

模型检验与精度分析如表4-5。

残差检验的其他结果：

$$C=0.237$$
$$P=0.947$$

由此评定该模型精度等级为合格。对2010年以及2020年万车死亡率进行预测，计算结果为：

2010年万车死亡率预计为：4.07人/万车；

2020 年万车死亡率预计为：1.44 人/万车。

万车死亡率灰色模型一检验 表 4-5

年 份	万车死亡率	模型预测值	相对误差
1980	104.47	—	—
1981	95.85	92.31	3.695%
1982	85.32	83.19	2.500%
1983	84.35	74.97	11.12%
1984	42.99	67.56	−57.15%
1985	62.39	60.89	2.411%
1986	61.12	54.87	10.23%
1987	50.37	49.45	1.830%
1988	46.05	44.56	3.230%
1989	38.26	40.16	−4.964%
1990	33.38	36.19	−8.422%
1991	32.15	32.62	−1.448%
1992	30.19	29.39	2.640%
1993	27.24	26.49	2.756%
1994	24.26	23.87	1.601%
1995	22.48	21.52	4.302%
1996	20.41	19.39	5.010%
1997	17.3	17.41	0.9924%
1998	17.31	15.75	9.039%
1999	15.72	14.19	9.735%

从以上模型的检验结果来看，1984 年的数据对模型的精度造成了影响。从图中也能直观看出 1984 年的数据有个波动。这里采用 1986 年以后的数据重新建立模型，得到：

$$y_{(2)}(t+1)=56.8903\times e^{-0.10728t}$$

模型检验与精度分析如表 4-6。

残差检验的其他结果：

$$C=0.127$$

$$P=1$$

由此评定该模型精度为好。对 2010 年以及 2020 年万车死亡率进行预测，计算结果为：

2010 年万车死亡率预计为：3.89 人/万车；

2020 年万车死亡率预计为：1.33 人/万车。

万车死亡率灰色模型二检验 表 4-6

年　份	万车死亡率	模型预测值	相对误差
1985	62.39		
1986	61.12	56.89	6.920%
1987	50.37	51.10	−1.455%
1988	46.05	45.90	0.3166%
1989	38.26	41.23	−7.774%
1990	33.38	37.04	−10.96%
1991	32.15	33.26	−3.487%
1992	30.19	29.89	1.004%
1993	27.24	26.85	1.444%
1994	24.26	24.12	0.5959%
1995	22.48	21.66	3.638%
1996	20.41	19.46	4.662%
1997	17.3	17.48	−1.035%
1998	17.31	15.70	9.296%
1999	15.72	14.10	10.28%

从模型的精度等级评定可以看出，模型二较好的拟合了我国近些年来的交通事故死亡情况。将万车死亡率预测结果总结如表 4-7，将预测值与其他国家的数据进行比较的结果如表 4-8 所示。预测结果显示 2010 年我国机动车万车死亡率能够降至约 4 人/万车，而到 2020 年我国机动车万车死亡率将降至约 1.4 人/万车。

预测结果比较（1995、1999、2002 年为真实值） 表 4-7

年　份	1995	1999	2002	2010	2020
模型一	22.48	15.72	13.71	4.07	1.44
模型二	22.48	15.72	13.71	3.89	1.33

预测结果与其他国家数据比较 表 4-8

国家	美国	英国	日本	中国	中国
万车死亡率	2.62	2.62	1.94	4	1.4
年份	1987	1985	1986	2010	2020

前面已经指出，交通事故的死亡人数与很多因素有关，而万车死亡率与机动车的数量有紧密的关系。受各种因素影响，最近我国机动车数量增长速度很快，必然会影响万车死亡率。单纯利用数据进行建模就不能够反映各种

因素的影响。有学者指出，我国经济处于高速发展时期，交通需求增长迅速。车辆、人口、道路都处于上升阶段，在一定时期内交通需求矛盾越来越尖锐；我国道路设计理论几十年来没有较大的发展，道路功能不完善，设备不配套，交通标志标线不能反映道路安全水平的变化；我国交通流中，机动车、非机动车、行人混行的交通状态短期以内难以有较大的改变；我国国民交通意识、法规意识在短期以内不会有较大的提高；一些企业，尤其个体运输户片面追求经济效益，超载、超速现象严重。经济的发展要求车辆发展，而道路建设、管理的滞后，将使交通秩序恶化，一定程度上放大了事故发生的可能性。因此，上述预测结果偏于乐观。

4.5.4　交通安全对策

交通安全涉及到人、车、路，要消灭交通事故是不可能的。就我国目前的人—车—路状况，交通安全的研究应是如何减少交通事故的发生量并降低由于交通事故带来的伤害程度，减少经济损失。纵观国外的交通状况，其交通事故的降低主要得益于人的因素的改善、交通环境的优化以及对车辆被动安全的研究工作的开展。被动安全性主要指安全带、安全气囊、车辆防抱死制动系统等技术，主要用于车辆发生事故后保护司乘人员。

加强行车安全教育。国外把汽车教育作为国民生活中的重要组成部分，政府倡导汽车知识的教育。不仅对职业驾驶员加强学习有关汽车行驶的必备知识和交通规则的教育，对持有驾驶执照的国民、行人，包括对一般行人、老年人、青少年和儿童普及有关汽车的知识。交通安全的教育宣传工作是执行交通法规、维护交通秩序、保障交通安全、发挥道路功能、提高交通效率的有力保证。交通安全的教育要广泛、深入、持久地进行。对于中小学生更应经常上安全教育课，以期不断提高交通参与者的交通行为素质。

智能交通系统是降低交通事故的有效手段。智能交通系统是为了解决交通拥挤和交通安全问题而利用微电子技术进行的高科技研究工作，是从航空指挥系统引发而来的。其主要特点是：利用先进技术，充分使用交通状况信息对公路进行系统控制。它由总系统和子系统构成：总系统是宏观总体信息系统和总体控制系统，子系统主要是高级交通管理系统。高级交通管理系统又分为两大类：一类为高速公路交通管理系统；一类为城市交通信号管理系统。高速公路交通管理系统除实施高速公路交通管理外，还包括各城市之间、主干道和城市之间的环道系统，如封闭、监控、出入口控制、交通事故处理、可变信息、自动收费等。城市管理系统有控制自动化与控制最优化，交通流量、流向、车辆速度、密度的数据采集与处理，各种监控、监测的网络化、区域化，以便通过传输系统为驾车者、行人、乘车者提供交通状况、最佳路线、停车场、服务场地及气候、环境状况，使车辆安全、方便、迅速地行驶。

智能车辆公路系统的实施为公路运输安全带来巨大的利益。它可以提高道路的通行能力，减少公害，减少环境污染，减少事故的发生。

4.6 机动车数量相关指标预测

4.6.1 民用汽车保有量预测

新中国成立后，特别是 20 世纪 80 年代以来，我国民用汽车呈现增长发展趋势，1952～2000 年我国民用汽车保有量变化情况如图 4-37 所示。

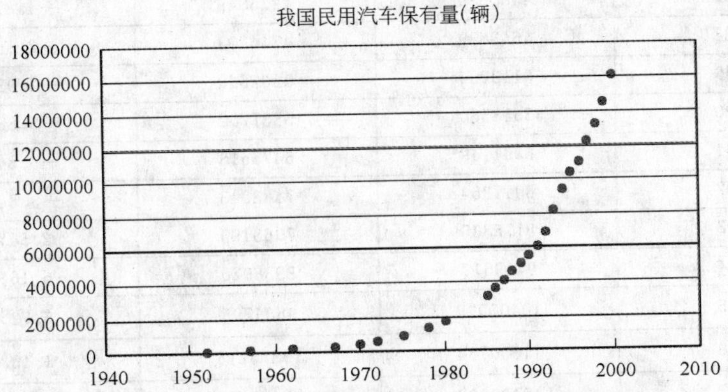

图 4-37　1950～2000 我国民用汽车保有量变化情况

从图 4-37 可知，我国民用汽车增长可以分为三个阶段，第一个阶段 1980 年以前，民用汽车总量很少，并且呈现平缓增长的趋势；第二个阶段 1980～1990 年，民用汽车稳定增长，由 1980 年的 178.29 万辆，增加到 1990 年的 551.36 万辆，增加了 2.1 倍，增长率为 11.95%。第三个阶段 1991 年至今，民用汽车快速发展，在总量达到 1990 年 551.36 万辆的基础上，增加到 2001 年的 1802.04 万辆，增加了 2.3 倍，增长率为 11.38%。1980～2001 年平均增长率为 11.64%。这里采用线性回归和灰色模型进行预测，并将结果进行对比。

(1) 回归分析法

若采用 1952～2000 年的数据进行回归，假设函数形式为：

$$y=3111337\times e^{0.115292(t-1985)}$$

其中：β_1 的置信区间为［3044141，3180017］；β_2 的置信区间为［0.113547，0.117038］；$R^2=0.9990$，$F=19118.9$，$p<0.0001$，可知模型成立。R^2 和 F 都变大，该模型更好。

用此模型对 2010 年以及 2020 年的民用汽车保有量进行预测：

$$y_{2010}=3111337\times e^{0.115292\times(2010-1985)}=55,554,439 \text{（辆）}$$

$$y_{2020}=3111337\times e^{0.115292\times(2010-1985)}=175,965,459 \text{（辆）}$$

(2) 灰色预测法

用 1985～2000 年的民用汽车保有量数据，采用灰色理论建立的模型为：

$$y_{(1)}\ (t) = 3855535 \times e^{0.103707(t-1985)}$$

模型检验与精度分析如表 4-9 所示。

民用汽车灰色模型检验　　表 4-9

年　份	民用汽车保有量（辆）	保有量计算值（辆）	相对误差
1985	3211207	—	—
1986	3619534	3855535	－6.52％
1987	4080689	4276849	－4.81％
1988	4643839	4744203	－2.16％
1989	5113204	5262629	－2.92％
1990	5513580	5837702	－5.88％
1991	6061149	6475618	－6.84％
1992	6917354	7183243	－3.84％
1993	8175835	7968193	2.54％
1994	9419517	8838920	6.16％
1995	10400029	9804795	5.72％
1996	11000764	10876216	1.13％
1997	12190902	12064717	1.04％
1998	13193034	13383092	－1.44％
1999	14529413	14845533	－2.18％
2000	16089101	16467782	－2.35％

残差检验的其他结果：

$$C = 0.086$$

$$P = 1$$

由此评定该模型的精度等级为好，用该模型对 2010 年以及 2020 年民用汽车保有量进行预测：

$$y_{(1)}\ (2010) = 3855535 \times e^{0.103707(2010-1985)} = 51530891\text{（辆）}$$

$$y_{(1)}\ (2010) = 3855535 \times e^{0.103707(2010-1985)} = 145365342\text{（辆）}$$

4.6.2　民用汽车保有率预测

图 4-38 为 1952～2000 年的民用汽车保有率分布图。

这里也采用两种方法对民用汽车保有率进行预测。

(1) 回归分析法

若采用 1952～2000 年的民用汽车保有率数据进行回归，假设函数形式为：

$$y = \beta_1 \times e^{\beta_2(t-1985)}$$

经过回归分析，并去除异常点后，得到的结果为：

$$y = 0.300641 \times e^{0.0981058(t-1985)}$$

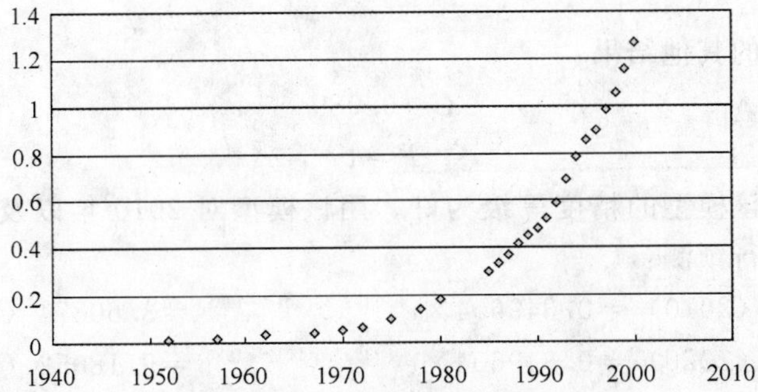

图 4-38 民用车保有率（%）变化情况

其中：β_1 的置信区间为 [0.296701，0.304634]；β_2 的置信区间为 [0.0971055，0.0991062]；$R^2=0.9997$，$F=43697$，$p<0.0001$，可知模型很好。

用此模型对 2010 年以及 2020 年的民用汽车拥有量进行预测：

$$y_{2010}=0.300641\times e^{0.0981058(2010-1985)}=3.49316\ (\%)$$

$$y_{2020}=0.300641\times e^{0.0981058(2010-1985)}=9.31723\ (\%)$$

（2）灰色预测法

用 1985～2000 年的民用汽车保有率数据，采用灰色理论建立的模型为：

$$y_{(1)}\ (t)\ =0.349604\times e^{0.0933725(t-1985)}$$

模型检验与精度分析如表 4-10 所示。

民用汽车保有率灰色模型检验 表 4-10

年　份	民用汽车拥有率（%）	拥有率计算值（%）	相对误差
1985	0.303370	—	—
1986	0.336679	0.349604	−3.84%
1987	0.373348	0.383820	−2.81%
1988	0.418266	0.421385	−0.746%
1989	0.458634	0.462626	−1.97%
1990	0.482239	0.507903	−5.32%
1991	0.523311	0.557612	−6.55%
1992	0.590363	0.612186	−3.70%
1993	0.689845	0.672101	−2.57%
1994	0.785942	0.737880	6.12%
1995	0.858648	0.810097	5.65%
1996	0.898836	0.889382	1.05%
1997	0.986111	0.976426	0.982%
1998	1.05746	1.07199	−1.37%
1999	1.15509	1.17691	−1.89%
2000	1.26943	1.29209	−1.79%

残差检验的其他结果：

$$C=0.089$$

$$P=1$$

由此评定该模型的精度等级为好，用该模型对 2010 年以及 2020 年民用汽车保有率进行预测：

$$y_{(1)}\ (2010)=0.349604\times e^{0.0933725(2010-1985)}=3.60874\ (\%)$$

$$y_{(1)}\ (2020)=0.349604\times e^{0.0933725(2010-1985)}=9.18052\ (\%)$$

4.6.3 民用汽车预测结果比较

比较上述两指标的预测结果，如表 4-11，比较方法是利用预测的人口数量与预测民用汽车保有率相乘，将得到的结果与直接预测的民用汽车数量进行比较。

预测结果比较 表 4-11

年 份	人口预测	预测方法	民用汽车保有率	民用汽车保有量	由民用汽车保有率和预测人口计算保有量
2010	14.23 亿	回归分析	3.49316%	5555 万辆	4970 万辆
		灰色模型	3.60874%	5153 万辆	5135 万辆
2020	15.18 亿	回归分析	9.31723%	17596 万辆	14143 万辆
		灰色模型	9.18052%	14536 万辆	13936 万辆

从表 4-11 中可以看出两种方法对于民用汽车保有量的两个指标预测结果基本一致。在 2010 年，我国民用汽车保有量约能达到约 5000 万辆，到 2020 年我国民用汽车保有量将超过 1 亿。

国际间的横向比较，汽车保有率和人均 GDP 的关系如图 4-39 所示。

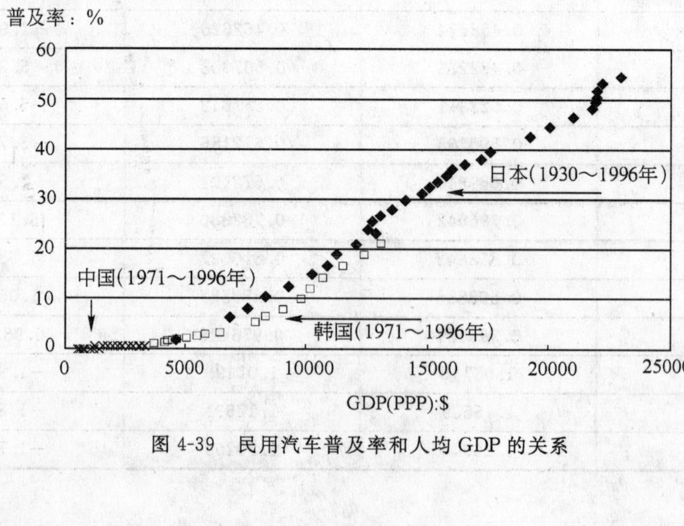

图 4-39 民用汽车普及率和人均 GDP 的关系

从图 4-39 可知，随着经济的发展，汽车普及率随人均 GDP 的增加而提高，并且发展趋势平稳。在 2010 年，中国人均 GDP 能够达到 1600 美元，汽车保有率达到 3.5%，2020 年中国人均 GDP 达到 3000 美元，汽车保有率达到 9%左右，从图 4-39 中看出这些预测结果略显乐观，主要原因是最近几年我国民用汽车数量增长速度非常快，对预测结果产生了一定影响。事实上我国的民用汽车不会一直保持这样高的增长速度，因此预测的结果偏高。

4.6.4 机动车保有量的预测

采用与汽车保有量预测相同的方法，考虑农用车、摩托车等其他机动车，这里对我国机动车数量做出预测。预测结果如表 4-12 所示。

我国机动车数量的预测 表 4-12

类别	2000 年	2020 年
民用汽车	1609 万辆	>10000 万辆
农用车	1902 万辆	5300 万辆
摩托车	5254 万辆	15200 万辆

4.7 能源与环境相关指标预测

4.7.1 交通消耗能源的趋势分析

随着经济的增长，交通对能源的消耗也在增加。1980～2000 年我国交通能源消耗如图 4-40 所示。

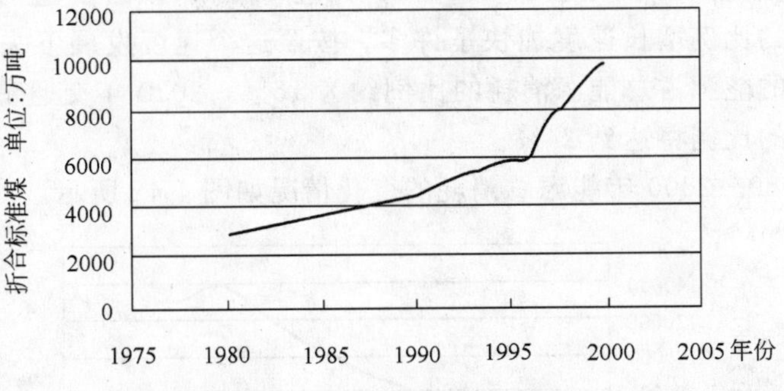

图 4-40 交通消耗的综合能源

由图 4-40 可知，从 1980 年到 2000 年，我国交通能源消耗从 2902 万吨标准煤增长到 9916 万吨，增长 242%，并且交通能源消耗增长并不是匀速增长的，1996 年能源消耗有大规模增长，之后几年平均每年增长 10%左右。

我国 GDP 从 1980 年的 4517.8 亿元增长到 2000 年的 89404 亿元，增幅为 1879%，经过 90 年代中期的高速发展后，目前我国 GDP 每年增长在 8%左右。我国人口从 1980 年的 98705 万人增长到 2000 年的 126743 万人，增幅 28.4%，人口增长比较稳定，每年人口自然增长率保持在 1.2%左右。

由以上分析我们看出，交通对资源消耗的平均增长速度大于 GDP 的增长速度，也大于旅客周转量的增长速度（平均每年增长 8.8%），也远大于人口增长的速度。这些是受各种因素的影响的，例如国内的交通密度、GDP、机动车使用燃料的效率以及个人出行倾向等。

交通能源消耗的总量一直在快速增长的同时，交通能源消耗占我国总能源消耗的比例1996年以后也呈现了快速增长的趋势。我国1980～2000年交通能源消耗占总能源消耗的比例变化情况如图4-41所示。

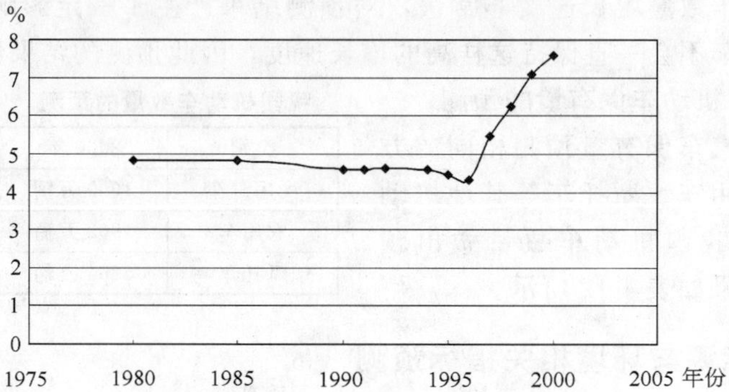

图4-41 交通能源消耗占总能源消耗的比例

从图4-41可知，1980年到2000年的20年中，我国交通能源消耗占总能源消耗的比例由4.81％增长到7.61％，并且1996年以后交通对能源的消耗所占总能源的比例增长速度加快了许多。按照这个速度发展下去，预计2010年交通消耗的能源占总能源消耗的比例约为16％，2020年交通消耗的能源占总能源消耗的比例将达到24％。

我国1980～2000年能源总消耗的变化情况如图4-42所示。

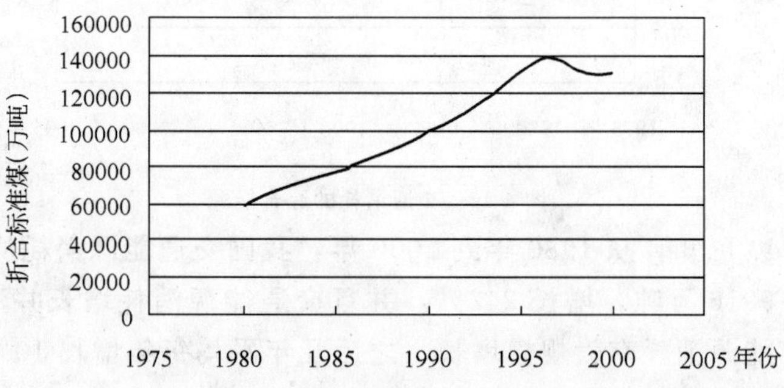

图4-42 我国能源总消耗趋势图

从图4-42可知，1996年以后我国能源总消耗略显下降趋势。但未来的发展趋势不是很明显。预计随着经济的发展和机动车的普及，能源总消耗会相当程度的增加。

我国的能源消耗主要由石油和煤炭两部分组成，1980～2000年我国能源消耗中煤炭和石油两种能源的比例变化情况如图4-43所示。

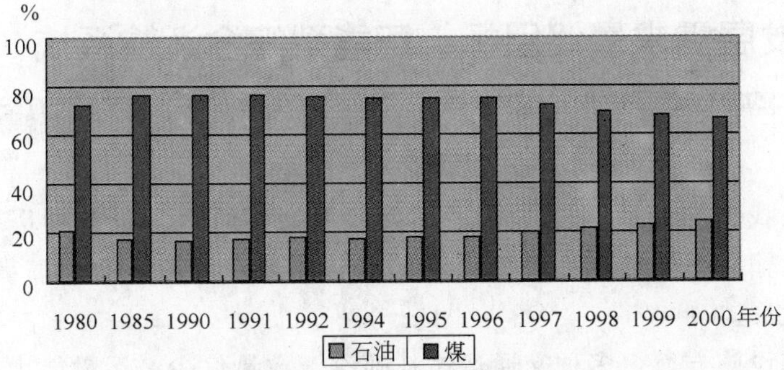

图 4-43　1980～2000 年我国能源消耗中石油和煤炭的比例变化图

从图 4-43 可以看出，石油所占的比例从 90 年代初开始逐年增加，2000 年占总能源消耗的 24.6%，而煤所占的比例逐年减少。按此趋势，预计在 2010 年石油所占的比例能够达到 30%，2020 年石油所占比例达到 38%。

我国 1980～2000 年交通石油消耗占石油总消耗的比例变化情况具体如图 4-44 所示。

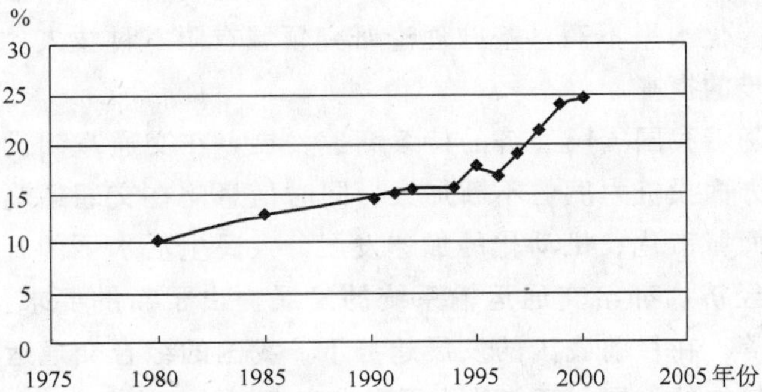

图 4-44　交通消耗的石油占总消耗石油的比例

由图 4-44 可知，1996 年以后我国交通石油消耗在石油总消耗的比例明显增加，2000 年达到 24.5%。预计随着机动车辆的增加，该比例将保持不断上升的趋势。

4.7.2　交通消耗能源的预测

以 90 年代煤油气累计探明储量和水资源可开发量计算，我国探明储量为 7919 亿吨，其中石油为 33 亿吨，仅占 3%。2001 年我国石油产量为 1.69 亿吨，而消费量为 2.19 亿吨，净进口 5000 万吨。预计今后至 2020 年我国石油产量最多 2 亿吨，以后逐年下降。而我国的石油需求不断上升，预计 2010 年和 2020 年石油需求总量分别达到 3 亿吨和 4.5 亿吨。这意味着 2010 年和 2020 年石油的供需缺口分别达到 1 亿吨和 2 亿吨，而用于交通行业的比例仍在不断增加，意味着交通消耗的能源会不断上升。

5 ITS 发展需求最终目标：智能型综合运输系统 IITS (Integrated Intelligent Transportation Systems)

近年来我国的交通运输业有了很大的发展，但是由于各种历史的原因，综合交通运输体系依然存在着较多的问题，在一定程度上影响着我国交通运输系统的发展。

在基础设施方面：多种交通运输基础设施数量偏少、运输能力严重不足；装备水平低，技术落后；综合交通运输体系结构不合理；交通运输基础设施的区域布局不利于地区之间的协调发展；交通运输业的能耗高、污染严重，不符合可持续发展的要求等。在管理体制方面：从宏观上讲，目前我国五种运输方式分归数个部门领导，分口管理客观上造成了条块分割，不能充分发挥和合理协调各种运输方式的作用；在微观上运输企业管理办法陈旧，远远跟不上改革发展的步伐。在科技水平及基础理论研究方面，信息化的应用刚刚展开，智能化水平不高；基础理论研究领域有限，科技人才短缺，技术成果还需进一步的提高。

同时，随着我国国民经济的持续高速发展，在交通基础设施建设和交通现代化建设方面投资力度的不断加大，同时信息化在交通运输领域中的应用日益广泛。而城市化、机动化的加速发展，人民生活水平的日益提高，快速发展的社会经济，都给交通运输系统的发展提出了新的要求：快捷、舒适、安全、环保等。在目前我国的发展趋势下，我国的综合交通运输体系需要而且必将获得较快的发展，智能化水平需有大幅度的提高。

从现有交通运输体系所体现出来的弊端以及国内外交通发展趋势可以看出，在一个国家或地区内任何一种交通方式都不可能单独存在，各交通运输方式之间的相互联合已经成为交通运输系统发展的必然，而且社会经济的发展以及人们对交通运输系统的期望也对各交通运输方式的联合提出了更高的要求，未来社会中各种交通运输方式之间的集成整合成为交通运输系统的发展趋势和发展需求之一。

科技的发展也给交通运输系统的发展带来了重大的影响，从各类电子技术在交通运输领域中的应用开始，不断发展的新科学技术就逐步地推动着交通运输系统的科技水平，近年来，智能交通系统的兴起正是各类科学技术在交通运输系统中应用的反应，从另一方面为解决各类交通问题、满足交通需求提供了有效的手段。日新月异的科技进步推动智能交通系统进入一个快速发展时期，而信息化、机动化、数字化社会的发展也要求不断提高交通运输系统的信息化、智能化水平。

未来，各种交通运输方式的综合发展和智能化水平的提高将是社会发展给交通运输系统提出的两个主要方面的需求，未来的交通运输系统的发展趋势将是智能化的综合交通运输体系，可称之为智能型综合交通运输体系。

首先，我们阐述一些基本概念：

所谓综合交通运输体系（Integrated Transportation System）是指各种交通运输方式在社会化的运输过程中，通过政府部门的影响和自身的努力，按照各自特点有机地结合，组成优势互补、分工协作、连接贯通、布局合理的交通运输综合体系。其主要特征有：各种交通输方式自身具有较强的实力，能够较好的适应人流、物流对任意一种运输方式的需求。各种运输方式既分工又合作，在运输过程中有机结合、协作配合；各种运输方式的交通基础设施建设统筹规划、合理布局、避免不必要的浪费：各种运输方式以及各种运输方式的子行业运用现代科学技术适时改造和完善，能够代表先进生产力发展的方向；在交通运输市场上建立起既能优势互补、协作配合，又有序竞争、相互促进的机制。

综合交通运输体系是一个复杂的、多层次的社会经济系统，包括三个主要组成部分：一是由各种运输方式的线路、枢纽、换装点及运输工具组成的运输网及其运输结合部，这是综合交通运输体系的物质基础，二是运输生产过程中，具有各种运输方式间衔接配合的联合运输生产系统；三是具有宏观上对各种运输方式进行组织协调的管理系统。

所谓智能型综合交通运输体系（Intelligent Integrated Transportation Systems，简称IITS），就是通过充分利用以信息通信技术为核心的、现代高新技术体系使目前的或将来出现的各种交通运输方式有效地衔接起来、统一为一个整体，提高系统运输效率和安全性，减少交通危害，实现旅客和货物在数据流支持下的经济快速、安全舒适、合理有序的流动，建立一个智能、安全、高效、环保的综合交通运输体系。

对于运输系统来说，这种一体化不仅表现在基础设施的一体化规划、设计和建设，而且表现在整个综合运输系统置于一个统一的系统平台上，实现一体化的运营管理、决策与信息服务。对于客运系统的利用者来说，将使交通出行者能够方便地制定旅行计划、享受舒适快捷的全程服务、获取全面的终点信息和终点相关服务；对于货运系统的利用者来说，将能够实现家门交货，安全、准时、高效的多式联运服务。最终我们的目标是：以市场经济为导向，以可持续发展为前提，建立客运快速化和货运物流化的智能型综合交通运输体系。

智能型综合运输系统应该说是智能运输系统发展的未来趋势，智能运输系统最初在20世纪60～70年代开始发展的时候，主要集中在道路交通方面。而目前所见到的比较系统的ITS的介绍也是针对道路交通，后来人们发现水、铁、航也开始应用各种技术（计算机、控制、信息、电子等），而这几种运输模式各有优点缺点，因此人们想到将几个运输方式联系起来，目前人们大力提倡的是建立综合交通运输系统（Integrated Transportation），然后又由于ITS的发展，人们便进一步提出ITS应当在各种方式中发展，综合交通运输系统也需要智能化，因此就产生了智能型综合交通运输系统。简单来说，就是对综合交通运输系统的智能化，或者是智能交通运输系统的综合化，发展模式的差异而已。

目前智能型综合交通运输系统的几个可见的例子：货物的多式联运、旅客的换乘服务等等。日本、美国的ITS开始集中点就放在道路交通，美国近几年开始关注ITS在其他方式中的应用，欧洲由于其特点，在ITS开发初期就将眼光放在了多种运输方式上，在其第四框架和第五框架中都设置了全欧ITS发展的计划，包括了多种项目，其中铁路、水运、航空、道路以及多式联运都占有相大的比重，道路是一个主体，但不是占统治地位。

6 智能交通——中国交通运输发展的必由之路

随着我国经济的发展、社会进步和人民生活水平的提高，交通运输正在成为人民生活的必要条件、活跃经济发展的和保障国家安全的重要条件。中国交通需求的增长，正在对我们现有的传统的交通设施和运送能力产生越来越大的压力和构成越来越严重的挑战。本章将从城市化进程和环境能源的角度探讨我国高速发展的交通需求对交通系统和其他社会系统构成的巨大压力。要改善这种状况我们只有采用新技术来改造现有运输系统和管理体系，从而达到大幅度提高路网通行能力和服务水平。因此，随着ITS技术的不断成熟和成本不断下降，解决当前和以后的中国的交通问题，无论从交通运输本身还是从社会经济的可接受性，ITS都是今后交通发展的必由之路。

6.1 城市化进程和ITS发展

从世界各国的发展历程来看，城市化是一个国家现代化的必然趋势。一般来说，一个初步实现现代化的国家或地区，城镇化水平要达到60%以上，人均国民生产总值（GNP）达到4000美元；根据2002年国家统计局公布的统计公报，截至2002，我国城市化水平为39.1%，人均GNP还没有达到1000美元(根据中国统计局公布的《2002年国民经济和社会发展统计公报》，2002年城镇居民人均可支配收入为7703元，农村居民人均纯收入为2476元）。

根据国家发展和改革委员会、中国21世纪议程管理中心等有关部门参照国际上常用的衡量现代化的指标体系，结合我国国情确定的我国全面建设小康社会的基本标准是，到2020年，也就是我国总体上达到小康水平的时候，我国的城市化水平要达到50%以上，人均GDP超过3000美元，相当于当时的中等收入国家平均水平。

所以，对于中国来说，21世纪的前几十年一定是工业化、城市化迅猛发展的几十年，根据国家统计局的资料表明，近十年，我国的城镇化率每年大约提高1%左右。国际典型国家实现小康的经验也表明，在小康社会的建设过程中，城市化和工业化必然是其重要特征。如果以上估计正确，在我国人口不增加的情况下，那么在2020年，我国总体上达到小康水平的时候，我国的城镇人口将达到6.5亿左右，也就是说在这20年内，我国城镇人口保守估计将要增加1.5亿，在世界各国发展的历史上，从来没有如此多的人口在如此短的时间里进入城市。

城市化一方面给国家社会的发展带了巨大的机遇、为国民生活水平的提高提供了一定的物质保障、为国民经济发展奠定一定的基础，城市化是现代化的必然趋势正是从提高国民生活水平的意义上来说；另一方面，城市化必然给本来就很不够的就业机会、基础设施的建设带来严重的压力，我们需要进行的城市化是有利于民族和社会发展的城市化，提高国民的福利是我们发展的根本目的，我们决不容许产生类似于墨西哥城城市化过程中产生的问题。从这个意义上说，提高城市和城市间的基础设施的服务水平，是我国社会经济健康发展的必要的前提。我们必须从民族复兴的高度来看待这些问题。

城市化进程意味着城市在数量和规模上的各种发展，在这种进程中，首先是企业生产对交通提出了需求。在社会分工发达的今天，生产的原料、半成品和成品的交通量越来越大，这种需求根源于交通经济规律中的生产规模效应，而且这种需求量将伴随着社会化分工的发展而不断发展。

其次，社会产品的商品化和我国市场经济体制的不断完善必然要求交通系统的发展。在市场经济条件下，作为资源配置基本手段的市场方式本身就意味着需要资源不断地空间移动，只有在发达的交通系统的支持下，市场的基础配置作用才能更有效地发挥，而市场的发展必然又将反过来促进交通的发展。

另外，随着我国国民生活水平的提高，个人对于交通的需求将不断增加。生活质量的提高必然要求人口流动的频繁，同时对交通的舒适、安全和速度都提出了更高的要求。

城市化进程反映社会分工的发展，必然对作为国民经济系统中重要子系统的交通系统提出要求，它的服务水平关系到国民经济能否健康发展，关系到城市化能否健康进行。把交通系统比喻成国家的动脉是一点都不夸张的。

由于交通需求的非本源性，要考察交通需求，我们就必须要根据我国城市化的特征进行归纳总结。关于有中国特色的城市化战略，目前大家比较认同的是小城镇化，即不能仅仅通过发展城市规模来提供城市化水平，针对我国国情，比较好的方法是发展小城镇，实现农村的就近城市化，最终形成城市群落。

智能交通采用高新技术，通过智能化的交通运输管理和组织方式对传统的交通运输系统进行改造，形成一种新型的现代交通系统，是交通设施和能源达到最大效率的使用，以获得最大的经济效益，主要表现在：提高交通安全；减少阻塞，提高道路通行能力；降低环境污染。国际上目前的服务领域主要有以下几类：交通管理系统、出行信息服务系统、商用车辆运营系统、电子收费系统、公共交通运营系统、应急管理系统、先进的车辆控制系统。从以上服务领域可以看出，智能交通包括两方面的内容：信息与服务，其中前者又是后者的基础，只有准确快捷地获取了交通信息，才能够实现交通的自动控制。国外的经验表明，解决我国交通问题的根本出路在于发展智能交通系统。

针对我国城市化的特点，我们认为应当从以下几个方面来阐述城市化对交通的需求，进而提出对智能交通的需求。以下分类主要是根据城市化水平的不同，其出发点是不同的城市化水平对应着不同的交通需求，尤其是对智能交通的需求不同。

6.1.1　大城市在城市化进程中对智能交通的要求

谈到需求，我们就必须要谈现状，认识到经济发展和交通发展之间的不平衡是我们分析交通需求的基本的出发点。英国学者 J. M. 汤姆逊把大城市交通问题归纳为 7 个主要方面：交通速度、车祸、公共交通高峰时段拥挤、公共交通非高峰时段乘客稀少、步行困难、冲击环境和停车困难等。对于我国的大城市交通问题主要表现为交通拥塞、交通事故多、公共交通特别拥挤、行人和自行车通行条件低劣。以北京为例，上述情况尤其严重。其原因，一方面是由于客观的道路条件，北京具有悠久的历史，古城建筑不会考虑到今天的交通需求，主干道的间距远远大于其他大城市；另一方面，是交通管理的问题，不仅仅有管理手段上的，还有管理技术和方法上的问题，当然跟国民的交通素养也有关系。

从以上的分析可以看出，解决我国大城市的交通问题，靠新建道路是不现实的也是远远不够的，有效地利用现有的道路条件成了解决交通问题的关键因素，当然必要的道路基础设施的建设是必不可少的。

当我们重新审视交通服务的提供时，我们可以发现提高道路的利用率是一条切实可行的道路。提高道路的利用率最有效的途径就是发展智能交通。智能交通使用先进的通讯设备技术，发展线、面等交通信号自动控制系统，通过计算机管理交通和交通控制系统，最终达到充分发挥现有道路交通设施潜力、提高现有道路的通行能力的目的。

根据智能交通系统的主要内容，信息和管理。可以看到在城市交通系统中智能交通系统需要信息和管理两方面并重。在信息方面，需要通过为出行者提供旅行信息、交通信息，达到减少不必要的等待时间，建立一个人性化的交通系统，同时为交通管理提供基础。交通管理需要实现交通管理的自动化，更为重要的是需要通过智能化的管理方式有效地连接公交、轻轨、地铁等各种交通方式，形成一个有机的交通网络，提供便利的交通可达性，节省出行时间。

6.1.2 城市群对智能交通的要求

世界和我国城市发展的一个趋势是城市群的出现并呈现出快速发展的势头，我国现在已经形成了以上海为龙头的长江三角洲城市群、珠江三角洲城市群、京津唐城市群。城市群除了城市内部交通问题外，一个突出的问题就是城市间的交通问题。城市间交通问题的解决主要是发展轨道交通。

6.2 能源环境与可持续发展

6.2.1 压力

交通拥挤及环境污染加剧已成为城市交通的顽症。以北京市为例，建国以来北京市外延上不断扩大，内涵上人口密度和流动强度都直线上升。目前北京市平均人口密度为每平方公里1.48万人，其中，四个中心城区平均每平方公里2.7万人，市内最稠密处高达每平方公里5.3万人。这种人口和产业活动高度集中在狭小的建成区内的发展模式，造成北京交通基础设施拥挤的重要原因之一。

到2000年底，北京市常住人口达到1107万以上，另外还有每日200万以上的流动人口。即使按每人每日出行一次计算，客流量也达到1100万人次以上；同时，出行半径扩大，对交通服务提出了更多需求。社会经济快速发展加快了道路交通的机动化，突出表现是机动车保有量持续高速增长。20世纪90年代以来，北京市机动车年增长率在10%～15%，到2002年底，全市机动车保有量近200万辆，比1990年增长了3倍多。由于机动车的快速增长，对道路基础设施的需求随之大幅度上升。

交通拥挤造成高峰时段机动车辆行驶速度普遍降低，市区11条主要干道的机动车时速曾经下降到每小时12公里，其中东单北大街时速只有每小时7.8公里。由于汽车频繁启动和长时间低速行驶，发动机燃料燃烧不充分，废气排放量增大，带来的环境污染问题已越来越严重，机动车排放污染已成为城市大气和噪声的主要污染源。

据统计，北京市机动车排放的一氧化碳、碳氢化合物、氮氧化物已占总排放的40%～70%。不仅汽车尾气是大气的主要污染源，交通噪声污染也十分严重，平均声级达到71分贝，且近年来居高不下。目前，北京平均每月处理突发性道路交通拥堵都达3000次左右。交通堵塞直接导致了交通延误增加、行车速度降低、经济效益损失、耗油量和尾气排污量的增加等问题。

6.2.2 压力的产生原因

(1) 社会经济发展

①客货运量的增长

预计到2005年，我国客货运输需求总水平为：全社会货运总量约165亿吨，货物周转量约4.9万亿吨公里；全社会旅客运输总量约210亿人，旅客周转量约1.7万亿人公里。随着经济的发展，人民生活水平的提高，人员往来也将更加频繁，特别是西部开发战略的实施，国家为扩大内需努力开拓农村市场，客运需求增幅将显著提高。

此外，旅游业的发展要求提供更加迅速、安全、舒适的优质运输服务，满足人们对出行方式的多层次、高层次选择的需要，这些都对机动车辆的燃料排放、能源消耗提出的巨大难题。以目前的交通运输水平是无法满足的，我们只能也必须以发展高效、快捷的智能交通运输体系，保障不断增长的客货运量的需求。

②城市化进程的加快

城市化进程的加快，要求运输系统相应扩张总体能力。改革开放以来，我国城市化与汽车化发展十分迅猛。城市化水平从不足19%发展到目前的超过30%，预测2010年将接近50%。城市化的迅速推进特别是大城市规模的扩张，带来了城市交通需求特别是机动车数量迅速增长。从20世纪70年代末起，中国城市汽车拥有量以年均12%～14%的速度增长。1978年，中国民用汽车总量仅135.84万辆，到2001年底已达到1802.04万辆，增长了12倍多。其中，私人汽车由1985年28.49万辆增加到768.8万辆，增长了近26倍。这些民用汽车尤其是私人汽车，多集中在中国的城市地区。城市化进程的加快，导致机动车保有量的迅猛增长。

(2) 机动车普及原因

①收入的增加：GDP的年均增长率将保持在6%～7%。

②中产阶级的形成：贫富差距在扩大的同时，中产阶级在形成。

③汽车价格的下跌：国产代表性汽车之一的桑塔纳，从1994年的24万元降到2001年的12万元，因为入世的原因，汽车价格将继续下降。

④国家政策的转换：对于家庭用私人车的普及：反对—消极—默认—发展。

交通运输发展需要占用和消耗大量的能源、土地及自然资源，产生大量的交通噪音和空气污染，对自然环境造成很大压力，可持续发展战略的实施对交通运输发展提出了更高的要求。目前中国交通运输效率的综合指标值仅为0.238（标准值为1）。这意味着中国目前的交通运输效率只相当于理论上最高效率水平的四分之一，在目前交通运输效率相当低的情况下，环境与能源问题将更加恶化。

6.2.3 交通运输对环境的压力

从环境承受力角度考虑，我国的城市交通管理面临的任务颇为严重。虽然我国的机动车保有量并不算高，目前全国汽车换算总计保有量（汽车、摩托车和农用车）约2772万辆（截至2000年），约60%以上的汽车和将近一半摩托车集中在城市中运行。由于车辆制造技术水平相对较低，机动车排放控制标准低，对城市环境污染加剧。加之工业污染和其他污染，我国城市环境状况严重恶化。

据1998年世界卫生组织公布的报告，全世界污染最严重的10个城市中，中国有7个。我国北方的一些城市的环境容量已经超过了极限。因此，城市交通可持续发展已经成为必由之路。

相关指标：

每万吨公里铁路周转量废水排放量：1.425吨/万吨公里

每万吨公里铁路周转量废气排放量：298.0立方米/万吨公里

每万吨公里铁路周转量工业废物排放量：0.084千克/万吨公里

平均每辆汽车每年CO排放量：1.64吨/车·年

平均每辆汽车每年HC排放量：0.41吨/车·年

平均每辆汽车每年NOx排放量：0.37吨/车·年

污染情况：

目前，机动车污染已经上升为中国城市大气和噪声的主要污染源，例如，北京市汽车排放的一氧化碳、碳氢化合物、氮氧化物已占总排放的40%～78.3%。我国主要大城市车辆排放比重如表6-1所示。

我国几个主要城市车辆排放比重对比 表6-1

城　市	CO	HC	NO_x
北京（2000）	76.8%	78.3%	40.0%
上海（1996）	86.0%	96%	56.0%
广州（2000）	83.8%	50%	45%
沈阳（1990）	27%～38%	—	45%～53%

我国机动车保有量增长迅速，但机动车排放控制技术仅相当于国外 20 世纪 70 年代的水平，而且绝大多数机动车集中于城市，使得城市机动车污染成为普遍关注的问题。目前，我国大城市机动车污染已经达到比较严重的程度，与机动车相关的污染物超标情况时常发生：

北京市 1998 年四环以内道路附近年日均浓度统计表明，氮氧化物（NO_x）超标率为 85%～89%，一氧化碳（CO）超标率为 35.0%～86.5%；四环路旁年日均浓度稳步上升的趋势非常明显。同时，近几年来北京市臭氧超标天数已经由 20 世纪 80 年代末期的 43 天发展到 70 天以上。可见，臭氧超标日趋严重，潜在着发生光化学烟雾的危险。

广州的情况与北京相似，近五年来氮氧化物城区平均浓度均超过国家二级环境质量标准，城区监测平均值高于北京。

除广州和北京之外，其他城市的监测数据也反映了目前机动车污染的严重程度：上海市 15 个交通路口的监测结果表明，氮氧化物、一氧化碳和碳氢化物日平均浓度值分别为 0.363 毫克/立方米、11.2 毫克/立方米和 2.25 毫克/立方米；一次测定最高值分别为 0.68 毫克/立方米、22.1 毫克/立方米和 4.69 毫克/立方米；氮氧化物和一氧化碳浓度比对照点分别高 10 倍和 6 倍，均超过国家三级标准。

天津市区主要交通干线一氧化碳和氮氧化物超标几倍至十几倍；武汉市航空路口一氧化碳浓度 100%超标；长沙市交通干道中心点一氧化碳超标 4 倍，年超标率为 40%；乌鲁木齐市主要街道两侧一氧化碳和氮氧化物浓度日均值超过国家二级标准。

因此，目前大城市的机动车排放污染物已经接近或超过了环境容量，机动车排放污染日趋严重。及时地研究造成机动车污染的原因，并进行有效的控制已经迫在眉睫。

6.2.4 能源

从资源环境分析，我国的人均土地资源、人均水资源拥有水平很低，城市人口增长迅速，大批的农村剩余劳动力不断涌向城市，许多城市在基础设施交通规划建设方面未能予以充分重视，在许多大城市，由于城市边远地区或郊区的交通条件不好，大量的人口往城市中心集中，城市集中化趋势严重，对城区的居住、交通等造成很大压力。如何加强城区、近远郊区的交通协调发展与管理，对于合理利用土地、水、劳动力资源都有直接影响。

（1）1998 年全国交通运输效率相关指标

铁路运输能源消耗 115.5 千克标煤/万吨公里

铁路运输用地面积 0.29 公顷/百万吨公里

公路运输用地面积 1.58 公顷/百万吨公里

公路运输部门客车单位周转量燃油消耗 11.83 千克标煤/百吨公里

公路运输部门货车单位周转量燃油消耗 6.44 千克标煤/百吨公里

民航运输油耗 63.86 千克标煤/换算百吨公里

(2) 中国交通行业能源状况

根据中国的能源统计：1990 年、1995 年和 2000 年全国交通运输与邮电行业的能源消费分别占总消费量的 7.75%、7.686%和 9.6%。1999 年，交通运输与邮电行业的汽油、柴油和煤油消费量占全国成品油消费总量的 38.2%。其中汽油消费量 1264.7 万吨，柴油消费量 3823.9 万吨，煤油消费总量 624.2 万吨，分别占全国总消费量的 37.4%，61.3%和 75.7%。但是，深入分析可发现，柴油和煤油消费量基本与各交通方式的消费统计基本吻合。而汽油（主要为道路机动交通工具所消耗）消费量远远低于按照全国实际机动车拥有量和运行状况所消费的量。根据铁路、民航、管道和水运能源消耗统计量和对道路机动交通工具燃油消费测算汇总结果，2000 年全国交通运输行业实际消费柴油约 3686 万吨、煤油 727 万吨、汽油约 4410 万吨。全国道路交通工具能源消耗及未来增长趋势如表 6-2。

全国道路交通工具能源消耗及未来增长趋势 表 6-2

项目	单位	1990 年	1995 年	2000 年	十年平均增长量	2005 年	五年平均增长率	2010 年	五年平均增长率
耗能总量	万吨标煤	3642	5946	9359	10.00	13844	8.14	19347	6.92
汽油消耗量	万吨	1990	3100	4410	8028	6042	6050	7900	5051
柴油消耗量	万吨	490	950	1970	14.93	3400	11.53	5300	9.28

(3) 中国城市道路交通发展与能源消费展望

中国城市交通需求发展特点如下：

①民用汽车量迅速增长

2000 年民用汽车拥有量 1609 万辆，过去 10 年平均增长 11.3%

②私人汽车增长更快

2000 年私人汽车拥有量 625 万辆，过去 10 年平均增长 22.6%

其中私人小轿车 304 万辆，过去 10 年平均增长 31.3%

③城市交通运客量相对下降

某些大城市运营速度 12km/h 下降到 5～10km/h

④汽车用油迅速增长

车辆增加，特别是空调车增加，用油量逐年上升。以北京 1999 年为例，

汽油消费 0.923×10^6t，比 1998 年增长 12.2%，柴油消费 0.70×10^6t，比 1998 年增长 8.5%。

中国交通运输能源消耗趋势如表 6-3 所示。

中国交通平均单车油耗发展趋势 表 6-3

中　国	1990	1994	1999	2005	2010	2015
油耗 t/a	4.42	3.29	3.09	2.3	1.87	1.59

中国和部分发达国家交通单车油耗对比如表 6-4 所示。

中国和部分发达国家交通单车油耗对比 表 6-4

国　家	美　国	日　本	德　国	中　国
油耗	2.26	1.13	1.27	3.09
年份	1987	1989	1989	1999

中国的交通油耗总量预测如表 6-5 所示。

中国交通油耗需求总量预测 表 6-5

年　份	1999	2005	2010	2015	2020
需求量（million t）	44.85	62.19	81.67	107.24	150

据资料分析，单车油耗高，到 2015 年达到 1.6 t/a，燃料需求总量则高达 1.07 亿吨，年均增长 6.0%。而且由于中国目前的公路交通运输效率低下，资源空间和生产力分布不均衡，使得中国每增加一美元国民生产总值，大约需要 13 吨公里的运输量，是美国的 10 倍左右。而作为道路运输主要动力的能源——石油和天然气，在我国能源总量中所占的比重偏小，我国已经成为石油净进口国。石油资源的紧张与运输效率的低下成为中国公路运输发展中的重要问题。

我国石油资源有限：

• 以 90 年代煤油气累计探明储量和水资源可开发量计算，我国探明储量为 7919 亿吨，其中石油为 3.3 亿吨，仅占 3%。

• 2001 年石油产量 1.69 亿吨，而消费量 2.19 亿吨，净进口 5000 万吨，实际上达 6500 多万吨，1993 年开始我国已变成石油净进口国。

• 我国石油需求总量到 2010 年和 2020 年分别达到 3 亿吨和 4.5 亿吨，供需缺口分别达到 1 亿吨和 2 亿吨。

炼油工业现状：

• 中国燃油质量与发达国家相比，有两个关键的因素；一是原油质量相对较差；二是炼油技术水平相对落后。

• 炼油工业存在的主要问题：一是目前中国炼油工业状况“炼大于采”，即炼油加工能力大于原油生产能力，炼油能力严重过剩。

• 二是炼油工业企业规模小，技术水平低，1998 年，中国的炼油厂总数占世界的 30%，年一次加工能力只占世界的 6.5%

中国炼油工业与世界水平的情况对比如表 6-6 所示。

中国与世界炼油工业情况对比 表 6-6

类　别	世　界	中　国
炼油企业的设施设备平均利用率	80%	61%
轻质油收率	70%以上	65%以下
加工损失率	1%以下	1.5%以上

近年来，低加工水平的小炼油厂（年一次原油加工能力在 100 万吨以下的炼油厂）数量猛增，严重冲击炼油工业和影响油品质量。近 200 家小炼油厂无序发展，不仅加剧生产过剩，也影响了炼油工业的技术进步。据有关调查资料显示，70%的小炼油厂只有简单的一次加工装置，几乎所有的小炼油厂都没有催化重整，加氢精制等提高产品质量的装置。1998 年，小炼油厂生产的 70＃ 汽油和含铅汽油占汽油总产量的 70%以上。

排放控制与燃油效率：

燃油效率的高低与排放控制存在密切相关关系，在既定的技术水平下，燃油利用效率高则排放水平低。反之，则排放水平高。同时，燃油效率的高低与燃油质量高低也存在直接正相关关系。仅仅通过政府对机动车量采取严格的燃油使用标准是不够的，人们还应该认识到当前巨大的压力在于，油气资源是一种稀缺资源，储量有限，消耗无限，就中国和世界油气资源的储量水平和消耗水平量，在未来的几十年后，石油枯竭带来的危机不可避免，新的动力源必须在技术实现突破后才能适应机动化的长远发展要求中国的机动车不可能在燃料替代方面直接由燃油消耗型跨越到电力或燃料电池等新驱动能源主导型。限于先进技术的成熟度和中国的国情因素，人们必须另辟蹊径，通过运输结构改革——大力发展智能交通系统来实现。

6.2.5　解决方案

面对如此压力，为了减低交通运输对环境的影响，降低能源消耗、减少机动车辆排放量，许多政策措施用以治理解决汽车污染引起的高额社会成本被提出。例如，信息宣传，经济工具，旅行需求管理，以及运输计划。不同国家和城市的经验表明，没有一种简单、明确和有效的解决方法。从加强环保的角度出发，除了尾气净化处理以外，通过加强交通组织和管理来改善运输效率也是减少交通污染非常重要的手段。

交通运行的有序化，以上海为例，“公交优先”，大力发展大容量快速交通体系车辆，从 10 公里/小时提高到 20 公里/小时。加强智能化交通管理，安装电子“警察”系统，实行 15～30～60 分钟到达目的地的计划，保证车辆的能耗基本稳定。有资料表明，采用 ITS 可减少 60％的城市交通拥塞，可使现有高速公路的通行能力至少增长一倍，使短途运输效率提高近 70％，汽车油耗也可由此降低 15％。提高交通运输效率，对社会经济发展的各方面都将产生积极的影响。

此外，水路运输对于自然环境变化的敏感度以及运输事故发生后对自然环境的破坏程度位居五种运输方式之首，而研究表明，通过 ITS 的逐步研究与实施可以大大提高水路运输效率，减少事故发生。

智能交通系统研究不仅会解决交通运输发展带来的环境污染、能源消耗问题，而且也将会带来相关产业的应用与飞速发展。近来国内外舆论认为中国将成为 21 世纪世界制造中心。大力发展 ITS，可以实现电子、机械等大中型企业的产业结构调整，促进信息、光电、计算机、汽车、通讯及现代物流服务等高新技术的发展，可望成为新的经济增长点和支柱产业。这些新兴产业的重组与调整，又能降低能源的消耗，改善环境污染，实现可持续发展。

7 ITS 子系统需求分析

7.1 ITS 影响评价指标

我国对 ITS 的需求主要是来自于对在有限的交通设施条件下，尽可能改善交通系统的运行状态。在本次研究中，我们认为这些运营状态包括安全性、移动性、有效通行能力、用户满意度、效率和能源环境这六个大方面。我们认为以上六个方面是 ITS 影响评价的主要指标。发展 ITS 的目的和对 ITS 的需求都是来自于 ITS 项目能够为为出行者提供一个更加安全、移动性更强、有效通行能力更大、使用者更加舒适和满意、更加高效和更加符合能源环境要求综合性智能型运输系统。接下来的内容将会阐述各个指标的内容和 ITS 与各个指标的关系。

7.1.1 安全性

虽然交通事故和交通死亡是不可避免的，但是安全问题一直是交通系统不断完善中追求的目标，智能型综合交通系统和传统的交通系统比较上，追求更加好的驾驶安全性。一些 ITS 的技术能够有效的减少交通事故的发生。

这些技术的集中关注点是减少碰撞的可能性和较少碰撞发生以后的伤害程度。交通系统的安全性衡量指标一般包括：事故率、死亡率和财产损失。

7.1.2 移动性

减少延误和降低旅行时间是很多ITS技术的主要目标，也是智能型综合运输系统主要目标。移动性的衡量指标一般包括：延误和旅行时间变化幅度。

延误衡量方法因为具体的交通系统不同而不同。一般来说可以按秒/车或者分钟/车来计算单车延误和平均延误。当然系统的延误也可以用小时/人来计算。

旅行时间不确定性是指交通系统中一次出行（包括不同交通方式转换和途中停驶）起点到终点旅行时间的变动性。这表明旅行时间的可确定程度，也影响运输过程中的效率。降低旅行时间的不确定性可以提高个人和公司旅行行程计划的安排的可靠度。通过改善运作，提高事故相应能力，提供延误信息，ITS服务可以降低旅行时间在交通网路中不确定性。比如交通信息服务可以对改善拥挤条件下的路径选择起到诱导从而降低旅行时间的不确定性。

7.1.3 有效通行能力/吞吐量

许多ITS项目都想通过对已有基础设施的优化使用来提高已有基础设施的合理使用，以便满足移动性的要求和经济合理性，而不是通过扩建基础设施来满足需求。这就要通过增加现有交通系统的有效通行能力来实现。所谓有效通行能力就是潜在的最大的在各种综合道路条件下通过一个路段或者一个节点或者一个网路的通行能力。

通行能力和有效通行能力的区别在于通行能力是指在道路条件和气候条件都很好的情况下的通行能力，而有效通行能力是根据各种不同情况下（比如天气不好、事故等等）得到不同的实际通行能力。而吞吐量是指单位时间内通过一个路段和一个路网的旅行人数、货物和车辆。有时候通过增加有效通行能力可以实现道路吞吐量的增加。路网吞吐量是比有效通行能力更加容易衡量的一个指标。因此吞吐量可以作为ITS项目评价的一个有效参数。

7.1.4 用户满意度

许多ITS项目都是服务公众的，因此知道这些项目是否满足旅行者的期望，是否达到更好的效果都是非常重要的。这里的用户满意度是指ITS项目提供服务的时候，用户预期的效果和实际效果之间对比的评价指标。用户满意度评价的核心问题是：相对于用户的投资——无论时间和金钱的花费，项目是否体现了足够的价值和收益。虽然直接衡量用户满意度还是比较困难的，而于用户满意度相关其他指标还是比较容易衡量的，比如不同交通模式的交通总量，模式选择，交通服务用户投诉数量等等。

为了增加用户或者是客户的满意度，评价对交通系统提供者或者是管理者的满意度是必要的。例如，很多 ITS 方案被应用于更好地协调交通领域不同的从业者的工作。在这些方案中，衡量交通提供者满意度对于保证有限资金地最有效地利用是非常重要的。衡量这样一个方案的一种途径是调查这个方案实施前后各从业者协调的改善度。同时，集合不同的交通从业团体的满意程度来衡量一个 ITS 方案实施前后的程度也是可能的。

7.1.5 效率和成本

应用 ITS 系统能够减少生产成本并提高水产效率。某些应用能节省完成交易的时间或者能调整交易过程，使交易增加其经济效率。对于政府机构来说，相对传统的交通改善来说，ITS 是一种低成本并且生命周期费用很低的交通改进办法。其他的一些应用使其能采集和储存数据，这些数据将能转化为费用的节省和性能的提高。ITS 应用带来的生产效率的提高和成本的节省将使政府机构和企业最有效的利用其资源。节省的费用可以作为应用 ITS 系统应用效率的衡量标准。

7.1.6 能源和环境

ITS 服务对空气质量和能源的影响是需要考虑的非常重要的因素，特别是对于不直接影响的领域。在大多数情况下，环境的改善只能用分析和模拟的方法衡量。用于区域评价的问题包括独立方案的小的影响和多种外部因素，例如天气、非机动能源的贡献、其他区域迁徙过来的空气污染以及臭氧空洞的自修复作用。小尺度的研究通常显示出对环境的积极影响。这些影响来自于交通系统中更稳定而更有效的交通流。然而，长时间大范围的 ITS 应用对旅客环境的影响还没有弄清楚。

热量排放水平和能源消耗的减少已经被确定为本领域效率的衡量指标。热量排放和燃料消耗的详细衡量指标包括：热量排放水平（千克或者是吨污染物，包括 CO，NOx，HC 和活性不稳定化合物），燃料消耗（升或者加仑），燃料经济效率（千米/升）。

7.2 ITS 需求分析、ITS 影响评价指标和 ITS 收益之间的关系

ITS 需求、ITS 评价指标和 ITS 收益三者关系（如图 7-1）的阐述说明本次研究专题在需求分析中的基本思路。

第一个方面我国发展 ITS 目的主要是在现有的基础设施条件上尽可能改善上一部分中提到的各个指标。改善上述指标是我国 ITS 发展和实施的根本需求。

第二个方面 ITS 评价指标是说明 ITS 收益的标准和衡量尺度。

第三个方面，有必要通过我国和国际上已经实施的 ITS 子系统项目的收益（Benefit）来评价各个子系统在改善上述指标中间起到的作用，从而能够切合实际的确认各个子系统的实施的必要性可行性。已经实施的 ITS 子系统

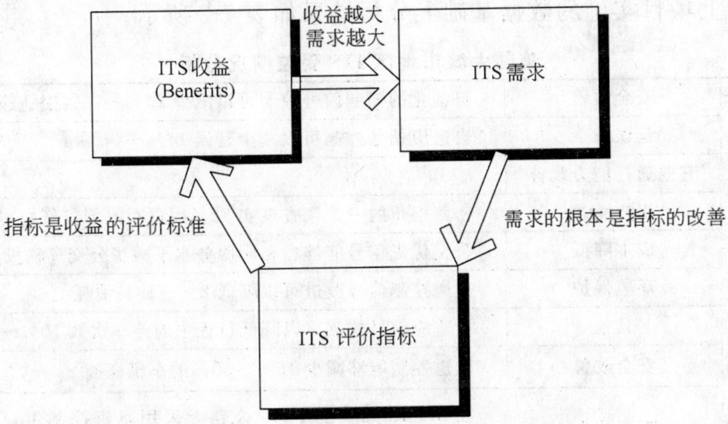

图 7-1　ITS需求、ITS评价指标和ITS收益三者关系

项目对于上述指标的改善效果越明显说明项目实施效果越好，以后发展同类项目的可能性就比较大，此类项目发展的需求也就增强。

7.3　城市 ITS 发展需求

7.3.1　国外城市 ITS 项目 benefit/cost 经验借鉴和结合我国国情的需求分析

（1）国际上城市地区 ITS 项目分类和实施的受益/成本的经验

截至 2001 年，美国交通部在长期实施 ITS 上的经验总结，在美国大城市地区 ITS 项目的实施对于安全、延误、有效通行能力、用户满意度、能源等方面的指标的影响数据的可获得性见表 7-1。

美国 ITS 项目的影响数据可获得性　　表 7-1

项目类型	安全	时间和延误	有效通行能力	成本	用户满意度	能源	其他
干道管理系统	>10	>10	1～3	7～10	4～6	7～10	0
高速公路管理系统	>10	>10	4～6	4～6	4～6	4～6	0
公交管理系统	4～6	>10	1～3	7～10	4～6	1～3	0
事故管理系统	4～6	>10	1～3	>10	7～10	7～10	0
紧急事件管理系统	4～6	1～3	0	0	0	0	0
电子收费	1～3	1～3	1～3	1～3	1～3	1～3	0
电子结算	0	1～3	0	1～3	1～3	0	1～3
高速公路和铁路交叉口控制	1～3	1～3	0	0	1～3	1～3	0
区域交通信息服务	4～6	4～6	1～3	1～3	7～10	4～6	1～3
信息管理	0	0	0	0	0	0	0

在以上项目实施的数据基础上分析结果如表 7-2 所示。

美国大城市地区 ITS 受益情况分析 表 7-2

干道管理系统 A	安全改善	自动化的强制信号控制可以减少 20%～75%交通违章
	延误减少	自适应信号控制可以减少延误 14%～44%
	有效通行能力改善	
	用户满意	密西根州的一个调查现实 72%用户对改善信号控制感觉满意
	成本降低	公交优先信号能够在相同服务水平减少公交车辆投入
	环境保护	交通控制信号改进可以降低 2%～13%油耗
	其他	自适应信号控制可以降低行程中的停车次数 10%～41%
高速公路管理系统 B	安全改善	匝道控制能够减少 15%～50%的车辆碰撞
	延误减少	在 Minneapolis 的 I-494 公路上采用匝道控制可以减少 11 到 93.1 车辆小时的延误
	有效通行能力改善	在 Minneapolis 地区的系统研究表明有 16.3%的有效通行能力增加
	用户满意	根据调查，69%旅行者对高速公里管理系统改进表示满意
	成本降低	在乔治亚洲，在高速公路发生事故以后的有效导航可以减少 44，600，000 美元/年的财产损失
	环境保护	
	其他	匝道控制可以增加车速 4%～60%
公交管理系统 C	安全改善	Denver 系统的有无声警报的 AVL 技术可减少 33%乘客伤害
	延误减少	采用 CAD/AVL 技术以后车辆准点率提高 9%～23%
	有效通行能力改善	
	用户满意	Denver 系统用户投诉减少 26%
	成本降低	
	环境保护	
	其他	在相同服务水平可以减少 4%～9%的车辆投入
事故管理系统 D	安全改善	得克萨斯州 San Antonio 实施结果表明有 41%车辆碰撞减少
	延误减少	每年能减少 95，000～2，000，000 车辆小时的延误
	有效通行能力改善	
	用户满意	用户的对事故救援表示非常满意
	成本降低	采用系统以后根据系统实施范围，可以减少损失 1，000，000～45，000，000 美元
	环境保护	事故以后的救援车辆的有效诱导可以每次事故减少 2600 加仑油耗
	其他	

续上表

紧急事件管理系统E	安全改善	
	延误减少	
	有效通行能力改善	
	用户满意	对安装紧急事件救援设备有95%用户表示增加了安全感
	成本降低	
	环境保护	
	其他	
电子收费F	安全改善	1996年和1997年年加州Carquinez桥梁电子收费使得每年在收费点的碰撞增加27和30件
	延误减少	1996年和1997年年加州Carquinez桥梁电子收费减少延误79，919车辆小时
	有效通行能力改善	Tappan桥梁电子收费1000车/车道，而人工400～450车/车道
	用户满意	
	成本降低	道路维护减少14%
	环境保护	Florida数据：采用ETC以后，CO排放降低7.3%HC排放降低7.2%，Nox排放降低34%～40%
	其他	电子收费使得Florida20%旅行者调整出行时间
电子结算G	安全改善	
	延误减少	
	有效通行能力改善	
	用户满意	欧洲，71～87%乘客欢迎交通一卡通的使用
	成本降低	新泽西州公共交通采用交通卡以后，每年可以减少270万美元运营费用
	环境保护	
	其他	
高速公路铁路交叉口控制H	安全改善	92%铁路工程师因为有在路口对汽车的喇叭警告而感到安全
	延误减少	
	有效通行能力改善	
	用户满意	学生出行车辆因为有车载预先警报而感到满意
	成本降低	
	环境保护	
	其他	

续上表

区域旅行者信息服务I	安全改善	在 San Antonio 通过网上了解交通情况，碰撞减少 0.5%
	延误减少	在 San Antonio 通过网上了解交通情况证明可以减少 5.4% 延误
	有效通行能力改善	
	用户满意	38%用户感觉在不熟悉地区车载导航非常有帮助
	成本降低	公交信息服务使得伦敦公交收益明显增加
	环境保护	波士顿的 SmartTraveler 使得：Nox 排放降低 1.5%，CO 排放降低 33%
	其他	
资料来源：www. benefitcost. its. dot. gov		

(2) 对我国 ITS 需求分析的借鉴

从美国部分 ITS 项目实施的效果来看，ITS 项目在改善安全、减少延误、增加有效通行能力、用户满意、降低成本和环境保护方面已经取得明显的成果。同时根据各个领域采用 ITS 的效果我们可以见到，在改善我国大城市地区交通状况中合适的采用 ITS 项目有助于改善我国交通领域的安全、延误、环境保护等方面的问题。交通服务需求和 ITS 项目之间的关系见表 7-3。

交通服务需求和 ITS 项目之间的关系 表 7-3

指　　标	能有效改善指标 ITS 项目类型	指　　标	能有效改善指标 ITS 项目类型
安全	A/B/C/D/H/I	用户满意	A/B/C/D/E/G/H/I
延误	A/B/C/D/F	降低成本	A/B/C/D/F/G/I
有效通行能力	B/F	环境保护	A/D/F/G/H/I

7.3.2　中国 ITS 发展背景国情特点

结合我国的国情，我国东部、中部和西部 3 个地区的差异十分明显，具体情况如表 7-4 所示。

以上这些特点就决定了我国近期和中期的 ITS 需求将会主要集中在我国东部发达地区的城市地区。

7.3.3　我国东部城市特点

我国东部沿海发达地区，城市化水平已经较高。很多城市已经出现较为明显的交通拥堵现象。同时各个城市对 ITS 的需求也与日俱增。“十五”国家科技攻关重大专项“智能交通系统关键技术开发和示范工程”的 10 个城市有 9 个是在东部地区。

我国东中西地区经济、交通服务和 ITS 需求对比 表 7-4

类　别	东部地区	总部地区	西部地区
经济发展特征	经济较为发达，部分地区已经接近发达国家水平，基础设施建设较为完善，但是管理水平仍然不够	相当于 10 年前的东部地区	处在工业化、城市化的起步阶段，贫困人口较多
对交通服务需求	高质量服务	方便的出行服务	方便物品交换，温饱型交通需求
对 ITS 的需求	信息化、完善的 ITS 系统	初级管理系统	先做好农村公路和客运服务，ITS 开展需还要一段时间

作为“十五”国家科技攻关计划重大专项“智能交通系统关键技术开发和示范工程”的重要组成，在 2002 年 4 月 2 日 10 个示范工程试点城已经确定。本次示范工程试点城市共十个城市包括北京、上海、天津、重庆、广州 5 个特大城市，同时还包括济南、青岛、深圳、中山、杭州 5 个大中城市，示范工程是我国在智能交通领域开展大规模应用示范的开始，其中重点围绕北京“科技奥运”的内容，建设智能化交通管理系统和交通信息服务系统，重点攻克交通控制方法和设备、信息发布等难点，力争使示范城市行车平均速度提高 5 公里/小时，减少事故产生延误时间 30%；建设实时智能化公交调度系统，攻克城市条件下实时跟踪和调度技术难点，力争使示范城市乘客平均出行时间减少 10%，是本次示范工程的重点目标。

主要是根据各个城市不同的经济发展水平和城市规模对城市分类，我国 10 个 ITS 示范城市情况对比，见表 7-5，我国 10 个 ITS 示范城市市区 GDP 对比，见图 7-2。

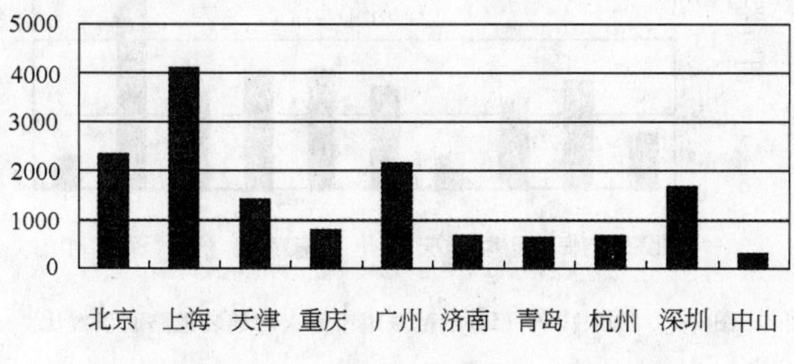

图 7-2　我国 10 个 ITS 示范城市市区 GDP 对比

我国 10 个 ITS 示范城市情况对比 表 7-5

类别＼城市	北京	上海	天津	重庆	广州	济南	青岛	杭州	深圳	中山
人均 GDP（$）	2713.08	4180	2173.07	1093	N/A	3024	3260	4600	4801	2840
人口（百万）	974.14	1136.82	682.05	896.49	566.68	264.46	234.6	179.18	124.92	133.75
人均铺装道路面积（m^2）	4.46	3.36	8.7	5.6	6.9	8.03	10.68	8.24	10.6	14.19
万人机动车数量	1232	N/A	928	N/A	N/A	488.56	N/A	516.9	817	591.9
市区 GDP（亿元￥）	2332.3	4098.6	1392.9	786.2	2165.1	661.4	628.9	677.8	1665.2	312.8
人均 GDP＝市区 GDP/市区人口（万￥）	2.394214	3.60532	2.042226	0.876976	3.820675	2.500945	2.680733	3.782788	13.33013	2.338692
人均 GDP（$）	2891.563	4354.251	2466.456	1059.149	4614.342	3020.465	3237.6	4568.585	16099.19	2824.507

从经济发展的角度看，10 个示范城市的经济发展水平普遍比较高。属于国内经济最为发达的城市。从交通现状的条件来看，一般中国国内城市的人均交通资源都比较有限，大城市（市区人口 500 万以上）人均铺装道路面积比较小，我国 10 个 ITS 示范城市市区人均铺装道路面积对比，见图 7-3。

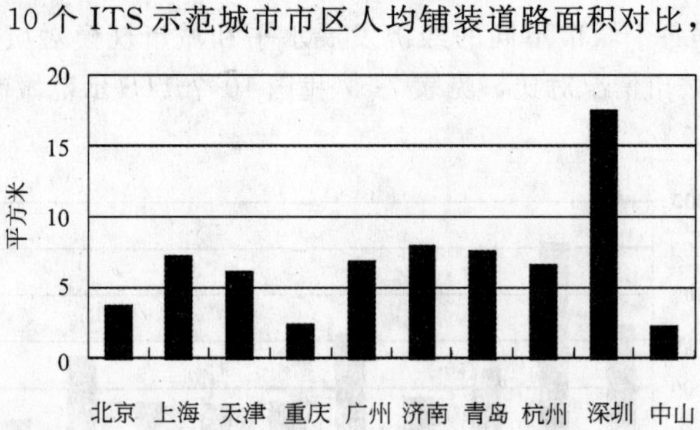

图 7-3 我国 10 个 ITS 示范城市市区人均铺装道路面积对比

同时，目前我国大城市机动化水平也正在迅速提高中。机动车的增长十分迅速。以北京为例，在 2003 年 8 月，北京市机动车保有量达 200 万辆。其中私车超过 119 万辆。北京市的城市道路总长 4311 公里，其中五环路以内 2134 公里，道路面积 2955.7 万平方米。目前北京市机动车年增长率 12%，而北京市道路面积增长率约为 2%，远远低于机动车增长率。

正是由于我国东部大城市交通需求的迅速增加和交通基础设施的供给不能同步跟上才促成了对 ITS 的巨大需求。

7.3.4 “十五”期间城市 ITS 规划和我国 ITS 发展需求分析

根据已有资料，我们了解我国“十五”期间一些 ITS 示范城市的规划和已经部分实施的项目如表 7-6 所示。

我国“十五”期间部分 ITS 示范城市的规划和已实施的项目 表 7-6

城市	“十五”期间规划中的 ITS 项目
北京	奥运交通规划 A1；智能型交通管理系统 A2；停车诱导系统 A3；先进的公交系统 A4；综合信息服务平台 A5
上海	高架交通管理信息系统 B1；实时公交调度系统 B2；实时出租车调度系统 B3；桥梁和隧道交通信息管理系统重建 B4；路面交通监控系统重建 B5；市政紧急事件管理系统 B6；快速路管理系统 B7；车载导航系统产业化 B8
广州	基于 GPS/GIS 的公交信息发布和调度系统 C1；物流信息系统 C2；交通信息采集发布和监控系统 C3；静态交通管理 C4；车载设备 C5；城市 ITS 政策研究 C6
天津	ITS 规划 D1；车辆和驾驶员信息管理和服务系统 D2；奥运快速通道智能管理系统 D3；出行前信息服务系统 D4；警车调度系统 D5；停车信息发布和诱导系统 D6；公交信息服务 D7
重庆	交通管理和规划系统 E1；电子收费系统 E2；车辆安全辅助驾驶系统 E3；出行信息系统 E4；紧急事件和安全系统 E5；运营管理系统 E6；综合物流系统 E7
青岛	智能公交调度系统 F1；城市交通管理系统 F2；停车收费系统 F3；干道监控系统 F4
济南	共用信息平台 G1；城市智能交通管理系统 G2；区域物流管理和服务系统 G3
杭州	交通管理中心建设 H1；综合信息服务系统 H2；混和交通控制 H3；智能交通控制 H4；先进的公交系统 H5
深圳	交通管理系统 I1；公共交通运营与管理系统 I2；交通信息系统 I3；商业车辆运营系统 I4；紧急救援系统 I5；综合物流系统 I6
中山	不详

从上述我国示范城市的 ITS 规划项目开看，我国近期城市内 ITS 的需求主要集中在以下 10 个领域，按照需求领域划分见表 7-7，在我国的城市的应应用情况见图 7-4：

ITS 的 10 个需求领域在我国 ITS 示范城市中的应用　　表 7-7

ITS 领域	项　目
交通信息平台和信息服务	A5/B1/B4/C3/D2/D4/D6/D7/E4/G1/H2/I3
智能化交通管理和交通控制	A2/B1/B4/B5/B7/C3/D3/D5/E1/F2/F4/G2/H1/H3/H4/I1
先进的公交系统	A4/B2/B3/C1/D7/F1/H5/I2
城市道路紧急事件管理	B6/E5/I5
停车管理和停车诱导	A3/C4/F3
物流	C2/E6/E7/G3/I4/I6
ITS 规划和政策研究	A1/C6/D1
车载设备	B8/C5
电子收费	E2
安全驾驶	E3

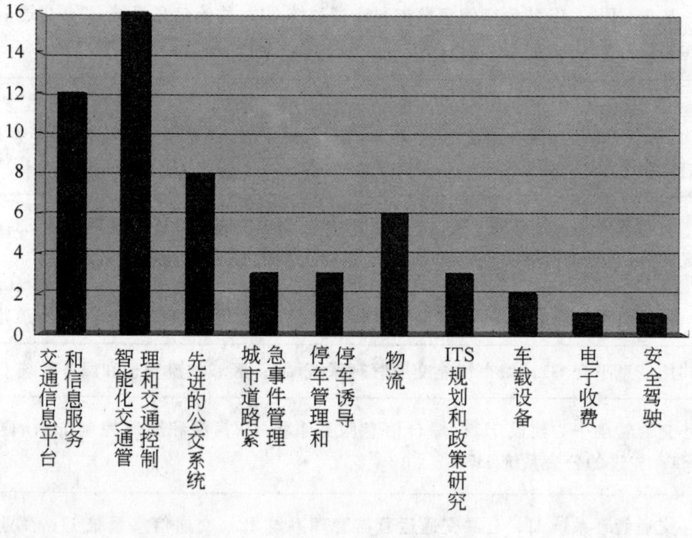

图 7-4　ITS 的 10 个需求领域在我国 ITS 示范城市中的应用统计

通过对 9 个城市 ITS 规划项目的统计和分析我们得出如下基本结论，当前城市 ITS 需求最大两个方面是：

(1) 交通信息平台和信息服务

(2) 智能化交通管理和交通控制

需求较大的是：先进的公交系统和物流。

7.4 城际 ITS 发展需求

7.4.1 城际智能交通系统的定义

城际智能交通系统是智能交通系统的一部分，这个子系统主要致力于满足城际交通运行商和用户的需要。需要指明的是，城际智能交通系统并不局限于仅仅应用于城际的系统和服务，就美国目前计划的一些城际智能交通系统来看，它们大多具有在城市中实施使用的可能。当然，城际智能交通系统重点在于解决城际交通使用者和提供者的需要。

7.4.2 我国城际交通现状

根据 2003 年国家统计局公布的资料，2002 年我国高速公路通车里程情况如表 7-8 和图 7-5 所示。

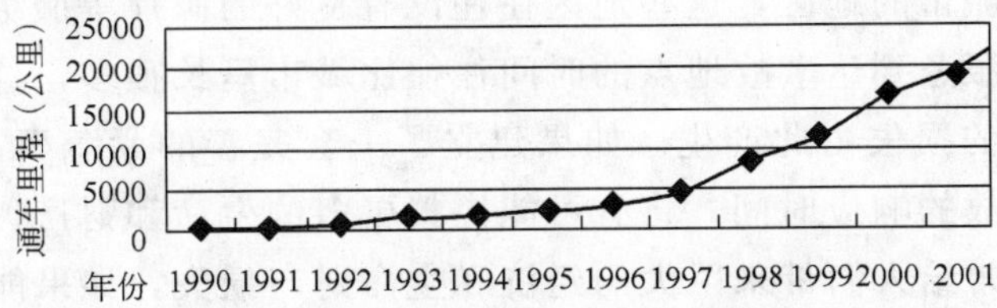

图 7-5　2002 年我国高速公路通车里程情况（不含在建和未正式投入使用）

2002 年我国高速公路通车里程情况（不含在建和未正式投入使用）　表 7-8

地区＼年份	1990	1991	1992	1993	1994	1995	1996	1997	1998	1999	2000	2001
全国总计	522	574	652	1145	1603	2141	3422	4771	8733	11605	16400	19300
东部地区	506	558	636	1037	1401	1665	2542	3356	5211	6768	—	—
中部地区	—	—	—	92	173	447	765	1250	2351	2883	—	—
西部地区	16	16	16	16	29	29	115	165	1171	1954	—	—

从上图可以看出，从 1997 年以后，由于国民经济的高速增长，我国高速公路的发展呈现出较快的增长趋势，平均年通车都在 4000 公里左右。高速公路投资建设的快速增长从一个侧面反应了我国国民经济的快速增长，折射了国民经济对于城际交通能力的要求。

但是，我们必须清醒地认识到，光建设道路等基础设施是远远不够的。道路建设只是交通能力提高的第一步，当然也是很重要的一步。但是如果我们仅仅停留在这一步是远远不够的。纵观我国城际交通的管理水平，从自身得发展来看是已经有了长足的进步，但是相对快速发展的经济还是远远不够的。

统计数据表明，相对城市交通，我国城际交通事故无论是从发生率还是严重程度都相对较高。所以，在今后的城际交通建设中，我们一定要改变只重建设不重管理的局面。而改变交通管理落后现状的出路就在发展智能交通系统，要发展智能交通并由此获得城际交通的健康高效的发展，我们必须研究城际交通对智能交通的需求，分清楚哪些是智能交通应该也能做的，哪些是不能做的或者是现阶段还不是非常迫切的。本报告试图提出我国城际交通对智能交通系统的需求。

7.4.3 城际 ITS 交通需求分析

(1) 紧急事故响应服务

城际交通系统的使用者和运行商对紧急事故处理方面的服务需求是非常迫切的，这些服务在事故发生后就马上需要。例如发生撞车就马上需要救护车，需要医护人员，需要交通警察、拖车等支持。由于城际交通用户和从业者往往在远离城市的地区，这些地区往往没有良好的医疗等服务设施，发生事故到医疗等服务到达事故地点的时间往往比城市里长很多，这将导致很多本来可以挽救的损失由此产生。如果建立了一套完善的紧急事故响应系统，将大大缩短事故的响应时间，将有可能挽救更多的生命和财产。又如在沿海地区，台风常常给人们带来巨大的经济和生命财产损失，如果能有一套比较完善的事故响应系统，那么该系统将可以事先提醒城际的乡村地区居民和正在城际道路上工作的运输服务的提供者，这样就有可能减少损失。

城际智能交通服务的使用者对紧急事故响应系统的需求主要集中在提供能提高事故响应速度的措施和方法，包括选择适当的方法减少数据发现和确认的时间，也包括重大事故的预警。

城际紧急事故响应服务不仅需要为出现紧急情况的车载人员提供预警信息，也需要给救护人员、救护车等医疗设施提供关键信息以协调他们的准备工作，需要为事故快速处理中心提供医疗设施导航、事故车辆确认等信息，同样也需要为快速管理和协调各种服务提供便捷准确的信息。

根据以上的讨论，紧急事故响应服务可以分为以下 4 类：

①紧急事件响应信息；

②途中服务信息；

③紧急事件辅助信息；

④系统协同信息。

(2) 城际交通管理支持

城际地区的出行者在施工地区或者是靠近具有季节性或者是周期性吸引力的地区（如海滩、公园、等）时，常常面临着交通拥堵和交通延误。尽管拥挤和延误没有城市中那么频繁，但是由于很少有可以替代的其他途径，导致城际的堵塞和城市内部的拥挤一样难以忍受，这些原因往往导致更长的延误。交通事故导致的延误往往由于相对城市中更长的响应时间而恶化，城际交通的堵塞和延误导致更多严重的撞车事故。根据美国的统计，城际交通事故差不多是城市内部的两倍，往往这些事故又将导致更严重的堵塞和延误。另外，突然的交通事故可能导致次生的交通事故和额外的交通延误。

城际智能交通用户在这方面的需求集中在对信息的需求和管理方面，需要能够调整或者是整合以适应季节性或者是短期的条件。回程交通条件，堵塞区域周围的可选择道路，因道路施工而禁止通行的道路，天气条件的变化和可能带来的危险，以及小城区的自适应交通信号和交通管理系统等等信息都是使用者需要的。

城际智能交通使用者在这方面已经确定的需求主要集中在以下几个方面：

①咨询信息；

②交通控制；

③强制执行；

④经济发展/环境保护；

⑤数据共享。

(3) 城际公用交通服务

对于很多城市外居民来说，交通服务的可达性是他们非常关心的一个问题。随着国家的发展，对容易地获得交通服务的需要将会越来越大。对于与周围地区相隔比较远、出行距离很远、出行的起讫点相当分散的地区来说这种需求尤其重要。城际公用交通服务的关键从业者需要了解的对象包括城际居民、旅游者、城际交通机构和公共基础设施提供者。

城际公用交通的需求主要集中于提供一种中间服务，这种服务为出行者提供了从出行地点到传统的固定线路交通、可变线路交通、根据需求变化的辅助公交系统以及其他相关的服务的交通，以保证任何一种出行愿望都能实现。从服务的提供来看，确定谁需要这种服务、需要的是哪种服务以及如何高效经济地提供这些服务，对于定义用户的需求具有重要意义。此外，还有一些额外的因素需要考虑，包括：一些机构需要的特殊非交通服务（护理，途中饮食等等）；在各种服务者中进行交流和协调的信息需求（比如交通部门和社会服务提供者）。从客户方面来看，需求包括到哪里去和什么时候需要出行；启程和到达的精确、实时时刻信息；以及更好的客户服务。

本领域比较明确的需求可以分为以下5类：

①交通管理；

②出行信息；

③电子支付；

④系统运行支持；

⑤数据共享。

(4) 旅游观光信息服务

走出城市去旅游观光的出行者需要城市间智能交通系统提供旅游以及目的地的信息，一般来说，旅游观光的都市人很少使用小汽车，所以同时需要交通服务。旅游观光者需要知道到哪儿去旅游、怎样到达、沿途的情况，这些信息如果能很方便地获得，那么必将促进该地区旅游业的发展。

在旅游观光的途中，一般存在着多种多样的地形，比如山岭、森林、沙漠等等，这些复杂地形的存在使得为他们提供信息变得非常复杂。

为旅游者和其他不熟悉本地区的人提供相关的支持信息将会提高本地区的旅游价值。另外，一旦到了一个旅游地区，他们又将需要在该地区内部的交通服务。这些需求必然要求城际智能交通提供机动灵活便捷和经济效率高的服务。

在旅游地区的传统节日期间，旅游者是一个需要充分考虑的因素。在这期间，节日的欢庆者所带来交通量、地区人口和交通问题，本地居民以及紧急事故处理服务的需求都比平常多出很多倍。这些事件的后勤保障，交通和停车管理，紧急情况通讯的保障都变得非常重要，而且他们必须是临时的并且能让志愿者很容易懂得。

这方面已经很确定的主要需求是信息的获取和发布。这些信息一般都和电子黄页结合在一起，比如天气条件预测，路线咨询，旅店、路边和广播等多种方式的信息发布等等。旅游观光者同样也需要运输、辅助客运系统和GPS（为租用的汽车）来提高他们的机动性。在外的旅游者为以下部门提供了就业机会：旅游观光中心，经济发展局和当地的交通服务提供者。

根据以上的讨论，旅游观光对城际智能交通系统的需求可以分为如下6个方面，但是这些分类并不是完全独立的，它们可能发生交错重合，之所以这么分类是为了讨论的方便。

①信息咨询；

②途中服务信息；

③紧急事故援助；

④交通信息；

⑤经济发展信息；

⑥市场数据共享。

(5) 城际交通事故预防

城际交通问题中的事故不管是种类、数量，还是严重程度都不断地被认为是最严重的问题。例如，相对于都市交通，城际交通车公里事故数要高，并由于车速的不断提高和紧急事件响应时间变得更长而变得更加严峻。

城际交通事故预防集中于避免事故的发生、降低事故的严重性并保护交通系统中的其他人（即乘客）。比较明确的用户需求主要围绕提高驾驶员在城际安全驾驶的能力。所以，需要分析车辆碰撞的3个主要的因素，包括驾驶员、车辆和道路。事故预防主要就是要减少可能导致碰撞的因素；例如，驾驶员逐渐丧失的警惕性，车辆性能、超载、路面障碍物（比如动物、没有清除的碎片等等），严峻的道路条件（例如天气条件、可视度、道路的几何线形等等）。

另外，城际交通事故预防还包括提高提高交通系统中出行者的安全。某些情况下，出行者虽然没有直接因交通事故受伤，但是可能被交通事故波及，例如等车的乘客可能被事故车辆撞伤。所以通过关键地点的远程监视器提供一个安全的叫交通环境变得很重要，当然还包括车辆自动定位系统。

比较明确的城际交通事故预防需求可以分为以下7类：

①减少碰撞；

②道路线性优化；

③提供道路和气候信息；

④道路施工信息；

⑤高速公路与铁路交叉口信息；

⑥安全控制；

⑦数据共享。

（6）道路交通和气象信息服务

城际区域的地形多种多样，从山地到沙漠到海洋都有。城际出行者所面临的天气条件折射了这种多样性。有时候在一个很小的区域内就会有多样的地形条件和气候状况。与天气相关的撞车和交通延误是某些地区的长期性问题，这些原因主要是天气或者是地形状况的突然改变，包括地形导致的改变，季节性的天气突变比如春夏季暴雨导致的山洪等。

城际出行者需要出行前决策支持信息，出行中的道路条件、天气条件等，还包括在提供足够的信息使面临危险情况的出行者能继续其出行。

智能交通系统的使用者在城际出行时对天气信息的需求要求智能交通系统收集、处理和发布这些信息，这些信息可以分为以下几个部分：

①咨询信息；

②系统运行效力；

③途中服务信息；

④数据共享。

(7) 交通设施的维护和运行

由于与其他地区相对隔离而且数量巨大，城际交通基础设施的维护和运行变得非常困难和昂贵。城际交通流相对较小，使得这些问题的检测成为一个需要考虑的问题。同样，交通设施的维护和运行也很困难，原因包括工作场所分散、缺少合适的人和资源等。

城际交通设施的运行和维护是政府的一项职责，其内容包括监控、维护和提高设施的物理状况；维护公用交通工具的磨损；保证交通系统的安全运行，特别是在恶劣的条件下，比如冬天或者是道路施工等情况；保证交通系统的高效运行。

通常情况下，交通设施需要城际智能交通系统为其提供能改善其运行效果、降低运行成本的途径。

以上需求可以整理为以下几类：

①基础设施管理；

②道路状况监测；

③安全管理；

④系统运行效率保障；

⑤系统维护保障；

⑥公用设施磨损管理；

⑦安全；

⑧数据收集和共享。

7.5 ITS 技术在物流的需求

商用车 ITS 系统（CVO）是智能交通系统的一个子系统，它主要是在货运系统中应用 ITS 相关技术，以期提高政府机关和货运公司的效率的同时提高货运车辆和驾驶员的安全性。因此节约时间，资源和商业成本。它的核心是建立商用车信息网络系统（CVISN)。这个系统可以将已有的繁琐和互异的系统和数据库联系起来并使电子信息交换成为可能。

我们这里所谈的商用车主要指货运车和各种专用车。

7.5.1 中国商用车

(1) 货车保有量

中国汽车工业 40 余年的发展起步于商用车，相当长的一段时间内，商用车品种的增加，水平的提高代表了中国汽车工业的发展。

20 世纪 90 年代以来，我国汽车工业的产品结构发生了很大变化。最突出的变化是商用车的比例下降，轿车的比重上升（见表 7-9)。其中中型载货车的比例下降更为明显。这是符合世界汽车工业发展规律的调整。但是在 20 世纪 90 年代末期，这一调整的速度已经趋缓。

1990～1998 年我国汽车产品的结构变化（%） 表 7-9

年　份	1990	1991	1992	1993	1994	1995	1996	1997	1998
货车	70.88	67.6	60.01	59.75	58.07	51.37	47	42.24	39.83
客车	20.79	20.96	24.66	22.54	23.43	26.29	26.8	27.24	28.36
轿车	8.33	11.44	15.33	17.71	18.5	26.8	26.2	28.36	31.54

随着我国汽车总量的增长，货运车，特别是专用车在数量上仍然会有一定的增长。近年来，随着国家在基础建设方向的投资增加，重型货车在货车中的比例大幅度增加，具体见表 7-10 所示。

1997～2000 各型货车销售增长（%） 表 7-10

车　型	汽车	重型货车	中型货车	轻型货车	微型货车
1997	7.82	−0.51	−10.24	−2.58	16.76
1998	2.27	20.05	−0.14	−1.77	−11.9
1999	14.01	30.87	−2.59	31.46	−4.02
2000 年 1—11 月	14.04	84.37	−14.15	2.98	−2.42

（2）货运运输

随着我国经济的持续快速增长，我国的货运量和货运量都呈现出快速增长的局面，具体见表 7-11 和表 7-12 所示。

我国年货运量统计 表 7-11

年　份	货运量总计（万吨）	铁路	公路	水运	民航	管道
1988	982195	144948	732315	89281	32.8	15618
1989	988435	151489	733781	87493	31	15641
1990	970602	150681	724040	80094	37	15750
1991	985793	152893	733907	83370	45.2	15578
1992	1045899	157627	780941	92490	57.5	14783
1993	1115771	162663	840256	97938	69.4	14845
1994	1180273	163093	894914	107091	82.9	15092
1995	1234810	165855	940387	113194	101.1	15274
1996	1298312	170915	983860	127430	115.1	15992
1997	1278087	172019	976536	113406	124.7	16002
1998	1267200	164082	976004	109555	140.1	17419
1999	1292650	167196	990444	114608	170	20232
2000	1358124	178023	1038813	122391	196.7	18700
2001	1401177	192580	1056312	132675	171	19439

我国货运年周转量

表 7-12

年　份	货运周转量总计（亿吨公里）	铁路	公路	水运	民航	管道
1988	23825	9877.59	3220	10070	7.3	650
1989	25591	10394	3375	11187	6.9	629
1990	26207	10622	3358	11592	8.2	627
1991	27986	10972	3428	12955	10.1	621
1992	29218	11576	3755	13256	13.42	617
1993	30510	11955	4071	13861	16.61	608
1994	33261	12457	4486	15687	18.59	612
1995	35730	12870	4695	17552	22.3	590
1996	36528	13044	5011	17863	24.93	585
1997	38368	13253	5271	19235	29.1	579
1998	38046	12517	5483	19405	33.45	606
1999	40496	12838	5724	21263	42.34	628
2000	44212	13663	6129	23734	50.3	636
2001	47591	14575	6330	25989	43.7	653

公路货运仍然是我国货物运输的主要方式。公路货运担负了我国大部分货运量，其所占份额也越来越大，尤其是在中短途和小量货运中有巨大的优越性。随着我国经济的发展，商用车作为其主要载体，必然会有长足的发展。

7.5.2　中国货运的主要问题

改革开放以来，中国的经济获得了突飞猛进的发展，但由于受到种种因素的制约，尚未形成独立的物流产业和专门的管理机构。在内地，各自为政的载货车运输为主要运输手段。尽管载货车的使用率还在增长，但运输效率依然很低。重型车辆缺乏，运输技术、责任体制和运费等方面也存在难题，跨地区的复合统一运输系统还未普及。

7.5.3　商用车智能系统的运用实例

现在全球 ITS 在商用车中应用最成功的范例是美国。美国在多年智能交通领域实践的基础上，引入了商用车信息网络系统（CVISN），整合各种商用车的管理系统和数据库，建立一个全国规模的商用车管理体系。它包括以下几个子系统：

（1）安全信息交换（Safety Information Exchange）

该系统通过路边安全监控装置（ASPEN）在路侧实时获取运行中的车辆和驾驶员的安全行驶记录，此类信息可以帮助确定哪辆车应该接受检查，同时保证纠正业已发现的问题。它同时可以将人工检测中所有可能的项目自动化。例如它可通过路边传感器及诊断程序判断车辆的系统技术状况。

（2）通行证管理（Credentials Administration）

利用电子手段办理各种注册手续和通关手续，减轻了政府管理部门的日常工作，也缩短了运输公司的手续办理时间，提高了整个社会的效率。同时也方便了各种统计管理工作，能更快获得各方面的信息，方便并完善税收征管等工作。减少了征管难度，提高了效率并节约大量的行政开支。

(3) 电子扫描 (Electronic Screening)

该车载系统可以对车辆的关键部件如制动系统等技术数据采集、分析，并给予警告或采取相应的防御措施。同时可对货物状况如是否滑移及驾驶员的状况进行监测，对安全隐患及时提醒执法人员和货运部门。

(4) 商用车队管理 (Freight and Fleet Management)

帮助车队及时掌握车队和车辆的信息，借助交通信息系统提供最短路径，避开堵塞路段，提高运行速度。为车辆和货物调配提供最优选择，使公司运营更加高效可靠。

美国已经有10个州建立了该系统，其中有两个州——马里兰州和弗吉尼亚州最为成熟，并成为推广的模型。美国国家公路局希望借助于这个系统，提高对高风险的货运汽车和驾驶员进行有针对性的监测，减少交通事故伤亡和财产损失，并进而提高国民健康和安全度。因此美国在这方面大量投入，计划于2003年将参与的州数增加到26～30个。并加快了与智能交通系统一致的系统标准的制定。

马里兰州卡车联合会 (MMTA) 和独立卡车驾驶员联合会 (ITDA) 的调查显示该州电子信息交换和因特网的指导商业的潜在价值评级 (1～3) 从1.85上升到2.04。美国卡车联合基金会 (ATAF) 进行的长达两年的调查显示电子信息交换系统的应用使运输成本下降了9%～18%。CVISN系统发布时的调查显示电子通关减少了60%～75%的文本工作。

参考文献

[1] 中国交通运输协会．中国旅客运输发展战略研究．北京：人民交通出版社，1999

[2] 十六大报告，2002

[3] 李京文．21世纪中国经济发展趋势．国研网，2003

[4] 中国统计年鉴．北京：中国统计出版社，1980～2002

[5] 世界知识年鉴．北京：中国统计出版社，1981～2001

[6] 世界经济年鉴．北京：中国统计出版社，1979～2002

[7]《National Transportation 2002》(USA)．BTS (美国交通统计局)

[8]《Transportation Statistics Annual Report 2000》(USA)，BTS (美国交通统计局)